高等学校交通运输与工程类专业教材建设委员会规划教材

Road Engineering

道 路 工 程

（第 4 版）

凌天清　主　编

李松青　董　强　副主编

杨少伟　主　审

人民交通出版社股份有限公司

China Communications Press Co.,Ltd.

内 容 提 要

本书为高等学校交通运输与工程类专业规划教材。全书着重基本概念的阐述,以解决工作中的实际问题为主,并适当介绍了目前国内高等级道路设计、施工和养护的先进经验。主要内容包括路线设计、道路交叉设计、路基设计与施工、路面设计与施工、道路排水设计和路基路面养护与管理等内容。阐述了道路工程的设计原理、计算方法、施工方法与材料要求以及路基路面检测评价与养护等方面的知识。

本书为高等学校非道路工程专业方向少学时的土木工程专业四年制本科教材,也可作为其他有关专业选修《道路工程》课程的教材,还可供从事道路工程设计、施工与养护管理的工程技术人员参考。

本书配有课件,教师可通过加入道路工程课群教学研讨 QQ 群(328662128)获取。

图书在版编目(CIP)数据

道路工程 / 凌天清主编. — 4 版. — 北京 : 人民
交通出版社股份有限公司,2019.4(2024.11重印)
ISBN 978-7-114-15248-1

Ⅰ. ①道… Ⅱ. ①凌… Ⅲ. ①道路工程—高等学校—
教材 Ⅳ. ①U41

中国版本图书馆 CIP 数据核字(2018)第 288949 号

审图号:GS(2017)3318 号

高等学校交通运输与工程类专业教材建设委员会规划教材

书　　名:道路工程(第4版)
著 作 者:凌天清
责任编辑:李　喆
责任校对:宿秀英　张　贺
责任印制:刘高彤
出版发行:人民交通出版社股份有限公司
地　　址:(100011)北京市朝阳区安定门外外馆斜街 3 号
网　　址:http://www.ccpcl.com.cn
销售电话:(010)85285911
总 经 销:人民交通出版社股份有限公司发行部
经　　销:各地新华书店
印　　刷:北京印匠彩色印刷有限公司
开　　本:787×1092　1/16
印　　张:21.25
字　　数:491 千
版　　次:2005 年 4 月　第 1 版
　　　　　2010 年 9 月　第 2 版
　　　　　2016 年 7 月　第 3 版
　　　　　2019 年 4 月　第 4 版
印　　次:2024 年 11 月　第 4 版　第 8 次印刷　总第 26 次印刷
书　　号:ISBN 978-7-114-15248-1
定　　价:52.00 元

第 4 版前言

《道路工程》自 2005 年 4 月出版第 1 版以来,得到了长安大学、重庆交通大学、东南大学、长沙理工大学和山东交通学院等我国交通类兄弟院校的大力支持,在使用过程中也提出了不少的宝贵意见,并分别于 2010 年 9 月出版第 2 版、2016 年 7 月出版第 3 版。

目前,我国公路交通建设取得了举世瞩目的新成就,高速公路通车总里程位居世界第一,交通科技也取得了不少重大突破性成果,新的技术标准和规范(细则)陆续重新修订和颁布实施,2015 年我国道路交通建设与运营管理进入了发展的新常态。特别是 2017 年颁布实施的《公路沥青路面设计规范》(JTG D50—2017),采用了"基于使用性能的沥青路面设计方法"取代了我国一直以来采用路表设计弯沉值这一传统指标的设计方法。这次修编《道路工程》(第 4 版)教材,在保持原有特色的基础上,力争满足新时期本科教学的最新要求,实现传承与创新,与时代同步前进。

本课程由于学时少,而教学内容又较多,相关技术标准、规范和道路建设理念也处于重大变革时期,故教师教学中应着重讲述基本概念,并以解决工作中的实际问题为主,应多借助互联网和各种多媒体教学资源等手段开展教学。

本书第一章、第六章第一节～第三节由重庆交通大学凌天清编写；第二章、第三章由重庆交通大学李松青编写；第四章由重庆交通大学朱晓兵编写；第五章由重庆交通大学王燕编写；第六章第四节由重庆交通大学何亮和郑智能共同编写；第七章由重庆交通大学董强编写；第八章由重庆交通大学梅迎军编写。全书由凌天清主编并统稿，由杨少伟主审。

希望使用本书的单位或个人多提宝贵意见，以便及时修改完善。意见请寄重庆交通大学土木工程学院(重庆市南岸区学府大道 66 号，邮编 400074)或者发至邮箱:lingtq@163.com。

凌天清
2019 年 2 月于重庆交通大学

第3版前言

《道路工程》自2005年4月出版第1版以来,得到了长安大学、重庆交通大学、东南大学、长沙理工大学和山东交通学院等我国交通类兄弟院校的大力支持,在使用过程中也提出了不少的宝贵意见,并于2010年9月改编出版第2版,总共印刷12次。

目前,我国公路交通建设取得了举世瞩目的新成就,高速公路总里程位居世界第一,交通科技也取得了不少重大突破性成果,新的技术标准和规范(细则)陆续重新修订和颁布实施,2015年我国道路交通建设与运营管理进入了发展的新常态。这次修编《道路工程》,在保持原有特色的基础上,力争满足新时期本科教学的最新要求,实现传承与创新。

本课程虽然学时少,但教学内容较多,相关技术标准、规范和道路建设理念也处于重大变革时期,故教学中应着重基本概念的讲述,并以解决工作中的实际问题为主,应多借助互联网和各种多媒体教学资源等开展教学。

本书第一章、第六章第一~第三节由重庆交通大学凌天清编写;第二章、第三章由重庆交通大学李松青编写;第四章由重庆交通大学朱晓兵编写;第五章由重庆交通大学王燕编写;第六章第四节由重庆交通大学何亮编写;第六章第五节由重庆交通大学郑智能编写;第七章由重庆交通大学董强编写;第八章由重庆交通大学梅迎军、凌天清共同编写。全书由凌天清主编并统稿,由长安大学杨少伟主审。

希望使用本书的单位或个人多提宝贵意见,以便及时修改完善。意见请寄重庆交通大学土木工程学院(重庆市南岸区学府大道 66 号,邮编 400074)或者发至邮箱:lingtq@163.com。

凌天清
2016 年 4 月于重庆交通大学

第2版前言

进入21世纪,我国高速公路建设取得了跨越式发展,到2009年底我国高速公路通车里程达65 000km,通车总里程继续居世界第二位,仅次于美国。道路交通科技也日新月异。本教材在第1版的基础上,根据目前全面修订的有关公路与城市道路工程方面的技术标准和规范,并适当吸取国内高速公路设计和施工的经验及国内外新的科技成果,进行了全面修订。在修订过程中,还吸取了兄弟院校在使用本教材后所提出的宝贵意见。

本教材第一章、第七章由重庆交通大学凌天清修编;第二章、第三章由重庆交通大学张维全、董强修编;第四章由重庆交通大学吴进良修编;第五章由重庆交通大学董强、凌天清修编;第六章由重庆交通大学董强修编;第八章由广东交通职业技术学院鄢宏庆修编。全书由凌天清教授主编并统稿,长安大学杨少伟教授主审。

本教材为高等学校非道路工程专业方向少学时的土木工程专业四年制本科教材,也可作为其他有关专业选修教材,还可作为从事道路工程设计、施工与监理的工程技术人员培训的参考资料。

希望使用本书的单位或个人多提宝贵意见,以便再版时修正。意见请寄重庆交通大学土木建筑学院(重庆市南岸区学府大道 66 号,邮编 400074,E-mail:lingtq @163.com)。

编　者

2010 年 7 月

第1版前言

本书是根据"高等学校路桥及交通工程专业教学指导委员会"通过的"道路工程教材编写大纲"(桥梁工程专业用)编写的。全书以课程的教学基本内容与基本要求为依据,为高等学校"桥梁工程专业"四年制本科教材。

全书采用我国现行最新的有关公路与城市道路工程方面的技术标准和规范,并适当介绍了目前国内高等级道路设计和施工的经验及国内外新的科技成果。

本课程由于学时少,而教学内容又较多,故教学中应着重基本概念的讲述,并以解决工作中的实际问题为主。有条件时,可借助幻灯、录像和电影等进行教学。

本书第一、七章由重庆交通学院凌天清编写;第二、三章由重庆交通学院张维全编写;第四章由重庆交通学院吴进良编写;第五章由重庆交通学院杨锡武、凌天清编写;第六章由重庆交通学院叶巧玲和广东交通职业技术学院鄢宏庆编写;第八章由广东交通职业技术学院鄢宏庆编写。全书由凌天清主编并统稿,由长安大学杨少伟主审。

希望使用本书的单位或个人多提宝贵意见,以便再版时修正。意见请寄重庆交通学院土木建筑学院道路工程系(重庆市南岸区学府大道 66 号,邮编400074)。

编　者
2005 年 1 月

目录

第一章 总论 ……………………………………………………………………………… 1

第一节 道路工程发展概况和道路的特点及功能 ……………………………………… 1

第二节 道路的分类与组成 ……………………………………………………………… 5

第三节 道路的分级与技术标准 ………………………………………………………… 8

第二章 道路平面设计 …………………………………………………………………… 12

第一节 道路平面线形要素 ……………………………………………………………… 12

第二节 道路平面线形设计 ……………………………………………………………… 25

第三节 道路选线 ………………………………………………………………………… 35

复习题 …………………………………………………………………………………… 41

第三章 道路纵断面设计 ………………………………………………………………… 42

第一节 概述 ……………………………………………………………………………… 42

第二节 纵坡设计 ………………………………………………………………………… 43

第三节 竖曲线设计 ……………………………………………………………………… 53

第四节 平、纵面线形组合设计 ………………………………………………………… 59

第五节 爬坡车道 ………………………………………………………………………… 62

复习题 …………………………………………………………………………………… 64

第四章 道路交叉设计 …………………………………………………………………… 66

第一节 概述 ……………………………………………………………………………… 66

第二节 平面交叉 ………………………………………………………………………… 70

第三节 道路立体交叉 …………………………………………………………………… 75

第四节 公路与铁路、乡村道路及管线交叉 …………………………………………… 90

复习题 ·· 92

第五章　路基设计与施工 ·· 93

第一节　概述 ·· 93

第二节　路基的受力与强度 ·· 95

第三节　路基的破坏形式与原因分析 ·· 102

第四节　公路自然区划与路基干湿类型 ·· 105

第五节　一般路基设计 ·· 112

第六节　路基边坡稳定性设计 ·· 135

第七节　挡土墙设计 ·· 145

第八节　路基施工技术 ·· 175

复习题 ·· 184

第六章　路面设计与施工 ·· 186

第一节　概述 ·· 186

第二节　沥青路面设计 ·· 193

第三节　水泥路面设计 ·· 219

第四节　路面施工技术 ·· 239

复习题 ·· 268

第七章　道路排水设计 ·· 269

第一节　概述 ·· 269

第二节　路基排水设计 ·· 271

第三节　路面排水设计 ·· 281

第四节　桥面排水 ·· 296

第五节　综合排水系统设计 ·· 297

复习题 ·· 298

第八章　路基路面养护与管理 ·· 300

第一节　概述 ·· 300

第二节　路基技术状况评价与养护 ·· 304

第三节　路面技术状况调查内容与方法 ·· 310

第四节　路面技术状况评价与一般养护措施 ···································· 317

第五节　路面管理系统（PMS）简介 ··· 322

复习题 ·· 326

参考文献 ·· 328

第一章

总论

第一节　道路工程发展概况和道路的特点及功能

一、道路工程发展概况

道路(Road)是供各种车辆和行人等通行的工程设施。道路工程则是以道路为对象而进行的规划、设计、施工、养护与管理工作的全过程及其工程实体的总称。

自从有人类开始,就有了道路。路是人走出来的,原始人徘徊于自然界的山河之间,打猎、捕鱼、采集食物,其惯行的足迹就形成了"路"。因此,可以说道路的历史就是人类发展的历史。人类在社会、经济生活中创造了道路,而道路的产生和发展又为推动社会的发展和人类的进步做出了巨大的贡献。后来,人类转入定居生活,以住地为中心的步行交通的历史就开始了。随着经济的发展,生产力的进步,人们从自给自足的生活状态发展到物物交换的商品经济,与之相适应的通商、货物运输开始发展起来。起初,原始人在陆路和水上的运输都是利用天然的运输工具。在太古时期,陆路运输以人力搬运为主。随后饲养动物开始,陆路运输转为以动物驮载来进行(如马、驴、牛、骆驼等)。当时的道路主要供人行和驮载运行。

大约公元前4000年,出现了车轮,这是人类物质文化发展史中的大事。用车轮代替滑木,以滚动代替滑动,减小了行车阻力,提高了运输效率。随着车辆的出现,以动物为牵引的轮式

1

车辆开始使用。轮式车辆的使用对道路提出了更高的要求，于是宽度和质量都较好的马车道路出现。车的发明改变了运输完全依靠人背、肩挑、棒抬、头顶的原始运输方式，是运输史上新的里程碑。

中国古代传说中就有黄帝"披山通路"和"黄帝造车"之说，故号轩辕氏，轩是古代一种有围棚的车，辕则是车的构件。夏代，公元前21世纪就有制造车辆的确切记载。在考古中还发现夏代的陶器上画有车轮花纹。这些都是夏代使用过车的佐证。

马车时代的道路虽然有很大的进步，但是由于马的运力有限，车速较低、爬坡能力弱，因此，它远远不能适应经济发展的需要和人们生活水平提高对陆路交通的要求。于是，陆路交通运输正酝酿着一场新的变革。

从1886年汽车出现到第一次世界大战结束，是汽车道路发展的早期阶段。这一时期，汽车数量不多，多数公路由原来的马车道改造而成。一方面，由于车辆少、交通密度小、速度低，汽车与马车在车道上混合行驶，因而公路的技术标准很低；另一方面，由于铁路的迅速发展，当时，世界铁路总里程已达127万km，因此，铁路成为当时陆上交通的主体，公路运输仅是铁路、水路运输的辅助手段。世界铁路大发展的局面，使这一时期在交通运输史上被称为铁路运输时代。

1920～1945年，是公路发展的中期阶段。第一次世界大战后，公路建设发展迅速，其主要原因有：第一，第一次世界大战结束，一些资本主义国家把军事工业转向民用工业，使汽车工业得以迅速发展。同时，由于工业机械化生产的发达，市场劳动力过剩，有更多的劳动力投入公路建设；第二，一些国家出于军事目的，对公路建设投入较大，使公路得以发展。这一时期公路运输开始普及，干线公路标准有很大提高，欧美各国已初步形成了国家的公路干线网，兽力车相继被淘汰。在整个交通运输体系中，汽车的优越性得以发挥，在各种运输方式的竞争中，公路运输的地位日益提高和作用扩大。公路运输不仅是短途运输的主力军，而且在中、长途运输中开始崭露头角，与铁路、水运竞争抗衡。铁路运输垄断的地位开始改变和下降，铁路运输的比重开始大幅度下降，在美、英、法等国，出现了拆铁路改修公路的现象。

该阶段，道路发展史上有两件大事：一是高速公路(Freeway)的出现；二是一门新兴的学科——交通工程(Traffic Engineering)的产生。高速公路和交通工程的出现把道路发展推向了现代道路的新阶段。

1932年8月6日，德国建成了西部城市科隆和波恩之间全长约18km的世界上第一条高速公路，设计时速120km，1958年命名为A555号高速公路。高速公路是一种新型的交通设施，它的修建从根本上保证了汽车行驶的快速、安全、舒适，为公路事业的进一步发展开辟了广阔的前景。

交通工程这一新兴学科的出现对道路交通规划、提高道路的通行能力、减少交通事故和交通公害有着十分重要的作用，为现代高速公路的发展奠定了理论基础。

这一时期公路发展较快的国家主要是美国、德国和一些经济发达国家。在中期，公路发展的主要特征有两点：一是路面铺装率大大提高。1915年路面铺装率只有10%，而到这一时期铺装率已达到70%。二是公路运输在交通运输中的比重大大提高。公路运输已在各种交通运输中开始起着主导地位的作用。

现代道路的发展速度很快，特别是20世纪70年代以来，国外道路运输进入大发展时期，现在发达国家的公路网体系，包括其中的高速公路网骨架已基本建成。这些国家的道路部门除继续将部分精力放在道路建设上外,更将相当精力放在研究道路的使用功能与车流安全和行车舒适性上,以及改善道路对周围环境、人文景观的方面。可以说,发达国家大规模的公路建设时期已经结束或即将结束,已全面进入道路的运营管理阶段,道路网和汽车流已渗透到社会生活各个方面,在社会中产生巨大影响。

20世纪初,汽车开始进入我国,于是通行汽车的公路便发展起来。但在半封建半殖民地的旧中国,公路建设缓慢,到1949年全国通车的公路里程仅为8.07万km,而且大多是在东南沿海地区。中华人民共和国成立以来,前30年由于国民经济处于恢复期,发展较慢,按照一些外国人士的说法,当时"中国没有路"。但从1978年起,国家实行改革开放政策,我国的交通运输业取得跨越式发展。按照发展经济学理论,公路交通等基础设施作为社会先行资本,对工业化进程起着决定性作用,是一国"起飞"的必要条件。伴随着公路基础设施的飞速发展,我国国民经济的发展速度同样是史无前例的。在改革开放的大背景下,我国公路交通基础设施的跨越式发展,促进了人和货物的移动,从而支持贸易增长,促进产业升级,为文化技能传播、生产率提高创造条件;交通便利性的提高,还提升了城市的宜居水平和经济潜力,从而增加了城市的吸引力,并使城乡居民能够公平获取更多基本商品、服务、活动(如工作、教育、医疗等)的机会,缩小了城乡之间的差距,对促进城镇化发展与社会和谐进步产生了重要而深远的影响。

截至2020年底,以16.10万km高速公路(总里程数位居世界第一)为主骨架,总规模达到477.35万km的公路系统,已经为中国实现两个百年梦想铺就坚实基础。与改革开放初的1984年比较,全国公路路网密度达到54.14km/100km²,二级以上高等级公路在全国公路网中所占比例提高了20倍以上,占公路总里程的13.5%,干线公路车辆行驶平均速度提高了1倍多。国家公路运输主通道基本形成,路网结构得到逐步完善,公路客货运输的空间时距大大缩短,运输成本显著降低。公路运输条件的改善为铁路、航空、水运等其他运输方式的集、疏、运创造了更加便利的条件,使综合运输结构层次更加清晰,国家现代化的交通运输体系日趋完善。公路运输企业依托高速公路,比较优势得以发挥,与铁路、航空、水运的分工愈加科学,多种运输方式在合作和竞争中有效提升了服务品质,使旅客的出行和货物的运输更加便利。

二、道路的特点及功能

1. 特点

近百年来,汽车运输之所以能得以迅速发展,是与道路及其运输所具有的一系列特点分不开的,与其他交通运输相比,它具有以下属性及特征:

(1)道路的基本属性

道路建设与道路运输是物质生产,因而它必然具有物质生产的基本属性,即有生产资料、劳动手段和劳动力以及作为物质产品而存在的道路。同时,它又有其本身特有的基本属性。

①公益性。道路分布广、涉及面宽,能使全社会受益,同时也受到社会各方面的关注和支持。特别是近年来,由于道路运输在促进社会商品经济发展方面发挥了巨大的作用,使得道路建设受到社会的更多关注与重视。

②商品性。道路建设是物质生产,道路是产品,必然具备商品的基本属性,它既具有商品

价值,又具有使用价值。这一属性是目前发展商品化道路(亦称收费道路)的基本依据。

③超前性。道路的超前性主要是指道路的先行作用。道路是为国民经济和社会发展服务的,它作为国家联结工农业生产的链条和经济腾飞的跑道,其发展速度应高于其他部门的发展速度。这就是通常所说的"先行官"作用。

④储备性。道路运输是资金密集型和技术密集型产业,属于国家基本建设项目,道路的建设不仅要满足其现行通行能力的要求,还要考虑今后一段时间内通行能力增长的要求,即要有一定的储备能力。这就要求建设之前,必须要有统一的规划、可行性论证、周密的经济和交通调查、加强交通预测以及精心设计等工作,以满足远景发展的需要。

(2)道路的经济特征

道路作为一种特殊的物质产品,它还具有一些经济特征,主要有:

①道路产品是固定在广阔地域上的线形建筑物,不能移动。这不同于一般的工业生产和建筑业。工业生产一般是生产设备固定,而产品从原材料到成品在生产过程中流动,而道路却与此相反。建筑业虽然也是这样,但其产品分布在各点上,而不是线形工程。因此,道路建设的流动空间更大,工作地点更不固定,受社会和自然环境影响大,具有更强的专业性。

②道路的生产周期和使用周期长。通常一条上百公里的道路建成要花两三年的时间,高等级道路更长,在实施过程中需耗用大量的人力、物力和财力。投入使用后一般使用年限为10~20年。在使用过程中还需进行经常性的养护、维修和管理。

③道路虽是物质产品,但不具有商品的形式。在商品经济中,一般的产品,都采取商品交换形式,出售后进入消费。而道路建成后,不能作为商品出售,也不存在等价交换的买卖形式,只提供给社会使用。其投资费用以收费形式来补偿。

④具有特殊的消费过程和消费方式。一般的商品生产与消费在时间和空间上都是分离的。即商品必须成型后,才能运送到市场进行交换和消费。而道路则可边建设、边使用,并在使用过程中边养护、维修与改造。生产与消费不可分割,在时间和空间上是重复的。道路在消费形式上,不是一次性,而是多次消费。这就对道路的质量提出了特别高的要求,以确保其多次重复性使用(消费)中车辆行驶的安全、快速、经济和舒适。

⑤道路作为一个完整的系统,发挥其作用,为社会和经济服务。一条道路是由路线、路基、路面、桥涵、隧道等各部分组成完整的系统。而一个区域的道路网,则是由许多条道路组成一个有机的网络系统。而这个系统又成为交通运输系统中的一个子系统,这就要求各条道路的修建要统筹规划,相互协调,密切配合,从整体的角度为社会和经济服务。

另外,道路运输与其他运输相比,也存在一些缺点,如运量小、运输成本高、油耗和环境污染较大等。

2.功能

(1)公路的功能

①主要承担中、短途运输任务(短途运输为50km以内,中途运输为50~200km)。

②补充和衔接其他运输方式,担任大运量运输(如火车及轮船运输)的集散运输任务。

③在特殊条件下,也可独立担负长途运输任务。特别是随着高速公路的发展,中、长途运输的任务将逐步增大。

(2)城市道路功能

①联系城市各部分,为城市各种交通服务,并担负城市对外交通中转集散。

②构成城市结构布局的骨架,确定城市的格局。

③为防空、防火、防地震以及绿化提供场地。

④是城市铺设各种公用设施的主要通道。

⑤为城市提供通风、采光,改善城市生活环境。

⑥划分街区,组织沿街建筑,表现城市建设风貌。

第二节　道路的分类与组成

一、道路的分类

道路按其使用特点,分为公路、城市道路、专用道路等。

1. 公路(Highway)

公路是指连接城市、乡村,主要供汽车行驶的具备一定技术条件和设施的道路。公路按其行政等级分为国道、省道、县道、乡道、村道和专用公路六个等级。其中,国道包括国家高速公路和普通国道,省道包括省级高速公路和普通省道。

2. 城市道路(Urban Road)

城市道路是指在城市范围内,供车辆及行人通行的具备一定技术条件和设施的道路。城市道路按其地位、功能,可划分为快速路、主干路、次干路和支路。城市道路是城市组织生产、安排生活、发展经济、物质流通所必需的交通设施。

3. 专用道路(Accomodation Road)

由工矿、农林等部门投资修建,主要供该部门使用的道路。

(1)厂矿道路(Factories and Mines Road)

厂矿道路指主要为工厂、矿山运输车辆通行的道路。通常分为厂内道路和厂外道路及露天矿山道路。厂外道路为厂矿企业与国家公路、城市道路、车站、港口相衔接的道路或厂矿企业分散的车间、居住区之间连接的道路。

(2)林区道路(Forest Road)

林区道路是指修建在林区,主要供各种林业运输工具通行的道路。由于林区地形及运输木材的特征,其技术要求应按专门制定的林区道路工程技术标准执行。

各类道路由于其位置、交通性质及功能均不相同,在设计时其依据、标准及具体要求也不相同。因此,必须按其相应的技术规范(标准)进行设计与施工。

本课程主要学习公路和城市道路。

二、公路的主要组成

公路是线形结构物,包括线形和结构两个组成部分。

1. 线形组成

公路线形是指公路中线的空间几何形状和尺寸。这一空间线形投影到平、纵、横三个面而分别绘制成反映其形状、位置和尺寸的图形，就是公路的平面图、纵断面图和横断面图。公路设计中，平、纵、横三方面相互影响，相互制约，相互配合，设计时应综合考虑，如图1-1所示。

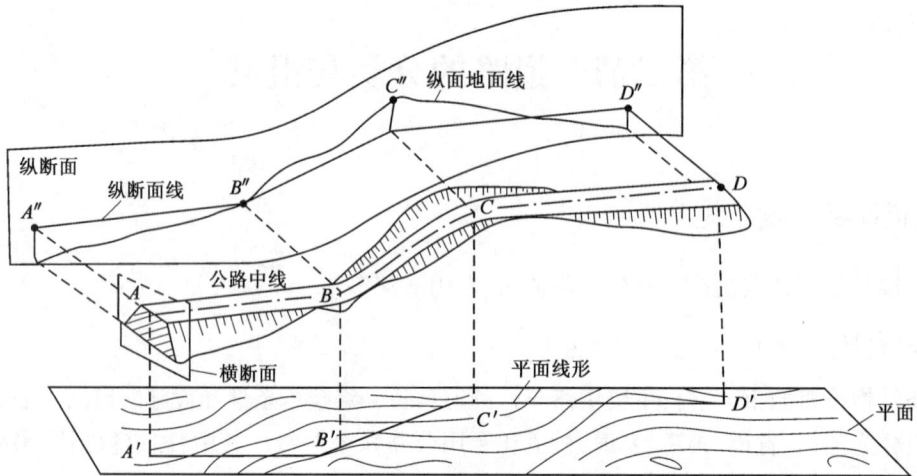

图1-1 道路的平面、纵断面及横断面

平面线形由直线、圆曲线和缓和曲线等基本线形要素组成。纵断面线形由直线（直坡段）及竖曲线等基本要素组成。横断面由行车道、路肩、分隔带、路缘带、人行道、绿化带等不同要素组合而成。公路线形设计时必须考虑技术经济和美学等的要求。

2. 结构组成

公路结构是承受荷载和自然因素影响的结构物，它包括路基、路面、桥涵、隧道、排水系统、防护工程、特殊构造物及交通服务设施等。不同等级的公路在不同的条件下其组成会有所不同，如汽车停车场在汽车行驶数量少的公路中就不必设置。

（1）路基（Subgrade）

路基是行车部分的基础，它承受路面传递下来的行车荷载，它是由土、石按照路线位置和一定技术要求修筑成的土工带状体。

（2）路面（Pavement）

路面是用各种筑路材料或混合料分层铺筑在路基上供车辆行驶的构造物。它直接承受行车荷载和自然因素的作用，供车辆在上面以一定车速安全而舒适地行驶。

（3）桥涵（Bridge and Culvert）

桥梁是为公路等跨越河流、山谷等天然或人工障碍物而建造的建筑物。涵洞是为宣泄地面水流而设置的横穿路基的小型排水构造物。在低等级公路上，当水流不大时可修筑用大石块或卵石堆筑的具有透水能力的透水路基和通过平时无水或水流很小的宽浅

6

河流而修筑在洪水期间容许水流漫过的过水路面。在未建桥的公路中断处还可设置渡口、码头等。

（4）排水系统（Drainage）

为了防止地面水及地下水等自然水侵蚀、冲刷路基,确保路基稳定,需设置排水构造物。除上述桥涵外,还有边沟、截水沟、排水沟、跌水、急流槽、盲沟、渗井及渡槽等。这些排水构造物组成综合排水系统,以减轻或消除各种水对公路的侵害。

（5）隧道（Tunnel）

隧道是为公路从地层内部或水底通过而修筑的建筑物。隧道可以缩短公路里程并使行车平顺迅速。

（6）防护工程（Protection Structure）

在陡峻山坡或沿河一侧的路基边坡修建的填石边坡、砌石边坡、挡土墙、护脚及护面墙等可加固路基边坡保证路基稳定的构造物。在易发生雪害的路段可设置防雪栅、防雪棚等。在沙害路段设置控制风蚀过程的发生和改变沙粒搬运及堆积条件的设施。沿河路基可设置导流结构物,如顺水坝、格坝、丁坝及拦水坝等间接防护工程。

（7）特殊构造物（Special Structure）

在山区地形、地质复杂路段,可修建悬出路台、半山桥及防石廊等以保证公路连续和路基稳定的构造物。

（8）沿线设施（Roadside Facilities）

为了保证公路沿线交通安全、管理、服务及环境保护的一些设施,如照明设备、交通标志、交通标线、护栏、收费站、信号设施、监控系统、声屏障、隔离栅、加油站、公共交通停靠站、汽车停车场、休息设施及绿化和美化设施等。

三、城市道路的组成

城市道路将城市的主要组成部分如居民区、市中心、工业区、车站、码头及其他部分之间联系起来,形成完整的道路系统,通常其组成如下：

（1）机动车道和非机动车道。

（2）人行道、人行横道。

（3）交叉口、立体交叉、步行广场、停车场、公共汽车站。

（4）交通安全设施、人行地道、人行大桥、照明设备、护栏、标志、标线、信号灯等。

（5）排水系统、街沟、雨水口、窨井及雨水管等。

（6）沿街设施、照明灯柱、电杆、邮筒及给水栓等。

（7）地下各种管线。

（8）绿化带、中间绿带、侧分绿带、基础绿带、行道树等。

（9）大城市还有地下铁路、高架桥等。

道路工程的主体是路线、路基（包括排水系统及防护工程等）和路面三大部分。在道路设计中,它们是相互联系、相互影响的。路线设计中不仅要有经济合理的线形,还应充分考虑通过地区的自然与地貌等因素,以保证路基的稳定性。路基要有足够的强度和稳定性,以保证路面结构的整体强度和稳定性,保证行车安全和迅速。

第三节　道路的分级与技术标准

一、公路的分级与技术标准

1. 公路的分级

按交通运输部颁布的《公路工程技术标准》（JTG B01—2014）（以下简称《标准》），公路根据交通量及其使用任务、性质分为5个等级。

（1）高速公路为专供汽车分向、分车道行驶并应全部控制出入的多车道公路。高速公路的年平均日设计交通量宜在15 000辆小客车以上。

（2）一级公路为供汽车分向、分车道行驶，并可根据需要控制出入的多车道公路。一级公路的年平均日设计交通量宜在15 000辆小客车以上。

（3）二级公路为供汽车行驶的双车道公路。二级公路的年平均日设计交通量宜为5 000～15 000辆小客车。

（4）三级公路为供汽车、非汽车交通混合行驶的双车道公路。三级公路的年平均日设计交通量宜为2 000～6 000辆小客车。

（5）四级公路为供汽车、非汽车交通混合行驶的双车道或单车道公路。双车道四级公路年平均日设计交通量宜在2 000辆小客车以下；单车道四级公路年平均日设计交通量宜在400辆小客车以下。

各型汽车的折算标准可参考表1-1的规定折算。

各型汽车的折算　　　　　　　　　　　　　　　　　表1-1

汽车代表车型	车辆折算系数	说　明
小客车	1.0	≤19座的客车和载质量≤2t的货车
中型车	1.5	>19座的客车和2t＜载质量≤7t的货车
大型车	2.5	7t＜载质量≤20t的货车
汽车列车	4.0	载质量>20t的货车

注：1. 畜力车、人力车、自行车等非机动车，在设计交通量换算中按路侧干扰因素计。
　2. 公路上行驶的拖拉机每辆折算为4辆小客车。
　3. 公路通行能力分析所要求的车辆折算系数应针对路段、交叉口等形式，按不同的地形条件和交通需求，采用相应的折算系数。

高速公路和一级公路的设计交通量预测年限为20年，二、三级公路的设计交通量预测年限为15年，四级公路可根据实际情况确定。设计交通量预测年限的起算年为该项目可行性研究报告中的计划通车年。设计交通量的预测应充分考虑走廊带范围内远期社会、经济的发展和综合运输体系的影响。

2. 公路等级选用的基本原则

公路等级的选用应根据公路功能、路网规划、交通量，并充分考虑项目所在地区的综合运输体系、远期发展等,经论证后确定。一条公路,可分段选用不同的公路等级或同一公路等级不同的设计速度、路基宽度,但不同公路等级、设计速度、路基宽度间的衔接应协调,过渡应顺适。预测的设计交通量介于一级公路与高速公路之间时,拟建公路为干线公路,宜选用高速公路;拟建公路为集散公路,宜选用一级公路。干线公路宜选用二级及二级以上公路。

　　3.公路的技术标准

　　公路的技术标准是法定的技术准则,它是指公路线形和构造物的设计、施工在技术性能、几何尺寸、结构组成方面的具体规定和要求。它是在根据汽车行驶性能、数量、荷载等方面的要求和设计、施工及使用的经验基础上,经过调查研究和理论分析制订出来的。各级公路主要技术指标汇总,如表1-2及表1-3所示。高速公路和一级公路整体式断面必须设置中间带,中间带由中央分隔带和两条左侧路缘带组成。

各级公路主要技术指标汇总　　　　　　　　表1-2

公路等级		高速公路			一级公路			二级公路		三级公路		四级公路	
设计速度(km/h)		120	100	80	100	80	60	80	60	40	30	30	20
行车道宽度(m)		3.75	3.75	3.75	3.75	3.75	3.50	3.75	3.50	3.50	3.25	3.25	3.00
车道数(条)		≥4						2		2		2或1	
中间带宽度(m)	一般值	4.5	3.5	3.0	3.5	3.5	3.0	—	—	—	—	—	—
	最小值	3.5	3.0	2.0	3.0	2.0	2.0	—	—	—	—	—	—
左侧路缘带宽度(m)		0.75	0.75	0.50	0.75	0.50	0.50	—	—	—	—	—	—
右侧硬路肩宽度(m)	一般值	3.0(2.5)	3.0(2.5)	3.0(2.5)	3.0(2.5)	3.0(2.5)	2.5	1.5	0.75	—	—	—	—
	最小值	1.5	1.5	1.5	15	1.5	1.5	0.75	0.25	—	—	—	—
土路肩宽度(m)	一般值	0.75	0.75	0.75	0.75	0.75	0.75	0.75	0.75	0.75	0.5	0.25(双车道)	
	最小值	0.75	0.75	0.75	0.75	0.75*	0.5	0.5	0.5			0.5(单车道)	
不设超高最小半径(m)	$i_{路拱} \leq$ 2.0%	5 500	4 000	2 500	4 000	2 500	1 500	2 500	1 500	600	350	350	150
	$i_{路拱} >$ 2.0%	7 500	5 250	3 350	5 250	3 350	1 900	3 350	1 900	800	450	450	200
一般最小半径(m)		1 000	700	400	700	400	200	400	200	100	65	65	30
停车视距(m)		210	160	110	160	110	75	110	75	40	30	30	20
最小坡长(m)		300	250	200	250	200	150	200	150	120	100	100	60
最大纵坡(%)		3	4	5	4	5	6	5	6	7	8	8	9
桥涵设计车辆荷载		公路—Ⅰ级			公路—Ⅰ级			公路—Ⅰ级		公路—Ⅱ级		公路—Ⅱ级	

　　注:1.设计速度80km/h条件下为集散功能的一级公路,其土路肩宽度最小值应采用0.50m。

　　　　2.高速公路和一级公路,应在右侧硬路肩宽度内设0.50m宽的右侧路缘带。

　　　　3.二级公路作为集散公路且交通量小、重型车辆少时,其桥涵设计可采用公路—Ⅱ级荷载。

各级公路路基宽度　　　　　　　　　　　　　　　　　　　表 1-3

公路等级		高速公路、一级公路							
设计速度（km/h）		120			100			80	60
车道数（条）		8	6	4	8	6	4	6	4	—
路基宽度（m）	一般值	42.0	34.5	28.0	44.0	33.5	26.0	32.0	24.5	23.0
	最小值	38.0	—	26.0	41.0	—	24.5	—	21.5	20.0

公路等级		二级公路、三级公路、四级公路					
设计速度（km/h）		80	60	40	30	20	
车道数（条）		2	2	2	2	2 或 1	
路基宽度（m）	一般值	12.0	10.0	8.5	7.5	6.5（双车道）	4.5（单车道）
	最小值	10.0	8.5	—	—	—	

注：1. "一般值"为正常情况下的采用值；最小值为条件受限制时可采用的值。

2. 八车道高速公路路基宽度"一般值"为设置左侧硬路肩，内侧车道采用 3.50m 时的宽度；八车道高速公路路基宽度"最小值"为不设硬路肩，内侧车道采用 3.75m 时的宽度。

二、城市道路的分类与分级

《城市道路工程设计规范》（CJJ 37—2012）（2016 年版）按城市道路在道路网中的地位、交通功能和对沿线建筑物的服务功能分为 4 级。

1. 快速路

快速路主要为城市中的大量、长距离快速交通服务，其技术要求为：

（1）至少要有 4 条车道，中间设中央分车带，有自行车通过时应在两侧加设自行车道。

（2）进出口采用全控制或部分控制。

（3）大部分交叉口采用立体交叉，与次干道可采用平面交叉，与支路不能直接相交。过路行人集中点要设置过街人行天桥或地道。

2. 主干路

主干路是城市道路网的骨架，它联系城市各主要分区、港口与车站等。自行车多时可采用机动车和非机动车分流的断面形式，如三幅路或四幅路，如图 1-2 所示。

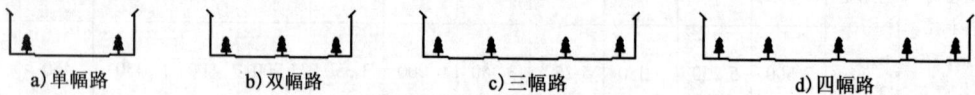

a) 单幅路　　　　b) 双幅路　　　　c) 三幅路　　　　d) 四幅路

图 1-2　城市道路横断面布置形式

3. 次干路

次干路配合主干路组成城市道路网，连接城市各部分和集散交通。它是城市交通干路，兼有服务功能，可设置停车场。

4. 支路

支路是一个地区内（如居住区）的道路，也是与干路的联系道路，它解决局部地区交通，以服务功能为主。部分支路可用以补充干道网的不足。

城市道路的分类和分级及主要技术指标，可参考表 1-4。

各级城市道路主要技术指标汇总　　　　　表 1-4

等级	项　　目				
	设计速度 （km/h）	双向机动车 车道数（条）	机动车道宽度 （m）	分隔带设置	横断面采用形式
快速路	60、80	≥4	3.75	必须设	双、四幅路
主干路	50、60	≥4	3.75	应设	单、双、三、四幅路
	40、50	≥4	3.75	应设	单、双、三幅路
	30、40	2～4	3.5～3.75	可设	单、双、三幅路
次干路	40、50	2～4	3.75	可设	单、双、三幅路
	30、40	2～4	3.5～3.75	不设	单幅路
	20、30	2	3.5	不设	单幅路
支路	30、40	2	3.5～3.75	不设	单幅路
	20、30	2	3.5	不设	单幅路
	20	2	3.5	不设	单幅路

注：1. 设计速度在条件许可时，宜采用大值。

　　2. 改建道路根据地形、地物限制、拆迁占地等具体困难，可选用表中适当等级。

　　3. 城市文化街、商业街可参照表中次干路及支路的技术指标。

第二章

道路平面设计

【学习要求】

掌握道路的基本线形及线形组合;熟悉道路平面设计原理和设计方法;了解道路选线、定线、行车视距及视距保证;了解各种地形条件下的选线要点等内容。

第一节　道路平面线形要素

道路是一个带状构造物,它的中线是一条空间曲线。道路中线在水平面上的投影称为路线的平面。路线平面上的形状及特征称为道路的平面线形。

道路是为汽车服务的,平面线形的构成要素应与汽车行驶的轨迹相吻合,只有这样才能保证行车的安全、舒适,才能方便驾驶员操作。当汽车转向角为零时,汽车的轨迹为直线;当汽车转向角为常数时,汽车的轨迹为圆曲线;当汽车转向角为变数时(即逐渐转向),汽车的轨迹为曲率渐变的曲线(即缓和曲线)。道路平面线形由上述 3 种基本几何线形,即直线、圆曲线、缓和曲线合理组合而成,称为平面线形三要素。在设计速度不高的低等级道路上,为简化设计,也可以只使用直线和圆曲线两种要素。

一、直线

1. 直线的线形特征

作为平面线形的基本要素之一的直线,在公路与城市道路中使用最为广泛。一般在选线和定线时,只要地势平坦,无大的地物、地形障碍,道路选线、定线人员都会首选考虑使用直线。其线形特征主要是:

(1)直线以最短的距离连接两目的地,具有路线短捷、缩短里程和行车方向明确的特点。

(2)直线具有视距良好、行车快速、易于排水等特点。

(3)由于已知两点就可以确定一条直线,因而直线线形简单,容易测设。

(4)笔直的道路给人以简洁、直达的良好印象,在美学上直线也有其自身的视觉特点。

(5)从行车的安全和线形美观来看,过长的直线,线形呆板,行车单调,易使驾驶员产生疲劳,也容易发生超车和超速行驶,行车时驾驶员难以估计车间距离,在直线上夜间行车对向车容易产生眩光等。因而长直线行车的安全性较差,往往是发生车祸较多的路段。

(6)直线虽然路线方向明确,但只能满足两个控制点的要求,难与地形及周围环境相协调。特别是在山区、丘陵区,采用过长的直线会破坏自然景观,并易造成大挖大填,工程的经济性也较差。

2. 直线的设计标准

(1)直线的最大长度

长直线由于景观单调和公路环境缺少变化往往会使驾驶员产生疲劳或注意力分散,以致发生交通事故。因此,在线形设计中,选取直线及其长度时必须慎重考虑,应避免使用过长直线,并注意直线的设置应与地形、地物、环境相协调。

直线的最大长度应有所限制,直线的长度不宜过长。受地形条件或其他特殊情况限制而采用长直线时,为弥补景观单调之缺陷,应结合沿线具体情况采取相应的技术措施。

(2)直线的最小长度

两圆曲线间以直线径相连接时,直线的长度不宜过短,并应符合下列规定:

①当设计速度大于或等于60km/h时,同向圆曲线间最小直线长度(以m计)以不小于设计速度(以km/h计)的6倍为宜;反向圆曲线间的最小直线长度(以m计)以不小于设计速度(以km/h计)的2倍为宜。

②当设计速度小于或等于40km/h时,可参照上述规定执行。

3. 直线的运用

(1)直线的运用应注意同地形、环境的协调与配合。采用直线线形时,其长度不宜过长。

(2)农田、河渠规整的平坦地区、城镇近郊规划等以直线条为主体时,宜采用直线线形。

(3)特长、长隧道或结构特殊的桥梁等构造物所处的路段以及路线交叉点前后的路段,宜采用直线线形。

(4)双车道公路为超车所提供的路段宜采用直线线形。

二、圆曲线

1. 圆曲线的线形特征

各级公路与城市道路不论转角大小均应设置圆曲线,其主要特点是:

（1）曲线上任意一点的曲率半径 R 为常数，故测设比缓和曲线简便。

（2）圆曲线上的每一点都在不断地改变方向，因而汽车在圆曲线上的行驶要受到离心力，当速度一定时，其离心力为一常量，同时，汽车在平曲线上行驶时要多占用路面宽度。

（3）视距条件差。汽车在圆曲线内侧行驶时，视线受到路堑边坡或其他障碍物的影响，视距条件差，容易发生交通事故。

（4）较大半径的长缓圆曲线具有线形美观、顺适、行车舒适等特点，是公路上常采用的线形。

2. 圆曲线的设计标准

1）圆曲线半径

（1）圆曲线半径计算公式

在道路平面设计中，应在两直线段交汇点，用曲线将其平顺地连接起来，以利于汽车安全正常地通过，这段曲线称为道路平曲线。圆曲线是平曲线中的主要组成部分。

设平曲线上道路路基断面如图 2-1 所示，平曲线在该断面的曲线半径为 R，路面内外侧对称，路面横坡 $i_1 = \tan\alpha$。汽车以车速 v（m/s）匀速行驶于内外侧路面上，车重为 G（N）。在汽车重心 O 处设直角坐标 XOY，其中 OX 轴与路面平行。汽车质量为 m（kg），重力加速度为 $g = 9.8\text{m/s}^2$，则汽车上的作用力有：

离心力 $$P = \frac{mv^2}{R} \quad (\text{N})$$

重力 $$G = mg \quad (\text{N})$$

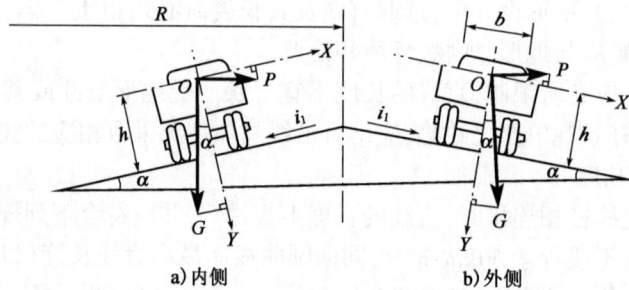

a) 内侧　　　　　　b) 外侧

图 2-1　汽车在曲线上行驶的横向力

当汽车行驶于平曲线内侧时，取 X 轴方向作用于车体上的实际横向力为 x，则有：

$$x = P\cos\alpha - G\sin\alpha = (mv^2/R)\cos\alpha - mg\sin\alpha \quad (\text{N})$$

在道路设计中，α 角实际很小，可取 $\cos\alpha \approx 1.0$，$\sin\alpha \approx \tan\alpha = i_1$，则有：

$$x = \frac{mv^2}{R} - mgi_1$$

为分析方便，常令 $\mu = \dfrac{x}{G}$，即单位车重所承受的实际横向力，又称为横向力系数，则有：

$$\mu = \frac{v^2}{gR} - i_1 \tag{2-1}$$

于是得：

$$R = \frac{v^2}{g(\mu + i_1)} \quad (\text{m}) \tag{2-2}$$

当车速 $v(\text{m/s})$ 换算为 $V(\text{km/h})$，便可写成式(2-3)：

$$R = \frac{V^2}{127(\mu + i_1)} \quad (\text{m}) \tag{2-3}$$

式(2-3)便是道路平曲线上确定圆曲线半径的公式。按上述原理不难推导出车辆行驶于曲线外侧(图2-1)时 $R = \frac{V^2}{127(\mu - i_1)}(\text{m})$。由此可见，道路平曲线上的曲线半径公式为：

$$R = \frac{V^2}{127(\mu \pm i_1)} \quad (\text{m}) \tag{2-4}$$

显然，曲线半径 R 与横向力系数 μ 密切相关。

（2）圆曲线最小半径值

①行车的横向倾覆稳定性。设图2-1中汽车重心高为 $h(\text{m})$，车轴上的轮距 $b(\text{m})$，重心在 $\frac{b}{2}$ 处。当汽车出现横向倾覆危险的一瞬间，其横向力产生的倾覆力矩 $x \cdot h$ 与汽车自重所具有的稳定力矩 $\frac{b}{2} \cdot G$ 可近似地呈下列关系：

$$x \cdot h \geqslant \frac{b}{2} \cdot G$$

即

$$\mu \geqslant \frac{b}{2h} \tag{2-5}$$

在现代汽车设计中，一般 $b \approx 2h$，因此，在倾覆危险状态时有：

$$\mu \geqslant 1.0$$

在道路设计中，使用的 μ 值都小于 1.0，因此，平曲线上汽车的倾覆稳定性是得以充分保证的。

②行车的滑动稳定性。设 φ_2 是车轮与该处路面之间的横向摩阻系数，则汽车与路面之间的横向抗滑力 F 可近似表示为：

$$F = \varphi_2 G = \varphi_2 mg \quad (\text{N}) \tag{2-6}$$

或

$$\varphi_2 = \frac{F}{G} = \frac{F}{mg} \tag{2-7}$$

导致汽车横向侧滑的力实际上是横向力 x 或 μ 阻止汽车侧滑的力是汽车横向抗滑力 F 或 φ_2 在汽车出现横向侧滑的瞬间，将存在：

$$x \geqslant F \text{ 或 } \mu \geqslant \varphi_2$$

如果要防止汽车发生横向侧滑，设计中必须保证：

$$\mu \leqslant \varphi_2 \tag{2-8}$$

或

$$R \geqslant \frac{v^2}{g(\varphi_2 \pm i_1)} = \frac{V^2}{127(\varphi_2 \pm i_1)} \tag{2-9}$$

从式(2-8)和式(2-9)的设计原理可以看出，设计中必须保证在任何情况下都满足 $\mu \leqslant \varphi_2$，据此可作为选择路面类型的依据之一,同时已知路面类型(φ_2已知)后选择平曲线半径R的又一方法。因此,φ_2是道路平曲线设计中的一个重要因素,同时也是路面质量中一项重要的技术指标。φ_2取决于路面潮湿程度、车速及路面类型等,其中与路面的潮湿程度关系最大。国内外实测结果表明,一般混凝土路面μ值为$0.4 \sim 0.6$,在平滑的冰雪路面上,若不加防滑链,μ值小于0.2,所以μ值采用$0.10 \sim 0.15$对一般公路是足够安全的。

③乘客舒适性。横向力系数μ值的大小直接影响乘车人的舒适感,从驾驶员和乘客的承受能力及舒适感考虑。

当$\mu < 0.10$时,不会感到有曲线存在,很平稳。

当$\mu = 0.15$时,稍感到有曲线存在,尚平稳。

当$\mu = 0.20$时,已感到有曲线存在,稍感不稳定。

当$\mu = 0.35$时,感到有曲线存在,不稳定。

当$\mu = 0.40$时,有倾车的危险感,非常不稳定。

从舒适感出发,μ值采用$0.10 \sim 0.15$也是比较可行的。随着车速的增高,μ值应逐渐减小。

④营运经济性。研究表明,μ值不同,燃料消耗和轮胎磨耗亦不同,如表2-1所示。

μ 与燃料消耗和轮胎磨耗关系表　　　　表2-1

μ	燃料消耗(%)	轮胎磨耗(%)	μ	燃料消耗(%)	轮胎磨耗(%)
0	100	100	0.15	115	300
0.05	105	160	0.20	120	390
0.10	110	220			

从汽车营运经济性出发,μ以不超过$0.10 \sim 0.15$为宜。

综上所述,从行车稳定、舒适及经济考虑,圆曲线最小半径计算公式为:

$$R_{\min} = \frac{V^2}{127(\mu_{\max} + i_c)} \quad （\text{m}） \tag{2-10}$$

式中:$\mu_{\max}$——综合行车稳定、舒适、经济确定的最大μ值;

i_c——最大超高横坡。

将以上的结果取整数就可以得出标准规定的圆曲线最小半径值,它是平曲线半径设计的极限值,在设计中任何情况下都必须满足。《标准》规定的圆曲线最小半径值如表2-2所示。《城市道路设计规范》(CJJ 37—2012)(2016 年版)规定的城市道路设超高最小半径极限值如表2-3所示。

公路圆曲线最小半径　　　　表2-2

设计速度(km/h)		120	100	80	60	40	30	20
圆曲线最小半径(一般值)(m)		1 000	700	400	200	100	65	30
圆曲线 最小半径 (极限值)(m)	$I_{\max} = 4\%$	810	500	300	150	65	40	20
	$I_{\max} = 6\%$	710	440	270	135	60	35	15
	$I_{\max} = 8\%$	650	400	250	125	60	30	15
	$I_{\max} = 10\%$	570	360	220	115	—	—	—

续上表

不设超高 圆曲线 最小半径(m)	路拱≤2.0%	5 500	4 000	2 500	1 500	600	350	150
	路拱>2.0%	7 500	5 250	3 350	1 900	800	450	200

注:1."一般值"为正常情况下的采用值;"极限值"为条件受限制时可采用的值;"I_{max}"为采用的最大超高值;"—"为不考虑采用对应最大超高值的情况。

  2.一般地区公路,圆曲线最大超高应采用8%;积雪冰冻地区,圆曲线最大超高应采用6%;以通行中、小型客车为主的高速公路和一级公路,圆曲线最大超高可采用10%;城镇区域公路,圆曲线最大超高可采用4%。

城市道路圆曲线最小半径 表2-3

设计速度(km/h)		100	80	60	50	40	30	20
设超高最小 半径(m)	一般值	650	400	300	200	150	80	40
	极限值	400	250	150	100	70	40	20
不设超高最小半径(m)		1 600	1 000	600	400	300	150	70

平曲线最小半径极限值是保证汽车行驶安全、舒适、经济的最低极限值,是设计中由于外界条件限制迫不得已才采取的值。在平曲线的设计时,都希望采取较大的半径,以提高路线的质量。这种在一般情况下采用的平曲线最小半径值称为圆曲线最小半径一般值。确定圆曲线最小半径一般值采用的横向力系数为0.05~0.06。这样,行车将更加舒适,而且,这种半径在大多数的情况下,有可能被采用。

(3)不设超高的圆曲线最小半径

不设超高最小半径是指曲线半径较大,离心力较小,靠轮胎与路面间的摩阻力就足以保证汽车安全稳定行驶所采用的最小半径,这时路面就可以不设超高,而允许设置等于直线路段路拱的双向断面,对外侧行驶的车辆为反超高。从行驶的舒适性考虑,必须把横向力系数控制到最小值。此时对于行驶在曲线外侧车道上的车辆,其i_1为负值,大小或等于路拱横坡,μ的取值比最小半径所用的μ要小得多。

《标准》规定不设超高最小半径是按$\mu=0.035$,路拱坡度i_1和式(2-4)计算后取整得来的,如表2-2所示。《城市道路设计规范》(CJJ 37—2012)(2016年版)规定的城市道路不设超高最小半径是按$\mu=0.06$,$i_1=0.015$和式(2-4)计算后取整得来的,如表2-3所示。

(4)圆曲线最大半径

选用圆曲线半径时,在地形等条件允许的前提下,应尽量采用大半径圆曲线,使行车舒适。但圆曲线半径过大,使圆曲线太长,对测设和施工都不利,且过大的半径,其几何性质与直线无多大差异。因此,《公路路线设计规范》(JTG D20—2017)规定,圆曲线最大半径值不宜超过10 000m。

2)平曲线长度

(1)平曲线最小长度

从驾驶员操纵方便、行车舒适性以及视觉要求来看,应对平曲线长度加以限制。《公路路线设计规范》(JTG D20—2017)按回旋曲线最小长度的2倍(6s行程长度)制定了公路平曲线最小长度指标,如表2-4所示。城市道路的平曲线与圆曲线最小长度规定如表2-5所示。"最

17

小值"或"极限值"为条件受限时,可采用的值。"一般值"为正常情况下的采用值。

公路平曲线最小长度 表2-4

设计速度(km/h)	120	100	80	60	40	30	20
一般值(m)	600	500	400	300	200	150	100
最小值(m)	200	170	140	100	70	50	40

城市道路平曲线与圆曲线最小长度 表2-5

设计速度(km/h)		100	80	60	50	40	30	20
平曲线最小长度(m)	一般值	260	210	150	130	110	80	60
	极限值	170	140	100	85	70	50	40
圆曲线最小长度(m)		85	70	50	40	35	25	20

公路平曲线最小长度的"一般值",取"最小值"长度的3倍。城市道路平曲线最小长度的"一般值"按回旋曲线最小长度的3倍制定。

(2)小转角平曲线最小长度

当道路转角小于7°时,曲线长度往往看上去较实际长度小。因为在曲线两端附近的曲线部分被误认为是直线,只有在交点附近的部分才能看出是曲线,这就会给驾驶员造成急转弯的错觉。为避免造成视觉错误、保证行车安全,在进行平曲线设计时应避免设置小于7°的转角。当路线转角小于或等于7°时,应设置较长的平曲线,其长度应大于表2-6中规定的"一般值"。当地形条件及其他特殊情况限制时,可采用表中的"最小值"。

公路转角等于或小于7°时平曲线最小长度 表2-6

设计速度(km/h)	120	100	80	60	40	30	20
一般值(m)	$1\ 400/\alpha$	$1\ 200/\alpha$	$1\ 000/\alpha$	$700/\alpha$	$500/\alpha$	$350/\alpha$	$280/\alpha$
最小值(m)	200	170	140	100	70	50	40

注:表中的 α 角为路线转角值(°),当 α<2° 时,按 α=2° 计算。

3. 圆曲线的运用

(1)设置圆曲线时应与地形相适应,以采用超高为2%～4%的圆曲线半径为宜。

(2)条件受限制时,可采用大于或接近于圆曲线最小半径的"一般值";地形条件特殊困难而不得已时,方可采用圆曲线最小半径的"极限值"。

(3)设置圆曲线时,应同相衔接路段的平、纵线形要素相协调,使之构成连续、均衡的曲线线形,并避免小半径圆曲线与陡坡相重合的线形。

4. 圆曲线要素的计算

图2-2为单圆曲线,图中的几何关系有:

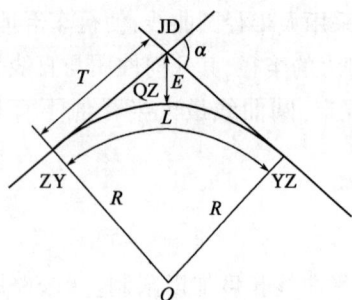

图2-2 圆曲线要素计算

切线长 $\qquad T = R \cdot \tan \dfrac{\alpha}{2}$ $\qquad$ (2-11)

圆曲线长 $\qquad L = \dfrac{\pi}{180°} \cdot \alpha \cdot R$ $\qquad$ (2-12)

外距 $$E = R\left(\sec\frac{\alpha}{2} - 1\right)$$ (2-13)

校正值 $$J = 2T - L$$ (2-14)

圆曲线有 3 个主点桩（ZY、QZ、YZ），其里程桩号计算如下：

直圆点 $$ZY = JD - T$$ (2-15)

圆直点 $$YZ = ZY + L$$ (2-16)

曲中点 $$QZ = YZ - \frac{L}{2}$$ (2-17)

校核交点里程 $$JD = QZ + \frac{J}{2}$$ (2-18)

【例 2-1】 某平曲线交点桩号为 K87 + 441.41，右转角 $\alpha = 26°52'$，$R = 300\text{m}$，试计算平曲线要素和主点桩号。

解：$T = R \cdot \tan\dfrac{\alpha}{2} = 300 \times \tan\dfrac{26°52'}{2} = 71.66(\text{m})$

$L = \dfrac{\pi}{180°} \cdot \alpha \cdot R = \dfrac{\pi}{180°} \times 26°52' \times 300 = 140.67(\text{m})$

$E = R\left(\sec\dfrac{\alpha}{2} - 1\right) = 300 \times \left(\sec\dfrac{26°52'}{2} - 1\right) = 8.44(\text{m})$

$J = 2T - L = 2.65(\text{m})$

曲线主点桩号计算：

JD	K87 + 441.41
$-)T$	71.66
ZY =	K87 + 369.75
$+)L$	140.67
YZ =	K87 + 510.42
$-)L/2$	70.33
QZ =	K87 + 440.09
$+)J/2$	1.32
JD =	K87 + 441.41　（校核无误）

三、缓和曲线

缓和曲线是设置在直线与圆曲线之间或半径相差较大两个转向相同的圆曲线之间的一种曲率连续变化的曲线。可作为缓和曲线的曲线有回旋线、三次抛物线、双纽线等，我国《标准》推荐的缓和曲线是回旋线。缓和曲线的作用主要有：

（1）线形缓和

在直线上，曲率半径为无穷大，曲率为零，而在圆曲线上，曲率为 $1/R$，曲率半径为常数 R。若两种线形径相连接，则在连接处形成曲率突变点。根据道路透视图的视觉分析和实际调查，这种组合线形视觉效果差，有折点和扭曲现象。加入缓和曲线，则曲率渐变，线形圆滑美观，有良好的视觉效果和心理作用感。

（2）行车缓和

汽车由直线直接驶入圆曲线或由大半径圆曲线直接驶入小半径圆曲线,其离心力发生了突变,使行车安全感和舒适感受到影响。加入缓和曲线,曲率渐变,离心力渐变,舒适性增加;从驾驶员转弯操纵来看,汽车前轮转向角逐渐变化,其中间需要插入一逐渐变化的缓和曲线,才能保持在车速一定的情况下使汽车前轮的转向角从 $0°$ 至 θ 逐渐转向,从而有利于驾驶员操纵转向盘。

（3）超高加宽缓和

为适应汽车转弯的特点,公路在圆曲线上设置有超高和加宽。设置超高和加宽也需要有一个缓和过渡段。

1.缓和曲线的线形特征

（1）缓和曲线曲率渐变,设于直线与圆曲线间,其线形符合汽车转弯时的行车轨迹,从而使线形缓和,消除了曲率突变点。

（2）由于曲率渐变,使公路线形顺适美观,有良好的视觉效果和心理作用感。从公路线形美学和驾驶员视觉心理的观点来看,加入缓和曲线也是有利的。

（3）在直线和圆曲线间加入缓和曲线后,使平面线形更为灵活,线形自由度提高,更能与地形、地物及环境相适应、协调、配合,使平面线形布置更加灵活、经济与合理。

（4）与圆曲线相比,缓和曲线计算及测设均较复杂。

2.缓和曲线的设计标准

（1）缓和曲线最小长度

缓和曲线必须有足够的长度,不至于使离心加速度增长过快和驾驶员转动转向盘过急,从而使行车安全、舒适,线形圆滑顺适。

①从控制方向操作的最短时间考虑。缓和曲线的长度太短,使驾驶员操作不便,所以应保证驾驶员在缓和曲线上操作有一定的行程时间。缓和曲线的最小长度为:

$$l_{hmin} = vt = \frac{V}{3.6}t \qquad (2\text{-}19)$$

式中:V——设计速度(km/h);

　　v——设计速度(m/s);

　　t——汽车在缓和曲线上最短行驶时间(s),一般取 $t = 3s$。

②离心加速度变化率应限制在一定范围内。汽车行驶在缓和曲线上,其离心加速度随缓和曲线曲率变化而变化,如变化过快将会使旅客感受到横向的冲击。

缓和曲线上离心加速度的变化率为:

$$a_s = \frac{a}{t} = \frac{v^2}{Rt} = \frac{V^3}{47Rl_h}$$

式中:V——设计速度(km/h);

　　R——圆曲线半径(m);

　　t——汽车在缓和曲线上的行驶时间(s)。

由上述关系得出缓和曲线长度的计算公式为:

$$l_h = \frac{V^3}{47Ra_s} \qquad (m) \qquad (2\text{-}20)$$

离心加速度的变化率控制在 $0.5 \sim 0.6 \mathrm{m/s^3}$ 之间较为适当。

根据道路设计速度,按式(2-19)、式(2-20),即可计算出最小缓和曲线长度。缓和曲线最小长度规定如表 2-7、表 2-8 所示。

公路缓和曲线最小长度 表 2-7

设计速度(km/h)	120	100	80	60	40	30	20
缓和曲线最小长度(m)	100	85	70	50	35	25	20

城市道路缓和曲线最小长度 表 2-8

设计速度(km/h)	100	80	60	50	40	30	20
缓和曲线最小长度(m)	85	70	50	45	35	25	20

(2)回旋曲线参数

道路上缓和曲线多数采用回旋曲线,回旋曲线公式为:

$$A^2 = rl$$

在设计中 A 值是根据线形舒顺和美观要求,按圆曲线半径 R 值的大小来确定的。

从视觉要求出发,当缓和曲线很短使缓和曲线角 $\beta < 3°$ 时,则缓和曲线极不明显,在视觉上容易被忽略。但是,如果缓和曲线过长,使 $\beta > 29°$ 时,圆曲线与缓和曲线不能很好协调。因此,从适宜的缓和曲线角值($3° \sim 29°$)范围可推导出适宜的 A 值。由缓和曲线角计算公式得:

$$\beta = \frac{90°}{\pi} \cdot \frac{l_\mathrm{h}}{R}$$

则

$$l_\mathrm{h} = \frac{R\beta}{28.6479}$$

而

$$A = \sqrt{l_\mathrm{h} \cdot R} = R\sqrt{\frac{\beta}{28.6479}}$$

将 $\beta = 3°$ 和 $\beta = 29°$ 代入上式得:

$$\frac{R}{3} \leqslant A \leqslant R \tag{2-21}$$

式中:A——回旋曲线参数(m);

R——与回旋曲线相连接的圆曲线的半径(m)。

(3)缓和曲线的省略

在直线和圆曲线间设置缓和曲线后,圆曲线将产生一个内移值 $\Delta R = \dfrac{l_\mathrm{h}^2}{24R}$,当此内移值 ΔR 与已考虑在车道中的富余宽度相比很小时,则可将缓和曲线省略。

①直线与圆曲线间缓和曲线的省略。

《公路路线设计规范》(JTG D20—2017)规定,当圆曲线半径大于或等于表 2-2 中不设超高的圆曲线最小半径时,可不设缓和曲线;四级公路可将直线与圆曲线径相连接,用超高、加宽缓和段代替缓和曲线。

《城市道路工程设计规范》(CJJ 37—2012)(2016 年版)规定,当设计速度小于 40km/

时,可以省略缓和曲线;大于40km/h 时,如半径大于不设缓和曲线的最小圆曲线半径时,缓和曲线可以省略,如表2-9所示。

城市道路不设缓和曲线的最小圆曲线半径　　表2-9

设计速度(km/h)	100	80	60	50	40
不设缓和曲线的最小圆曲线半径(m)	3 000	2 000	1 000	700	500

②半径不同的圆曲线间缓和曲线的省略。

小圆半径大于不设超高的圆曲线最小半径时,可以省略缓和曲线。

小圆半径大于表2-10中所列半径,且符合下列条件之一时,均可省略:

a. 小圆按最小回旋曲线长度设回旋线,其大圆与小圆的内移值之差小于0.10m 时。

b. 设计速度≥80km/h,大圆半径与小圆半径之比小于1.5 时。

c. 设计速度<80km/h,大圆半径与小圆半径之比小于2 时。

复曲线中小圆临界曲线半径　　表2-10

设计速度(km/h)	120	100	80	60	40	30
临界曲线半径(m)	2 100	1 500	900	500	250	130

3. 缓和曲线的运用

(1)设计速度大于或等于60km/h 时,缓和曲线应作为线形要素之一加以运用。缓和曲线—圆曲线—缓和曲线的长度以大致接近为宜。两个缓和曲线的参数值亦可以根据地形条件设计成非对称的曲线,但 $A_1:A_2$ 不应大于2.0。

(2)缓和曲线参数,宜依据地形条件及线形要求确定,并与圆曲线半径相协调。

①当 R 小于100m 时,A 宜大于或等于 R。

②当 R 接近于100m 时,A 宜等于 R。

③当 R 较大或接近于3 000m 时,A 宜等于 $R/3$。

④当 R 大于3 000m 时,A 宜小于 $R/3$。

(3)缓和曲线长度,除满足表2-7、表2-8规定的最小长度外,还要满足超高和加宽缓和段最小长度要求。

4. 缓和曲线要素的计算

平曲线半径小于不设超高的最小半径时,应设缓和曲线。缓和曲线设置于直线和圆曲线之间,在起点处与直线相接,而在终点处与圆曲线相接,所以圆曲线的位置必然向内移动一距离 ΔR。如图2-3所示,JD 为交点,B 点是原来圆曲线的起点,F 点是原来圆曲线的终点,在插入缓和曲线 AE 后,缓和曲线与圆曲线相接于 E 点,缓和曲线起点则为 A 点,而原来的圆曲线向内移动一距离 ΔR。测设时,已知圆曲线半径 R、转角 α、圆曲线起点 B 及终点 F 的位置,因此必须定出缓和曲线起点 A 的位置(即 q 值)、缓和曲线与圆曲线衔接点 E 的位置(x_h 值)以及原来的圆曲线向内移动的距离 ΔR。这3个数值确定后,即可设置缓和曲线。设

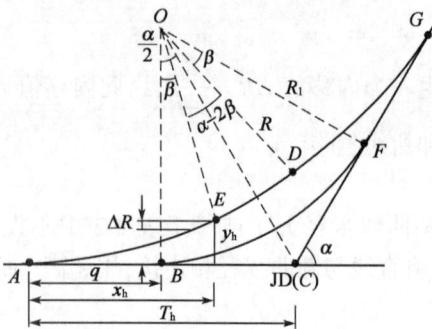

图2-3 缓和曲线与圆曲线的连接

置缓和曲线后,圆曲线的中心角 α 会减小,减小后的中心角等于 $\alpha - 2\beta$,β 为缓和曲线角,因而设置缓和曲线的可能条件是 $\alpha \geq 2\beta$。

当 $\alpha = 2\beta$ 时,两条缓和曲线将在弯道中央连接,从而形成一条连续的缓和曲线;当 $\alpha < 2\beta$ 时,则不能设置所规定的缓和曲线,这时必须缩短缓和曲线的长度或者增大圆曲线的半径。

从图 2-3 中可得:

$$\mathrm{d}\beta = \frac{\mathrm{d}l}{\rho} = \frac{l\mathrm{d}l}{c} \quad \text{或} \quad \beta = \frac{l^2}{2c}$$

又已知在回旋线终点,回旋线长 l 等于 l_h,于是有:

$$\beta = \frac{l_\mathrm{h}^2}{2c}$$

β、ΔR 和 q 的计算公式为:

$$\beta = \frac{l_\mathrm{h}^2}{2c} = \frac{l_\mathrm{h}}{2R}(\mathrm{rad}) = \frac{90°}{\pi} \cdot \frac{l_\mathrm{h}}{R} \tag{2-22}$$

$$\Delta R = y_\mathrm{c} - R(1 - \cos\beta) = \frac{l_\mathrm{h}^2}{24R} - \frac{l_\mathrm{h}^4}{2\,688R^3} \quad (\mathrm{m}) \tag{2-23}$$

$$q = x_\mathrm{c} - R\sin\beta = \frac{l_\mathrm{h}}{2} - \frac{l_\mathrm{h}^3}{240R^2} \quad (\mathrm{m}) \tag{2-24}$$

式中:c——回旋线常数,表征回旋线曲率变化缓急程度的量(m^2);

   ρ——回旋线上任一点的曲率半径(m);

   l——回旋线上任一点到曲线起点的曲线长度(m);

   β——缓和曲线角,它是回旋曲线上任一点的法线方向与 y 轴的夹角;

   ΔR——设缓和曲线后,主圆曲线的内移值。

在求得 β、ΔR 和 q 以后,曲线要素可按下列各式计算,如图 2-4 所示。

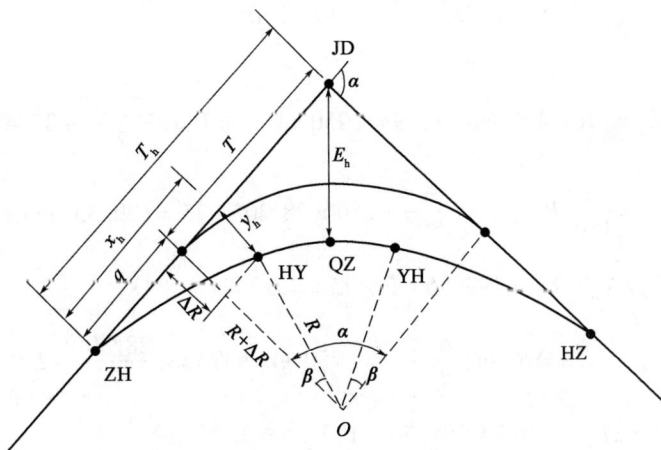

图 2-4 带缓和曲线的圆曲线主点桩号

23

切线长
$$T_h = T + q = (R + \Delta R)\tan\frac{\alpha}{2} + q \qquad (2\text{-}25)$$

平曲线长
$$L_h = \frac{\pi}{180°}R(\alpha - 2\beta) + 2l_h = \frac{\pi}{180°}R\alpha + l_h \qquad (2\text{-}26)$$

圆曲线长
$$L_y = \frac{\pi}{180°}R(\alpha - 2\beta) = \frac{\pi}{180°}R\alpha - l_h \qquad (2\text{-}27)$$

外距
$$E_h = (R + \Delta R)\sec\frac{\alpha}{2} - R \qquad (2\text{-}28)$$

校正值
$$J = 2T_h - L_h \qquad (2\text{-}29)$$

全部曲线有 5 个主点桩,其里程桩号计算如下:

直缓点 ZH(第一缓和曲线起点)
$$\text{ZH} = \text{JD} - T_h \qquad (2\text{-}30)$$

缓圆点 HY(第一缓和曲线终点)
$$\text{HY} = \text{ZH} + l_h \qquad (2\text{-}31)$$

圆缓点 YH(第二缓和曲线终点)
$$\text{YH} = \text{HY} + L_y \qquad (2\text{-}32)$$

缓直点 HZ(第二缓和曲线起点)
$$\text{HZ} = \text{YH} + l_h \qquad (2\text{-}33)$$

曲中点 QZ(圆曲线中点)
$$\text{QZ} = \text{HZ} - \frac{L_h}{2} \qquad (2\text{-}34)$$

校核交点里程
$$\text{JD} = \text{QZ} + \frac{J}{2} \qquad (2\text{-}35)$$

【例 2-2】 二级公路某弯道,圆曲线半径 $R = 250\text{m}$,缓和曲线长度 $l_h = 75\text{m}$,交点桩号 JD = K17 + 568.38,转角 $\alpha = 28°30'$。

(1)计算曲线要素。

(2)计算主点桩里程。

解:(1)计算 3 个参数:
$$\beta = \frac{l_h}{2R} = \frac{75}{2 \times 250}(\text{rad}) = 0.15 \times \frac{180°}{\pi} = 8°35'39''$$

$$\Delta R = \frac{l_h^2}{24R} = \frac{75^2}{24 \times 250} = 0.937(\text{m})$$

$$q = \frac{l_h}{2} - \frac{l_h^3}{240R^2} = \frac{75}{2} - \frac{75^3}{240 \times 250^2} = 37.472(\text{m})$$

曲线要素如下:

切线长
$$T_h = (R + \Delta R)\tan\frac{\alpha}{2} + q = (250 + 0.937)\tan\frac{28°30'}{2} + 37.472 = 101.20(\text{m})$$

平曲线长
$$L_h = \frac{\pi}{180°}R\alpha + l_h = \frac{\pi}{180°} \times 250 \times 28°30' + 75 = 199.35(\text{m})$$

圆曲线长
$$L_y = L_h - 2l_h = 199.35 - 2 \times 75 = 49.35(\text{m})$$

外距
$$E_h = (R + \Delta R)\sec\frac{\alpha}{2} - R = (250 + 0.937)\sec\frac{28°30'}{2} - 250 = 8.90(\text{m})$$

校正值
$$J = 2T_h - L_h = 2 \times 101.20 - 199.35 = 3.05(\text{m})$$

(2)5 个主点桩号:

JD	K17 + 568.38
$-)\,T_h$	101.20
ZH =	K17 + 467.18
$+)\,L_h$	75.00
HY =	K17 + 542.18
$+)\,l_y$	49.35
YH =	K17 + 591.53
$+)\,l_h$	75.00
HZ =	K17 + 666.53
$-)\,L_h/2$	99.675
QZ =	K17 + 566.86

$$JD = QZ + J/2 = K17 + 566.86 + 3.05 \div 2 = K17 + 568.38 \quad （校核无误）$$

第二节　道路平面线形设计

道路平面线形的基本要素是直线、圆曲线与缓和曲线。但由于道路是连续不断的线形结构,更由于路线所经地形常常千差万别,所以道路的平面线形更多的是以直线、圆曲线与缓和曲线相结合而成的各种线形。

一、平面线形设计的一般要求

(1)平面线形应直捷、连续、均衡,并与地形相适应,与周围环境相协调。

(2)受条件限制采用长直线时,应结合具体情况采用相应的技术措施。

(3)连续的圆曲线间应采用适当的曲线半径比。

(4)各级公路不论转角大小均应敷设曲线,并宜选用较大的圆曲线半径。转角过小时,不应设置较短的圆曲线。

(5)两同向圆曲线间应设有足够长度的直线,两反向圆曲线间不应设置短直线段。

(6)六车道及以上高速公路和干线的一级公路,同向或反向圆曲线间插入的直线长度,应符合路基外侧边缘超高过渡渐变率的规定。

(7)设计速度小于或等于40km/h的双车道公路,两相邻反向圆曲线无超高时可径相衔接,无超高有加宽时应设置长度不小于10m的加宽过渡段;两相邻反向圆曲线设有超高时,地形条件特殊困难路段的直线长度不得小于15m。

(8)设计速度小于或等于40km/h的双车道公路,应避免连续急弯的线形。地形条件特殊困难不得已而设置时,应在曲线间插入规定长度的直线或回旋线。

二、平面组合线形

1.简单型

当一个弯道由直线与圆曲线组合时称为简单型曲线,即按直线—圆曲线—直线的顺序组合,如图2-5所示。

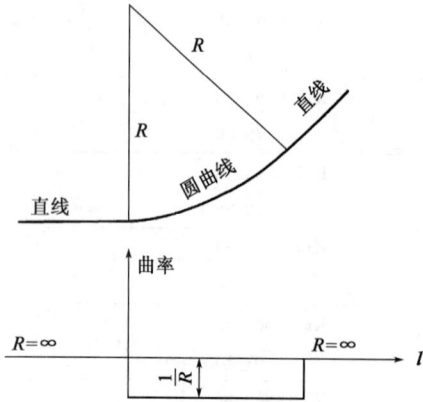

图 2-5　简单型曲线

简单型组合曲线在 ZY 点和 YZ 点处有曲率突变点,对行车不利。当半径较小时,该处线形也不顺适,一般限于四级公路采用。在其他等级公路中,当平曲线半径大于不设超高半径时,省略缓和曲线后也可以构成简单型。

2. 基本型

按直线—回旋线—圆曲线—回旋线—直线的顺序组合的曲线称为基本型,如图 2-6 所示。

基本型可以设计成对称基本型和非对称基本型两种。当 $A_1 = A_2$ 时,为对称基本型,这是经常采用的。非对称基本型是根据线形、地形变化的需要,在圆曲线两侧采用 $A_1 \neq A_2$ 的回旋线。基本型两端的回旋线参数除应满足式(2-21)的要求外,为使线形连续协调,回旋线—圆曲线—回旋线的长度之比宜为 1∶1∶1 左右,并注意满足设置基本形的几何条件:$2\beta < \alpha$(α 为路线转角,β 为缓和曲线角)。

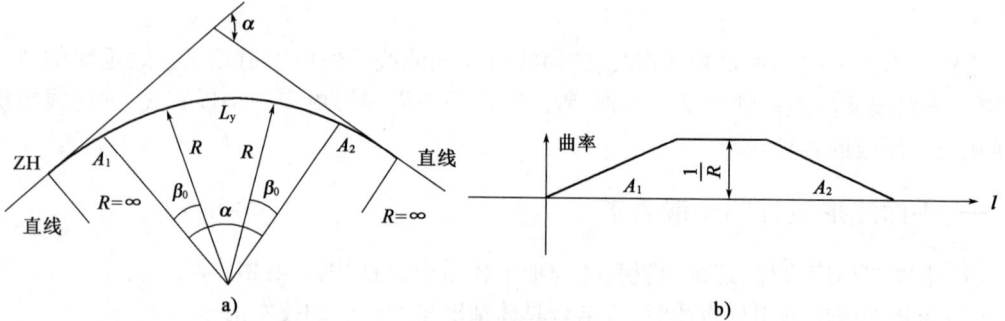

图 2-6　基本型曲线

3. 凸形曲线

两同向回旋曲线间不插入圆曲线而径相连接的组合形式称为凸形曲线,如图 2-7 所示。

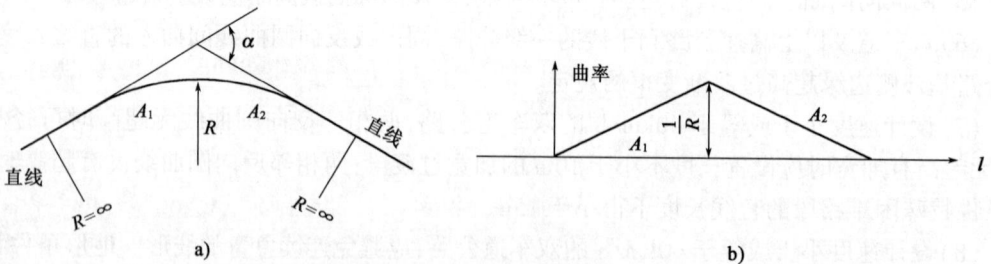

图 2-7　凸形曲线

设置凸形曲线的几何条件为:

$$2\beta = \alpha$$

凸形曲线只有在路线严格受地形限制,且对接点的曲率半径相当大时方可采用。

(1)凸形曲线的回旋线参数及其对接点的曲率半径,应分别符合容许最小回旋线参数和圆曲线最小半径的规定。

（2）对接点附近的 $0.3V$（以 m 计；其中 V 为设计速度，按 km/h 计）长度范围内，应保持以对接点的曲率半径确定的路拱横坡度。

4. 复合型曲线

两个及两个以上的同向回旋曲线，在曲率相等处径相衔接的组合形式称为复合型曲线，如图 2-8 所示。

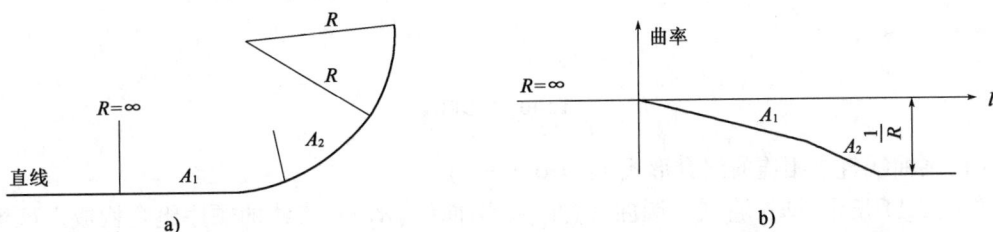

图 2-8 复合型曲线

复合型曲线在受地形条件限制，或互通式立体交叉的匝道设计中可采用。复合型曲线的两个回旋线参数之比以小于 1.5 为宜。

5. S 形曲线

两个反向圆曲线间用两个反向回旋线连接的组合形式，称为 S 形曲线，如图 2-9 所示。

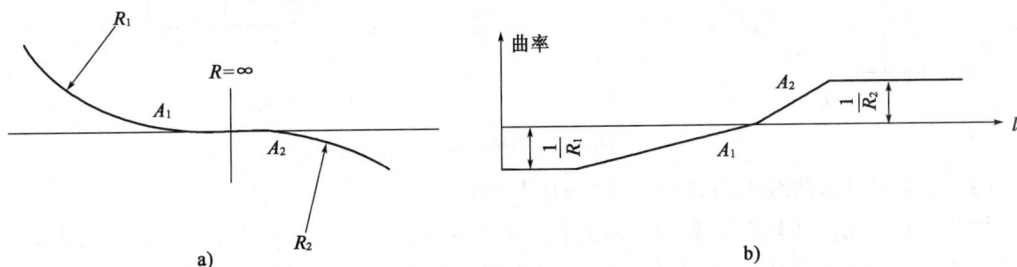

图 2-9 S 形曲线

（1）S 形曲线的两回旋线参数 A_1 与 A_2 宜相等。

（2）当采用不同的回旋线参数时，A_1 与 A_2 之比应小于 2.0，有条件时以小于 1.5 为宜。当 $A_2 \leqslant 200$ 时，A_1 与 A_2 之比应小于 1.5。

（3）两圆曲线半径之比不宜过大，以 $R_1/R_2 \leqslant 2$ 为宜（R_1 为大圆曲线半径，R_2 为小圆曲线半径）。

6. C 形曲线

同向曲线的两回旋线在曲率为零处径相衔接的形式称为 C 形曲线，如图 2-10 所示。

C 形曲线两个回旋线参数可相等，也可不相等。C 形曲线仅限于地形条件特殊困难，路线严格受限制时方可采用。

7. 复曲线

复曲线是指两个或两个以上半径不同，转向相同的圆曲线径相连接（$l_F=0$）或插入缓和曲线（$l_F \neq 0$）的组合曲线，后者又叫卵形曲线。根据其是否插入缓和曲线可有以下几种形式：

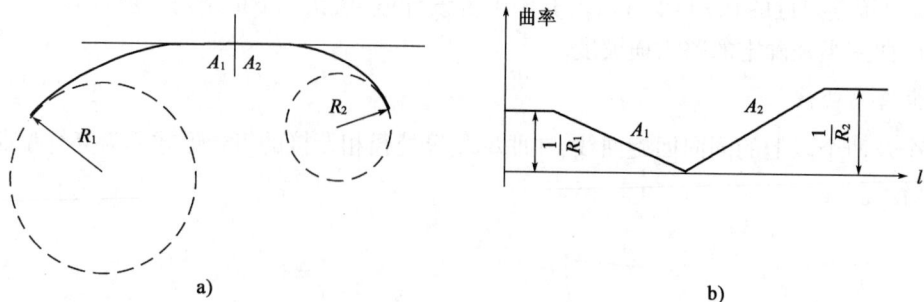

图 2-10　C 形曲线

（1）圆曲线直接相连的组合形式（$l_F = 0$，$l_h = 0$）

如图 2-11 所示，即按直线—圆曲线（R_1）—圆曲线（R_2）—直线的顺序组合构成。该组合线形用于四级公路中或其他各级公路同时满足 l_h 和 l_F 的省略条件时采用，即其大、小半径均应大于不设超高的最小半径。

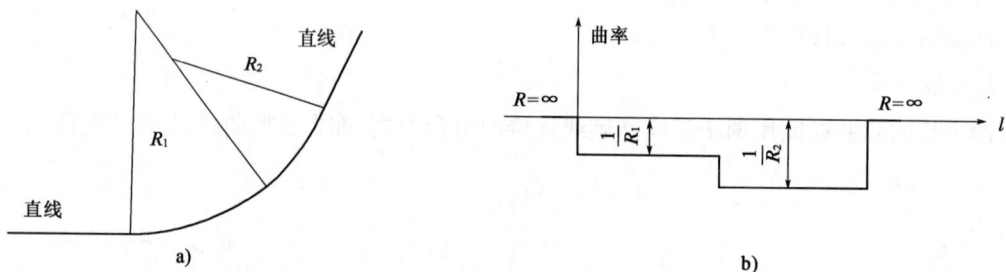

图 2-11　简单型复曲线

（2）两端带缓和曲线的组合形式（$l_F = 0$，$l_h \neq 0$）

如图 2-12 所示，即按直线—缓和曲线（A_1）—圆曲线（R_1）—圆曲线（R_2）—缓和曲线（A_2）—直线顺序组合构成。该组合线形用于除四级公路以外的其他各级公路中，当仅满足 l_F 的省略条件而不满足 l_h 的省略条件时采用。

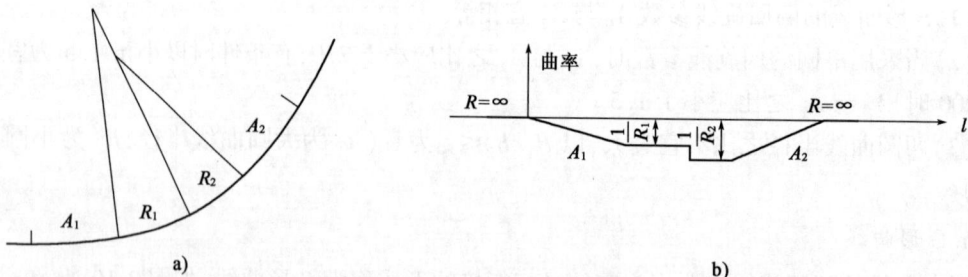

图 2-12　基本型复曲线

（3）卵形曲线（$l_F \neq 0$，$l_h \neq 0$）

如图 2-13 所示，即按直线—缓和曲线（A_1）—圆曲线（R_1）—缓和曲线—圆曲线（R_2）—缓和曲线（A_2）—直线顺序组合构成。该组合线形用于除四级公路以外的其他各级公路中，当 l_F 和 l_h 的省略条件均不满足时采用。

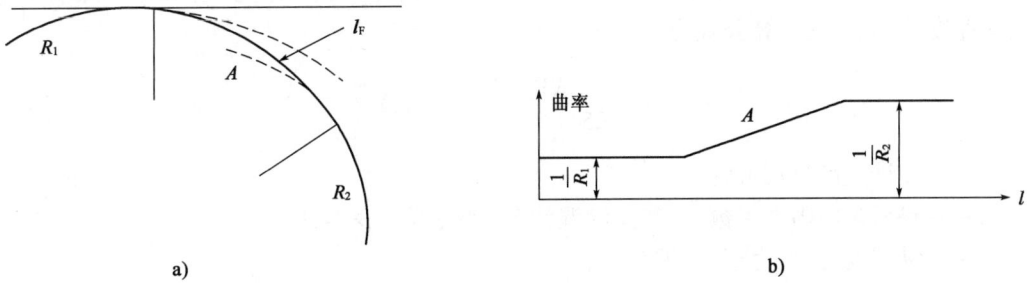

图2-13 卵形复曲线

两同向圆曲线径相衔接或插入的直线长度不足时,可用回旋线将两同向圆曲线连接组合为卵形曲线。

①卵形曲线的回旋线参数宜选 $R_2/2 \le A \le R_2$(R_2 为小圆曲线半径)。

②两圆曲线半径之比,以 $R_2/R_1 = 0.2 \sim 0.8$ 为宜。

③两圆曲线的间距,以 $D/R_2 = 0.003 \sim 0.03$ 为宜(D 为两圆曲线间的最小间距)。卵形曲线要求大圆能完全包络小圆,如果两圆曲线相交、相切或相离时,只用一条回旋线就不能将两个圆曲线连接起来,需要用适当的辅助圆把两个回旋线连接成两个卵形,或用 C 形曲线。

三、视距

1. 视距的定义及种类

从车道中心线上规定的视线高度,能看到该车道中心线上高为 10cm 的物体顶点时,沿该车道中心线量得的长度,称为行车视距。行车视距公路设计的要素之一,也是道路使用质量的重要指标之一,行车视距是否充分将直接关系到行车的安全和行车速度。

由于目的不同以及控制的视距方式不同,在设计中经常用到的有停车视距、超车视距和会车视距。

(1)停车视距

汽车行驶时,驾驶员自看到前方障碍物时起,至达到障碍物前安全停车止,所需的最短行车距离,称为停车视距。小客车行驶时,视点高为 1.2m;货车行驶时,视点高为2.0m。停车视距由三部分组成,如图 2-14 所示,即

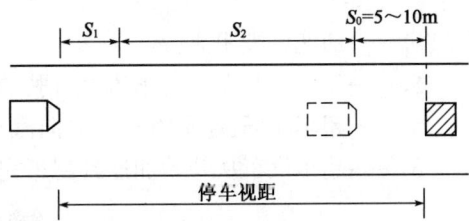

图2-14 停车视距

$$S_停 = S_1 + S_2 + S_0$$

式中:S_1——驾驶员反应时间内行驶的距离(m);

S_2——驾驶员开始制动到完全停止时行驶的距离(m);

S_0——安全距离(m)。

驾驶员反应时间取 1.2s 时,则:

$$S_1 = 1.2v = 1.2 \times \frac{V}{3.6} = \frac{V}{3} \quad (m)$$

汽车从制动生效到完全停止，这段时间所行驶的距离称为制动距离，它取决于汽车制动力和行车速度的大小，其计算公式为：

$$S_2 = \frac{KV^2}{254(\varphi + i)} \qquad (\text{m})$$

式中：V——设计速度（km/h）；

φ——路面纵向附着系数，一般按潮湿状态考虑，可查表2-11；

i——纵坡度，上坡为正，下坡为负；

K——制动使用系数，一般可在 1.2 ~ 1.4 间选用。

所以，停车视距 $S_{停}$ 为：

$$S_{停} = S_1 + S_2 + S_0 = \frac{V}{3} + \frac{KV^2}{254(\varphi \pm i)} + S_0 \qquad (2\text{-}36)$$

路面纵向摩阻系数 φ 表2-11

路面类型	路面状态			
	干燥	潮湿	泥泞	冰滑
水泥混凝土	0.7	0.5	—	—
沥青混凝土和黑色碎（砾）石	0.6	0.4	—	—
中级及低级路面	0.5	0.3	0.2	0.1

（2）超车视距

在双车道道路上，后车超越前车时，从开始驶离原车道起，至可见对向来车并能超车后安全驶回原车道所需的最短距离，称为超车视距。

超车视距有全超车视距和最小必要超车视距之分，如图2-15所示。

全超车视距 $\qquad\qquad S_{cq} = S_1 + S_2 + S_3 + S_4 \qquad (2\text{-}37)$

最小必要超车视距 $\qquad S_{cb} = \frac{2}{3}S_2 + S_3 + S_4 \qquad (2\text{-}38)$

式中：S_1——加速行驶距离（m）；

S_2——超车汽车在对向车道上行驶的距离（m）；

S_3——超车完毕，超车汽车与对向汽车间安全距离（m）；

S_4——超车汽车从开始加速到超车完毕，对向汽车的行驶距离（m）。

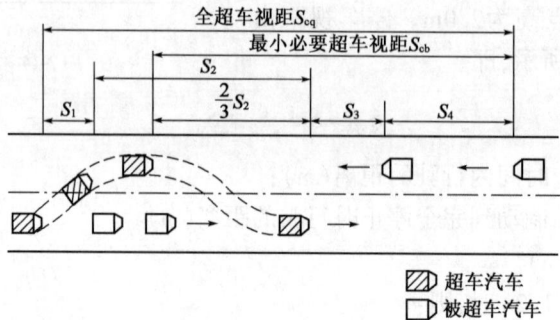

图2-15　超车视距

（3）会车视距

会车视距指两对向行驶的汽车能在同一车道上及时制动所必需的距离。会车视距取停车视距的 2 倍。

2. 视距的标准规定

（1）高速公路、一级公路的视距应采用停车视距。其原因是高速公路和一级公路均有中央分隔带，无对向车，因此不存在会车问题。并且高速公路和一级公路的车道数均在 4 个车道以上，快慢车用画线分隔行驶，各行其道，也不存在超车问题。高速公路、一级公路的一般路段，每条车道的停车视距应不小于表 2-12 的规定。

高速公路、一级公路停车视距 表 2-12

设计速度（km/h）	120	100	80	60
停车视距（m）	210	160	110	75

（2）二级、三级、四级公路的视距应采用会车视距。受地形条件或其他特殊情况限制而采取分道行驶措施（如设分隔带、分道线、分隔桩，或设两条分离的单车道）的路段，可采用停车视距。会车视距与停车视距应不小于表 2-13 的规定。

二级、三级、四级公路会车视距与停车视距 表 2-13

设计速度（km/h）	80	60	40	30	20
会车视距（m）	220	150	80	60	40
停车视距（m）	110	75	40	30	20

（3）高速公路、一级公路以及大型车比例高的二级公路、三级公路的下坡路段，应采用下坡段货车停车视距对相关路段进行检验。各级公路下坡段货车停车视距应不小于表 2-14 的规定。

下坡段货车停车视距（单位:m） 表 2-14

设计速度（km/h）		120	100	80	60	40	30	20
纵坡坡度（%）	0	245	180	125	85	50	35	20
	3	265	190	130	89	50	35	20
	4	273	195	132	91	50	35	20
	5	—	200	136	93	50	35	20
	6	—	—	139	95	50	35	20
	7	—	—	—	97	50	35	20
	8	—	—	—	—	—	35	20
	9	—	—	—	—	—	—	20

（4）二级公路、三级公路、四级公路双车道公路，应间隔设置满足超车视距的路段。具有干线功能的二级公路宜在 3min 的行驶时间内，提供一次满足超车视距要求的超车路段。超车视距最小值应符合表 2-15 的规定。

超车视距最小值　　　　　　　　　　　　　　　　　　　表 2-15

设计速度(km/h)		80	60	40	30	20
超车视距最小值(m)	一般值	550	350	200	150	100
	极限值	350	250	150	100	70

四、路线平面图

路线平面图是路线平面设计的最终成果，是公路设计文件的重要组成之一，也是公路施工平面图的基本资料，它综合反映了路线的平面设置、线形和尺寸以及公路与周围环境、地形、地物等的关系。

路线平面图中应绘出：沿线的地形、地物，示出里程桩号、断链、平曲线的要素与主要桩位、水准点、大中桥、路线交叉、隧道、主要沿线设施（高等级公路绘在平面设计图中）的位置及县以上境界等。比例尺用 1：2 000，平原微丘区也可用 1：5 000。

高等级公路尚应示出坐标网格、导线点，列出导线点、交叉坐标表。

高等级公路应另增绘平面设计图。图中应绘出地形、地物，示出坐标网格、路线位置、里程桩号、涵洞、隧道、路线交叉、沿线排水系统、主要沿线设施的布置等。路线位置应标出中心线、中央分隔带、路基边线、坡脚（或坡顶）线以及曲线主要桩位。比例尺为 1：1 000 或 1：2 000。

设计文件总说明书中一般还应附有比例为 1：50 000～1：200 000 的平面缩图。图 2-16 为某条道路的平面图部分。平面设计成果还有直线、曲线及转角表（表 2-16）和逐桩坐标表（表 2-17）。

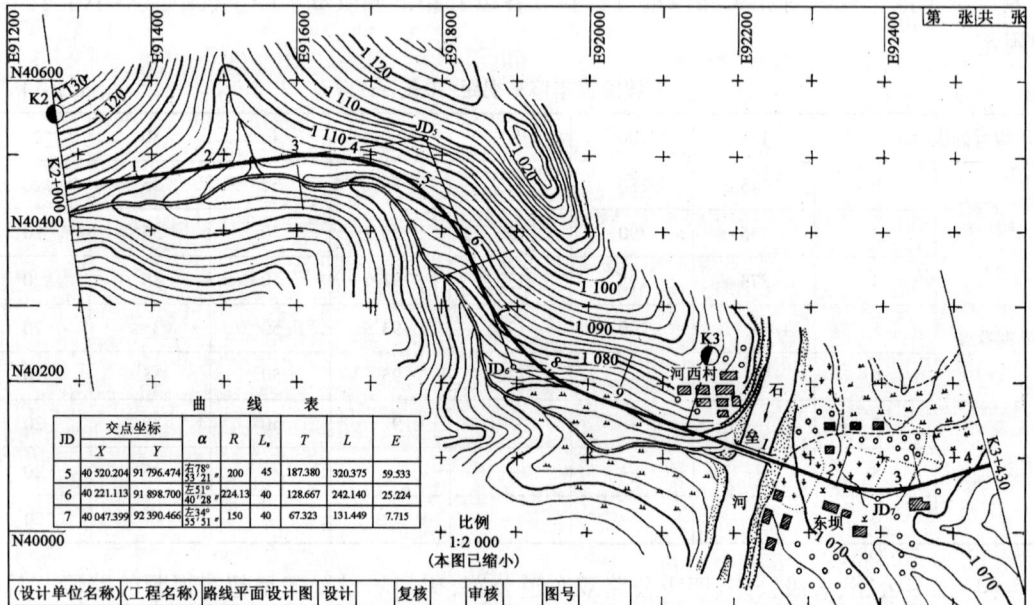

图 2-16　路线平面设计图

某公路某段直线、曲线及转角表

表2-16

交点号	交点坐标 X(m)	Y(m)	交点桩号	转角值	曲线要素值 半径(m)	缓和曲线长度(m)	切线长度(m)	曲线长度(m)	外距(m)	校正值(m)	备注
起点	41 808.204	90 033.595	K0+000.000								
2	41 317.589	90 464.099	K0+652.716	右35°35′25.0″	800.000	0.000	256.777	496.934	40.199	16.620	
3	40 796.308	90 515.912	K1+159.946	左57°32′52.0″	250.00	50.000	162.511	301.100	35.692	23.922	
4	40 411.519	91 219.007	K1+923.562	左34°32′06.0″	150.00	40.000	66.753	130.412	7.545	3.094	
5	40 520.204	91 796.474	K2+503.273	右78°53′21.0″	200.000	45.000	187.380	320.375	59.533	54.385	
6	40 221.113	91 898.700	K2+764.966	左51°40′28.0″	224.130	40.000	128.667	242.140	25.224	15.194	
7	40 047.399	92 390.466	K3+271.318	左34°55′51.0″	150.000	40.000	67.323	131.449	7.715	3.197	
8	40 190.108	92 905.941	K3+802.980	右22°25′25.0″	600.000	0.000	118.932	234.820	11.674	3.044	
终点	40 120.034	93 480.920	K4+379.175								

交点号	曲线位置 第一缓和曲线起点	第一缓和曲线终点或圆曲线起点	曲线中点	第二缓和曲线起点或圆曲线终点	第二缓和曲线终点	直线长度及方向 直线长度(m)	交点间距(m)	计算方位角	测量断链 桩号	增减长度(m)	备注
起点								138°44′00.0″			
2		K0+395.939	K0+664.406	K0+892.873		395.939	652.716	174°19′25.0″			
3	K0+997.435	K1+047.435	K1+147.985	K1+248.535	K1+298.535	104.562	523.850	116°46′33.0″			
4	K1+856.809	K1+896.809	K1+922.015	K1+947.221	K1+987.221	558.274	787.538	82°14′27.0″			
5	K2+315.893	K2+360.893	K2+476.081	K2+591.268	K2+636.268	328.672	582.805	161°07′48.0″			
6	K2+635.299	K2+676.299	K2+575.369	K2+838.439	K2+878.439	0.031	316.078	109°27′20.0″			
7	K3+203.995	K3+243.995	K3+269.720	K3+295.444	K3+335.444	325.556	521.546	74°31′29.0″			
8		K3+684.048	K3+801.458	K3+918.868		348.604	534.859	96°56′54.0″			
终点						579.239	460.307				

某公路某段逐桩坐标表

表2-17

桩 号	坐标(m)		方 向 角	桩 号	坐标(m)		方 向 角
	X	Y			X	Y	
K1 + 500.00	40 632.336	90 840.861	116°46′33.0″	K2 + 140.00	40 471.158	91 436.529	82°14′27.0″
K1 + 540.00	40 614.316	90 876.572	116°46′33.0″	K2 + 160.00	40 473.858	91 456.346	82°14′27.0″
K1 + 570.00	40 600.801	90 903.355	116°46′33.0″	K2 + 180.00	40 476.558	91 476.163	82°14′27.0″
K1 + 600.00	40 587.286	90 930.139	116°46′33.0″	K2 + 200.00	40 479.258	91 495.980	82°14′27.0″
K1 + 630.33	40 573.623	90 957.216	116°46′33.0″	K2 + 220.00	40 481.959	91 515.797	82°14′27.0″
K1 + 660.00	40 556.202	90 991.740	116°46′33.0″	K2 + 240.00	40 484.659	91 535.613	82°14′27.0″
K1 + 680.00	40 551.246	91 001.561	116°46′33.0″	K2 + 260.00	40 487.359	91 555.430	82°14′27.0″
K1 + 700.00	40 542.236	91 019.416	116°46′33.0″	K2 + 280.00	40 490.059	91 575.247	82°14′27.0″
K1 + 720.00	40 533.226	91 037.272	116°46′33.0″	K2 + 300.00	40 492.759	91 595.064	82°14′27.0″
K1 + 750.00	40 519.711	91 064.055	116°46′33.0″	ZH + 315.89	40 494.905	91 610.809	82°14′27.0″
K1 + 780.00	40 506.196	91 090.838	116°46′33.0″	K2 + 340.00	40 497.902	91 634.730	84°05′26.5″
K1 + 800.00	40 497.186	91 108.694	116°46′33.0″	Hy + 360.89	40 499.302	91 655.568	88°41′08.7″
K1 + 820.00	40 488.176	91 126.549	116°46′33.0″	K2 + 380.00	40 498.828	91 674.665	94°09′37.3″
K1 + 840.00	40 479.166	91 144.405	116°46′33.0″	K2 + 400.00	40 496.383	91 694.506	99°53′23.8″
ZH + 856.31	40 471.593	91 159.412	116°46′33.0″	K2 + 420.00	40 491.969	91 714.005	105°37′10.3″
K1 + 870.00	40 465.708	91 171.216	115°56′42.1″	K2 + 440.00	40 485.631	91 732.965	111°20′56.7″
HY + 896.81	40 455.191	91 195.860	109°08′09.7″	K2 + 460.00	40 477.431	91 751.198	117°04′43.2″
K1 + 900.00	40 454.177	91 198.885	107°55′03.1″	QZ + 476.08	40 469.544	91 765.206	121°41′06.9″
QZ + 922.01	40 448.963	91 220.253	99°30′30.3″	K2 + 500.00	40 455.794	91 784.761	128°32′16.2″
K1 + 940.00	40 447.061	91 238.126	92°38′19.1″	K2 + 520.00	40 442.573	91 799.757	134°16′02.6″
YH + 947.00	40 446.902	91 245.344	89°52′50.9″	K2 + 540.00	40 427.920	91 813.357	139°59′49.1″
K1 + 960.00	40 447.413	91 258.112	85°46′43.6″	K2 + 560.00	40 411.983	91 825.427	145°43′35.6″
K1 + 980.00	40 449.567	91 277.993	82°29′23.3″	K2 + 580.00	40 394.921	91 835.845	151°27′22.1″
HZ + 987.22	40 450.531	91 285.148	82°14′27.0″	YH + 591.27	40 384.875	91 840.947	154°41′05.3″
K2 + 000.00	40 452.257	91 297.811	82°14′27.0″	K2 + 600.00	40 376.910	91 844.518	156°56′35.0″
K2 + 010.00	40 453.607	91 307.719	82°14′27.0″	K2 + 620.00	40 358.262	91 851.740	160°17′15.4″
K2 + 030.00	40 456.307	91 327.536	82°14′27.0″	GQ + 636.27	40 342.893	91 857.077	161°07′48.0″
K2 + 050.00	40 459.007	91 347.353	82°14′27.0″	K2 + 650.00	40 329.916	91 861.563	160°31′48.6″
K2 + 070.00	40 461.707	91 367.170	82°14′27.0″	K2 + 670.00	40 311.219	91 868.655	157°30′02.7″
K2 + 100.00	40 465.757	91 369.895	82°14′27.0″	K2 + 700.00	40 284.324	91 881.898	149°57′30.4″
K2 + 120.00	40 468.458	91 416.712	82°14′27.0″				

第三节 道 路 选 线

道路选线包括确定道路路线基本走向、路线走廊带、路线方案至选定线位的全过程。道路选线工作应贯穿于道路工程初步设计、技术设计和施工图设计各个阶段，并随着设计阶段的进展由面到带、由带到线、由线到点，逐步加深。

一、道路选线的原则

(1)确定路线走廊带应考虑走廊带内各种运输体系及不同层次路网间的分工与配合，按照其功能统筹规划、近远期结合，合理布局。

(2)必须由面到带、由带到线，在对地形地貌、地质水文、气候气象、环境敏感区等调查与勘察的基础上论证、确定路线方案，同一起、终点的路段内有多个可行路线方案时，应对各设计方案进行综合比选。

(3)应考虑与农田、水利建设、矿产资源开发和城市发展等规划的配合。

(4)应充分利用建设用地，严格保护农用耕地，保护生态环境，并同当地景观相协调。

(5)应尽可能避让不可移动文物、水源地和自然保护区。

(6)应保持与易燃、易爆等危险源及污染源间的安全距离。

(7)公路改扩建工程应注重节约资源，坚持利用与改扩建相结合的原则，合理、充分利用原有工程。

二、道路选线的方法

(1)道路选线可采用纸上定线或现场定线的方法，应符合下列规定：

①高速公路、一级公路采用纸上定线时，必须现场核定。

②二级公路、三级公路、四级公路可采用现场定线；有条件或地形条件受限制时，可采用纸上定线或纸上移线并现场核定的方法。

(2)道路选线应在广泛搜集与路线方案有关的规划、计划、统计资料，相关部门的各种地形图、地质、气象等资料的基础上，深入调查、勘察，并运用遥感、航测、GPS、数字技术等新技术，确保其勘察工作的广度、深度和质量，以免遗漏有价值的比较方案。

三、平原区选线

平原区城镇、居民点、工业区稠密，土地资源宝贵，河流水网发达，公路、铁路及管线等交通运输设施密集，路线方案应根据拟建项目的功能和性质合理布设。其布设要点如下：

(1)路线宜短捷、顺直，转角应控制得当，曲线长度搭配均匀，平纵技术指标均衡。当采用较小指标时，应注意线形的渐变过渡；避免采用长直线。

(2)路线应尽可能采用较高的平纵面技术指标，在满足路基最小填土高度、桥涵建筑高度的情况下，应适应地形起伏，尽量降低路基高度，节省工程造价。

(3)道路选线、定线，应针对路线沿线社会环境、生态环境的区域性质，按照《公路环境保护设计规范》(JTG B04—2010)的规定分别采取相应的环境保护措施。

（4）路线布设,应尽量少占耕地,避免切割大块良田,节约土地资源。

（5）路线宜采用大半径平曲线绕避障碍,保证路线顺直流畅;路线绕避山嘴、跨越沟谷或其他障碍时,宜使曲线交点正对主要障碍物,使障碍物在曲线的内侧并采用较小的偏角;若曲线半径不大,视距受限时,曲线交点与障碍物宜错开,保证视距要求。

（6）路线平面位置的布设,应有利于交通组织和地方路网功能的发挥,对于相对发达、密集的路网,可结合各条道路的等级、交通量及重要性归纳整理,适当合并,减少路网与拟建项目交叉次数。

（7）合理确定与被交叉道路的交叉形式。当两条路为平面交叉时,应根据主路优先的原则选择路线的位置;当两条路为立体交叉时,应根据纵断面前后的线形综合考虑上跨或下穿形式。

（8）路线应尽量避绕城镇密集区,路线与城镇边缘的距离要合理,既要为城镇的发展预留足够空间,又要方便居民出行。

（9）在河网区布线时,应根据灌溉渠、排涝渠和自然沟、河的组成及其比降小、流速缓慢的特点,对河网进行归纳整理,分清主次关系,合理布设线路位置。

（10）路线与各种管网管线相交或平行时,应满足相关行业标准规范的规定。原油、天然气输送管道与高速公路、一级公路相交时,应采用下穿方式,埋置地下专用通道;与二级、三级、四级公路相交时,应埋置保护套管,埋置深度除满足相关行业规定外,还应符合《公路桥涵设计通用规范》（JTG D60—2015）有关规定,并按所穿越公路的车辆荷载等级进行验算,穿越公路的保护套管顶面距路面底层的底面不应小于 1.0m。

四、丘陵区选线

丘陵区是介于平原和山岭之间的地形。丘陵区一般具有岭低脊宽、山丘连绵、分水岭较多、垭口不高等特点,因此布线方案较多。丘陵地区路线应充分利用有利地形,根据地形起伏,考虑平、纵面配合,以曲线定线为主,布设优美流畅的线形。其布设要点如下:

（1）当地形开阔布线条件理想时,路线技术指标应选择中偏高水平;当地形起伏较大布线条件相对较差时,指标可选择中偏低水平。

（2）对于山体外形不规则、分布凌乱的丘陵地形,应首先确定地形控制点,初步拟定路线布设位置,然后进行局部调整;对构造物数量、规模及土石方数量影响较大的地形应充分利用,可采用适当偏高的路线技术指标;当采用小半径曲线时,应注意前后线形的过渡。

（3）对于山体外形规则、坡面顺滑舒展、分布错落有致的丘陵地形,应充分利用各类曲线要素组合搭配布线。根据山体的自然条件,可采用曲线定线手法,选择整体式、分离式或高低错落式路基等,使路线适应地形变化,与自然相融合。

（4）对于宽浅河川式丘陵地形,宜选择沿河堤布线,路堤兼作防洪堤,减少通道设置数量;也可沿山脚布线,避免切割农田;也可距山脚一定高度的坡面布线,减少民房拆迁等;合理利用既有道路。

（5）丘陵区固有的地形特点为公路景观设计提供了有利条件,在道路选线中应充分利用有利地形,将道路美学设计贯穿于道路选线的全过程。

（6）丘陵区道路选线,应避免对生态环境和自然环境产生影响。

（7）丘陵区土地资源珍贵,道路选线时应采取必要的措施,少占或不占农田。

(8)路线布设,应避开动物迁徙路径和日常穿行通道分布密集的区域,避免穿行、切割动物日常集中活动区;无法绕避时,应结合便利性和隐蔽性,设置动物天桥和穿行通道。

五、山岭区选线

山岭地区,山高谷低,地形较复杂,同时地质、气候、水文等变化较大,这些均影响到路线的布设。

山岭区路线一般顺山沿河布设,必要时横越山岭。按路线通过的部位和地形特征,山岭区设线又可分为以下几种线形。

1.沿河(溪)线

沿溪线是指公路沿一条河谷方向布设路线,其基本特征是路线总的走向与等高线一致。沿溪线路线的选择,应着重解决好河谷选择、河岸选择及具体位置的选择等问题。

1)河谷选择

河谷选择是确定路线走廊的基础,在定线阶段应对路线走廊所确定的河谷进行水系分布、水文、地质、地形、自然环境、人文环境、土地资源等进行核查,如果存在影响路线方案的重大问题,应重新进行河谷走廊的选定工作。河谷的选择应注意以下要点:

(1)河谷走向应与路线走向基本一致,偏离路线走向的河谷应及早放弃。

(2)应注意选择两岸开阔、地质条件较好、纵坡及岸坡较平缓的河谷。

(3)当河谷上下游纵坡相差较大时,应根据定线的平均坡度,处理好上下游的衔接。

(4)应避免选择人口密集、土地资源珍贵、自然景观秀美的河谷作为路线走廊。

2)河岸选择

对于所选的河谷,应结合地形、地质、水文,农田及城镇分布情况,选择有利的一岸定线。当有利的岸侧分布在河谷两侧时,应注意选择有利的地点跨河换岸。选择河岸时应考虑以下主要因素:

(1)地质条件

①如遇不良地质时,应进行不良地质评估,对跨河绕避与综合整治方案进行比较确定。

②在山区河谷中,如山体为单斜构造,路线宜选择山体稳固、逆层的一岸。

③两岸均有不良地质分布时,应进行设置高架桥、隧道及不良地质的治理等多方案综合比较确定路线布设位置。

(2)地形条件

①当河谷两岸地质条件较好或差异不大时,路线应选择在地形平坦顺直、支沟较少和不受水流冲刷一岸的阶地上。

②当需要展线时,应选择在支沟较开阔,利于展线的一岸。

(3)农田及城镇分布条件

①路线一般应选择在居民点和工矿企业较多、经济较发达的一岸,以便于为地方服务,但为避免大量拆迁民房和不妨碍城镇发展等原因,也可能需要绕避,此时应根据具体情况进行比选。

②土地稀少、珍贵是河谷地带最为突出的问题,道路选线中应少占或不占农田。

3)洪水位的考虑

路线位置一般应避免路基直接遭受洪水侵蚀,当无法避免时应采取切实可行、安全可靠的防护措施。路线设计高程距洪水位的高度应预留足够的安全高度($0.5\mathrm{m}+h$)，安全预留高度 h 应包括河道沙石淤积高度、急弯处水位由于离心作用的抬升高度等。

4）线位的选择

（1）当河谷较开阔，横坡较缓且地质良好时，路线位置应设在不受洪水冲刷的阶地上。

（2）当河谷狭窄，横坡较陡，且地质不良时，路线宜避开山坡，并与外移建桥（顺河桥）方案比选。

（3）当河谷弯曲时，可根据山嘴或河湾的实际情况，采取沿河绕行或取直方案。

①路线遇到山嘴时，可采取沿山嘴绕行或以隧道取直方式通过。当两种方案的工程量较接近时，一般宜采用隧道取直方案。

②当路线遇到河湾时，可选择沿河绕行、建桥跨河及改移河道等多种方案，并应通过技术经济比较确定。

2. 越岭线

沿分水岭一侧山坡爬上山脊，在适当地点穿过垭口，再沿另一侧山坡下降的路线，称为越岭线。当道路控制点在山岭的两侧，若不采用隧道方案，应布设越岭线。越岭线布设要点：

（1）选择越岭垭口

①选择高程较低、靠近路线短捷顺直的垭口。

②选择山体较薄的垭口。

③选择地质条件较好的垭口。

④选择展线条件较好的垭口。

（2）选择越岭高程

①越岭高程应根据路线等级、越岭地段的地形和地质以及两侧展线方案、过岭方式等因素选择确定。

②选择高程应使引线和隧道总的建筑费最小。

③越岭隧道的高程与长度的选择，除应考虑垭口高程，地形、地质条件外，还应考虑交通组成与交通量、纵坡限制及隧道施工技术水平，选择时应进行充分技术经济论证。

（3）越岭展线

展线就是采用延长路线的办法，逐渐升坡克服高差。展线的基本形式有自然展线、回头展线、螺旋展线。

①越岭展线应从垭口向两侧（由高向低）放线，避免展线不足或展线过长。

②在上游应尽量利用支沟侧谷合理展线，使路线尽早降入主河沟的开阔台地。

3. 山脊线

山脊线是指公路沿分水岭方向所布设的路线，实际上，连续而又平顺的山脊往往很少，所以较长的山脊线很少见，一般多与山坡线结合，作为越岭线垭口两侧路线的过渡段。山脊线布设要点如下：

（1）分水岭的选择

①分水岭的方向不能过远偏离路线总方向。

②分水岭平面不应过于迂回曲折，纵面上各垭口间的高差不宜过于悬殊。

（2）控制垭口选择

①当分水岭方向顺直,地形平缓时,每个垭口都可暂定为控制点。

②如地形起伏较大,变化频繁,各垭口高低悬殊,一般高垭口之间的低垭口即为路线的控制点。

③在有支脉横隔的情况下,并排相距不远的几个垭口中选择与前后联系较好的垭口。

④选择垭口应综合考虑分水岭两侧山坡的布线条件,通过侧坡选择和试坡布线,选择控制点。

(3)侧坡选择

①应选择在坡面整齐、横坡平缓、地质条件好、无支脉横隔的向阳一侧。

②在两侧布设条件相近时,应进行综合比较选定;同一侧坡的不同路线方案,可通过试坡布线确定。

六、线形与桥隧的配合

1. 桥头路线的布设

道路跨河时,桥梁的位置对道路线形有相当大的影响,因此桥位的选择除了应考虑一般桥位选择的要求,如河床稳定、河面较窄、水力水文条件好、基础条件好等要求以外,还应充分注意桥梁及其引道的位置、线形应与路线线形相协调,使之视野开阔,视线诱导良好。桥头布线通常有以下几种情况。

(1)道路跨越支流的桥头设线。通常有:直跨方案和绕线方案两种方案,如图 2-17 所示。

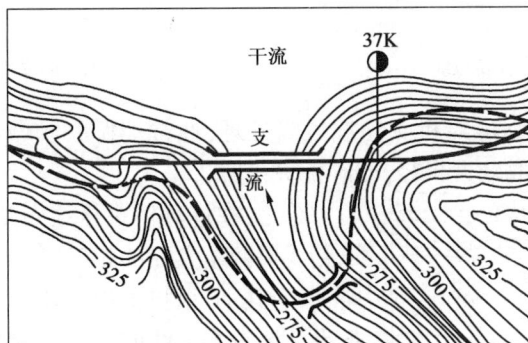

图 2-17 道路跨越支流的桥头布设

直跨方案路线短,线形好,标准较高,但桥跨工程量大、基础较深。

绕线方案路线较长,线形较差,标准较低,桥头引道常采用较小半径,不利于行车。但绕线方案桥跨孔径较小,基础条件较好。

采用哪种方案要根据道路等级和桥位处地质、地形条件,经过技术经济比较后确定。

(2)利用河湾或"S"形河段跨主河,以争取桥轴线与河流成较大的交角,改善桥头线形,如图 2-18 和图 2-19 所示。

道路跨越主河时,由于路线与河流接近平行,桥头布线通常较困难。若跨河位置选在河曲线附近或"S"形河段中部,桥头线形将显著改善,但要注意防止河曲地段水流对桥台的冲刷,采用一定的防护措施。

(3)适当斜交改善桥头线形。如图 2-20 所示,在直河段跨河时,正交桥头线形差;对中、小桥,可用适当斜交的方法,如图 2-21 所示,这样桥头线形可得以改善。

图 2-18　河湾处跨河线形

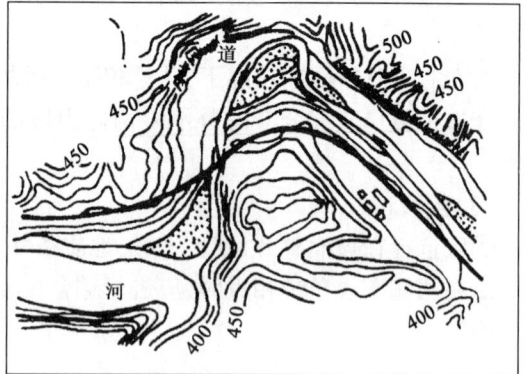

图 2-19　"S"形河段中部跨河线形

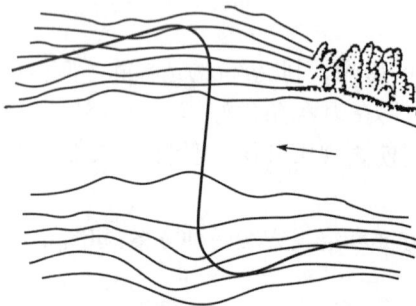

图 2-20　正交桥位线形

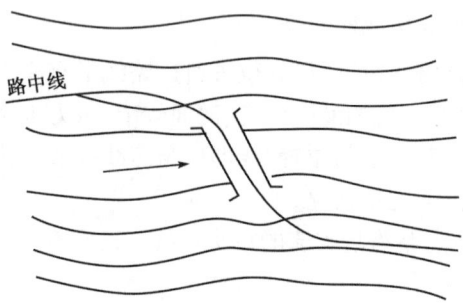

图 2-21　斜交桥位线形

对于大桥不宜斜交时,可对桥头路线适当处理,通常把桥头线做成匀形或布置一段弯引桥,如图 2-22 所示,以争取较大半径,改善桥头线形。

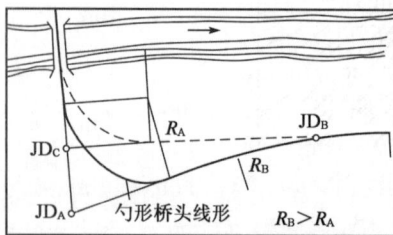

图 2-22　桥头匀形布线

总之,在进行桥头接线布设时,应综合考虑桥位和道路线形两个方面的相互影响。对于高速公路、一级公路,由于其平、纵技术指标较高,设计中必须注意桥位线形设计要符合路线的布设而做成弯、坡、斜桥。

2. 隧道洞口路线布设

(1)隧道的位置与隧道洞口连接线应与路线线形相协调,以利于行车的安全与舒适。各项技术指标应符合路线布设与总体设计的相关规定。

(2)隧道洞口外连接线应与隧道洞口内线形相协调,隧道洞口外侧不小于 3s 设计速度行程长度与洞口内侧不小于 3s 设计速度行程长度范围内的平面线形不应有急骤的方向改变。

(3)高速公路、一级公路上的隧道分为上、下行分离的双洞时,其洞口连接线的布设应与路线整体线形相协调,并就近在适宜位置设置联络车道。

(4)隧道洞口同路基的衔接应符合路线布设的有关规定;当隧道洞口同路基衔接处的宽度不一致时,在隧道洞口外连接线内应设置过渡段。

【复习题】

1. 选择题

(1)《规范》对同向曲线之间及反向曲线之间的最大直线长度规定为( )。

    A. 同向不小于 $6V$，反向不小于 $2V$ B. 同向不小于 $2V$，反向不小于 $6V$

    C. 都不小于 $2V$ D. 都不小于 $6V$

(2)线形设计时，在景色单调的地点直线长度最好控制在( )。

    A. $20V$ 以内   B. $10V$ 以内   C. $15V$ 以内   D. $8V$ 以内

(3)《规范》规定圆曲线的最大半径不宜超过( )。

    A. 8 000m   B. 10 000m   C. 12 000m   D. 20 000m

(4)《标准》规定( )公路可不设缓和曲线。

    A. 三级   B. 四级   C. 三级和四级   D. 高速

(5)在回旋线长度 l_s 与回旋线参数 A 相等时，回旋线的切线角为( )。

    A. 0.5rad   B. 1.0rad   C. 1.5rad   D. 2.0rad

2. 思考题

(1)公路的最小平曲线半径有哪几种？分别在何种情况下使用？

(2)缓和曲线有哪些作用？确定其长度应考虑哪些因素？

(3)平面线形的组合形式有哪些？分别叙述各种形式的设计要点。

3. 计算题

(1)设某二级公路设计速度为80km/h，路拱横坡为2%。

①试求不设超高的平曲线半径及设置超高（$B=8\%$）的极限最小半径（分别取0.035和0.15）。

②当采用极限最小半径时，缓和曲线长度应为多少？（路面宽 $B=9$m，超高渐变率取1/150）

(2)某段山岭区三级公路，设计速度为40km/h（图2-23），路线转角 $\alpha_{4右}=95°04'38''$，$\alpha_{5左}=69°20'28''$，JD_4 至 JD_5 的距离 $D=267.71$m。由于地形限制，选定 $R_4=110$m，$l_{s4}=70$m，试确定 JD_5 的曲线半径 R_5 和缓和曲线长 l_{s5}。

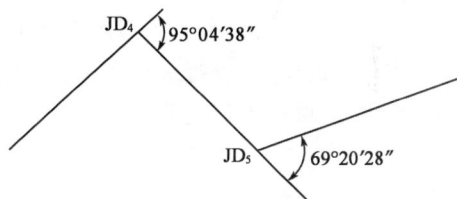

图 2-23

(3)某山岭区三级路设计速度为 60km/h（图2-24），路线转角 $\alpha_{1右}=29°30'$，$\alpha_{2左}=32°54'$，$\alpha_{3左}=4°30'$，JD_1 至 JD_2、JD_2 至 JD_3 距离分别为458.96m、560.54m。选定 $R_1=300$，$l_{s1}=65$m，试分别确定 JD_2、JD_3 的曲线半径和缓和曲线长度。

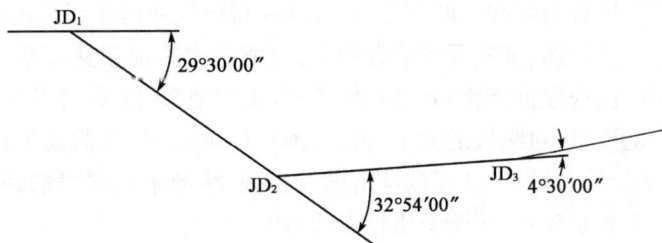

图 2-24

第三章

道路纵断面设计

【学习要求】

掌握纵断面的概念和线形组成要素;熟悉最大纵坡和最小纵坡、坡长限制和缓和坡段、平均纵坡和合成坡度,竖曲线要素计算,竖曲线最小半径,平、纵线形组合设计要点;了解纵断面设计方法、步骤及设计成果等。

第一节 概　　述

用一曲面沿道路中线竖直剖切,展开成的平面称为道路的纵断面。反映路线在纵断面上的形状、位置及尺寸的图称为路线纵断面图,它反映路线所经地区中线之地面起伏情况与设计高程之间的关系,它与平面图、横断面图结合起来,就能够完整地表达道路的空间位置和立体线形。纵断面线形设计,应根据道路的性质、任务、等级和地形、地质、水文等因素,考虑路基稳定、排水及工程量等的要求,对纵坡的大小、长短、前后纵坡情况、竖曲线半径大小以及与平面线形的组合关系等进行综合设计,从而设计出纵坡合理、线形平顺圆滑的理想线形,以达到行车安全、快速、舒适、工程费较省、运营费用较少的目的。

道路纵断面设计与选线有密切的关系,实际上在选线过程中已做了纵坡大小、坡长分配、纵面与平面配合等的考虑,纵断面设计是将选线的预想具体化,因此,可以认为纵断面设计是选线工作的继续和深化。当然,在纵断面设计过程中,还将对选线的预想做些适当的修正,如果在选线过程中对纵坡值考虑不够,就可能改线。

在具体设计纵坡时,需了解一些关于纵坡的基础知识。第一,对路基设计高程的规定。新建公路的路基设计高程:高速公路和一级公路宜采用中央分隔带的外侧边缘高程;二级公路、三级公路、四级公路宜采用路基边缘高程,在设置超高、加宽路段为设超高、加宽前该处边缘高程。改建公路的路基设计高程:宜按新建公路的规定执行,也可视具体情况而采用中央分隔带中线或行车道中线高程。对城市道路而言,路基设计高程一般是指车行道中心。第二,纵坡度的表示方式不用角度,而用百分数(%),即每一百米的路线长度其两端高差几米,就是该路段的纵坡,其上坡为" + ",下坡为" − "。例如某段路线长度为80m,高差为 − 2m,则纵坡度为 − 2.5%。第三,一般认为道路上3%的纵坡对汽车行驶不造成困难,即上坡时不必换挡,下坡时不必制动。对于小于3%的纵坡,可以不作特殊考虑,只是为了排水的需要(公路边沟的沟底纵坡与路线纵坡一般是相同的),一般要有一个不小于最小纵坡的坡度。如果排水上无困难,可以用平坡。但是采用了大于5%的纵坡时,必须慎重考虑,因为纵坡太大,上坡时汽车的燃料消耗过大,而下坡时又必须用制动,重车或有拖挂车的车辆都易出事故,对运输经济与安全极为不利。

在路线的测设过程中,平面设计和纵断面设计是分开进行的,这样做固然有其方便之处。但是,必须注意平面设计和纵断面设计要互相配合,设计中要发挥设计人员对平、纵组合的空间想象力,否则,不可避免会在技术经济上和美学上产生缺陷。纵断面设计是路基设计、桥涵设计及其他设计的基础,要与道路上行驶的汽车的技术性能相适应,满足汽车行驶力学要求、驾驶员视觉及心理要求和乘客的舒适性要求,主要解决道路线形在纵断面上的位置、形状和尺寸问题,在路线纵断面图上决定坡度、坡长、竖曲线半径等数值以及做有关的计算工作。道路纵断面线形由直线和竖曲线组成,其设计内容包括纵坡设计和竖曲线设计两项。通过纵断面设计所完成的纵断面图是道路设计文件重要内容之一。

第二节 纵坡设计

一、纵坡

1. 最大纵坡

最大纵坡是道路纵坡设计的极限值,是纵面线形设计的一项重要指标。最大纵坡的大小将直接影响路线的长短、使用质量、行车安全以及运营成本和工程的经济性。最大纵坡主要是依据汽车的动力特性、道路等级、自然条件、车辆行驶安全以及工程、运营经济等因素确定。汽车沿陡坡行驶时,因升坡阻力增加而需增大牵引力,从而降低车速,若长时间爬陡坡,不但会引起汽车水箱沸腾、气阻,使行驶无力以致发动机熄火,使驾驶条件恶化,而且在爬坡时汽车的机件磨损也将增大。因此,应从汽车爬坡能力考虑对最大纵坡加以限制。与上坡相比,汽车下坡时的安全性更为重要。汽车下坡时,制动次数增加,制动器易因发热而失效,驾驶员心理紧张,也容易发生车祸。根据行车事故调查分析,坡度大于8%、坡长为360m或坡长很短但坡度很大(11% ~ 12%)的路段下坡的终点是发生交通事故的主要地点。同时,调查资料表明,当纵坡大于8.5%时,制动次数急增,所以,最大纵坡的制定从下坡安全来考虑,其最大值应控制在8%为宜。另外,还要考虑拖挂车的要求。调查资料表明,拖挂车爬8%的纵坡需用一挡;爬7%～8%的纵坡需用二挡或一挡,从不致使拖挂车行驶困难来看,最大纵坡也应控制在8%为宜。

根据上述因素,考虑到工程经济及我国车辆的具体情况,《标准》和《城市道路工程设计规范》(CJJ 37—2012)(2016年版)分别对我国公路和城市道路的最大纵坡作出了具体规定,见表3-1和表3-2。

公 路 最 大 纵 坡　　　　　表3-1

设计速度(km/h)	120	100	80	60	40	30	20
最大纵坡(%)	3	4	5	6	7	8	9

注:1. 设计速度为120km/h、100km/h、80km/h的高速公路受地形条件或其他特殊情况限制时,经技术经济论证,最大纵坡值可增加1%。

2. 公路改建中,设计速度为40km/h、30km/h、20km/h的利用原有公路的路段,经技术经济论证,最大纵坡值可增加1%。

3. 四级公路位于海拔2 000m以上或积雪冰冻地区的路段,最大纵坡不应大于8%。

城市道路最大纵坡　　　　　表3-2

设计速度(km/h)		100	80	60	50	40	30	20
最大纵坡（%）	一般值	3	4	5	5.5	6	7	8
	极限值	4	5	6		7	8	

注:1. 新建道路应采用小于或等于最大纵坡一般值;改建道路、受地形条件或其他特殊情况限制时,可采用最大纵坡极限值。

2. 除快速路外的其他等级道路,受地形条件或其他特殊情况限制时,经技术经济论证后,最大纵坡极限值可增加1.0%。

3. 积雪或冰冻地区的快速路最大纵坡不应大于3.5%,其他等级道路最大纵坡不应大于6.0%。

桥上及桥头路线的纵坡:小桥处的纵坡应随路线纵坡设计;桥梁及其引道的平、纵、横技术指标应与路线总体布设相协调,各项技术指标应符合路线布设的规定。大、中桥的纵坡不宜大于4%,桥头引道纵坡不宜大于5%,引道紧接桥头部分的线形应与桥上线形相配合;易结冰、积雪的桥梁,桥上纵坡宜适当减小;位于城镇混合交通量繁忙处的桥梁,桥上及桥头引道纵坡均不应大于3%。

隧道及其洞口两端路线的纵坡:隧道内的纵坡应大于0.3%并小于3%,但短于100m的隧道不受此限;高速公路、一级公路的中、短隧道,当条件受限制时,经技术经济论证后最大纵坡可适当加大,但不宜大于4%;隧道内的纵坡宜设置成单向坡;地下水发育的隧道及特长、长隧道宜采用人字坡。

位于市镇附近且非汽车交通量较大的路段,其纵坡可根据具体情况适当放缓。

2. 最小纵坡

为了保证挖方地段、设置边沟的低填方地段和横向排水不畅地段的纵向排水,防止积水渗入路基而影响其稳定,公路的纵坡不宜小于0.3%。横向排水不畅的路段或长路堑路段,采用平坡(0%)或小于0.3%的纵坡时,其边沟应进行纵向排水设计。

城市道路最小纵坡不应小于0.3%;当遇特殊困难纵坡小于0.3%时,应设置锯齿形偏(街)沟或采取其他排水设施。

3.平均纵坡

在道路设计中,平均纵坡是指一定路线长度范围内,路线两端点的高差与路线长度的比值。平均纵坡是衡量路线线形设计质量的重要指标之一。

根据对山区道路行车的实际调查发现,有时虽然道路纵坡设计完全符合最大纵坡、坡长限制及缓和坡长规定,但也不能保证行车顺利安全。如果在长距离内,平均纵坡较大,汽车上坡用二挡时间较长,发动机长时间发热,易导致汽车水箱沸腾、气阻;同样,汽车下坡时,频繁制动,易引起制动器发热,甚至烧毁制动片,加之驾驶员心理过分紧张,极易发生事故。因此,从汽车行驶方便和安全出发,为了合理利用最大纵坡、坡长和缓和坡段的规定,还要控制平均纵坡。平均纵坡是在宏观上控制路线纵坡。

$$i_p = \frac{H}{l} \tag{3-1}$$

式中:i_p——平均纵坡;

l——路线长度(m);

H——路线长度两端的高差(m)。

《公路路线设计规范》(JTG D20—2017)规定,二级公路、三级公路、四级公路越岭路线连续上坡(或下坡)路段,相对高差为 200 ~ 500m 时平均纵坡应不大于 5.5%,相对高差大于 500m 时平均纵坡不应大于 5%。任意连续 3km 路段的平均纵坡应不大于 5.5%。

4.高原纵坡折减

在海拔高度较高地区,汽车发动机的功率会因空气稀薄而降低,相应地降低了汽车的爬坡能力,因此对海拔高度在 3 000m 以上地区公路最大纵坡应予以折减,折减值见表3-3。经折减后的最大纵坡如小于 4%,则仍用 4%。

高原纵坡折减值 表3-3

海拔高度(m)	3 000 ~ 4 000	>4 000 ~ 5 000	5 000 以上
折减值(%)	1	2	3

二、坡长限制

坡长是指变坡点与变坡点之间的水平长度。坡长限制包括陡坡的最大坡长限制和最小坡长限制两个方面。

1.最大坡长限制

最大坡长限制,系根据汽车动力性能来决定的。长距离的陡坡对汽车行驶不利。连续上坡,发动机过热影响机械效率,从而使行驶条件恶化;下坡则因制动频繁而危及行车安全,因此,应对陡坡的长度有所限制。《公路路线设计规范》(JTG D20—2017)和《城市道路工程设计规范》(CJJ 37—2012)(2016 年版)对不同纵坡最大坡长限制见表3-4 和表3-5。对城市道路,坡长限制还应考虑到非机动车的要求,规定见表3-6。

各级公路的连续上坡路段,应根据载重汽车上坡时的速度折减变化,在不大于表3-4 规定的纵坡长度之间设置缓和坡段。其设置应符合下列规定:

(1)设计速度小于或等于 80km/h 时,缓和坡段的纵坡应不大于 3%;设计速度大于 80km/h 时,缓和坡段的纵坡应不大于 2.5%。

（2）缓和坡段的长度应大于表3-7最小坡长的规定。

各级公路不同纵坡最大坡长（单位：m） 表3-4

设计速度（km/h）		120	100	80	60	40	30	20
纵坡坡度（%）	3	900	1 000	1 100	1 200			
	4	700	800	900	1 000	1 100	1 100	1 200
	5		600	700	800	900	900	1 000
	6			500	600	700	700	800
	7					500	500	600
	8					300	300	400
	9						200	300
	10							200

城市道路机动车最大坡长 表3-5

设计速度（km/h）	100	80	60			50			40		
纵坡（%）	4	5	6	6.5	7	6	6.5	7	6.5	7	8
最大坡长（m）	700	600	400	350	300	350	300	250	300	250	200

城市道路非机动车道最大坡长 表3-6

纵坡（%）		3.5	3.0	2.5
最大坡长（m）	自行车	150	200	300
	三轮车	—	100	150

2.最小坡长限制

最小坡长是指相邻两个变坡点之间的最小水平长度。若其长度过短，就会使变坡点个数增加，行车时颠簸频繁，当坡度差较大时，还容易造成视觉的中断，视距不良，从而影响到行车的平顺性和安全性。另外，从线形的几何构成来看，纵断面是由一系列的直坡段和竖曲线所构成，若坡长过短，则不能满足设置最短竖曲线这一几何条件的要求。为使纵断面线形不致因起伏频繁而呈锯齿形的状况，并便于平面线形的合理布设，故应对纵坡的最小长度做出限制。最小坡长通常以设计速度行驶9～15s的行程作为规定值。一般在设计速度大于或等于60km/h时取9s，设计速度为40km/h时取11s，设计速度为20km/h时取15s。《标准》和《城市道路工程设计规范》（CJJ 37—2012）（2016年版）对各级公路和城市道路的最小坡长规定见表3-7和表3-8。

公 路 最 小 坡 长 表3-7

设计速度（km/h）	120	100	80	60	40	30	20
最小坡长（m）	300	250	200	150	120	100	60

城市道路纵坡坡段最小长度 表3-8

设计速度（km/h）	100	80	60	50	40	30	20
最小坡长（m）	250	200	150	130	110	85	60

3. 组合坡长

当连续陡坡是由几个不同受限坡度值的坡段组合而成时,应按不同坡度的坡长限制折算确定。如三级公路某段 8% 的纵坡,长为 120m,该长度是相应限制坡长(300m)的 2/5,如相邻坡段的纵坡为 7%,则其坡长不应超过相应限制坡长(500m)的 $1 - \dfrac{2}{5}$,即 $500 \times 3/5 = 300(\text{m})$,也就是说 8% 纵坡设计 120m 后,还可以接着设计 7% 纵坡段 300m 或 6% 纵坡段 420m,其后再设置缓和坡段。

三、合成坡度

道路在平曲线路段,若纵向有纵坡且横向又有超高时,则最大坡度在纵坡和超高横坡所合成的方向上,这时的最大坡度称为合成坡度,如图 3-1 所示。其值可按式(3-2)计算:

$$i_H = \sqrt{i_z^2 + i_c^2} \qquad (3\text{-}2)$$

式中:i_H——合成坡度;

  i_z——路线纵坡;

  i_c——超高横坡。

在陡坡急弯处,若合成坡度过大,将产生附加阻力、汽车重心偏移等不良现象,给行车安全带来影响,为防止汽车沿合成坡度方向滑移,应对由超高横坡和路线纵坡组成的合成坡度加以限制。

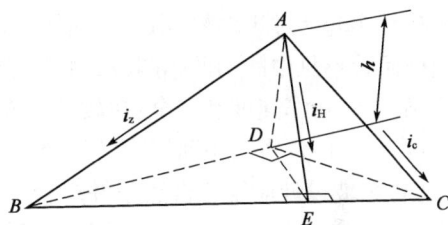

图 3-1 合成坡度

《公路路线设计规范》(JTG D20—2017)和《城市道路工程设计规范》(CJJ 37—2012)(2016 年版)对公路和城市道路合成坡度的规定见表 3-9 和表 3-10。

公路最大合成坡度 表 3-9

公路技术等级	高速公路、一级公路				二级公路、三级公路、四级公路				
设计速度(km/h)	120	100	80	60	80	60	40	30	20
合成坡度值(%)	10.0	10.0	10.5	10.5	9.0	9.5	10.0	10.0	10.0

城市道路最大合成坡度 表 3-10

设计速度(km/h)	100	80	60	50	40	30	20
合成坡度(%)	7.0		6.5		7.0		8.0

注:积雪地区各级道路的合成坡度应小于或者等于 6%。

当陡坡与小半径圆曲线相重叠时,宜采用较小的合成坡度。特别是下述情况,其合成坡度必须小于 8%。

(1)冬季路面有积雪、结冰的地区。

(2)自然横坡较陡峻的傍山路段。

(3)非汽车交通量较大的路段。

为了保证路面排水,合成坡度的最小值不宜小于 0.5%。在超高过渡的变化处,合成坡度不应设计为0%。当合成坡度小于0.5%时,应采取综合排水措施,保证路面排水畅通。

四、纵坡设计一般要求

1. 公路纵坡设计一般要求

(1)公路纵坡设计必须符合纵坡的有关规定。各级公路的最大纵坡值及陡坡限制坡长,一般不轻易使用,而应留有余地。

(2)纵面线形应与地形相适应。平原地形的纵坡应均匀、平缓;丘陵地形的纵坡应避免过分迁就地形而起伏过大;越岭线的纵坡应力求均匀,不应采用最大值或接近最大值的坡度,更不宜连续采用不同纵坡最大坡长值的陡坡夹短距离缓坡的纵坡线形;山脊线和山腰线,除结合地形不得已时采用较大的纵坡外,在可能条件下应采用平缓的纵坡。

(3)纵面线形应重视平纵面线形的组合。设计成视觉连续、平顺而圆滑的线形;短距离内要避免线形起伏过于频繁,由于纵面线形连续起伏,使视线中断,视觉不良;避免能看得见近处和远处而看不见中间的凹陷路段,由于线形发生凹陷,出现隐蔽路段,使驾驶员视觉不适,产生莫测感,影响行车速度和安全;在较长的连续陡坡路段,宜将最陡的纵坡放在底部,接近顶部的纵坡放缓些;应注意与平面线形的配合。

(4)纵坡设计应结合自然条件综合考虑。为利于路面和边沟排水,一般情况下最小纵坡以不小于0.5%为宜。在受洪水影响的沿河路段及平原区的低洼路段,应保证路线的最低高程,以免受洪水冲刷,确保路基稳定。

(5)纵坡设计为保证路基稳定,应尽量减少深路堑和高填方,在设计中应重视纵、横向填挖的调配利用,争取填挖平衡,尽量利用挖方作就近填方,以减少借方和废方,降低工程造价。

(6)纵坡设计应结合道路沿线的实际情况和具体条件进行设计,并适当照顾农业机械、农田水利等方面的要求。

2. 城市道路纵坡设计一般要求

(1)城市道路纵坡设计应符合《城市道路工程设计规范》(CJJ 37—2012)(2016 年版)规定并参照城市规划控制高程适应临街建筑立面布置及沿路范围内地面水的排除。

(2)为保证行车安全、舒适,纵坡宜缓顺,起伏不宜频繁。

(3)山城道路及新建道路的纵断面设计,应综合考虑土石方平衡、汽车运营经济效益等因素,合理确定路面设计高程。

(4)机动车与非机动车混合行驶的车行道,宜按非机动车爬坡能力设计纵坡度。

(5)纵断面设计,应对沿线地形、地下管线、地质、水文、气候和排水要求综合考虑。

五、纵断面设计方法与步骤

1. 准备工作

根据实测资料绘出路线纵断面的地面线图及桥涵、通道、立交等位置,并绘出平面直线曲线示意图。写出每个中桩的桩号和地面高程以及沿线土质地质说明资料,并熟悉和掌握全线有关勘测设计资料,领会设计意图和要求。

2. 标注控制点

所谓控制点,是指影响纵坡设计的高程控制点。"控制点"可分为两类:第一类是属于控制性的"控制点",控制路线纵坡设计时必须通过它或限制从其上方或下方通过。这类控制点主要有公路路线的起终点、垭口、重要桥梁及特殊涵洞、隧道的控制高程,重要城镇通过位置的高程以及受其他因素限制而使路线必须通过的控制点高程等;城市道路控制点是指城市桥梁桥面高程控制点、立交桥桥面高程控制点、铁路道口高程(按铁路轨顶高程计算)、平面交叉相交中心点控制高程、重要建筑物的地坪高程、满足重要管线最小覆土厚度的控制高程等。第二类是属于参考性的"控制点",称为经济点。对于山岭重丘区的公路,除应标出控制性质的"控制点"以外,还应考虑各横断面上横向填挖基本平衡的经济点,以降低工程造价,如图 3-2 所示。横断面上的经济点有以下 3 种情况:

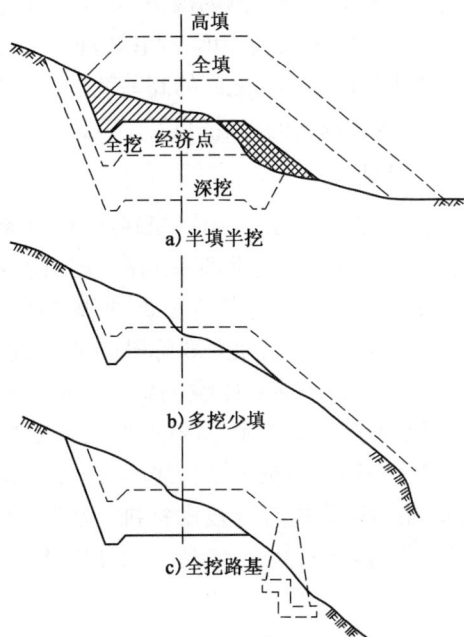

图 3-2 横断面上的经济点

(1)当地面横坡不大时,可在中桩地面高程上下找到填方和挖方基本平衡的高程,纵坡通过此高程时,在该横断面上挖方数量基本等于填方数量。该高程为其经济点,如图 3-2a)所示。

(2)当地面横坡较陡时,填方往往不宜填稳,有时坡脚伸得较远,采用多挖少填甚至全部挖出路基的方法比砌石护坡经济,这时多挖少填或全挖路基的高程为经济点,如图 3-2b)所示。

(3)当地面横坡很陡,无法填方时,需砌筑挡土墙,此时宁愿全部挖出路基或深挖,该全部挖出或深挖路基的高程为其经济点,如图 3-2c)所示。

当地面横坡很陡,必须设置挡土墙时,当采用某一设计高程使该断面按 1m 长度计施工的土石方与挡土墙费用总和最省,该高程为其经济点。设计时"经济点"通常用"路基横断面透明模板"来确定,如图 3-3 所示。

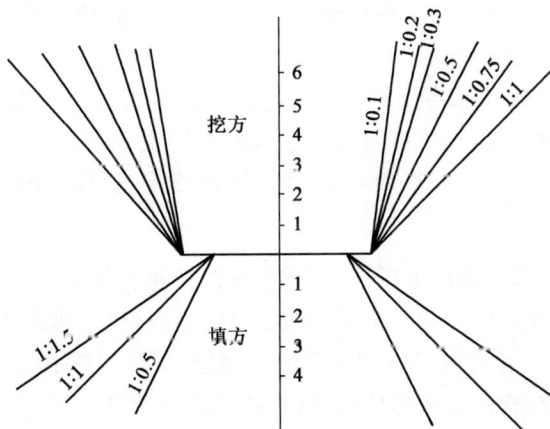

图 3-3 路基横断面透明模板

"路基横断面透明模板"可用透明描图纸或透明胶片制成,其上按横断面图的比例绘出路基宽度(挖方路段尚应包括两侧边沟的宽度)和各种不同坡度的边坡线(上为挖方,下为填方)。使用时,将"路基横断面透明模板"扣在绘好地面线的横断面图上,使中线重合,根据地面横坡的大小,上下移动"模板",使填方和挖方面积大致相等或工程造价最经济,此时,"模板"上的路基顶面与该中桩的地面高之间的高差就是经济填挖值。将此值按比例点绘到纵断面图的相应中桩位置上,即为该断面的"经济点"。纵坡线通过的经济点越多,则工程量就越少,投资就越省。

3. 试坡

试坡主要是在已标出"控制点"的纵断面图上,根据技术标准、选线意图,考虑各控制点和经济点的要求以及地形变化情况,定出满意的设计线,作为初定坡度线。

试坡应以"控制点"为依据,照顾多数"经济点"。当个别"控制点"确实无法满足时,应对控制点重新研究,以便采取弥补措施。试坡的要点可以归纳为:前后照顾,以点定线,反复比较,以线交点。"前后照顾"就是要前后坡段通盘考虑,不能只局限在某一坡段上。"以点定线"就是按照纵面技术标准的要求,满足"控制点",参考"经济点",初步定出坡度线。"反复比较"就是用三角板推平行线的办法,移动坡度线,反复试坡,对各种可能的坡度线方案进行比较,最后确定既符合技术标准,又满足控制点要求而且土石方量最省的坡度线。"以线交点"就是将得到的坡度线延长,交出变坡点的初步位置。

4. 调坡

调坡主要从以下两个方面进行:

(1)结合选线意图进行调坡。将试坡线与选线时所考虑的坡度进行比较,两者应基本相符。若有脱离实际情况或考虑不周的现象,则应全面分析,找出原因,权衡利弊,决定取舍。

(2)对照技术标准或规范进行调坡。详细检查设计最大纵坡、坡长限制、纵坡折减以及平纵线形组合是否符合技术标准或规范的要求。特别要注意陡坡与平曲线、竖曲线与平曲线、桥头接线、路线交叉、隧道及渡口码头等地方的坡度是否合理,发现问题及时调整修正。

调整坡度线的方法有抬高、降低、延长、缩短纵坡线和加大、减小纵坡度等。调整时应以少脱离控制点、少变动填挖为原则,以便调整后的纵坡与试定纵坡基本相符。

5. 核对

核对,主要在有控制意义的特殊横断面上进行。如选择高填深挖、挡土墙、重要桥涵、人工构造物以及其他重要控制点的断面等。其做法是:在纵断面图上直接由厘米格读出相应桩号的填挖高度,将此值用"路基横断面透明模板"套在相应横断面地面线上,检查若有填挖过大、坡脚落空、挡土墙过高、桥涵填土不够以及其他边坡不稳现象,则需调整坡度线。核对是保证纵面设计质量的重要环节,对某些复杂地段,如山区横坡陡峻的傍山线,这一工作尤为重要。

6. 定坡

经调整核对合理后,即可确定坡度线。所谓定坡,就是把坡度值、变坡点位置(桩号)和高程确定下来。坡度值一般是用三角板推平行线的办法,直接读厘米格子得出,要求取值到千分之一,即0.1%。变坡点的位置直接从图上读出,一般要调整到整10m桩位上。变坡点的高程是根据路线起点的设计高程由已定的坡度、坡长依次推算而来。由于现在内业设计都用道路CAD系统来完成,因此,坡段的坡度也可以由CAD系统确定的变坡点高程进行反算。

道路的纵坡设计是在全面掌握设计资料的基础上经过多次方案比较,精心设计才能完成。除以上提到的设计要求外,纵坡设计还要注意:

(1)与平面线形的合理组合,以得到较佳的空间组合线形。

（2）回头曲线路段纵坡的特殊要求。

（3）大中桥上不宜设置竖曲线，即不宜设变坡点。

（4）注意交叉口、城镇、大中桥、隧道等地段路线纵坡的特殊要求。

7. 设计竖曲线

根据道路等级和情况，确定竖曲线半径，并计算竖曲线要素。

8. 高程计算

根据已定的纵坡和变坡点的设计高程及竖曲线半径，即可计算出各桩号的设计高程。中桩设计高程与对应原地面高程之差即为路基施工高度，当两者之差为"＋"，则是填方；两者之差为"－"，则是挖方。

六、纵断面设计图

1. 公路纵断面设计图

路线纵断面图是纵断面设计的最终成果，是道路设计文件的重要组成部分，如图 3-4 所示。在纵断面图上表示原地面的高程线称为地面线。地面线上各点的高程称为地面高程，沿道路中线所做的纵坡设计线称为纵断面设计线，在纵断面设计线上的各点高程称为设计高程（又称为路基设计高程）。任一桩号的设计高程与地面高程之差，称为该桩号的施工高度（即填挖值）。纵断面图反映路线所经地区中线之地面起伏情况与设计高程之间的关系。

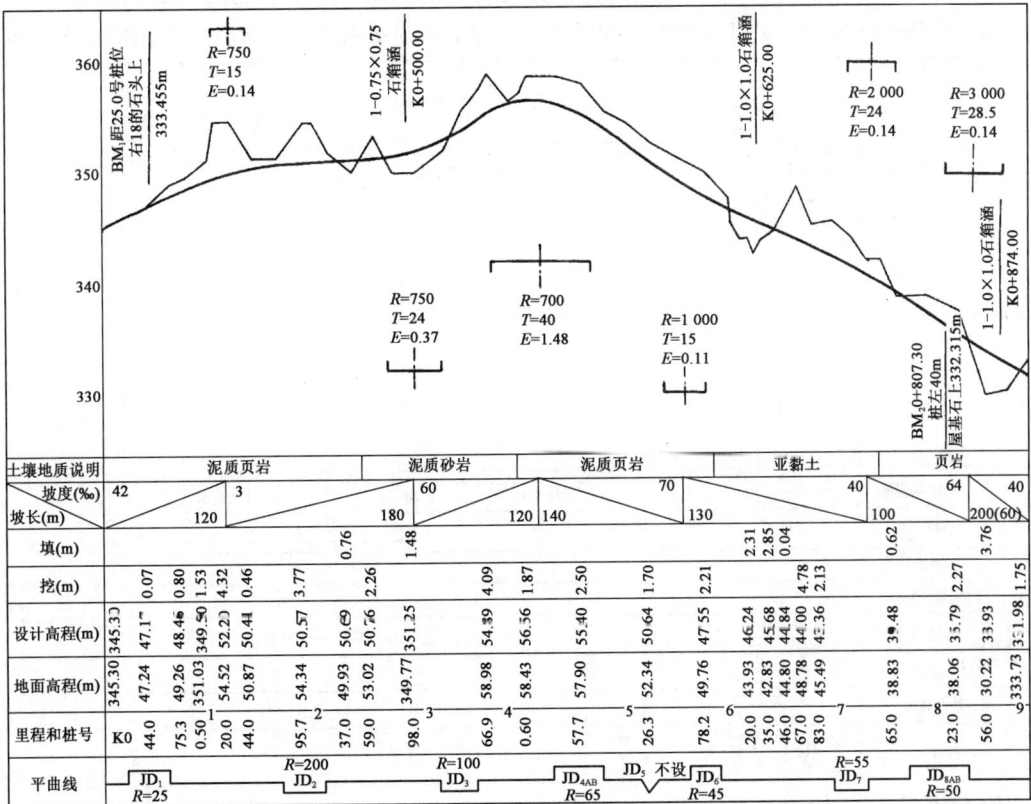

图 3-4 公路路线纵断面

道路纵断面设计图采用直角坐标,以横坐标(水平方向)表示里程及桩号,纵坐标(垂直方向)表示水准高程。为了突出地形起伏,纵横坐标通常采用不同的比例尺。横坐标比例尺一般与路线平面图一致,为1∶2 000或1∶5 000,纵坐标的比例尺相应为1∶200或1∶500。

在纵断面图中,图的上半部应包括如下主要内容:

(1)高程、地面线、设计线、竖曲线及其要素。

(2)桥涵(桥梁按桥型、孔数及孔径标绘,注明桥名、结构类型、中心桩号、设计水位;跨线桥示出交叉方式;涵洞与通道按桩号及底高绘出,注明结构类型、中心桩号、孔数及孔径)。

(3)隧道(按长度、高度标绘,注明名称和起始点桩号)。

(4)与道路、铁路交叉时的桩号及路名。

(5)水准点的位置、编号及高程。

(6)断链桩位置及长短链关系。

(7)沿线跨越河流的现有水位和设计洪水位,影响路基稳定的地下水位等。

在纵断面图的下部各栏应示出土质地质情况、施工高度、设计高程、地面高程、坡长及坡度、里程及桩号、直线及平曲线(包括缓和曲线)等。

2.城市道路纵断面图

城市道路的纵断面图,一般包括以下内容:道路中线的地面线,纵坡设计线,施工高度(填挖值),土质地质剖面图,沿线桥涵位置,街沟类型和孔径,沿线交叉口位置和高程,沿线水准点位置、桩号和高程等,以及在图的下方附以简要的说明表格。在市区主干道的纵断面图上,尚应标注出相交道路的路名与交叉口的交点高程以及街坊与主要建筑物的出入口高程等,如图3-5所示。

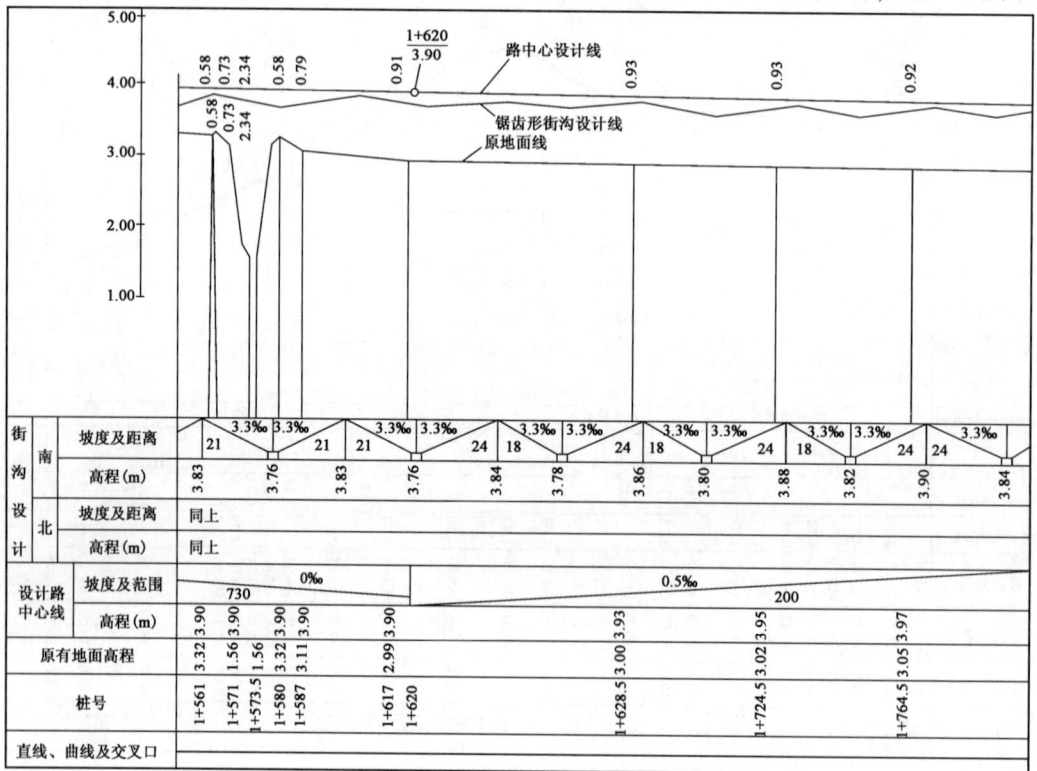

图3-5 城市道路路线纵断面

当设计纵坡小于0.3%时,道路两侧街沟应作锯齿形街沟设计,以满足排水要求,并分别算出雨水进水口和分水点的设计高程,注在相应的图栏内。

城市道路纵断面图的比例尺一般采用水平方向1:500～1:1 000,垂直方向1:50～1:100。

第三节 竖曲线设计

纵断面上两相邻不同坡度线的交点称为变坡点。为保证行车安全、舒适以及视距的需要而在变坡处设置的纵向曲线,即为竖曲线。相邻两坡度线的交角用坡度差"ω"表示,坡度角一般较小,可近似地用两坡段坡度的代数差表示,即 $\omega = i_2 - i_1$,式中,i_2、i_1、分别为两相邻坡段的坡度值,上坡为正,下坡为负。如图3-6所示,ω为正,变坡点在曲线下方,竖曲线开口向上,称为凹形竖曲线;ω为负,变坡点在曲线上方,竖曲线开口向下,称为凸形竖曲线。

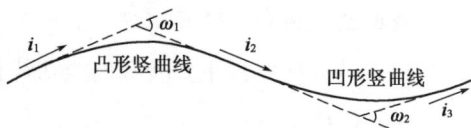

图3-6 竖曲线示意

各级道路在变坡点处均应设置竖曲线。竖曲线的线形通常采用二次抛物线。由于在其应用范围内,圆曲线与抛物线几乎没有差别,因此,竖曲线通常表示成圆曲线的形式,用圆曲线半径 R 来表示竖曲线的曲率半径。

一、竖曲线的计算

1. 用二次抛物线作为竖曲线的基本方程式

在图3-7所示坐标系下,二次抛物线一般方程为:

$$y = \frac{1}{2k}x^2 + ix \tag{3-3a}$$

对竖曲线上任意点 P,其斜率为:

$$i_p = \frac{dy}{dx} = \frac{x}{k} + i$$

当 $x=0$ 时,$i=i_1$;当 $x=L$ 时,$i = \frac{L}{k} + i_1 = i_2$,则有:

$$k = \frac{L}{i_2 - i_1} = \frac{L}{\omega} \tag{3-3b}$$

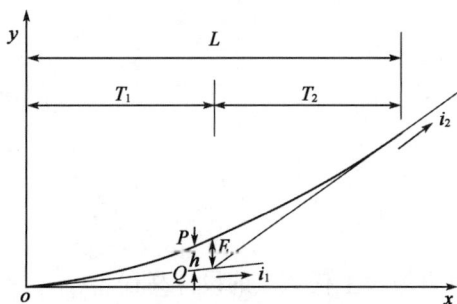

图3-7 竖曲线要素示意

抛物线上任一点的曲率半径为:

$$R = \left[1 + \left(\frac{dy}{dx}\right)^2\right]^{\frac{3}{2}} \bigg/ \frac{d^2y}{dx^2}$$

式中,$\frac{dy}{dx} = i$,$\frac{d^2y}{dx^2} = \frac{1}{k}$,代入上式,得:

$$R = k(1 + i^2)^{\frac{3}{2}}$$

53

因为 i 介于 i_1 和 i_2 之间，且 i_1、i_2 均很小，故 i^2 可略去不计，则有：

$$R \approx k \qquad (3\text{-}3c)$$

将式(3-3b)和式(3-3c)代入式(3-3a)，得二次抛物线竖曲线基本方程式为：

$$y = \frac{\omega}{2L}x^2 + i_1 x \quad 或 \quad y = \frac{1}{2R}x^2 + i_1 x \qquad (3\text{-}3d)$$

式中：ω——坡差(%)；

L——竖曲线长度(m)；

R——竖曲线半径(m)。

2. 竖曲线几何要素计算

竖曲线的几何要素主要有竖曲线切线长 T、曲线长 L 和外距 E，如图 3-8 所示。

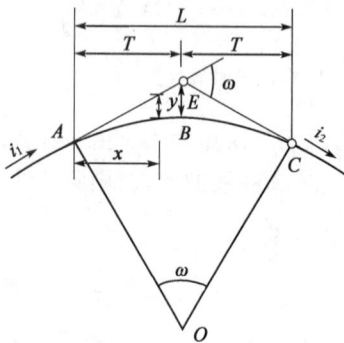

图 3-8 竖曲线几何要素

$$L = R \cdot \omega \qquad (3\text{-}4)$$

$$T = \frac{L}{2} \qquad (3\text{-}5)$$

$$E = \frac{T^2}{2R} \qquad (3\text{-}6)$$

3. 竖曲线上任意点纵距 y 的计算

$$y = \frac{x^2}{2R} \qquad (3\text{-}7)$$

式中：y——计算点纵距；

x——计算点桩号与竖曲线起点的桩号差。

4. 竖曲线上任意点设计高程的计算

(1)计算切线高程

$$H_1 = H_0 - (T - x) \cdot i \qquad (3\text{-}8)$$

式中：H_0——变坡点高程(m)；

H_1——计算点切线高程(m)；

i——纵坡度；

其余符号如图 3-8 所示。利用该式可以直接计算直坡段上任意点的设计高程。

(2)计算设计高程

$$H = H_1 \pm y \qquad (3\text{-}9)$$

式中：H——设计高程(m)；

$\pm$——当为凹形竖曲线时取" + "，当为凸形竖曲线时取" – "；

其余符号意义同前。

二、竖曲线设计标准

竖曲线的设计标准有竖曲线最小半径和竖曲线长度。由于在凸形竖曲线上和在凹形竖曲线上汽车行驶时的受力及视距等考虑因素的不同,凸形竖曲线和凹形竖曲线又有不同的设计标准。

1. 竖曲线最小半径

1)凹形竖曲线最小半径

主要从限制离心力、夜间行车前灯照射的影响以及在跨线桥下的视距 3 个方面计算分析确定。

(1)从限制离心力不致过大考虑

汽车行驶在竖曲线上,由于离心力的作用,要产生失重(凸形竖曲线)或增重(凹形竖曲线)。失重直接影响乘客的舒适感,增重则不仅影响乘客的舒适感还对汽车的悬挂系统产生超载的影响。竖曲线半径的大小直接影响离心力的大小,因此,必须首先从控制离心力不致过大来限制竖曲线的最小半径。

汽车在竖曲线上产生的离心力为:

$$F = \frac{G}{g} \cdot \frac{v^2}{R} = \frac{GV^2}{127R}$$

则:

$$R = \frac{V^2}{127 \dfrac{F}{G}} \tag{3-10}$$

式中:F——汽车转弯时受到的离心力(N);

F/G——单位车重受到的离心力。

根据日本资料,限制 $F/G = 0.028$,代入式(3-10)得:

$$R = \frac{V^2}{3.6} \quad (\text{m}) \tag{3-11}$$

(2)从汽车夜间行驶前灯照射距离考虑

如图 3-9 所示,若照射距离小于要求的视距长度,则无法保证行车安全。按此条件即可推导出此时凹形竖曲线的最小半径的计算公式。

设汽车前灯高度为 h,向车灯照射角为 β,由竖曲线计算公式得:

$$BC \approx \frac{s^2}{2R}$$

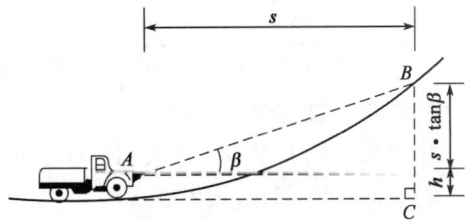

图 3-9 夜间行车前灯照射距离

由图 3-9 可知:

$$BC = h + s \cdot \tan\beta$$

两式联解得:

$$R = \frac{s^2}{2(h + s \cdot \tan\beta)} \quad (\text{m}) \tag{3-12}$$

式中:s——前灯照射距离(m),按行车视距长度取值;

h——前灯高度(m)，取 $h = 0.75\text{m}$；

β——前灯向上的照射角，取 $\beta = 1°$。

将 s、h、β 取值代入式(3-12)得：

$$R = \frac{s^2}{1.5 + 0.034\ 9s} \tag{3-13}$$

(3)从保证跨线桥下的视距考虑

为保证汽车穿过跨线桥时有足够的视距，也应对凹形竖曲线最小半径加以限制。

综合分析以上 3 种情况后，技术标准以限制凹形竖曲线离心力条件为依据，即采用式(3-10)制定出凹形竖曲线最小半径的规定值，如表 3-11 和表 3-12 所示。

公路竖曲线最小半径和最小长度　　表 3-11

设计速度（km/h）		120	100	80	60	40	30	20
凸形竖曲线半径(m)	一般值	17 000	10 000	4 500	2 000	700	400	200
	极限值	11 000	6 500	3 000	1 400	450	250	100
凹形竖曲线半径(m)	一般值	6 000	4 500	3 000	1 500	700	400	200
	极限值	4 000	3 000	2 000	1 000	450	250	100
竖曲线长度（m）	一般值	250	210	170	120	90	60	50
	极限值	100	85	70	50	35	25	20

注：表中所列"一般值"为正常情况下的采用值；"极限值"为条件受限制时，经技术经济论证后的采用值。

城市道路竖曲线最小半径和最小长度　　表 3-12

设计速度（km/h）		100	80	60	50	40	30	20
凸形竖曲线（m）	一般值	10 000	4 500	1 800	1 350	600	400	150
	极限值	6 500	3 000	1 200	900	400	250	100
凹形竖曲线（m）	一般值	4 500	2 700	1 500	1 050	700	400	150
	极限值	3 000	1 800	1 000	700	450	250	100
竖曲线长度（m）	一般值	210	170	120	100	90	60	50
	极限值	85	70	50	40	35	25	20

注："一般值"为正常情况下的采用值；"极限值""最小值"为条件受限制时可采用的值。

2)凸形竖曲线最小半径

主要从限制失重不致过大和保证纵面行车视距两个方面计算分析确定。

(1)从失重不致过大考虑

与凹形竖曲线的限制条件和计算公式相同，即

$$R = \frac{V^2}{127\dfrac{F}{G}} \tag{3-14}$$

式中符号意义同前。

(2)从保证纵面行车视距考虑

凸形竖曲线半径过小，路面上凸直接影响行车视距，按规定的视距控制即可推导出计算最小半径的公式。分两种情况：

①$s \leqslant L$（图 3-10）。

$$h_{\mathrm{w}} = \frac{l_{\mathrm{w}}^2}{2R}$$

$$h_{\mathrm{m}} = \frac{l_{\mathrm{m}}^2}{2R}$$

由几何条件知：

$$s = l_{\mathrm{w}} + l_{\mathrm{m}}$$

将上述两式代入得：

$$s = \sqrt{2R}\left(\sqrt{h_{\mathrm{w}}} + \sqrt{h_{\mathrm{m}}}\right) \qquad (3\text{-}15)$$

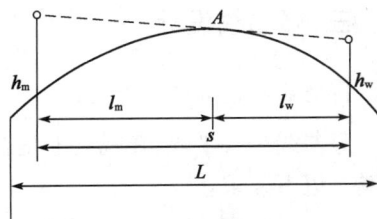

图 3-10　凸形竖曲线视距$(s < L)$
L-竖曲线长度，其他符号意义见式(3-15)

以上式中：h_{w}——物高(m)，取 $h_{\mathrm{w}} = 0.10$m；

　　　　h_{m}——目高(m)，取 $h_{\mathrm{m}} = 1.20$m；

　　　　l_{w}——竖曲线顶点 A 距物点的距离(m)；

　　　　l_{m}——竖曲线顶点 A 距目点的距离(m)；

　　　　s——要求的行车视距(m)，按停车视距考虑；

　　　　L——竖曲线长度(m)。

将 l_{w}、h_{m} 的值代入式(3-15)并整理得：

$$R_{\min} = \frac{s^2}{3.98} \qquad (3\text{-}16)$$

②$s > L$。

$$R_{\min} = \frac{2s}{\omega} - \frac{3.98}{\omega^2} \qquad (3\text{-}17)$$

式中：s——要求的视距长度(m)；

　　　ω——纵断面变坡处的坡度角。

经比较，式(3-15)和式(3-17)的计算结果比式(3-16)小，故采用式(3-16)作为标准的制定依据。

《标准》和《城市道路工程设计规范》(CJJ 37—2012)(2016 年版)规定的各级公路和城市道路的凸形竖曲线的最小半径见表3-11 和表3-12。

3)竖曲线一般最小半径

竖曲线最小半径是缓和行车冲击和保证行车视距所必需的竖曲线半径的最小值，该值只有在地形受限制迫不得已时才采用。通常为了使行车有较好的舒适条件，设计时多采用大于最小半径1.5～2.0 倍的半径值，此值即为竖曲线一般最小半径。倍数 1.5～2.0，随设计速度减小而取用较大值。《标准》和《城市道路工程设计规范》(CJJ 37—2012)(2016 年版)规定的竖曲线一般最小半径见表3-11 和表3 12所示。

2.竖曲线最小长度

与平曲线相似，当坡度角较小时，即使采用较大的竖曲线半径，竖曲线的长度也很短，这样容易使驾驶员产生急促的变坡感觉；同时，竖曲线长度过短，易对行车造成冲击。我国公路按照汽车在竖曲线上 3s 所行程时间控制竖曲线的最小长度。《标准》和《城市道路工程设计规范》(CJJ 37—2012)(2016 年版)对竖曲线的最小长度的规定如表3-11 和表3-12 所示。

三、竖曲线设计

1. 竖曲线设计的一般要求

竖曲线是否平顺，在视觉上是否良好，往往是构成纵面线形优劣的主要因素。竖曲线设计应满足以下要求：

（1）宜选用较大的竖曲线半径。在不过分增加工程量的情况下，宜选用较大的竖曲线半径。通常采用大于竖曲线一般最小半径的半径值，特别是当坡度差较小时，更应采用大半径，以利于视觉和路容美观。只有当地形限制或其他特殊困难不得已时才允许采用最小半径。设计速度大于或等于60km/h的公路，竖曲线设计宜采用长的竖曲线和长直线坡段的组合。有条件时，宜采用大于或等于表3-13所示视觉所需要的竖曲线半径度值。

从视觉观点所需的竖曲线最小半径 表3-13

设计速度（km/h）	竖曲线半径（m）	
	凸形	凹形
120	20 000	12 000
100	16 000	10 000
80	12 000	8 000
60	9 000	6 000

（2）同向竖曲线应避免"断背曲线"。同向竖曲线特别是同向凹形竖曲线间，如直坡段不长，应合并为单曲线或复曲线。

（3）反向曲线间，一般由直坡段连接，也可径相连接。反向竖曲线间最好设置一段直坡段，直坡段的长度应能保证汽车以设计速度行驶3s的行程时间，以使汽车从失重（或增重）过渡到增重（或失重）有一个缓和段。如受条件限制，也可互相连接或插入短的直坡段。

（4）竖曲线设置应满足排水需要。若相邻纵坡之代数差很小时，采用大半径竖曲线可能导致竖曲线上的纵坡小于0.3%，不利于排水，应重新进行设计。

2. 半径的选择

选择竖曲线半径主要应考虑以下因素：

（1）选择半径应符合表3-11和表3-12所规定的竖曲线的最小半径和最小长度的要求。

（2）在不过分增加土石方工程量的情况下，为使行车舒适，宜采用较大的竖曲线半径。

（3）结合纵断面起伏情况和高程控制要求，确定合适的外距值，按外距控制选择半径：

$$R = \frac{8E}{\omega^2} \tag{3-18}$$

（4）考虑相邻竖曲线的连接（即保证最小直坡段长度或不发生重叠）限制曲线长度，按切线长度选择半径：

$$R = \frac{2T}{\omega} \tag{3-19}$$

（5）过大的竖曲线半径将使竖曲线过长，从施工和排水来看都是不利的，选择半径时应注意。

(6)对夜间行车交通量较大的路段考虑灯光照射方向的改变,使前灯照射范围受到限制,选择半径时应适当加大,以使其有较长的照射距离。

第四节 平、纵面线形组合设计

道路的空间线形是指由道路的平面线形和纵面线形所组成的空间立体形状。道路线形设计首先是从路线规划开始的,然后经选线、平面线形设计、纵面线形设计和平纵线形组合设计的过程,最终以平、纵组合的立体线形展现在驾驶员眼前。行驶过程中,驾驶员所选择的实际行驶速度,是由他对立体线形的判断做出的,因此,设计中仅仅满足平面、纵面线形标准还是不够的。道路的空间线形应能保持视觉的连续性,并有足够的舒适感和安全感。

对于设计速度≥60km/h 的公路,应注重空间线形设计,不仅要满足汽车运动学和力学要求,而且应充分考虑驾驶员在视觉和心理的要求,尽量做到线形连续、指标均衡、视觉良好、景观协调、安全舒适。设计速度越高,平纵组合设计所考虑的因素应越周全。当设计速度≤40km/h 时,首先应在保证行驶安全的前提下,正确运用线形要素规定值,在条件允许的情况下,力求做到各种线形要素的合理组合,并尽量避免和减少不利组合。

道路平面线形和纵面线形的组合设计,就是要得到一个既满足汽车行驶安全、舒适的要求,能使工程造价及运营费用经济,能在驾驶员视觉和心理状态方面引起良好反映,同时使道路与沿线周围环境和景观相协调的道路立体线形,从而达到安全、舒适、快速和经济的目的。

一、线形组合设计的原则

(1)线形组合设计中,各技术指标除应分别符合平面、纵断面规定值外,还应考虑横断面线形组合与行驶安全的影响,应避免平面、纵断面、横断面的最不利值相互组合的设计。

(2)在确定平面、纵断面的各相对独立技术指标时,各自除应相对均衡、连续外。还应考虑与之相邻路段的各技术指标的均衡、连续。

(3)线形组合设计除应保持各要素间内部的相对均衡与变化节奏的协调外,还应注意同公路外部沿线自然景观的适应和地质条件等的配合。

(4)路线线形应能自然地诱导驾驶员的视线,并保持视线的连续性。

二、线形组合设计的要求

(1)平、纵线形组合宜相互对应,且平曲线宜比竖曲线长。当平、竖曲线半径均较小时,其相互对应程度应较严格;随着平、竖曲线半径的同时增大,其对应程度可适当放宽;当平、竖曲线半径均大时,可不严格相互对应。

(2)长直线不宜与坡陡或半径小且长度短的竖曲线组合。

(3)长的平曲线内不宜包含多个短的竖曲线;短的平曲线不宜与短的竖曲线组合。

(4)半径小的圆曲线起、讫点,不宜接近或设在凸形竖曲线的顶部或凹形竖曲线的底部。

(5)长的竖曲线内不宜设置半径小的平曲线。

（6）凸形竖曲线的顶部或凹形竖曲线的底部，不宜同反向平曲线的拐点重合。

（7）复曲线、S形曲线中的左转圆曲线不设超高时，应采用运行速度对其安全性予以验算。

（8）应避免在长下坡路段、长直线路段或大半径圆曲线路段的末端接小半径圆曲线的组合。

三、线形组合设计要点

1. 平曲线与竖曲线的组合

（1）平曲线与竖曲线应相互重合，且平曲线应稍长于竖曲线，如图3-11所示。这种组合是使竖曲线和平曲线对应，最好使竖曲线的起、终点分别放在平曲线的两个缓和曲线内，即所谓的"平包竖"。对于等级较高的道路应尽量做到这种组合，并使平、竖曲线半径都大一些才显得协调，特别是凹形竖曲线处速度较高，两者半径更应该大一些。

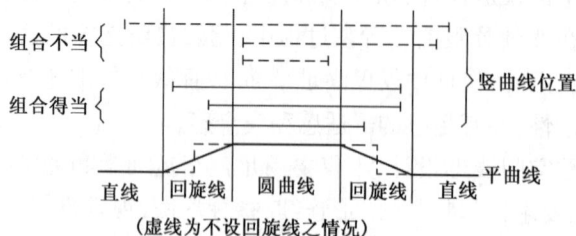

图3-11 平曲线与竖曲线的组合

（2）平曲线与竖曲线大小应保持均衡。所谓均衡，是指平、竖曲线几何要素要大体平衡、匀称、协调，不要把过缓与过急、过长与过短的平曲线和竖曲线组合在一起。

根据德国的计算统计，当平曲线半径小于1 000m，竖曲线半径大约为平曲线半径的10～20倍时，便可达到均衡的目的。现将德国的具体经验列于表3-14，可作设计参考。

平、竖曲线半径的均衡 表3-14

平曲线半径(m)	竖曲线半径(m)	平曲线半径(m)	竖曲线半径(m)
500	10 000	1 100	30 000
700	12 000	1 200	40 000
800	16 000	1 500	6 000
900	20 000	2 000	100 000
1 000	25 000		

（3）暗、明弯与凸、凹竖曲线。暗弯与凸形竖曲线及明弯与凹形竖曲线的组合是合理、悦目的。

对暗与凹、明与凸的组合，当坡差较大时，会给人留下弃坦坡、近路不走，而故意爬坡、绕弯的感觉。此种组合在山区难以避免，但只要坡差不大，矛盾也不很突出。

（4）平、竖曲线应避免的组合：

①设计速度≥40km/h的公路，凸形竖曲线的顶部和凹形竖曲线的底部，不得插入小半径平曲线。

②凸形竖曲线的顶部或凹形竖曲线的底部，不得与反向平曲线的顶点重合。

③小半径竖曲线不宜与缓和曲线相互重叠。

④平面转角小于7°的平曲线，不宜与坡度角较大的凹形竖曲线组合在一起。

⑤在完全通视的条件下,长上(下)坡路段的平面线形多次转向形成蛇形的组合线形,应极力避免。

2. 直线与纵断面的组合

平面的长直线与纵面的直坡线配合,对双车道公路超车方便,在平坦地区易与地形相适应,但行车单调乏味,易疲劳。直线上一次变坡是较好的平、纵组合,从美学观点讲以包括一个凸形竖曲线为好,而包括一个凹形线次之;直线中短距离内二次以上变坡会形成反复凸凹的"驼峰"和"凹陷",看上去线形既不美观也不连贯,使驾驶员的视线中断。因此,只要路线有起有伏,就不要采用长直线,最好使平面路线随纵坡的变化略加转折,并把平、竖曲线合理地组合。使用时,应避免:

(1)长直线配长坡。

(2)直线上短距离内多次变坡。

(3)直线段内不能插入短的竖曲线。

(4)在长直线上设置坡陡及曲线长度短、半径小的凹形竖曲线。

(5)直线上的纵断面线形应避免出现驼峰、暗凹、跳跃等使驾驶员视觉中断的线形。

3. 平、纵线形组合与景观的协调配合

道路作为一种线形构造物,应将其视为景观的对象来研究。修建道路会对自然景观产生影响,有时会产生一定破坏作用。而道路两侧的自然景观会影响道路上汽车的行驶,特别是对驾驶员的视觉、心理以及驾驶操作等都有很大影响。

平、纵线形组合,必须是在充分与道路所经地区的景观相配合的基础上进行。否则,即使线形组合满足了有关规定,也不一定是良好设计。对于驾驶员来说,只有看上去具有连续而流畅的线形和优美的景观,才能称为舒适和安全的道路。对设计速度高的道路,驾驶员的精力会高度集中,视角减少而视点增长,平、纵线形组合设计与周围景观配合尤为重要。

道路景观工程包括内部协调和外部协调两方面。其中内部协调主要指平、纵线形视觉的连续性和立体协调;而外部协调是指道路与其两侧坡面、路肩、中间带、沿线设施等的协调以及道路宏观位置。实践证明,线形与景观的配合应遵循以下原则:

(1)应在道路的规划、选线、设计、施工全过程中重视景观要求。尤其在规划和选线阶段,比如对风景旅游区、自然保护区、名胜古迹区、文物保护区等景点和其他特殊地区,一般以绕避为主。

(2)在选定路线时,应充分地利用自然风景,如孤山、湖泊、大树等,或人工建筑物如水坝、桥梁、农舍等,尽量做到路线与大自然融为一体,不产生生硬感和隔断大自然。特别是在长直线路段上,应使驾驶员能看到前方显著的景物。必要时,路旁可设置一些设施,以消除单调感。

(3)对道路本身不能仅把它当作技术对象,还应把它作为景观来看待。为此,道路修建时,要少破坏沿线自然景观,纵面尽量避免高填深挖。

(4)横面设计要使边坡造型和绿化与现有景观相适应,弥补填挖对自然景观的破坏。有条件时,可适当放缓边坡或将边坡的变坡点修整圆滑,使边坡接近自然地面的形式,增进路容美观。不得已时,可采用修整、植草皮、种树等措施加以补救。

(5)应进行综合绿化处理,避免形式和内容上的单一化,应将绿化作为诱导视线、点缀风景以及改造环境的一种措施,而进行专门设计。中央分隔带的植树,除符合防眩要求外,也应考虑景观要求,种植常青植物丛并注意形态的适当变化。

（6）应根据技术和景观要求,合理选定构造物的造型、色彩,使道路构造物成为对自然景观的补充。如跨线桥、跨河桥、服务区、沿线设施等作为道路上的景点要讲究艺术造型,避免单一化。

第五节　爬坡车道

爬坡车道是陡坡路段主线行车道外侧增设的供载重汽车行驶的专用车道。

在道路纵坡较大的路段上,载重车爬坡时需要克服较大的坡度阻力,使速度下降,大型车与小汽车的速差变大,超车频率增加,对行车安全不利。同时,速差较大的车辆混合行驶,必将减小快车行驶的自由度,导致通行能力下降。为了消除上述不利影响,宜在陡坡路段增设爬坡车道,把载重汽车、慢速车从主线车流中分流出去,从而提高主线车辆的行驶自由度,确保行车安全,提高该路段的通行能力。

一般来讲,理应选择不设爬坡车道的路线纵断面设计,但这样往往会造成路线迂回或路基高填深挖,增加工程费用。在多数情况下,采用稍大的纵坡值而增设爬坡车道会产生既经济又安全的效果。不过,设置爬坡车道也并非最好措施,解决问题的根本措施还在于精选路线,定出纵坡值较小而又经济实用的路线。

一、设置爬坡车道的条件

四车道高速公路、四车道一级公路以及二级公路连续上坡路段,符合下列情况之一者,宜在上坡方向行车道右侧设置爬坡车道。

（1）沿连续上坡方向载重汽车的运行速度降低到表3-15的容许最低速度以下时。

上坡方向容许最低速度　　　　　　　　　　　　表3-15

设计速度（km/h）	120	100	80	60	40
容许最低速度（km/h）	60	55	50	40	25

（2）单一纵坡坡长超过表3-4的规定或上坡路段的设计通行能力小于设计小时交通量时。

（3）经设置爬坡车道与改善主线纵坡不设爬坡车道技术经济比较论证,设置爬坡车道的效益费用比、行车安全性较优时。

爬坡车道设计通行能力的计算方法与主线的设计通行能力的计算方法相同。在设计中,对需设置爬坡车道的路段,应进行设置爬坡车道方案与改善主线纵坡不设爬坡车道方案进行技术经济比选,以确定经济、合理的方案。

二、爬坡车道的设计

1.横断面组成

爬坡车道设于上坡方向主线行车道右侧。爬坡车道的宽度一般为3.5m,包括设于其左侧路缘带的宽度 0.5m。

高速公路、一级公路的爬坡车道应紧靠车道的外侧设置,可利用硬路肩宽度,爬坡车道的外侧应设置路缘带和土路肩。二级公路的爬坡车道应紧靠车道的外侧设置,可利用硬路肩宽度。当需保留原来供非汽车交通行驶的硬路肩时,该部分应移至爬坡车道的外侧。

爬坡车道的曲线加宽,按一个车道曲线加宽规定执行。

对于长而连续的爬坡车道,为了临时停车的需要,应设置紧急停车带。高速公路、一级公路爬坡车道长度大于 500m 时,应按规定在其右侧设置紧急停车带。

2. 横坡度

爬坡车道的行车速度比主线小,为了行车安全起见,高速公路主线超高坡度与爬坡车道的超高坡度之间的对应关系见表 3-16。超高坡度的旋转轴为爬坡车道内侧边缘线。

爬坡车道的超高坡度　　　　　　　　　　　表 3-16

主线的超高坡度(%)	10	9	8	7	6	5	4	3	2
爬坡车道超高坡度(%)	5				4			3	2

若爬坡车道位于直线路段时,其横坡度的大小同于主线路拱坡度,均采用直线式横坡,坡向向外。另外,爬坡车道右侧路肩的横坡度大小和坡向参照主线与右侧路肩之间关系的有关规定确定。

3. 平面布置与长度

爬坡车道的总长度应由分流渐变段长度、爬坡车道长度(含附加长度)和汇流渐变段长度组成,如图 3-12 所示,爬坡车道的平面布置如图 3-13 所示。

爬坡车道的起点,应设于陡坡路段上载重汽车运行速度降低至表 3-15"容许最低速度"处。

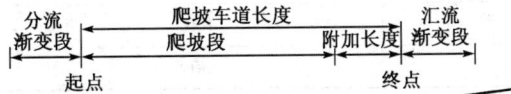

图 3-12　爬坡车道组成示意

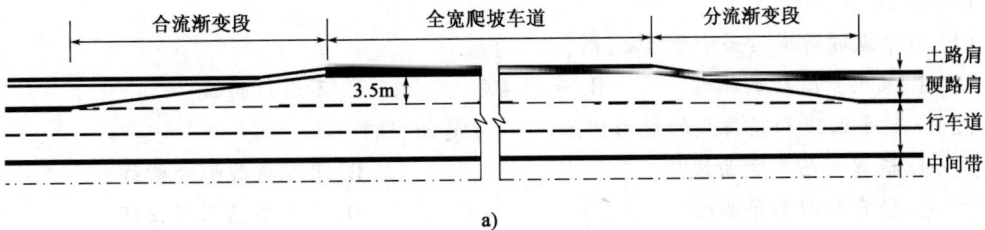

a)

图 3-13

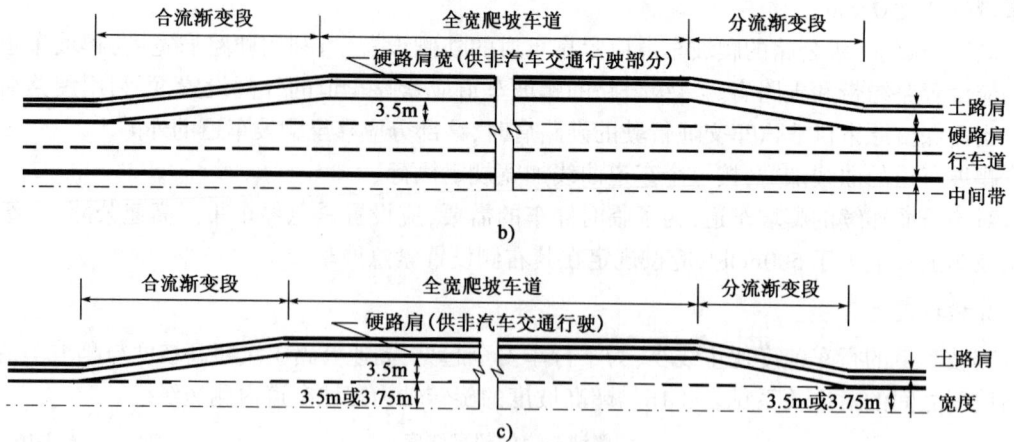

图 3-13 爬坡车道的平面布置

爬坡车道的终点,应设于载重汽车爬经陡坡路段后恢复至"容许最低速度"处,或陡坡路段后延伸的附加长度的端部。该陡坡路段后延伸的附加长度规定,如表 3-17 所示。

陡坡路段后延伸的附加长度   表 3-17

附加路段的纵坡(%)	下 坡	平 坡	上 坡			
			0.5	1.0	1.5	2.0
附加长度(m)	100	150	200	250	300	350

相邻两爬坡车道相距较近时,宜将两爬坡车道直接相连。爬坡车道起点、终点处,应设置分流、汇流渐变段,其长度规定如表 3-18 所示。

爬坡车道分流、汇流渐变段长度   表 3-18

公 路 等 级	分流渐变段长度(m)	汇流渐变段长度(m)
高速公路、一级公路	100	150~200
二级公路	50	90

【复习题】

1. 选择题

(1) 高原纵坡折减后若小于 4%,则( )。

    A. 采用折减后的纵坡   B. 采用 4%   C. 不进行折减

(2) 下列平曲线和竖曲线的线形组合( )是合理的。

    A. 暗弯与凸形竖曲线   B. 明弯与凹形竖曲线

    C. 暗弯与凹形竖曲线   D. 明弯与凸形竖曲线

(3) 若 $\omega = i_2 - i_1$,当 ω 为" +"时,则( )。

    A. 竖曲线为凹曲线   B. 竖曲线为凸曲线

(4)在有平曲线的坡道上,最大坡度方向为(　　)。

　　A.纵坡方向　　　　　　B.横坡方向　　　　　C.合成坡度方向

(5)为利于路面排水,各级道路的最小合成坡度不宜小于(　　)。

　　A.0.3%　　　　　　　B.0.5%　　　　　　C.3%

2.思考题

(1)高原纵坡为什么要折减?

(2)平曲线与竖曲线应怎样合理组合?

(3)请用所学知识,评价图3-14中几组平、纵线形组合的优劣。

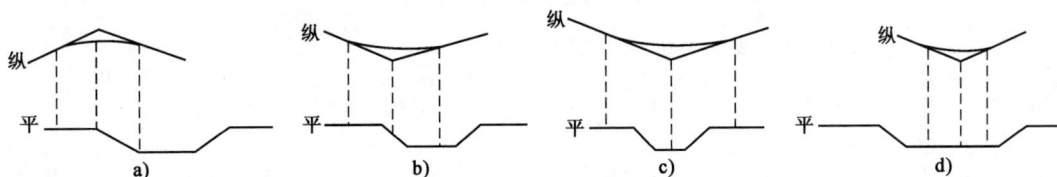

图 3-14

3.计算题

某条道路变坡点桩号为 K25+460.00,高程为 780.72m,$i_1=0.8\%$,$i_2=5\%$,竖曲线半径 5 000m。

(1)判断凸、凹性。

(2)计算竖曲线要素。

(3)计算竖曲线起点、K25+400.00、K25+460.00、K25+500.00、竖曲线终点的设计高程。

第四章

道路交叉设计

【学习要求】

掌握道路平面交叉和立体交叉的类型、特点以及适用范围;了解平面交叉和立体交叉规划设计的基本原则、设计内容、和设计方法。

第一节 概 述

道路交叉是不同方向的两条或多条交通路线相交的地点。道路交叉分为平面交叉(又称交叉口)和立体交叉(简称立交)两大类。道路交叉是道路系统的重要组成部分,是道路交通的咽喉。在道路网中,各种道路纵横交错,必然形成很多的道路交叉。

道路与道路(或铁路)在同一平面上相交称为平面交叉,又称为交叉口。在交叉口,由于相交道路的各向车辆和行人都要在此汇集、通过和转换方向,它们之间相互干扰,会使车速降低,交通阻滞,造成延误,甚至容易发生交通事故。因此,怎样减少交叉口行车的相互干扰,保证车辆安全、快速、通畅的通过交叉口是道路交叉设计的基本任务。

一、交通特征分析

1. 车辆间相互干扰大,产生许多交错点

把汽车作为一个质点,行驶时所走的轨迹就称交通流线(又称行车路线)。在十字交叉口入口处,每一交通流线都将分成直行、左转、右转3个方向的交通流线,而在出口处各方向的来车又将汇合往同一方向行驶,这一分一合形成了交通流线间十分复杂的关系,会出现许多交错点。交错点是指交通流线相互发生交错的连接点。按交通流线交错的不同形式,可分为分流点(又称分岔点)、合流点(又称汇合点)、冲突点(又称交叉点),如图4-1所示。分流点是指一条交通流线,分为两条交通流线的地点。合流点主要是指来自不同方向的交通流线,以较小的角度向同一方向汇合行驶的地点。冲突点是指来自不同方向的交通流线以较大角度相互交叉的地点。三、四、五路交叉口3种交错点分布如图4-2和图4-3所示。

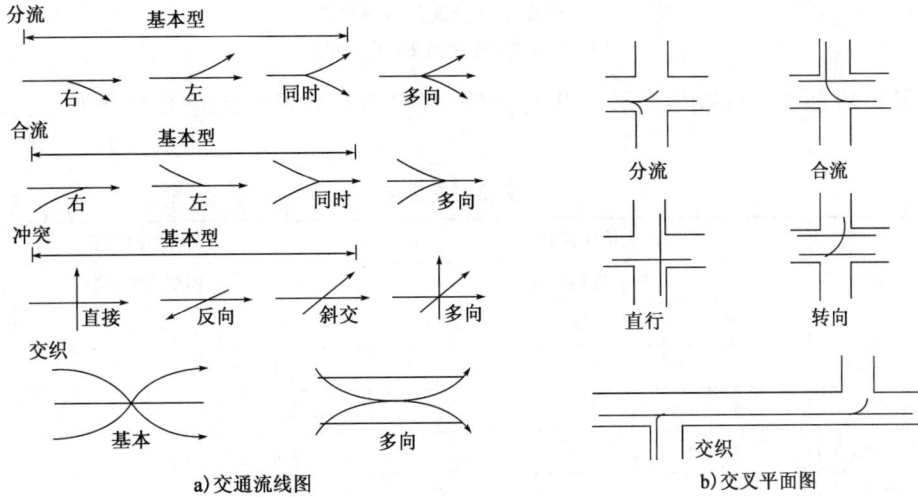

a)交通流线图　　　　　　　　　b)交叉平面图

图4-1　交叉口交通流线的基本情况

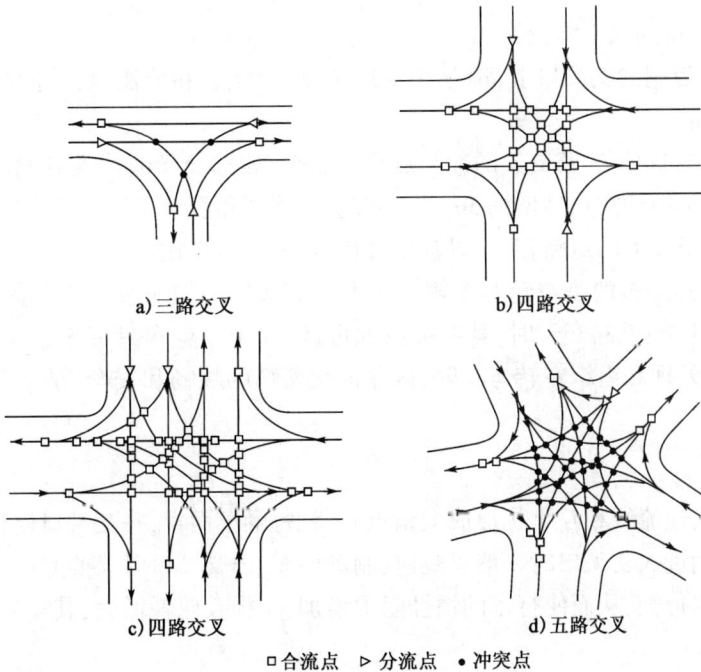

a)三路交叉　　　　　　　　　b)四路交叉

c)四路交叉　　　　　　　　　d)五路交叉

□合流点　▷分流点　●冲突点

图4-2　无信号控制的交错点分布图

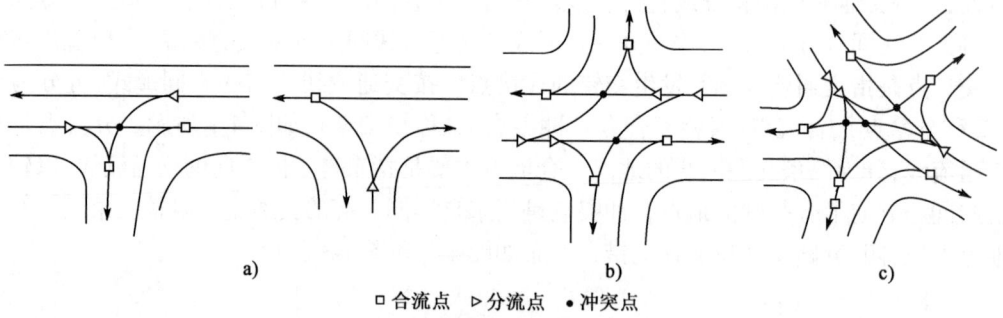

□ 合流点　▷ 分流点　● 冲突点

图 4-3　有信号控制的交错点分布图

交叉口的交错点数量与交叉口相交道路数、车道数以及有无信号控制有关,如表 4-1 所示。

交叉口的交错点　　　　　　　　　　　　　　　　表 4-1

交错点类型	无信号控制			有信号控制		
	相交道路条数			相交道路条数		
	3 条	4 条	5 条	3 条	4 条	5 条
分流点(个)	3	8	15	2 或 1	4	4
合流点(个)	3	8	15	2 或 1	4	6
左转车流冲突点(个)	3	12	45	1 或 0	2	4
直行车流冲突点(个)	0	4	5	0	0	0
交错点总数(个)	9	32	80	5 或 2	10	14

从以上图表可得到以下结论:

(1)在无信号控制的交叉口上,都存在着冲突点、合流点和分流点,并随相交道路条数的增加而显著的增加。

例如:无信号控制时,三路交叉的冲突点只有 3 个;四路交叉的冲突点就增加到 16 个,合流点 8 个;五路交叉的冲突点猛增到 50 个。因此,在规划和设计交叉口时,应力求减少相交道路的条数,避免 5 条以上的道路相交,以减少交错点,使交通简化。

(2)产生冲突点最多的是左转弯车辆。在十字交叉口上如无左转弯车辆,则冲突点可从 16 个减少到只有 4 个;五路交叉时,其冲突点数可从 50 个减少到只有 5 个。因此,在交叉口设计中,如何正确处理和组织左转弯车辆,以保证交叉口的顺畅和安全,是交叉口设计的关键之一。

2. 行车复杂

交叉口处除交通流线相互干扰形成交错点外,就每辆车而言,在交叉口处行车状态也比一般路段复杂。车辆进入交叉口时一般要减速、制动停车,出交叉口时又要起步、加速。因此,汽车在交叉口为变速行驶,从而使行车的惯性阻力增加、车损及轮耗增大,其噪声、空气污染对环境影响较为严重。

车辆在通过交叉口时还要选择前进的方向,可以直行、左转、右转等,这也使驾驶员操作更为复杂。

3. 交通复杂

交叉口一般多处于人口集中的繁华地区,行人交通、非机动车,特别是自行车交通在交叉口转换方向,使交通流线相互干扰更为复杂,这给交通的组织也带来了很大的困难。

二、改善交叉口的根本途径

从交叉口交通特征分析中我们看到,交叉口主要是因为交通流线的相互干扰,才产生了许多交错点,从而使交叉口的交通混乱,因此,改善交叉口的根本途径就是分离交通流线,有以下几种方法。

1. 时间上分离

用交通组织和管理的办法,对交叉口的交通进行限制,在同一时间内,只允许某一方向的车流通过,这样在交叉口的危险点就大大减少了。通常在交叉口装置自动交通信号灯,或由交通警察指挥,或设置让路交叉路口,或定时不准左转车通行等,都是属于在时间上分离的措施。

2. 平面上分离

在交叉口采用各种交通设施或进行交通组织,使交通流线在平面上分离,这也是减少交叉口交错点的重要途径。通常采用的措施和方法主要有:

(1)在交叉口进口处设置专用车道,将不同方向车辆在过交叉口前分离在各专用车道上,减少行车干扰。

(2)合理组织交通路线,变左转车为右转车。如设置中央岛组织环行交通,规定交通路线,绕街坊组织大环行交通,设置远引交叉,都属于这一类型。

(3)组织渠化交通。在交叉口用画线、绿化带、交通岛和各种交通标志等方法,限制行车路线,使交通流线在平面上分离。

3. 空间上分离

设置立体交叉,将相互干扰的交通流线分设在不同高程的车道上,各行其道,互不干扰。从根本上分离交通流线,解决交叉口交通问题。

三、交叉口设计主要内容

1. 平面交叉设计

(1)正确选择交叉口类型。

(2)合理布设交叉口各种交通设施(包括交通信号、标志、标线、导流岛、方向岛等),进行交通组织设计(包括车辆交通和行人交通)。

(3)交叉口几何设计,确定交叉口各部分的几何尺寸。

(4)交叉口立面设计及排水设计。

2. 立体交叉设计

(1)立交类型选择及立交方案设计。

(2)立交线形设计,包括主线和匝道的线形设计。

(3)立交桥跨构造物设计。

(4)立交变速车道设计。

(5)立交附属设施设计。

第二节　平　面　交　叉

一、平面交叉类型选择及交通组织设计

1. 平面交叉的类型

交叉口分类的方式很多,通常多按交叉口岔数及形式划分,主要类型有:十字交叉口、T形交叉口、斜交叉口、Y形交叉口、斜交交路、错位T形交叉口、折角交叉口、漏斗形交叉口、环形交叉口、斜交Y形交叉口、多路交叉口,如图4-4所示。

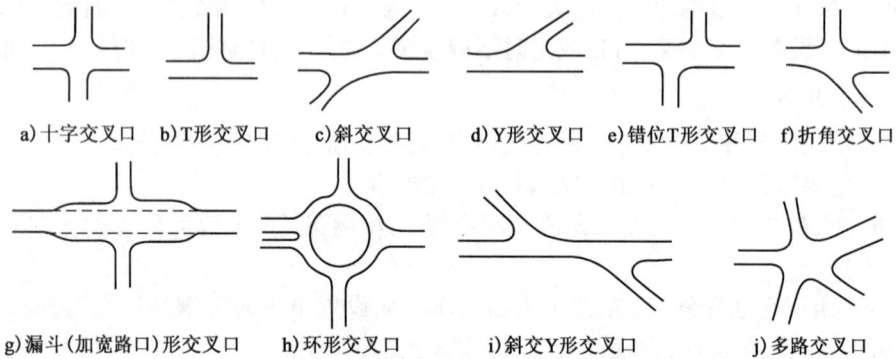

a)十字交叉口　b)T形交叉口　c)斜交叉口　　d)Y形交叉口　e)错位T形交叉口　f)折角交叉口

g)漏斗(加宽路口)形交叉口　h)环形交叉口　　i)斜交Y形交叉口　　j)多路交叉口

图4-4　平面交叉口的类型

2. 平面交叉交通特性分类及适用范围

在具体设计中,常因交通量、交通性质以及不同的交通组织方式,把交叉口设计成各具交通特点的形式,可归纳为加铺转角式、分道转弯式、扩宽路口式和环形交叉4类。

1)加铺转角式

在交叉口用适当半径的圆曲线平顺连接相交道路的路基和路面的交叉口称为加铺转角式,如图4-5所示,它是最简易的平交类型。

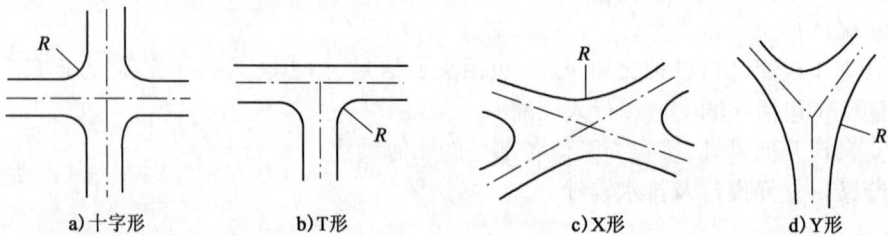

a)十字形　　　b)T形　　　　c)X形　　　　d)Y形

图4-5　加铺转角式交叉口

此类交叉口形式简单,占地少,造价低,设计方便,但行车速度低,通行能力小。适用于交通量小、车速低、转弯车辆少的三、四级公路或地方道路,若斜交不大时,也可用于转弯交通量较小的主要道路与次要道路交叉。设计时主要是选择好适当的转角曲线半径和保证足够的视距。

2）分道转弯式

通过设置导流岛、划分车道等措施，使单向右转或双向左、右转车流以较大半径分道行驶的交叉口为分道转弯式，如图4-6所示。此类交叉口转弯车辆，尤其是右转弯车辆行驶速度和通行能力都较高。适用于车速较高、转弯车辆较多的一般道路。设计时，主要解决分道转弯半径、保证足够的视距和满足导流岛端部半径的要求。

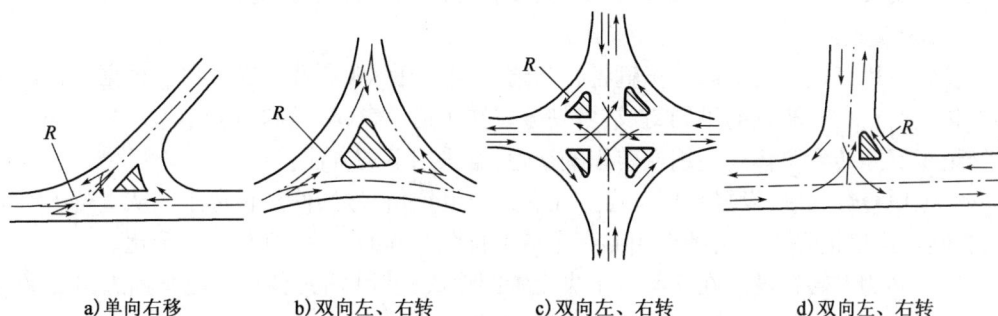

| a）单向右移 | b）双向左、右转 | c）双向左、右转 | d）双向左、右转 |

图4-6　分道转弯式交叉口

3）扩宽路口式（漏斗式）

为使转弯车辆不影响其他车辆的正常行驶，在交叉口连接部增设变速车道和转弯车道的交叉口称为扩宽路口式。这种交叉口可以单增右转或左转车道，也可以同时增设左、右转弯车道，如图4-7所示。此类交叉口可减少转弯交通对直行交通的干扰，车速较高，事故较少，通行能力大，但占地多，投资较大。适用于交通量大、转弯车辆较多的二级公路和城市主干道。设计时主要解决扩宽的车道数，同时也要满足视距和转角曲线半径的要求。

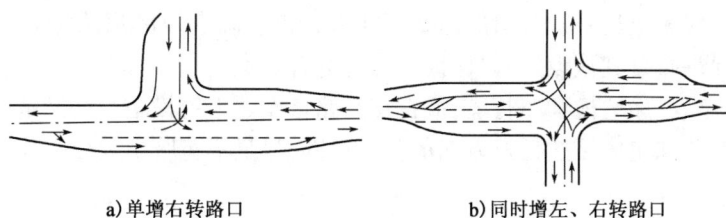

| a）单增右转路口 | b）同时增左、右转路口 |

图4-7　扩宽路口式交叉口

4）环形交叉（转盘）

在交叉口中央设置中心岛，用环岛组织渠化交通，使进入环道的所有车辆一律按逆时针方向绕岛单向行驶，直至所要去的路口离岛驶出的平面交叉，称为环形交叉口，如图4-8所示。

环形交叉口的优点：驶入交叉口的各种车辆可连续不断地单向运行，没有停滞，减少了车辆在交叉口的延误时间；环道上行车只有分流与合流，消灭了冲突点，提高了行车的安全性；交通组织简便，不需信号管制；对多路交叉和畸形交叉，用环道组织渠化交通更为有效；中心岛绿化可以美化环境。缺点：占地较大，城区改建困难，增加了车辆绕行距离，特别是左转弯车辆；一般造价高于其他平面交叉。

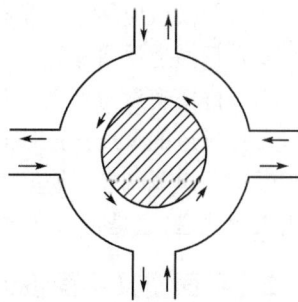

图4-8　环形交叉口

环形平面交叉在多路交汇或转弯交通量比较均衡的路口采用。在快速道路和交通量大的主干线道路上、有大量非机动车和行人交通、位于斜坡较大的地形以及桥头引道上均不宜采用。也可作为远期规划，为环形立交的过渡形式。设计时主要解决中心岛的形状和半径、环道的布置和宽度、交织段的长度、交织角、进出口曲线半径和视距要求等问题。

交叉口交通组织设计包括车辆交通组织和行人交通组织。其基本任务是：保证相交道路车辆及行人的安全，提高交叉口的通行能力，使各方向车流安全、快速地通过交叉口。

（1）车辆交通组织

①设置专用车道。使不同的车辆各行其道，互不干扰，顺利通过交叉口。根据车行道的宽度和左转、直行、右转车辆的不同组成，可划分左转车道、直行车道和右转车道。

②组织好左转弯车辆。组织左转车辆交通，常采用下列方法：

a. 实施信号灯管制，设置专用车道。在交叉口设置信号灯，使左转弯车辆从直行车流中分出来，在路口进口道停车线后的专用储存车道上排队等候通过交叉口，减少干扰。

b. 变左转为右转行驶。在交叉口中央设置圆形或椭圆形的交通岛，使车辆进出交叉口一律绕岛作逆时针单向行驶，变左转为右转，顺利通过交叉口。

③组织渠化交通。所谓渠化交通，是指在道路上画出各种管理设施（如车道线、停车线等）及设置各种交通岛，使人、车分离，各行其道，不同类型、不同方向及不同速度的车辆能像渠道内的水流一样顺着一定的方向互不干扰地通行。

（2）行人交通组织

在城市道路中，尤其在交叉口处，行人在此汇集、转向、过街，需考虑行人交通组织。行人交通组织的主要任务包括两个方面：一是组织行人在人行道上行走；二是组织行人在人行横道线安全过街，从而使人、车分离，减少相互干扰。

人行道通常对称布置在车行道两侧。交叉口内相邻道路的人行道互相连通，并将转角处人行道加宽，以适应人流集中和转向的需要。在人行道上除必要的道路标志、交通信号、照明及栏杆等外，不允许布置其他设施，以保证人行道的有效宽度。

为使行人安全、有序地横穿车行道，应在交叉路口设置人行横道。交叉范围的人行道和人行横道相互连接，共同组成可达任意方向的步行道网，尽量不将吸引大量人流的公共建筑的出入口设在交叉口上。

人行横道的设置应考虑以下方面的要求：

①人行横道应与行人自然流一致。

②人行横道应尽量与车行道垂直，使行人过街距离短。

③人行横道尽量靠近交叉口，以缩小交叉口的面积，使车辆尽快通过交叉口。

④人行横道设置在驾驶员容易看清的位置，标线应醒目。

人行横道的宽度一般应比路段人行道宽，其最小宽度为4m，一般最大值不超过8m。

当交叉口宽阔、人流量大、车流量大且车速高时，如快速路上的交叉口，可考虑设置人行天桥或人行地道，这是行人交通组织最彻底、最有效的办法。

二、平面交叉平面设计

1. 交叉口的平面线形布设要点

（1）平面交叉范围内两相交道路应正交或接近正交，且平面线形宜为直线或大半径曲线，尽量避免采用需设超高的曲线半径。

（2）新建道路与等级较低的既有道路斜交时，应对次要道路在交叉前后一定范围内作局部改线，使交叉的交角不小于70°。

2.交叉口视距

1）视距三角形

为了保证交叉口上行车安全，驾驶员在进入交叉口前的一段距离内，应能看清相交道路上的行车情况，以便能安全通过交叉口，或及时停车避免发生碰撞。这段必要的距离应该大于或等于停车视距 S_T。

由相交道路上的停车视距所构成的三角形称为视距三角形。在其范围内不能有任何阻挡驾驶员视线的障碍物，如图4-9所示。

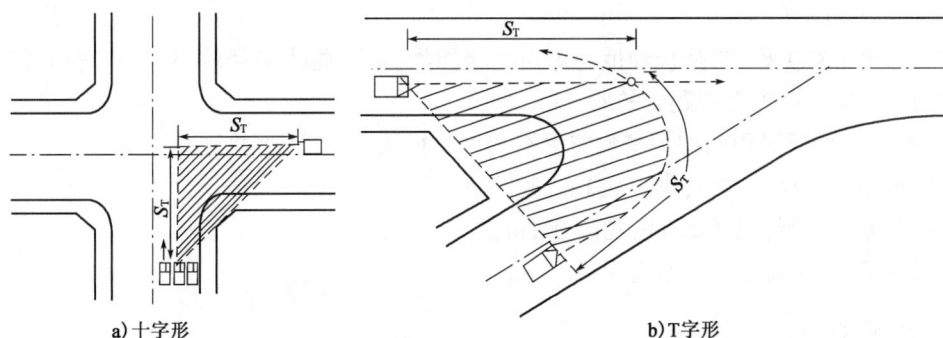

a)十字形　　　　　　b)T字形

图4-9　视距三角形

视距三角形应以最不利情况绘制，绘制的方法和步骤如下。

（1）确定停车视距 S_T。可用前述停车视距计算公式计算或根据相交道路的设计速度按表4-2确定。当受地形或其他情况限制时，停车视距可采用表中低限值，但必须采取设置限速标志等措施。

停车视距与识别距离　　　　　　　　　　表4-2

设计速度（km/h）		100	80	60	40	30	20
停车视距（m）	一般值	160	110	75	40	30	20
	低限值	120	75	55	30	25	15
信号控制的识别距离（m）		—	350	240	140	100	60
停车标志控制的识别距离（m）		—	—	105	55	35	20

（2）找出行车最危险的冲突点。不同形式的交叉口的危险冲突点的找法不尽相同。对常见的十字形交叉和T形交叉（或Y形交叉）的最危险冲突点，可按下述方法寻找。

①对十字形交叉口，最靠右侧的第一条直行机动车道的轴线与相交道路最靠中心线的第一条直行车道的轴线所构成的交叉点为最危险冲突点。

②对T形（Y形）交叉口，直行道路最靠右侧第一条直行车道的轴线与相交道路最靠中心线的一条左转车道的轴线所构成的交叉点为最危险的冲突点。

（3）从最危险的冲突点向后沿行车轨迹线各量取停车视距 S_T。

（4）连接末端构成视距三角形。

2）识别距离

为了保证车辆安全顺利通过交叉口,应使驾驶员在交叉口之前的一定距离能识别交叉口的存在及交通信号和交通标志等,这一距离称为识别距离。该识别距离随交通管制条件而异,对无信号控制的交叉口可采用各相交道路的停车视距,有信号控制的交叉口和停车标志控制的交叉口的识别距离见表4-2。

3）视距检验

（1）对下列路段应进行视距的检验:

①当圆曲线内侧有桥墩、护栏、路堑边坡和植物等有碍通视的物体,且圆曲线半径较小时,对弯道内侧的车道应进行停车视距的检验,对分流鼻端前的路段应进行识别视距的检验。

②当分隔带有护栏、防眩板和植物等视线遮挡物,且圆曲线半径较小时,对弯道外侧靠近分隔带的车道应进行停车视距的检验。

（2）视距检验所采用的相关参数应根据车型和视认对象确定,并符合下列规定:

①停车视距:视高 1.2m,物高 0.1m。

②货车停车视距:视高 2.0m,物高 0.1m。

③识别视距:视高 1.2m,物高为 0。

三、平面交叉纵面设计

1. 主线纵面线形

（1）平面交叉范围内,两相交公路的纵面应尽量平缓。纵面线形应满足最小停车视距要求。

（2）主要公路在交叉范围内的纵坡应在 0.15% ~3% 的范围内;次要公路上紧接交叉的部分引道应以 0.5% ~2.0% 的上坡通往交叉,而且此坡段至主要公路的路缘至少 25m。

（3）主要公路在交叉范围内是超高曲线的情况下,次要公路的纵坡应服从主要公路的横坡。若次要公路在交叉前后相当长的范围内纵坡的趋势与主要公路的横坡相反,则次要公路在引道的一定范围内应设置 S 形竖曲线。

2. 平面交叉竖向设计

（1）竖向设计的目的和要求

交叉口竖向设计的目的,是要统一解决相交道路之间以及交叉口和周围建筑物之间在立面位置上的行车、排水和建筑艺术 3 个面的要求,使相交道路在交叉口内能有一个平顺的共同面,便于车辆和行人交通,使交叉口范围内的地面水能迅速排除,使车行道和人行道的各点高程能与建筑物的地面高程相协调而具有良好的空间感。

交叉口的竖向设计,在很大程度上取决于相交道路的等级、交通量、横断面形状、纵坡的方向和大小,以及当地的地形情况。设计时首先应照顾主要道路上的行车方便,在不影响主要道路行车方便的前提下,也应适当改变主要道路的纵、横坡,以照顾次要道路的行车方便。

（2）竖向设计的原则

①主、次道路相交，主要道路的纵、横坡度一般均保持不变，次要道路的纵、横坡度可适当改变。

②同级道路相交，纵坡一般不变，横坡可变。

③路口设计纵坡不宜太大，一般不大于2%，困难情况下不大于3%。

④交叉口竖向设计高程应与四周建筑物地坪高程相协调。

⑤为了保证交叉口排水通畅，设计时至少应有一条道路的纵坡离开交叉口。

⑥合理布置雨水口。在交叉口布置进水口，应不使地面水流过交叉口的人行横道，也不应使地面水在交叉口内积水或流入另一条道路。

第三节 道路立体交叉

一、立交概要

1. 立交的定义

道路立体交叉是指两条或多条路线（道路与道路、道路与铁路、道路与其他交通线路）在不同平面上相互交叉的连接方式，又称道路立交枢纽。由于立交处设置有跨线结构物（桥梁、隧道或地道）和转向的匝道，使相交路线的交通流在平面和空间上分隔，车辆转向行驶互不干扰，从而保证了交叉口行车的快速、安全和顺畅，从根本上解决了道路交叉口的交通问题。道路立交枢纽是现代道路的重要交通设施，也是实现交通立体化的主要手段。

2. 立交的组成

一个完整的全互通式立体交叉，由主体和附属设施两大部分组成。

（1）主体部分

立交的主体是指直接为车辆的直行、转向行驶的组成部分，包括跨越设施、主线、匝道3个部分，立交的组成如图4-10所示。

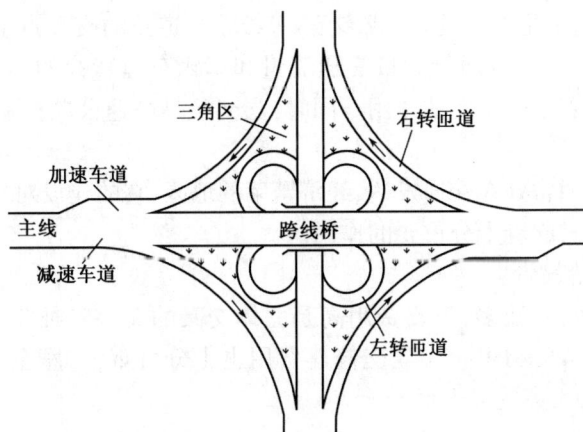

图4-10 立交的组成

①跨越设施。跨越设施是立交实现交通流线空间分离的主体构造物。按立体交叉主线间的相互跨越方式不同,可分为上跨式和下穿式。上跨式采用桥跨结构跨越;下穿式采用隧道或地道的方式跨越。跨越设施是立交的重要组成部分,其工程量可占全立交的50%~70%。

②主线。主线又称为正线,是指相交道路的直行车道。两条相交主线,在空间分离时又有上线和下线之分。上跨的正线从立交桥到两端主线起点的路段称为引道,下穿的正线从立交桥下到两端主线的降坡点的路段称为坡道。引道和坡道使相交的路线与跨越设施连接而实现空间的分离。

③匝道。为不同水平面相交道路的转弯车辆转向使用的连接道。匝道使空间上分离的主线连接起来,形成互通式结构。根据匝道的功能,分为左转匝道、右转匝道和左右转共行匝道。匝道的转弯半径是决定互通式立交形式、占地、造价及规模的主导因素,并直接影响到立交的使用功能。

（2）附属设施

附属设施包括出口与入口、辅助车道、三角区、收费口等部分。

①出口与入口。出口与入口是主线与匝道的结合部位。由主线驶出进入匝道的路口称为出口,由匝道驶入主线的路口称为入口。

出口由斜带、减速车道、分流鼻端三部分组成;入口由斜带、加速车道、合流鼻端三部分组成。

②辅助车道。辅助车道是指在交叉口分合流处,用作停车、减速、转弯、转弯储备、交织、车道数平衡、载重汽车爬坡以及其他辅助直行交通运行的所有车道的总称。

③三角区。在立交范围内,匝道与主线间或匝道与匝道间的旷地统称为立交三角区。三角区是立交绿化和美化布置、照明以及布置交通设施等的用地。三角区的布置是立交设计的内容之一。

3. 立体交叉的基本特征

立体交叉工程是道路(特别是高等级道路)的重要组成部分,与道路工程的其他构造物相比,它具有重要性、复杂性、庞大性以及区域性的特征。

（1）位置重要,功能明确

立体交叉的位置通常是处于两条(或多条)等级较高道路的交叉点上,它在道路网中起着重要的交通枢纽作用。它具有通行大量交通流量和车辆车道转换的功能。对于确保车辆快速,安全通畅的运行有着十分重要的作用。同时,立交又是高速公路控制出入、收费管理的重要设施。

另外,立交的位置通常处在交通发达、经济繁荣的地区,它的建设对于发展地区经济,促进周围土地的开发和利用,起着十分重要的作用。

（2）规模庞大,造价昂贵

立交结构实体庞大,占地多,投资费用高是立体交叉的又一特征。一个全互通式立体交叉,占地一般为 $5 \times 10^4 \sim 8 \times 10^4 m^2$。立交修建费用也十分可观,一座全互通式立交一般费用为 2 000 万~5 000 万元,高的可上亿元。

（3）形式多样,工程复杂

立体交叉桥跨与匝道的灵活多变,加上立交区环境复杂,使立体交叉类型和式样千变万化,千姿百态。

立体交叉还是一个十分复杂、庞大的结构物。它的复杂一方面反映在设计影响因素的多变性和工程结构的复杂性上;另一方面还反映在设计内容的多样性上。立交设计包括了总体规划设计、路线设计、桥梁设计、路基路面设计以及排水、照明、绿化设施等各方面工程设计项目、工程地质、工程测量、计算机应用等多方面学科的内容。因此,立交设计是一项综合性强、难度大、涉及面广、影响因素多的复杂工作。

(4)区域制约,设计灵活

立交工程还具有很强的区域性。它的形式、规模以及结构尺寸都受到区域的特性、经济、地形、地物及其环境条件的制约,如何紧密结合区域条件因地制宜、机动灵活地做好立交设计,具有十分重要的意义。

4. 立交设计原则

立体交叉是道路(特别是高等级道路)的重要组成部分,在道路网中起着重要的枢纽作用。设计时,除应遵循道路设计的一般原则外,考虑到立交工程是一项综合性的,涉及道路路线、桥梁、路基、路面以及各种交通设施的复杂工程,还应遵循以下原则。

(1)功能性原则

立体交叉是道路上车辆交通转换的重要设施,立交设计首先应满足其交通功能的要求。

①确保行车安全,减少交叉口行车事故。

②车辆行驶快速、顺畅,路线短捷,使交叉口延误时间尽可能缩短。

③行车路线方向明确。

④主次分明,首先确保主线交通通畅的原则。

⑤通行能力大,能满足远景设计年限交通的要求。

(2)经济性原则

在保证交通功能、满足行车要求的前提下,立交工程要尽量节省造价,达到经济节约的要求。

①投资少,工程费用省。

②少拆迁,少占地。

③运营费以及车辆行驶的油耗、轮耗、车损最小。

④养护及管理费用最省。

(3)适应性原则

由于立交具有很强的区域性,立体交叉的设计必须与立交所在的区域条件相适应,主要要求有:

①立交方案及布设应机动灵活,因地制宜,应与立交的环境条件、自然条件以及社会、经济等条件相适应。

②立交应与该立交在路网中的地位和作用相适应,发挥其在路网中应有的功能。

③立交应与其周围的土地利用与开发以及经济发展相适应。

④立交规划应与区域规划和区域交通规划相适应。

(4)艺术性原则

建成后的立交是构成该地区的人工环境之一。因此,还要满足艺术要求:

①立交的造型和结构,要保证其自身建筑艺术的完美性,并具有其独特的艺术风格。

②要注意与区域建设和自然景物相协调,达到与外界相融洽的自然美。

③立交的建设不能对区域的自然景观产生削弱和破坏作用。

5. 立交规划设计内容

立交设计范围宽、内容多,包括多层次、多方面的设计内容。按照立交设计的阶段不同有以下4个阶段。

（1）立交规划

主要内容包括立交设置与否、位置确定、间距及设置数目、立交分类及分级、初步确定立交类型和立交设置原则和依据等方面的研究、规划工作。

立交规划是立交设计的前期工作。其目的是为下阶段的方案设计或初步设计提供依据。

（2）方案设计

方案设计是指在立交设计前进行的总体安排和布局工作,其核心是类型选择。其主要内容包括立交的形式和类型选择、方案拟定和比选、方案的推荐和确定、立交的总体布局、工程估算等。其目的是通过方案设计最终为初步设计和施工图设计提供适用、可行、合理、经济、美观的最优立交方案。

（3）初步设计

初步设计是在规划设计和方案设计的基础上,对立体交叉进行的进一步深化设计的工作。主要内容包括立交的定位、方案确定、初步测量、初步设计图表编制、设计概算编制等。初步设计成果是上报立项、审批的重要资料。批准后的初步设计,是下一步施工图设计的依据。

（4）施工图设计

施工图设计是以提交详细的施工图为目的的详细设计工作。它包括详细测量、施工图表编制和施工图预算编制等工作。批准后的施工图设计是工程招标和具体施工的基本依据。

按照立交设计内容可有立交总体设计、正线设计、匝道设计、桥跨设计、其他设施设计等方面的内容。

6. 立交设计资料、步骤及成果

1）设计资料收集

在立体交叉设计之前,应通过实地勘测和调查,收集下列需设计的资料。

（1）自然资料:测绘立交设计范围的 1:500～1:2 000 地形图,详细标注建筑物的建筑线、种类、面积、层高、地上及地下各种杆柱和管线;调查并收集用地发展规划、地质钻探、水文、土壤和气候资料;收集立交附近的国家测量控制点和水准点资料等。

（2）交通资料:调查并收集各转弯及直行交通量、交通组成,推算远景交通量,制作交通量流量流向图或表,调查非机动车和行人流量等。

（3）道路资料:调查相交道路的等级、平纵面线形、横断面形式和尺寸;相交道路交角、控制坐标和高程;路面类型及厚度;确定道路净空高度、设计荷载、设计速度及平、纵、横技术指标等。与铁路交叉时,还应调查铁轨股数、间距、列车通过次数、断道时间、净空和净宽要求等资料。

（4）排水资料：收集立交所在区域的排水系统、现状和规划；调查各种管渠的位置、埋深和尺寸等。

（5）文书资料：收集设计任务书，上级主管部门的具体要求、意见及有关文件；有关技术标准和规范等资料。

（6）其他资料：调查取土、弃土和材料来源；施工单位、施工季节、工期、交通组织和安全等方面的资料。

2）设计步骤

一座立体交叉的设计，是通过规划、可行性研究、方案设计到技术设计的全过程。其中，方案设计和技术设计一般可按以下步骤进行。

（1）初拟方案：根据设计要求和地形条件，在地形图或其上覆盖的透明纸勾绘出各种可能的立交方案。

（2）确定比较方案：对初拟方案进行分析，应考虑线形是否顺适，转弯半径能否满足要求，各层间可否跨越，拆迁是否合理，一般选 2 ~ 4 个比较方案。

（3）确定推荐方案：在地形图上按比例绘出各比较方案，完成初步的平纵设计、桥跨方案和概略工程量计算，做出各方案比较表，全面比较后一般确定 1 ~ 2 个推荐方案。比较时，应考虑交通是否流畅安全，各匝道的平、纵、横及其相互配合是否合适，立交桥的结构、布置是否合理，设计和施工难易程度，整体工程的估价，养护营运条件以及立交的造型和绿化等。

（4）确定采用方案：对推荐方案视需要做出模型或透视图，征询各方面的意见，最后定出采用方案。应权衡造价与方案、近期与远期、局部与全局的关系，也可采用分期修建的立交方案。

（5）详细测量：对采用方案实地放线并详细测量，进一步收集技术设计所需的所有资料。

（6）技术设计：完成全部施工图设计和工程预算。

以上（1）~（4）步为初步设计阶段，当可选方案较少或简单明了时可酌减步骤，（5）~（6）步为施工图设计阶段。

3）设计成果

根据交通运输部《公路工程基本建设项目设计文件编制办法》和《公路工程基本建设项目设计文件图表示例》的有关规定，立体交叉设计在初步设计和施工图设计阶段，应分别提交下列设计成果：

（1）初步设计阶段

①互通式立体交叉。互通式立体交叉设置一览表、工程数量表、方案比较表、交通量分布图、立交平面图，主线、被交叉道路和匝道的纵断面图、横断面图，桥型布置图、透视图等。

②分离式立体交叉。分离式立体交叉设置一览表、工程数量表、立交平面图、道路和匝道纵断面图、桥型布置图等。

③通道与人行天桥。通道与人行天桥设置一览表、工程数量表、通道一般布置图、天桥一般布置图。

（2）施工图设计阶段

在施工图设计阶段的说明书中，应说明初步设计审批意见执行情况、设计说明、施工方法和注意事项说明等。

①互通式立体交叉。互通式立体交叉工程数量表、平面设计图、线位图，主线、被交叉道路和匝道纵断面图，匝道及被交叉道路标准横断面图和路面结构图，匝道与主线连接部详图和路

面高程数据图,排水系统布置图,排水沟加固及高路堤地段边坡、急流槽结构图,跨线桥桥型布置图,跨线桥全桥工程数量表,安全、管理设施布置图和大样图等。

②分离式立体交叉。分离式立体交叉工程数量表、立交平面图、平纵面布置图、结构设计图和全桥工程数量表等。

③通道与人行天桥。人行天桥工程数量表和布置图,通道工程数量表和布置图等。

二、立交的分类

1.公路立交的分类

(1)公路立体交叉可分为分离式立体交叉和互通式立体交叉。

(2)互通式立体交叉可分为一般互通式立体交叉和枢纽互通式立体交叉两种基本类型,并可根据交叉岔数、交叉形状、交叉方式和方向连通程度等按下列规定分类:

①按交叉岔数,可分为三岔交叉、四岔交叉和多岔交叉互通式立体交叉。

②按互通式立体交叉的形状,可分为喇叭形(图 4-11)、苜蓿叶形(图 4-12)、叶形(图 4-13)、环形(图 4-14)、菱形(图 4-15)、涡轮形、T 形和 Y 形互通式立体交叉等。

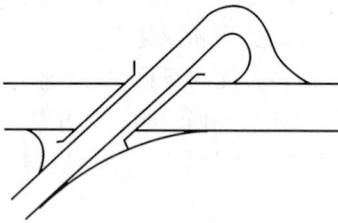

图 4-11　喇叭形立交　　　　图 4-12　苜蓿叶形立交　　　　图 4-13　叶形立交

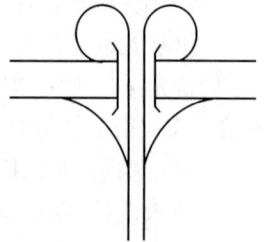

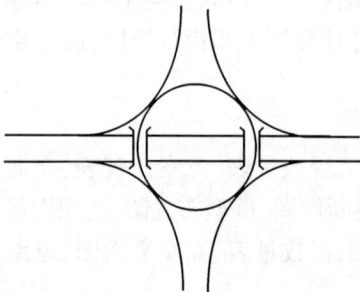

图 4-14　环形立交　　　　　　　　　图 4-15　菱形立交

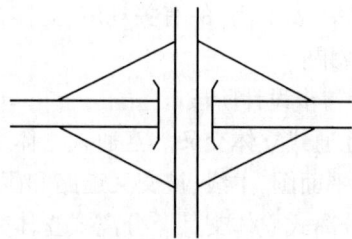

③按交通流线的交叉方式,可分为完全立体交叉型和平面交叉型互通式立体交叉。

④按方向连通程度,可分为完全互通型和不完全互通型互通式立体交叉。

2.城市道路立交的分类

立体交叉口应根据相交道路等级、直行及转向(主要是左转)车流行驶特征、非机动车对机动车干扰等分类。主要类型及交通流行驶特征宜符合表 4-3 的规定。分类应符合下列要求。

立体交叉口类型及交通流行驶特征 表 4-3

立体交叉口类型	主路直行车流行驶特征	转向车流行驶特征	非机动车及行人干扰情况
立 A 类(枢纽立交)	连续快速行驶	较少交织、无平面交叉	机非分行、无干扰
立 B 类(一般立交)	主要道路连续快速行驶,次要道路存在交织或平面交叉	部分转向交通存在交织或平面交叉	主要道路机非分行、无干扰,次要道路机非混行、有干扰
立 C 类(分离式立交)	连续行驶	不提供转向功能	

(1)立 A 类:枢纽立交

立 A_1 类:主要形式为全定向、喇叭形、组合式全互通立交。

立 A_2 类:主要形式为喇叭形、苜蓿叶形、半定向、组合式全互通立交。

(2)立 B 类:一般立交

主要形式为喇叭形、苜蓿叶形、环形、菱形、迂回式、组合式全互通或半互通立交。

(3)立 C 类:分离式立交

三、立交主线设计

1. 主线设计要求

(1)主线设计应满足立交的易识别性,保证足够的行车视距,使主线上行驶的驾驶员从较远处看清立交,有充裕的时间注意立交出入车辆及出入口位置。为此,立交应尽可能布置在通视良好的直线或大半径的曲线路段,并位于大半径的凹形竖曲线中。

(2)为了确保立交主线上车辆行驶的要求,以及进出口车辆行驶安全、便利,在主线设计的同时,还应综合考虑其他交通措施,如变速车道、集散道路、导流岛、方向岛等。分、合流处主线右侧,一般要求设置变速车道、集散道,以减少合流、分流对主线的交通影响,条件允许时,还应设置导流岛等设施,以改善主线的行驶条件。

(3)在线形设计中,原则上匝道线形应服从主线线形的要求,在保证主线线形的前提下,主线和匝道综合考虑,为匝道设计创造较好的条件,便于进出口连接。

(4)主线线形应满足标准要求,在可能条件下用较高的技术指标。相交主线力求正交,并在直线或大半径的曲线段相交,这样可减小桥跨或地道长度,避免斜、弯桥,利于设计、施工和运营。路线必须斜交时,其交角一般不小于45°。

(5)力求主线纵坡平缓,注意排水问题。互通式立交区主线陡下坡,不利于流出车辆的减速;相反,主线陡上坡则不利于流入车辆的加速。并且陡坡处主线与匝道、主线与变速车道的竖向连接处理困难。因此,纵面设计应尽可能采用缓坡。纵面设计还要注意满足下线排水的要求,这一点在平原区尤为重要。采用自流排水方式时应尽量使主线的下线最低点高出雨水管或排水沟出口,尽量减小水流的汇集范围,减少汇流量。

(6)处理好跨线构造物与道路的连贯性,避免平面、纵面和横断面的突变。

(7)保证相交路线有足够的跨越高度,满足行车及行车视距条件、桥下净空要求。

2. 主线设计标准

1)公路互通式立交

(1)线形标准

根据《公路立体交叉设计细则》（JTG/T D21—2014）规定，主线线形标准如下：

①互通式立体交叉范围内，设有变速车道路段的主线圆曲线半径不应小于表4-4的规定值。

变速车道路段的主线圆曲线最小半径　　　　　　　　　表4-4

主线设计速度（km/h）		120	100	80	60
圆曲线最小半径（m）	一般值	2 000	1 500	1 100	500
	极限值	1 500	1 000	700	350

②互通式立体交叉范围内，减速车道下坡路段和加速车道上坡路段的主线纵坡不应大于表4-5的规定值。

减速车道下坡路段和加速车道上坡路段的最大纵坡　　　　　　　　　表4-5

主线设计速度（km/h）		120	100	80	60
最大纵坡（%）	一般值	2.0	2.0	3.0	4.5（4.0）
	最大值	2.0	3.0	4.0（3.5）	5.0（4.5）

注：当互通式立体交叉位于主线连续长大下坡路段底部时，减速车道下坡路段取表中括号内的值。

③互通式立体交叉范围内，主线竖曲线半径不应小于表4-6的规定值。

互通式立体交叉范围内主线竖曲线最小半径　　　　　　　　　表4-6

主线设计速度（km/h）			120	100	80	60
竖曲线最小半径（m）	凸形	一般值	45 000	25 000	12 000	6 000
		极限值	23 000（29 000）	15 000（17 000）	6 000（8 000）	3 000（4 000）
	凹形	一般值	16 000	12 000	8 000	4 000
		极限值	12 000	8 000	4 000	2 000

注：在分流鼻端前识别视距控制路段，主线凸形竖曲线最小半径取表中括号内的值。

（2）间距的规定

①高速公路相邻互通式立体交叉的间距不宜大于表4-7的规定值。受沿线路网宽度和交通源的分布等影响，当间距超过该规定值时，应在相邻互通式立体交叉之间加设U形转弯设施，且U形转弯设施与相邻互通式立体交叉的最大间距应符合表4-7的规定值。

高速公路相邻互通式立体交叉的最大间距　　　　　　　　　表4-7

地 区 类 别		最大间距（km）
一般地区		30
特殊地区	大城市或大型工业园区附近	20
	荒漠戈壁和草原地区	40

②互通式立体交叉之间、互通式立体交叉与其他设施之间的距离不宜小于表4-8的规定值。

互通式立体交叉及其他设施的最小间距　　　　　　　　　表4-8

相邻设施种类	最小间距（km）
一般互通式立体交叉与枢纽互通式立体交叉之间	4.5
一般互通式立体交叉之间	4.0
互通式立体交叉与服务区、停车区、U形转弯设施之间	

③受路网结构或其他特殊情况限制,当互通式立体交叉之间、互通式立体交叉与其他设施之间的距离不能满足表4-7的规定时,经论证间距可适当减小,但应符合下列规定:

a.当相邻互通式立体交叉或其他设施分别独立设置时,相互之间的净距不应小于表4-9的规定值。

互通式立体交叉及其他设施的最小净距 表4-9

主线设计速度(km/h)		120	100	80	60
互通式立体交叉之间的最小净距(m)	主线单向双车道	800	700	650	600
	主线单向3车道	1 000	900	800	700
	主线单向4车道	1 200	1 100	1 000	900
互通式立体交叉与服务区、停车区之间的最小净距(m)	主线单向双车道	700	650	600	600
	主线单向3车道	900	850	800	700
	主线单向4车道	1 100	1 000	900	800

b.当相邻互通式立体交叉的净距小于表4-9的规定值,且经多方案比选论证两者必须设置时,应根据其距离大小,利用辅助车道、集散道或匝道连接形成复合式互通式立体交叉。

c.应提前设置完善的下游互通式立体交叉或其他设施的出口预告等指路标志。

④互通式立体交叉及其他设施与隧道之间的距离应符合下列规定:

a.隧道出口端与前方主线出口的间距宜满足设置全部指路标志的需要。当受现场条件限制时,间距可适当减小,但隧道与前方主线出口之间的净距不宜小于表4-10的规定值,且应提前于出隧道之前开始设置完善的出口预告等指路标志。

隧道与前方主线出口之间的最小净距 表4-10

主线设计速度(km/h)		120	100	80	60
最小净距(m)	主线单向双车道	500	400	300	250
	主线单向3车道	700	600	450	350
	主线单向4车道	1 000	800	600	500

b.主线入口与前方隧道之间的净距不宜小于表4-11的规定值。

主线入口与前方隧道之间的最小净距 表4-11

主线设计速度(km/h)	120	100	80	60
最小净距(m)	125	100	80	60

(3)位置的确定

互通式立体交叉位置的选择应符合下列规定:

①互通式立体交叉应能为主交通源提供近便的服务。

②互通式立体交叉的位置宜避开不良地质、陡峭地形、基本农田、经济林、文物古迹、水产和矿产资源等。

③被交叉公路应有与互通式立体交叉出入交通量相适应的通行能力。

④分配到区域路网中的互通式立体交叉出入交通量不应使相关公路或路段的交通负荷过重。

2）城市道路立交间距

两个相邻互通式立交之间的最小净距见表4-12。

互通式立体交叉之间最小净距 表4-12

平均设计速度（km/h）	80	60	50	40
最小净距（m）	1 000	900	800	700

3. 主线设计要点

1）平面线形设计

立交主线平面线形设计主要任务是确定两条路线交叉点的位置、交叉角度以及主线的曲线要素（圆曲线半径、缓和曲线长度或参数 A）。交叉点的位置和交叉角度一般在立交规划中确定。主线线形设计方法与一般道路相同，考虑立交主线的交通特征，主线平面设计应注意以下几点：

（1）尽量采用直线或大半径的曲线，避免使用小半径的曲线，以便进出口连接和匝道、集散道路的设置。

（2）立交桥跨主线宜采用直线，避免设置曲线桥，以便于桥梁设计和施工。不得已采用曲线桥时，应尽可能使相交路线走向沿曲线桥的圆心方向。

（3）在考虑交叉角、交点位置及确定线形要素时，先应满足主要道路的线形要求，尽可能为主线创造较好的行车和车辆出入的条件。

（4）平面设计应按《公路工程基本建设项目设计文件编制办法》的规定交付平面设计成果。

2）纵断面线形设计

立交主线纵面线形设计方法与一般道路纵面线形设计方法相同，除满足一般纵面设计的要求外，还应注意以下几点：

（1）注意满足控制高程的要求。立交交叉点的控制高程包括上线、下线的高程，是立交纵面设计的基本依据，是在立交规划中已经确定的，设计时应作为纵面设计的"死点"控制。

（2）当需调整立交上线或下线的高程时，应注意保证相交路线有足够的跨越高度。

（3）主线进出口处的高程应与匝道设计通盘考虑，一般是先定主线高程，再控制匝道。但当匝道布设困难、展线长度很紧时，也可以先定匝道进出口高程，控制主线纵断面设计。在主线与匝道相互交叉时，要注意处理好主线与匝道空间的关系，通常将这些点位的高程，标在主线纵断面上，作为主线纵面设计的参考点。

（4）主线纵断面设计的一般步骤是：

①点绘地面线。

②标注主线与主线交叉点的控制高程、主线与匝道交叉点的控制高程、主线上匝道进出口的控制高程以及其他控制高程。

③进行主要道路的纵坡设计。

④进行次要道路的纵坡设计。

⑤核对和调坡。

⑥定坡。

四、立交匝道设计

1. 匝道设计标准

（1）匝道设计速度

①公路匝道设计速度规定。匝道基本路段设计速度应根据互通式立体交叉类型和匝道形式等取值，取值范围应符合表 4-13 的规定。

匝道基本路段设计速度的取值范围 表 4-13

匝道形式		直 连 式		半 直 连 式		环 形 匝 道	
		标准型	变化型	内转弯式	外转弯式	标准型	变化型
匝道设计速度（km/h）	枢纽互通式立交	60~80	50~60	60~80	40~60	40	40
	一般互通式立交	40~60	30~40	—	40~60	30~40	30~40

匝道连接部等特殊路段的设计速度应结合相邻路段的运行条件确定。出口匝道在分流鼻端附近的设计速度可参照表 4-14 取值，但不应小于匝道基本路段的设计速度。入口匝道在合流鼻端附近的设计速度可采用匝道基本路段的设计速度。

出口匝道分流鼻端通过速度 表 4-14

主线设计速度（km/h）		120	100	80	60
分流鼻端通过速度（km/h）	一般值	70	65	60	55
	最小值	65	60	55	45

②城市道路匝道设计速度见表 4-15。

城市道路匝道设计速度 表 4-15

道路设计速度（km/h）	相交道路设计速度（km/h）				
	120	80	60	50	40
80	60~40	50~40			
60	50~40	45~35	40~30		
50		40~30	35~25	30~20	
40			30~20	30~20	25~20

注：1.120km/h 为高速公路的设计速度，用于城市快速路或主干路与高速公路交叉。

2. 表列大值为推荐值，地形条件特殊困难时可采用小值。

（2）匝道圆曲线最小半径

①公路规定见表 4-16。

公路匝道圆曲线的最小半径 表 4-16

匝道设计速度（km/h）		80	70	60	50	40	35	30
圆曲线最小半径（m）	一般值	280	210	150	100	60	40	30
	最小值	230	175	120	80	50	35	25

②城市道路规定见表 4-17。

城市道路匝道曲线最小半径及平曲线最小长度　　　　表 4-17

匝道设计速度（km/h）	60	50	45	40	35	30	25	20
横向力系数 μ	0.8						0.16	0.14
超高 $i_S=6\%$ 的最小半径（m）	120	80	65	50	40	30	20	15
超高 $i_S=4\%$ 的最小半径（m）	130	90	75	60	45	35	25	20
超高 $i_S=2\%$ 的最小半径（m）	145	100	80	65	50	40	30	20
不设超高的最小半径（m）	180	125	100	80	60	45	35	30
平曲线最小长度（m）	100	85	75	65	60	50	40	35

（3）匝道回旋曲线参数及长度

匝道回旋曲线参数及长度的规定如表 4-18 和表 4-19 所示。

匝道回旋曲线参数及长度　　　　表 4-18

匝道设计速度（km/h）	80	70	60	50	40	35	30
回旋曲线最小参数 A（m）	140	100	70	50	35	30	20
回旋曲线最小长度（m）	70	60	50	40	35	30	25

注：对行驶速度大于设计速度的匝道部位，设计时应按实际行驶速度值采用相应的 A 值。

分流鼻处匝道平曲线的最小参数　　　　表 4-19

主线设计速度（km/h）	120	100	80	60
曲率半径（m）	350 (300)	300 (250)	250 (200)	200 (150)
回旋参数（m）	100 (80)	80 (70)	70 (60)	60 (40)

注：括号内的值为极限值。

（4）匝道最大纵坡

①公路匝道最大纵坡规定见表 4-20。

公路匝道最大纵坡　　　　表 4-20

最大纵坡 （%）	出口匝道	上坡	3		4		5	
		下坡	3		3		4	
	入口匝道	上坡	3		3		4	
		下坡	3		4		5	

匝道设计速度（km/h）	80	70	60	50	40	35	30

②城市道路匝道最大纵坡规定见表 4-21。

城市道路立体交叉引道和匝道的最大纵坡度　　　　表 4-21

设计速度（km/h）		80	≤60
最大纵坡（%）	冰冻地区	4	4
	非冰冻地区	4	5

（5）匝道竖曲线的最小半径及长度

匝道竖曲线的最小半径及长度的规定见表 4-22 和表 4-23。

匝道竖曲线的最小半径及长度 表4-22

匝道设计速度（km/h）			80	70	60	50	40	35	30
竖曲线最小半径(m)	凸形	一般值	4 500	3 500	2 000	1 600	900	700	500
		最小值	3 000	2 000	1 400	800	450	350	250
	凹形	一般值	3 000	2 000	1 500	1 400	900	700	400
		最小值	2 000	1 500	1 000	700	450	350	300
竖曲线最小长度(m)		一般值	100	90	70	60	40	35	30
		最小值	75	60	50	40	35	30	25

分流鼻附近匝道竖曲线的半径及长度 表4-23

主线设计速度（km/h）			120	100	80	60
竖曲线最小半径(m)	凸形	一般值	3 500	2 800	2 000	1 800
		最小值	2 000	1 800	1 400	1 200
	凹形	一般值	2 000	1 800	1 500	1 200
		最小值	1 500	12 000	1 000	850

（6）匝道加宽及超高

①加宽规定。匝道圆曲线路段路面加宽值应根据匝道类型、路面标准宽度、通行条件所需宽度和圆曲线半径等确定。当为一般通行条件时,匝道圆曲线路段的路面加宽值可由表4-24查取。

匝道圆曲线路段路面加宽值 表4-24

匝道圆曲线半径 R(m)				路面加宽值(m)
单向单车道（Ⅰ型）	无紧急停车带的单向双车道（Ⅱ型）	对向分隔式双车道（Ⅳ型）		
		曲线内侧车道	曲线外侧车道	
—	—	$25 \leqslant R < 26$	—	3.50
—	$25 \leqslant R < 26$	$26 \leqslant R < 27$	—	3.25
—	$26 \leqslant R < 27$	$27 \leqslant R < 28$	—	3.00
—	$27 \leqslant R < 28$	$28 \leqslant R < 30$	—	2.75
—	$28 \leqslant R < 30$	$30 \leqslant R < 32$	$25 \leqslant R < 26$	2.50
$25 \leqslant R < 27$	$30 \leqslant R < 31$	$32 \leqslant R < 35$	$26 \leqslant R < 29$	2.25
$27 \leqslant R < 29$	$31 \leqslant R < 33$	$35 \leqslant R < 38$	$29 \leqslant R < 32$	2.00
$29 \leqslant R < 32$	$33 \leqslant R < 35$	$38 \leqslant R < 42$	$32 \leqslant R < 36$	1.75
$32 \leqslant R < 35$	$35 \leqslant R < 37$	$42 \leqslant R < 46$	$36 \leqslant R < 40$	1.50
$35 \leqslant R < 38$	$37 \leqslant R < 39$	$46 \leqslant R < 53$	$40 \leqslant R < 46$	1.25
$38 \leqslant R < 43$	$39 \leqslant R < 42$	$53 \leqslant R < 60$	$46 \leqslant R < 55$	1.00
$43 \leqslant R < 50$	$42 \leqslant R < 46$	$60 \leqslant R < 73$	$55 \leqslant R < 67$	0.75
$50 \leqslant R < 58$	$46 \leqslant R < 50$	$73 \leqslant R < 92$	$67 \leqslant R < 85$	0.50
$58 \leqslant R < 70$	$50 \leqslant R < 55$	$92 \leqslant R < 123$	$85 \leqslant R < 117$	0.25
$R \geqslant 70$	$R \geqslant 55$	$R \geqslant 123$	$R \geqslant 117$	0

注:Ⅳ型匝道的圆曲线半径为中央分隔带中心线半径,其余为车道中心线半径。

②超高规定。匝道圆曲线路段的超高值可根据匝道设计速度、最大超高和圆曲线半径由表 4-25 选取。

匝道圆曲线路段超高值　　　　　　　　　表 4-25

匝道设计速度(km/h)	80		70		60		50		40		35		30		超高(%)
最大超高(%)	8	6	8	6	8	6	8	6	8	6	8	6	8	6	
圆曲线半径 R (m)	230≤R<290	—	175≤R<240	—	120≤R<160	—	80≤R<100	—	50≤R<60	—	35≤R<40	—	25≤R<30	—	8
	290≤R<390	—	240≤R<320	—	160≤R<220	—	100≤R<140	—	60≤R<90	—	40≤R<60	—	30≤R<40	—	7
	390≤R<510	230≤R<290	320≤R<420	175≤R<230	220≤R<300	120≤R<160	140≤R<200	80≤R<100	90≤R<130	50≤R<70	60≤R<90	35≤R<50	40≤R<60	25≤R<30	6
	510≤R<660	290≤R<430	420≤R<560	230≤R<360	300≤R<400	160≤R<250	200≤R<270	100≤R<160	130≤R<180	70≤R<100	90≤R<130	50≤R<70	60≤R<90	30≤R<50	5
	660≤R<900	430≤R<660	560≤R<770	360≤R<560	400≤R<560	250≤R<400	270≤R<380	160≤R<260	180≤R<260	100≤R<170	130≤R<190	70≤R<120	90≤R<130	50≤R<80	4
	900≤R<1330	660≤R<1050	770≤R<1130	560≤R<910	560≤R<830	400≤R<670	380≤R<570	260≤R<460	260≤R<400	170≤R<320	190≤R<290	120≤R<230	130≤R<210	80≤R<160	3
	1330≤R<2500	1050≤R<2500	1130≤R<2000	910≤R<2000	830≤R<1500	670≤R<1500	570≤R<1000	460≤R<1000	400≤R<600	320≤R<600	290≤R<500	230≤R<500	210≤R<350	160≤R<350	2

(7)匝道视距

①匝道识别视距规定见表 4-26。

识 别 视 距　　　　　　　　　表 4-26

设计速度(km/h)	120	100	80	60
识别视距(m)	350~460	290~380	230~300	170~240

注:当驾驶员需接收的信息较多时,采用较大(接近高限)值。

②匝道停车视距规定见表 4-27。

匝 道 停 车 视 距　　　　　　　　　表 4-27

设计速度(km/h)	80	70	60	50	40	35	30
停车视距(m)	110 (135)	95 (120)	75 (100)	60 (70)	40 (45)	35	30

注:积雪冰冻地区,应大于括号内的数值。

（8）变速车道长度及有关参数

变速车道长度及有关参数的规定见表4-28。

变速车道各路段最小长度及出入口最大渐变率   表4-28

变速车道类型		主线设计速度（km/h）	变速段长度 L_1（m）	出入口渐变率	渐变段长度 L_2（m）	辅助车道长度 L_3（m）	全长（m）
减速车道	单车道	120	145	1/25	100	—	245
		100	125	1/22.5	90	—	215
		80	110	1/20	80	—	190
		60	95	1/17.5	70	—	165
	双车道	120	225	1/22.5	90	300	615
		100	190	1/20	80	250	520
		80	170	1/17.5	70	200	440
		60	140	1/15	60	180	380
加速车道	单车道	120	230	1/45	90（180）	—	320（410）
		100	200	1/40	80（160）	—	280（360）
		80	180	1/40	70（160）	—	250（340）
		60	155	1/25	60（140）	—	215（295）
	双车道	120	400	1/45	180	400	980
		100	350	1/40	160	350	860
		80	310	1/37.5	150	300	760
		60	270	1/35	140	250	660

注：单车道加速车道一般为平行式的，若为直接式时，采用括号内的参数。

当变速车道在坡道上时应对其长度进行修正，其修正系数见表4-29。

大纵坡路段上变速车道长度的修正系数   表4-29

主线纵坡 i（%）	$2 < i \leqslant 3$	$3 < i \leqslant 4$	$i > 4$
下坡减速车道修正系数	1.10	1.20	1.30
上坡加速车道修正系数	1.20	1.30	1.40

（9）匝道横断面组成及尺寸

匝道横断面应由车道、路缘带、硬路肩和土路肩等组成，各组成部分的宽度应符合下列规定：

①当匝道设计速度小于70km/h时，车道宽度应采用3.5m；当匝道设计速度大于或等于70km/h时，应采用3.75m。

②路缘带宽度应采用0.5m。

③紧急停车带的单向双车道匝道，左侧硬路肩的宽度宜采用0.75m；其余匝道应采用1.00m。

④当设紧急停车带时，右侧硬路肩宽度宜采用3.00m，条件受限时可适当减小，但单向单车道和单向双车道不应小于1.50m，对向分隔式双车道匝道不应小于2.00m；当不设紧急停车带时，可采用1.0m。

⑤土路肩宽度宜采用0.75m；当条件受限时，可采用0.5m。

⑥中央分隔带宽度不应小于1.0m。

2. 匝道设计

（1）平面设计要点

匝道平面线形设计应与匝道的设计速度及类型相适应，同时考虑地形、地物、占地等条件，从而保证匝道上行驶的车辆连续、稳定、安全。具体要求如下：

①匝道平面线形要与汽车行驶速度变化相适应。

②匝道平面线形设计要考虑匝道承担的交通量大小。通常在繁重的匝道上，应尽量设计成较好的线形。

③匝道的起、终点以及匝道的分、合流点，交通复杂，易发生事故，设计时应注意保证视距，并创造良好的视线诱导条件。

④匝道起点、终点、收费站等处，横断面组成、尺寸、横坡及线形等都应满足行车要求并做到线形顺适圆滑，做好过渡段的设计。

（2）纵面设计要点

与一般主线纵断面线形相比，由于互通式立体交叉具有路线相互跨越的特点，匝道纵面线形往往受到上、下线高程的限制，因而如何满足上、下线竖向连接的要求，是匝道纵面设计的根本任务。匝道纵面设计应满足下列要求：

①匝道纵面线形应尽可能连续、顺适、均衡，并避免生硬而急剧变化的线形。

②在可能条件下，尽可能用较大的竖曲线半径，特别在匝道端部，这一点尤为重要。要从行车安全、畅通、不阻塞延误出发，做好纵面线形设计。

③驶入主线附近的匝道纵面线形，必须有一段同主线的纵面线形一致的平行路段，充分保证主线通视条件，便于汇入车辆驾驶员识别。

④应尽量避免同向竖曲线间插入短直线。如有这种情况，可以采用大竖曲线包络两个竖曲线，予以改善。

⑤匝道应尽量采用较缓的纵坡以保证行驶的舒适与安全，尤其是加速上坡匝道和减速下坡匝道，更应采取缓的纵坡，严禁采用等于或接近最大纵坡值。

⑥匝道的纵面线形设计应与平面线形设计结合考虑，构成良好的空间线形。

⑦匝道中设收费站时，连接收费广场路段的纵坡应平缓，不得以较大的下坡驶向或进入收费广场。

第四节　公路与铁路、乡村道路及管线交叉

一、公路与铁路相交叉

（1）高速公路、一级公路与铁路相交叉时，必须设置立体交叉。

（2）高速铁路、准高速铁路和路段旅客列车设计行车速度为140km/h的铁路与公路相交

叉时,必须设置立体交叉。

(3)公路、铁路相交叉,符合下列情况之一者应设置立体交叉。

①铁路与二级公路相交叉时。

②路段旅客列车设计行车速度为120km/h的铁路与公路相交叉时。

③由于铁路调车作业对公路上行驶车辆会造成严重延误时。

④受地形条件限制、采用平面交叉会危及行车安全时。

(4)铁路跨(穿)越公路时,应符合有关建筑限界、视距及净空限界规定。

(5)公路、铁路平面相交时,宜为正交;必须斜交时,交叉角度应大于45°,且道口应符合侧向瞭望视距的规定。

(6)铁路与公路平行相邻时,铁路用地界与高速公路用地界间距不宜小于30m,与一、二级公路用地界间距不应小于15m,与三、四级公路用地界间距不应小于5m。

二、公路与乡村道路相交叉

(1)公路与乡村道路相交叉的位置、形式、间距等的规定,应考虑县、乡(镇)土地利用总体规划中农业耕作机械需求。必要时应结合规划,对农业机耕道作适当调整或归并。

(2)高速公路与乡村道路相交叉必须设置通道或天桥。

一级公路与乡村道路相交叉宜设置通道或天桥。

二、三级公路与乡村道路相交叉应设置平面交叉,四级公路与乡村道路相交宜设置平面交叉,地形条件有利或公路交通量大时宜设置通道或天桥。

二、三、四级公路与乡村道路相交时,应对其交叉范围一定长度的路段进行改造,使其达到四级公路标准。

二级及二级以上公路位于城镇或人口稠密的村落或学校附近时,宜设置专供行人横向通行的地道或人行天桥。

(3)车行通道的净空应符合相关标准的规定。

(4)人行通道的净空应不小于2.20m,净宽应不小于4.00m。

三、公路与管线等相交叉

(1)电信线、电力线、电缆、管道等均不得侵入公路建筑限界,不得妨害公路交通安全和人员安全,并不得损害公路的构造和设施。

(2)架空送电线路与公路相交叉时,宜为正交;必须斜交时,交叉角度应大于45°。架空送电线路跨越公路时,送电线路导线与公路交叉处距路面的最小垂直距离必须符合相应送电线路标称电压规定的要求。

(3)原油管道、天然气输送管道与公路相交叉时,宜为正交;必须斜交时,交叉角度应大于30°。

(4)管道与各级公路相交叉且采用下穿方式时,应设置地下通道(涵)或套管。通道或套管应按相应公路等级的汽车荷载等级进行验算。

(5)严禁易燃、易爆、高压等管线设施利用或通过公路桥梁和隧道。

【复习题】

1. 道路交叉口有何交通特征？
2. 简述平面交叉口设计的主要内容。
3. 平面交叉口车辆交通组织的任务是什么？交通组织的主要措施主要有哪些？
4. 怎样保证平面交叉口的视距？
5. 平面交叉按交通特性分为哪些类型？各有何特点？
6. 简述平面交叉口竖向设计的目的、要求和原则。
7. 简述立体交叉的主要组成和基本特征。
8. 立交设计应遵循哪些原则？
9. 公路和城市道路立交各分为哪些类型？
10. 立交主线和匝道设计各有哪些要求？

路基设计与施工

掌握以下内容:路基干湿类型的划分与确定方法,路基强度(刚度)的指标;路基边坡坡度的确定依据;植物防护与矿料防护的作用;重力式挡土墙的构造要求;影响路基压实效果的因素与压实度的测定方法与评定标准。熟悉以下内容:公路自然区划,路基土的分类与工程性质;路基主要防护工程的类型与适用条件;各种挡土墙的使用条件与场合。了解以下内容:路基的破坏形式与原因分析;常见路基附属设施及作用;加筋土挡土墙和钢筋混凝土轻型挡土墙的构造。

第一节 概 述

一、路基特点

路基是指按照路线位置和一定技术要求修筑的带状构造物,是路面的基础。路基通常是指路面以下一定范围的土体,包括为获得具有均匀承载能力而进行的局部换土部分,回填、移挖作填连接处的缓和区段部分等,是整个公路构造的重要组成部分。它贯穿公路全线,与桥梁、隧道相连,构成公路的整体。路基工程是关于路基本体及其防护、支挡、排水设施等构筑物的设计、施工和质量控制及检测的科学。

作为公路建筑的主体,路基具有以下特点:工程数量大、耗费劳力多、涉及面广、投资高等。以平原微丘区三级公路为例,每公里土石方数量 8 000～16 000m³,而山岭重丘区三级公路每公里土石方数量可达 20 000～60 000m³ 以上,一般公路的路基修建投资占公路总投资的 25%～45%,个别山区公路可达 65%。路基是带状的土工建筑,其施工改变了原有地面的自然状态,挖、填、借、弃土涉及当地生态平衡、水土保持和农田水利等自然环境。因此,路基设计和施工必须与当地农田水利建设和环境保护相配合。路基工程对工期影响大,在工程地质和水文条件复杂的路段,不但工程技术问题多,施工难度大,增加工程投资,而且常成为影响全线工期的关键。路基工程质量对公路的质量和运营具有十分重要的影响,路基质量差,将引起路面沉降变形和破坏,增加养护维修费用,影响行车舒适、安全和道的服务水平。因此,对路基的设计和施工质量必须予以重视,确保路基工程质量。

二、路基设计的一般要求

路基除断面尺寸应符合设计标准外,还应满足下列基本要求:

(1)具有足够的整体稳定性

路基是直接在地面上填筑或挖去一部分地面建成的。路基建成后,改变了原地面的天然平衡状态。在工程地质不良地区,修建路基则可能加剧原地面的不平衡状态;开挖路堑使两侧边坡土体失去支承力,可能导致边坡坍塌或滑坡;天然坡面特别是陡坡面上的填方路堤,可能因自重而下滑。对于上述种种情况,都必须因地制宜地采取一定措施来保证路基的整体稳定性。

(2)具有足够的强度

公路上的行车荷载,通过路面传递给路基,对其产生一定压力,路基自重及路面的重量也给予路基和地基一定压力。这些压力都可使路基产生一定的变形,使路面变形而遭到破坏,直接影响路面的使用品质。因此,要求路基应具有足够的强度,以保证在外力作用下,不致产生超过容许范围的变形。

(3)具有足够的水温稳定性

路基在地面水和地下水作用下,其强度将显著地降低。特别是在季节性冰冻地区,由于水温状况的变化,路基将发生周期性冻融作用,使路基强度急剧下降。因此,对路基不仅要求其具有足够的强度,而且还应保证在最不利的水温状况下,强度不至于显著地降低,以使路面处于正常稳定状态,亦即要求路基具有足够的水温稳定性。

(4)应符合环境保护要求,避免引发地质灾害,减少对生态环境的影响。

三、路基设计与施工的基本内容

为了做好路基工程,消除病害,路基设计与施工必须做到严格掌握技术标准,精心设计,精心施工,确保工程质量。其具体内容应包括以下几个主要方面。

1. 设计

(1)做好沿线自然情况的勘察工作,收集必要的设计资料,作为路基设计的依据。

(2)根据路线纵断面设计确定的填挖高度,结合沿线地质、水文调查资料,进行路基主体工程(路堤、路堑、半挖半填路基及有关工程等)设计。一般路基可根据规范规定,按路基典型

断面直接绘制路基横断面图。对下列情况,须进行单独设计:

工程地质、水文条件复杂或边坡高度超过规范规定高度的路基;修筑在陡坡上的路堤;在各种特殊条件下的路基,如浸水路堤、采用大爆破施工的路基及软土或震害严重地区的路基等。

(3)根据沿线地面水流及地下水埋藏情况,进行路基排水系统的总体布置以及地面和地下排水结构物的设计与计算。

(4)路基防护与加固设计,包括坡面防护、冲刷防护与支挡结构物等的布置与计算。

(5)路基工程其他设施的设计,包括取土坑、弃土堆、护坡道、碎落台及辅道等的布设与计算。

2. 施工

(1)进行现场调查,研究和核对设计文件。编制施工组织计划,确定施工方案,选择施工方法,安排施工进度。完成施工前的组织、物质和技术准备工作。

(2)开挖路堑,填筑路堤,修建排水及防护加固结构物,进行路基主体工程及其他工程的施工。

(3)按照设计要求,对各项工程进行检查验收,绘制路基施工竣工图。

第二节　路基的受力与强度

一、路基的受力与路基工作区

1. 路基的受力

路基在工作过程中,同时受到由路面上传递下来的车辆荷载以及路基和路面的自重作用,图 5-1 为土质路基受力时不同深度 Z 范围内的应力分布图。

其中,σ_1 为车轮荷载在路基土内部任一点产生的竖向压应力,把车轮荷载简化为集中荷载时,σ_1 可按布辛奈斯克(J. Boussinesq)公式进行计算,即

$$\sigma_1 = \frac{P}{Z^2} \cdot \frac{3}{2\pi\left[1+\left(\frac{r}{Z}\right)^2\right]^{\frac{5}{2}}} \tag{5-1}$$

为使用方便,式(5-1)可简化为:

$$\sigma_1 = K \cdot \frac{P}{Z^2} \tag{5-2}$$

式中:P——车辆荷载(kN);

Z——荷载下的垂直深度(m);

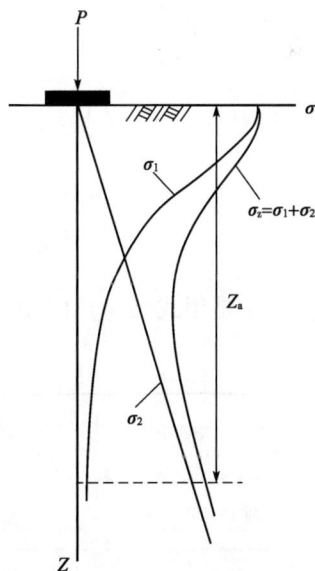

图 5-1　路基土中沿深度的应力分布示意
σ_1-车辆荷载引起的应力;σ_2-路基土自重引起的应力;σ_z-应力之和

95

K——应力系数，$K = \dfrac{3}{2\pi\left[1 + \left(\dfrac{r}{Z}\right)^2\right]^{\frac{5}{2}}}$。

路基土自重引起的压应力 σ_2 用式(5-3)计算：

$$\sigma_2 = \gamma \cdot Z \tag{5-3}$$

式中：γ——土的重度（kN/m^3）。

因此，路基土中任一点受到的竖向压应力 σ_z 为：

$$\sigma_z = \sigma_1 + \sigma_2 = K \cdot \frac{P}{Z^2} + \gamma Z$$

2. 路基工作区

由式(5-2)、式(5-3)可见，车辆荷载产生的垂直应力 σ_1 随深度的增加而减小，自重应力 σ_1 则随深度的增加而增大，因此，车轮荷载在路基土中产生的应力 σ_1 与路基土自重应力比 $\dfrac{\sigma_1}{\sigma_2}$ 亦随之急剧变小。如果此比值减小到一定数值，比如 $\dfrac{\sigma_1}{\sigma_2} = 0.1$，即在某一深度 Z_a 处，行车荷载在路基土中产生的应力仅为路基土自重应力的 $\dfrac{1}{10}$，与路基土自重引起的应力 σ_2 相比，车辆荷载在 Z_a 以下路基土中产生的应力已经很小，可忽略不计。把车辆荷载在路基土中产生应力作用的这一深度范围称为路基工作区。

据此可以得到路基工作区深度 Z_a 的计算式：

$$\sigma_1 = \frac{1}{n}\sigma_2$$

或

$$K \cdot \frac{P}{Z_a^2} = \frac{1}{n}\gamma \cdot Z_a \tag{5-4}$$

$$Z_a = \sqrt[3]{\frac{KnP}{\gamma}}$$

表 5-1 是用式(5-4)计算的几种国产车型的 Z_a 值，其中 $\gamma = 18kN/m^3$，$\dfrac{1}{n} = \dfrac{1}{10}$。

路基工作区深度   表 5-1

车　　型	$P = \dfrac{1}{2}$后轴重(kN)	工作区深度 Z_a(m)	
		$1/n = 1/5$	$1/n = 1/10$
黄河 JN-150	$\dfrac{1}{2}(101.60)$	1.9	2.4
解放 CA-10B	$\dfrac{1}{2}(60.85)$	1.6	2.0
交通 SH-141	$\dfrac{1}{2}(55.1)$	1.6	2.0

车　　型	$P = \dfrac{1}{2}$后轴重(kN)	工作区深度 Z_a(m)	
		$1/n = 1/5$	$1/n = 1/10$
跃进 NJ-130	$\dfrac{1}{2}$ (38.3)	1.4	1.7
北京 BJ-130	$\dfrac{1}{2}$ (27.18)	1.2	1.6
上海 SH-130	$\dfrac{1}{2}$ (23.00)	1.2	1.5
红旗 CA-773	$\dfrac{1}{2}$ (15.75)	1.0	1.3
天津 TJ620	$\dfrac{1}{2}$ (12.5)	1.0	1.2

由于路基、路面材料的不同,路面材料的强度和刚度及重度比土基大,路基工作区的实际深度随路面强度和厚度的增加而减小。因此,要精确计算 Z_a,须将路面折算为与路基性质相同的当量厚度的整体后再进行计算。

根据上述路基工作区的概念,当路堤填筑高度 $H > Z_a$[图 5-2a)]时,车辆荷载作用深度位于填筑高度内,路堤应按规定要求分层填筑与压实,Z_a 内尤其应注意填筑质量;对于 $H < Z_a$[图 5-2b)]的低路堤,此时不但要将填土充分压实,而且要保证工作区内原地面下部土层具有足够的强度和稳定性,采取必要的措施,使天然地基下部土层和路堤同时满足路基工作区的设计要求。

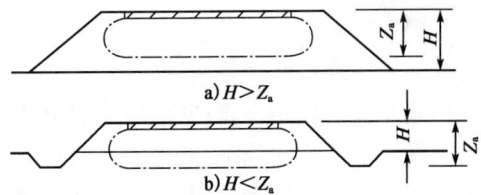

图 5-2　路堤高度与应力作用区深度的关系示意

我国现行《公路路基设计规范》(JTG D30)将路面结构层以下 0.8m 或 1.20m 范围内的路基部分定义为路床,且分为上路床及下路床两层。路床厚度应根据交通等级及其轴载组成确定,上路床厚度为 0.3m,下路床厚度在轻、中和重交通公路为 0.5m,特重和极重交通公路为 0.9m。对于特重轴载的公路,应单独计算路基工作区深度,确定路床深度范围。

二、路基土的强度指标

路基土是路面结构的支承体,车轮荷载通过路面传到路基土。因此路基土的强度和变形特性对路面结构的整体强度和刚度有很大影响。在路面结构的总变形中,路基土的变形占很大部分,为 70% ~ 95%。路面结构的破坏,除其本身的原因外,也主要由于路基土过大变形所引起。因此,研究路基土的强度和变形特性对路面设计具有重要意义。

1. 路基土的应力—应变特性

在一定应力范围内,理想线弹性体的应力与应变关系呈线性特性。当应力消失时,应变亦随之消失,恢复到初始状态。由于路基土的内部结构非常复杂,包括固相、液相和气相。固相又由不同矿物成分、不同粒径的颗粒组成。因此,路基土在应力作用下的变形特性同理想线弹性材料有很大区别。

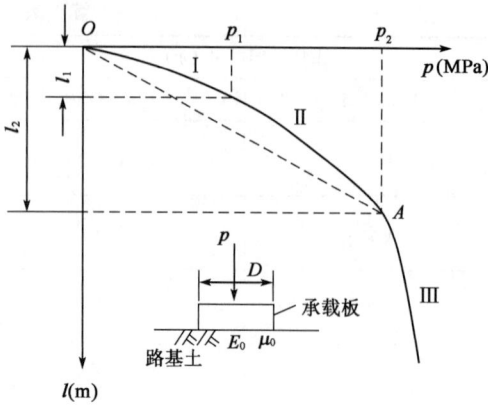

图 5-3　路基土的应力—应变关系曲线

图 5-3 是用压入承载板试验所得的路基土竖向变形 l 与压强 p 之间的关系曲线,图中的曲线变化大致可分 3 个阶段。

Ⅰ 阶段——弹性变形阶段:在此阶段内,卸载后,变形可以恢复,路基土受到弹性压缩,应力与应变的关系呈近似直线关系。

Ⅱ 阶段——塑性变形阶段:在此阶段内,外力增大,变形发展较快,卸载后,变形不能完全恢复。其中,能够恢复的变形,称弹性变形;不能恢复的变形,称塑性变形(或残余变形)。在此阶段范围内,应力与应变的关系呈曲线关系。

Ⅲ 阶段——破坏阶段:应力继续增大,变形急剧增大,土体已失去抵抗变形的能力,表明土体已破坏。

路基土在外力作用下表现出的这种应力应变特性称为路基土的非线性。非线弹性体的路基土的弹性模量 E 并不是一个常数。在重复荷载作用下路基土将产生变形累积,使路面产生变形和破坏。

2. 表征路基土强度的指标

路基在外力作用下将产生变形,路基强度是指路基抵抗外力作用的能力,亦即抵抗变形的能力。在一定应力作用下,变形越大,路基土强度越低;反之,则表明路基土强度越高。根据对路基土简化的力学模型不同,以及土体破坏的原因不同,国内外表征路基土强度的指标主要有以下几种。

(1) 回弹模量 E_0

现行《公路路基设计规范》(JTG D30)规定,作为路面基础的路基结构应以路床顶面回弹模量为设计指标。标准状态(最佳含水率、最大干密度)下路基填料的回弹模量值应采用重复加载三轴压缩试验方法,通过试验获得;试验时先对试件施加 30.0kPa 预载围压,并对试件加至少 1 000 次、最大轴向应力为 66.0kPa 的半正矢脉冲荷载进行预处理(若试件总的垂直永久应变达到 5%,预载停止,应分析原因或重新制备试件)。然后调整围压和半正矢脉冲荷载至目标设定值,以 10Hz 的频率重复加载 100 次,采集最后 5 个波形的荷载及变形曲线,记录并计算试验施加荷载、试件轴向可恢复变形、动态回弹模量。

重复加载三轴压缩试验的应力幅值按式(5-5)计算确定。

$$\sigma_0 = \frac{P_i}{A} \tag{5-5}$$

式中:σ_0——轴向应力幅值(MPa);

　　P_i——最后 5 次加载循环中轴向试验荷载平均幅值(N);

　　A——试件径向横截面面积(可取试件上下端面面积均值)(mm^2)。

应变幅值按式(5-6)计算确定。

$$\varepsilon_0 = \frac{\Delta_i}{l_0} \tag{5-6}$$

式中：ε_0——可恢复轴向应变幅值（mm/mm）；

Δ_i——最后 5 次加载循环中可恢复轴向变形平均幅值（mm）；

l_0——位移传感器的量测间距（mm）。

动态回弹模量按式(5-7)计算：

$$M_R = \frac{\sigma_0}{\varepsilon_0} \tag{5-7}$$

式中：M_R——路基填料的动态回弹模量（MPa）。

当受试验条件限制时，可按土组类别或粒料类型由按规范提供的相关表格查取回弹模量参考值；初步设计阶段，也可参照式(5-8)或式(5-9)由路基填料的 CBR（%）值估算标准状态下路基填料的回弹模量值：

$$M_R = 17.6 CBR^{0.64} \qquad (2 < CBR \leqslant 12) \tag{5-8}$$

$$M_R = 22.1 CBR^{0.55} \qquad (12 < CBR < 80) \tag{5-9}$$

路面设计时，新建公路路基回弹模量设计值 E_0 可由标准状态下的路基填料的回弹模量按式(5-10)确定，并应满足式(5-11)的要求。

$$E_0 = K_s \cdot K_\eta \cdot M_R \tag{5-10}$$

$$E_0 \geqslant [E_0] \tag{5-11}$$

式中：E_0——平衡湿度状态下路基回弹模量设计值（MPa）；

$[E_0]$——路面结构设计的路基回弹模量要求值（MPa），应符合现行《公路沥青路面设计规范》（JTG D50）和现行《公路水泥混凝土路面设计规范》（JTG D40）的有关规定；

M_R——标准状态（最佳含水率、最大干密度）下路基填料的回弹模量值（MPa）；

K_η——干湿循环或冻融循环条件下路基土回弹模量折减系数，通过试验确定，初步设计时，非冰冻地区可根据土质类型、失水率确定，季节性冰冻区可根据冻结温度、含水率确定，折减系数可取 0.7 ~ 0.95；

K_s——路基回弹模量湿度调整系数，为平衡湿度（含水率）状态下的回弹模量与标准状态下的回弹模量之比。

新建公路路基设计可根据路基相对高度、路基土组类别及其毛细水上升高度，确定路基干湿类型，并预估路基结构的平衡湿度。按下列方法确定回弹模量湿度调整系数。

干燥类（气候因素控制类）路基的回弹模量湿度调整系数可参照表5-2查取。

干燥类路基的回弹模量湿度调整系数   表 5-2

土 组	湿度指数 TMI					
	-50	-30	-10	10	30	50
砂（级配好）SW	1.97 ~ 1.98	1.96 ~ 1.98	1.95 ~ 1.97	1.95 ~ 1.97	1.94 ~ 1.97	1.79 ~ 1.97
砂（级配差）SP	1.93 ~ 1.97	1.90 ~ 1.97	1.89 ~ 1.97	1.84 ~ 1.97	1.77 ~ 1.96	1.76 ~ 1.96
粉土质砂 SM	2.19 ~ 2.13	1.77 ~ 1.85	1.27 ~ 1.35	1.02 ~ 1.06	0.91 ~ 0.88	0.81 ~ 0.86
黏土质砂 SC	2.27 ~ 2.19	1.92 ~ 1.74	1.14 ~ 1.27	1.11 ~ 1.02	0.92 ~ 0.91	0.82 ~ 0.81
低液限粉土 ML	2.30 ~ 2.23	1.97 ~ 1.82	1.43 ~ 1.34	1.13 ~ 1.01	0.89 ~ 0.85	0.85 ~ 0.84
低液限黏土 CL	2.33 ~ 2.31	2.04 ~ 1.81	1.48 ~ 1.39	1.08 ~ 1.02	0.91 ~ 0.86	0.82 ~ 0.84

土　　组	湿度指数 TMI					
	−50	−30	−10	10	30	50
高液限粉土 MH	2.31~2.30	1.93~1.94	1.34~1.43	1.04~1.08	0.88~0.91	0.81~0.84
高液限黏土 CH	2.15~2.33	1.73~2.02	1.13~1.53	0.92~1.08	0.84~0.91	0.77~0.81

注：湿度指数 TMI 值可根据路基所在公路自然区划按现行《公路路基设计规范》（JTG D30）确定，参见表5-7。

中湿类（兼受地下水和气候因素影响类）路基的回弹模量湿度调整系数，可按路基工作区内两类湿度来源的上部和下部分别确定其湿度调整系数，并以路基工作区上、下部的厚度加权计算路基总的回弹模量湿度调整系数。

（2）路基反应模量 K_0

在刚性路面设计中，除用弹性模量表征路基强度（刚度）外，亦常用路基反应模量 K_0 作为指标。该力学模型假设地基上任一点的反力与该点的挠度成正比，而与其他点无关，即路基相当于由互不联系的弹簧组成（图5-4）。这种地基力学模型首先由捷克工程师文克勒（E Winkler）提出，因此，又称文克勒地基。路基反应模量 K_0 为压力 p 与沉降 l 之比，即

$$K_0 = \frac{p}{l} \qquad (\text{N/cm}^3) \tag{5-12}$$

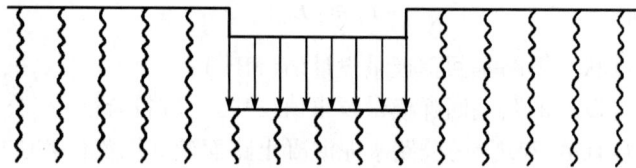

图 5-4　文克勒地基力学模型

路基反应模量 K_0 值，用承载板试验确定。承载板的直径规定为76cm。测试方法与回弹模量测试方法相类似，但采用一次加载法，施加的最大荷载由两种方法控制：当地基较为软弱时，用0.127cm 的沉降控制承载板的荷载；当地基较为坚硬，沉降难以达到0.127cm 时，以单位压力 $p=70\text{kPa}$ 控制承载板的荷载。

（3）CBR（California Bearing Ratio）值（加州承载比）

加州承载比是早年由美国加利福尼亚州提出的一种评定路基及其他路面材料承载力的指标。承载能力以材料抵抗局部荷载压入变形的能力表征，并采用高质量标准碎石为标准，它们的相对比值即为 CBR 值。

试验时，用一个端部面积为19.35cm² 的标准压头，以0.127cm/min 的速度压入土中。记录每贯入0.254cm（0.1in）时的单位压力，直到总深度达到1.27cm 为止，此时的贯入单位压力与达到该贯入深度时的标准压力之比，即为路基的 CBR 值：

$$CBR = \frac{p}{p_s} \times 100 \tag{5-13}$$

式中：p——对应于某一贯入深度的路基土单位压力（MPa）；

　　　p_s——与路基贯入深度相同的标准单位压力（MPa），标准压力值是用高质量标准碎石，由试验求得，其值见表5-3。

标 准 压 力 值					表 5-3
贯入深度(cm)	0.254	0.508	0.762	1.016	1.270
标准压力(MPa)	7.03	10.55	13.36	16.17	18.23

注意,计算 CBR 值时取贯入深度为 0.254cm 对应的标准压力值,但当贯入深度为 0.254cm 时的 CBR 值小于贯入深度为 0.508cm 时的 CBR 值时,应以后者为准。

CBR 试验设备有室内试验与室外试验两种。室内 CBR 试验装置如图 5-5 所示。试件按路基施工时的含水率及压实度要求在试筒内制备,并在加载前浸泡在水中饱水 4d。为模拟路面结构对路基土的附加应力,在浸水过程中及压入试验时,在试件顶面施加环形砝码,其质量根据预计的路面结构质量确定,但不得小于 45.3N。试件浸水至少淹没顶部 2.54cm。CBR 值的野外试验方法基本与室内试验相同,但其压入试验直接在路基土顶面进行。

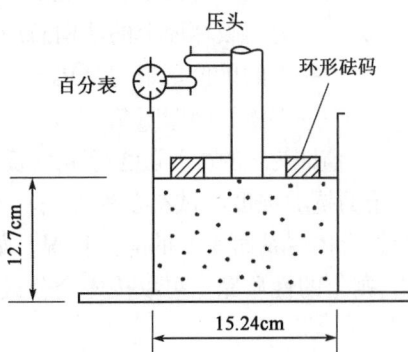

图 5-5 CBR 试验装置示意图

我国公路路基设计规范规定作为组成路基结构的路基土应均匀,其最小承载比应符合表 5-4 的规定。

路基填料最小承载比要求 表 5-4

路基结构形式		路面底面以下深度(m)	填料最小承载比(CBR)(%)		
			高速公路、一级公路	二级公路	三、四级公路
上路床		0~0.3	8	6	5
下路床	轻、中和重交通	0.3~0.8	5	4	3
	特重和极重交通	0.3~1.2	5	4	—
上路堤	轻、中和重交通	0.8~1.5	4	3	3
	特重和极重交通	1.2~1.9	4	3	—
下路堤		轻、中交通1.5以下 重、特重交通1.9以下	3	2	2

注:1. 当路基填料 CBR 值达不到表列要求时,可掺石灰或其他稳定材料处理。

　　2. 当三、四级公路铺筑沥青混凝土和水泥混凝土路面时,应采用二级公路的规定。

　　3. 年平均降雨量小于 400mm 地区,路基排水良好的非浸水路基,可采用平衡湿度状态的含水率作为 CBR 试验条件,并应结合当地气候条件和汽车荷载等级,通过试验论证确定路基填料最小 CBR 控制标准。

由于路基是非线弹性体,其强度还随土质、密实度、水温状况及自然条件而变,因此,在应用各项指标进行路面设计和对路基强度进行评价时,必须与路面结构设计方法相配合,把路基路面的设计力学模型与具体条件和要求联系起来。

（4）抗剪强度指标

土的抗剪强度指土体抵抗剪切破坏的能力。土的抗剪强度对分析土坡稳定以及挡土墙后土压力计算具有十分重要的意义。

土的抗剪强度通常用库仑公式表示：

$$\tau = c + \sigma \tan\varphi \qquad (5\text{-}14)$$

式中：τ——土的抗剪强度（kPa）；

σ——剪切破坏面上的法向总应力（kPa）；

c——土的单位黏聚力（kPa）；

φ——土体的内摩阻角。

c、φ 值即为土的抗剪强度指标，它反映了土体抗剪强度的大小，是土体非常重要的力学指标。

土的抗剪强度测试有多种方法。若用三轴压缩试验测定，在一定围压下进行轴向加载，可以模拟土体受荷时发生的应力情况。如果试验时可以完全控制排水，水分可以从孔隙流出或排出，则土的性质完全可以按库仑公式［式(5-11)］表示。

第三节　路基的破坏形式与原因分析

路基在各种自然因素及行车荷载作用下，常发生变形，最后导致破坏。其破坏形式多种多样，原因也错综复杂。常见的破坏形式主要有以下几种。

（1）路堤的变形破坏，包括：①路堤沉陷；②边坡溜方及滑坡；③路堤沿地基滑动。

（2）路堑的变形破坏，包括：①边坡剥落和碎落；②边坡滑坍和崩塌。

（3）特殊地质水文条件下的破坏。

一、路堤的变形破坏

1.路堤沉陷

路堤沉陷的特征是路基表面作竖向位移。路基因填料选择不当，填筑方法不合理，压实不足时，在荷载和水温的综合作用下，路基将产生堤身向下沉陷的变形破坏，如图5-6所示。路堤的这类不均匀沉陷，将导致路面变形破坏影响道路的正常运营。

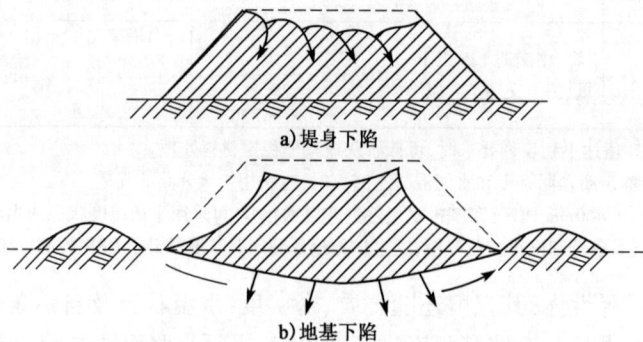

a）堤身下陷

b）地基下陷

图5-6　路堤沉陷示意

2. 边坡溜方及滑坡

溜方是指边坡上薄的表层土,被水浸泡后沿边坡向下滑移的破坏现象。它可能是由于水流冲刷边坡引起的(图5-7)。

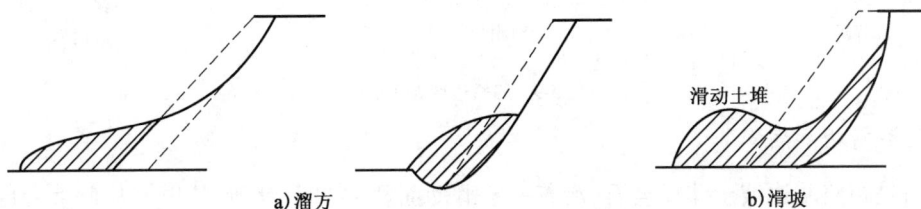

图5-7 路堤边坡的破坏

滑坡是路堤边坡土体在重力作用下沿某个滑动面发生剪切破坏。其主要原因有以下几个方面:

(1)边坡过陡。

(2)不正确地应用倾斜层次的方法填筑。

(3)含水率过大,土体黏聚力和内摩阻力降低。

(4)坡脚被水冲刷。

3. 路堤沿山坡滑动

在较陡的山坡上填筑路基,如果原地面未经清除杂草,凿毛或人工挖台阶,坡脚又未进行必要的支撑,特别是受水的润滑时,填方与原地面之间的抗剪力很小,在自重和荷载作用下,路基整体或局部有可能沿原地面向下移动(图5-8)。此种破坏虽不普遍,但也不应忽视,如果不针对其产生破坏原因采取措施,路基稳定性就得不到保证,导致路基的破坏。

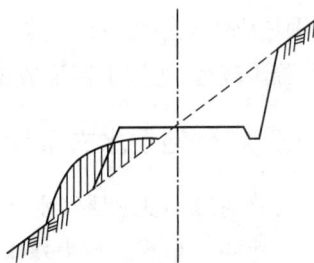

图5-8 路堤沿山坡滑动示意

二、路堑的变形破坏

1. 边坡剥落和碎落

剥落是指路堑边坡表土层和风化岩层表面,在大气的干湿或冷热循环作用下,表面发生胀缩,使零碎薄层成片状从坡面上剥落下来的风化现象(图5-9),而且老的脱落后,新的又不断产生。泥质页岩、绿泥岩等松软岩层的路堑边坡易发生这种破坏。路堑边坡剥落的碎石堆积在坡脚下,堵塞边沟,影响路基稳定和妨碍交通。

碎落是岩石碎块的一种剥落现象,其规模与危害程度比剥落严重。产生的主要原因是路堑边坡较陡(大于45°),岩石破碎,风化严重,在胀缩、振动及水的侵蚀与冲刷作用下,块状碎石沿坡面向下滚落。如果落下的岩块较大(直径>40cm),以单个或多块落下,此种碎落现象称为落石或坠落。落石的石块较大,降落速度极快,所产生的冲击力可使路基结构物遭到破坏,也会威胁到行人和行车的安全,有时还会引起其他路基病害。

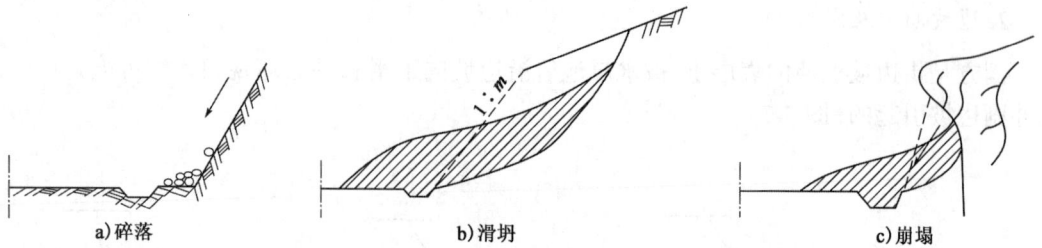

a)碎落　　　　　　　　b)滑坍　　　　　　　　c)崩塌

图5-9　路堑边坡破坏示意

2.边坡滑坍和崩塌

滑坍是指路基边坡土体或岩石，沿着一定滑动面整体向下滑动，其规模与危害程度，较碎落更为严重，有时滑动体可达数百方以上，造成严重堵车。产生滑坍的主要原因是边坡较高，坡度较陡（>50°），缺少应有的支挡与加固。挖方岩层对公路成顺向坡，岩层倾角为50°～75°，夹有软弱和透水的薄层或岩石严重风化等，在水的侵蚀和冲刷作用下，形成滑动面，致使边坡失去平衡，产生滑坍。

崩塌是整体岩块在重力作用下倾倒、崩落。主要原因是岩体风化破碎，边坡较高，是比较常见且危害较大的路基病害之一。它与滑坍的主要区别在于崩塌无固定滑动面，也无下挫现象，即坡脚线以下无移动现象。崩塌体的各部分相对位置，在移动过程中完全打乱，其中较大石块翻滚较远，边坡下部形成倒石堆或岩堆。

三、特殊地质水文条件下的破坏

公路通过不良地质和水文地带，或遇较大自然灾害，如滑坡、岩堆、泥石流、雪崩、岩溶（即喀斯特地区）、地震及特大暴雨和严重冰冻等，均能导致路基结构的严重破坏。

四、路基破坏原因综合分析

由以上路基变形破坏形式及原因分析可知，路基破坏的原因是多方面的，各种变形破坏既有各自特点，又往往具有共同原因，大致可归纳为以下几个方面：

（1）不良的工程地质和水文地质条件。如地质构造复杂、岩层走向及倾角不利、岩性松软、风化严重、土质较差、地下水位较高以及其他特殊不良地质灾害等。

（2）不利的水文与气候因素。如降雨量大、洪水猛烈、干旱、冰冻、积雪或温差特大等。

（3）设计不合理。如断面尺寸不符合设计标准要求，包括边坡取值不当，挖填布置不合要求，最小填土高度不足，未进行合理的防护、加固和排水设计等。

（4）施工不符合规范要求。如填筑顺序不当、路基压实不足、盲目采用大型爆破以及不按设计要求和操作规程施工、工程质量不满足标准等。

在上述原因中，地质条件是影响路基工程质量和产生病害的基本前提，水是造成路基病害的主要原因。为此，必须强调设计前应详细地进行地质与水文的勘察工作，针对具体条件及各种因素的综合作用，采取正确的设计方案与施工方法，消除和尽可能减少路基病害，确保路基工程达到规定的质量要求。

第四节 公路自然区划与路基干湿类型

一、公路自然区划

由于我国地幅辽阔,各地气候、地形、地貌、水文地质条件等相差很大,而自然条件与公路建设密切相关,各种自然因素对公路构造物产生的影响和造成的病害各不相同,因此,在不同地区的公路设计中,应考虑的问题亦各有侧重,例如,季节性冰冻地区的道路病害主要是冻胀和翻浆,而干旱地区的主要病害则是路基的干稳性问题。因此,如何根据各地自然条件特点对路线勘测、路基路面的设计、筑路材料选择、施工方案的拟定等问题进行综合考虑是十分必要的。有关部门根据我国各地自然条件及其对公路建筑影响的主要特征,提出了中国公路自然区划,绘制成《中国公路自然区划图》,相应地列出了各自然区的气候、地形、地貌、地质等特征和自然区的公路工程特点,以及常见公路病害和路基路面设计的有关参数,供各地在公路设计与建筑中参考使用。

根据影响公路工程的地理、地貌及气候的差异特点,公路自然区划按以下三项原则进行划分:

(1)道路工程特征相似性原则。即在同一区划内,在同样自然条件下筑路具有相似性。例如,北方不利季节主要是春融时期,有翻浆病害;南方不利季节在雨季,有冲刷、水毁等病害。

(2)地表气候区域差异性原则。即地表气候是地带性差异与非地带性差异的综合结果。通常,地表气候随当地纬度而变,如北半球,北方寒冷,南方温暖,这称为地带性差异。除此之外,还与高程变化有关,即沿垂直方向变化,如青藏高原,由于海拔高,与纬度相同的其他地区相比,气候更加寒冷,称为非地带性差异。

(3)自然气候因素既综合又有主导作用的原则。即自然气候的变化是各种因素综合作用的结果,但其中又有某种因素起主导作用。例如,道路冻害是水和热综合作用的结果,但在南方,有水而没有寒冷气候的影响,不会有冻害,说明温度起主导作用;西北干旱地区与东北潮湿区,同样都有负温,但前者冻害轻于后者,说明水起主导作用。

根据《公路自然区划标准》(JTJ 003—86)的规定,我国公路自然区划分为3个等级。

一级区划首先将全国划分为多年冻土、季节冻土和全年不冻土三大地带,再根据水热平衡和地理位置,划分为冻土、温润、干湿过渡、湿热、潮暖、干旱和高寒7个一级区。二级区划是在一级区划基础上以潮湿系数为主进一步划分的。三级区划是在二级区划内划分更低一级的区划或类型单元。一、二级区划的具体位置与界限,公路自然区划图见图5-10。

1. 一级区划

根据不同地理、气候、地貌界限的交错和重叠,全国7个一级区的代号与名称为:

Ⅰ——北部多年冻土区;

Ⅱ——东部温润季冻区;

Ⅲ——黄土高原干湿过渡区;

Ⅳ——东南湿热区;

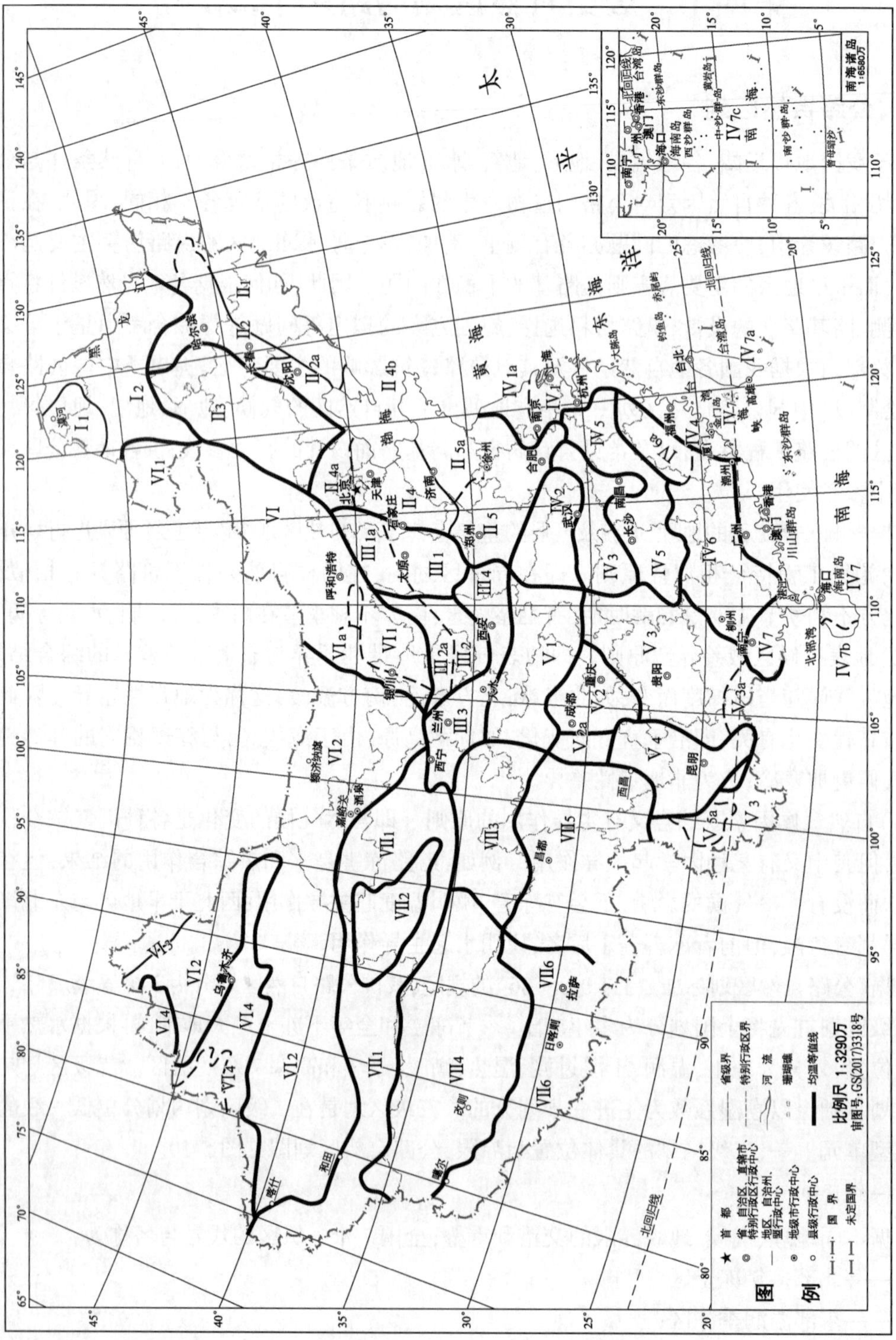

图5-10 公路自然区划图

Ⅴ——西南潮暖区；

Ⅵ——西北干旱区；

Ⅶ——青藏高寒区。

2.二级区划

二级区划是在一级区划范围内进一步划分,其主要依据是潮湿系数 K。所谓潮湿系数,是指年降雨量 R 与年蒸发量 Z 之比,即 $K = R/Z$,据此划分为6个潮湿等级:

$K > 2.0$	1 级	过湿
$2.0 > K > 1.5$	2 级	中湿
$1.5 > K > 1.0$	3 级	润湿
$1.0 > K > 0.5$	4 级	润干
$0.5 > K > 0.25$	5 级	中干
$0.25 > K$	6 级	过干

同时结合各大区的地理、气候特征(如雨季、冰冻深度)、地貌类型和自然病害等因素,将全面分为 33 个二级区和 19 个二级副区(亚区),共有 52 个二级自然区。

全国公路自然区划一、二级区名称见表5-5。

公路自然区划名称 表 5-5

Ⅰ 北部多年冻土区	Ⅲ₁ 山西山地、盆地中冻区	Ⅳ₇ 华南沿海台风区	Ⅵ₁ₐ 河套副区
Ⅰ₁ 连续多年冻土区	Ⅲ₁ₐ 雁北张宣副区	Ⅳ₇ₐ 台湾山地副区	Ⅵ₂ 绿洲、荒漠区
Ⅰ₂ 岛状多年冻土区	Ⅲ₂ 陕北典型黄土高原中冻区	Ⅳ₇ᵦ 海南岛西部润干副区	Ⅵ₃ 阿尔泰山地冻土区
Ⅱ 东部湿润季冻区	Ⅲ₂ₐ 榆林副区	Ⅳ₇ᵧ 南海诸岛副区	Ⅵ₄ 天山、界山山地区
Ⅱ₁ 东北东部山地湿冻区	Ⅲ₃ 甘东黄土山地区	Ⅴ 西南潮暖区	Ⅵ₄ₐ 塔城副区
Ⅱ₁ₐ 三江平原副区	Ⅲ₄ 黄渭间山地、盆地轻冻区	Ⅴ₁ 秦巴山地润湿区	Ⅵ₄ᵦ 伊犁河谷副区
Ⅱ₂ 东北中部山前平原重冻区	Ⅳ 东南湿热区	Ⅴ₂ 四川盆地中湿区	Ⅶ 青藏高寒区
Ⅱ₂ₐ 辽河平原冻融交替副区	Ⅳ₁ 长江下游平原润湿区	Ⅴ₂ₐ 雅安乐山过湿副区	Ⅶ₁ 祁连、昆仑山地区
Ⅱ₃ 东北西部润干冻区	Ⅳ₁ₐ 盐城副区	Ⅴ₃ 三西、贵州山地过湿区	Ⅶ₂ 柴达木荒漠区
Ⅱ₄ 海滦中冻区	Ⅳ₂ 江淮丘陵山地润湿区	Ⅴ₃ₐ 滇、南、桂西润湿副区	Ⅶ₃ 河源山原草甸区
Ⅱ₄ₐ 冀热山地副区	Ⅳ₃ 长江中游平原中湿区	Ⅴ₄ 川、滇、黔高原干湿交替区	Ⅶ₄ 羌塘高原冻土区
Ⅱ₄ᵦ 旅大丘陵副区	Ⅳ₄ 浙闽沿海地中湿区	Ⅴ₅ 滇西横断山地区	Ⅶ₅ 川藏高山峡谷区
Ⅱ₅ 鲁豫轻冻区	Ⅳ₅ 江南丘陵过湿区	Ⅴ₅ₐ 大理副区	Ⅶ₆ 藏南高山台地区
Ⅱ₅ₐ 山东丘陵副区	Ⅳ₆ 武夷南岭山地过湿区	Ⅵ 西北干旱区	Ⅶ₆ₐ 拉萨副区
Ⅲ 黄土高原干湿过渡区	Ⅳ₆ₐ 武夷副区	Ⅵ₁ 内蒙古草原中干区	

3. 三级区划

三级区划划分方法有两种：一种是以水热、地理和地貌为依据，分为若干个具有相似性的区域单元；另一种是以地表的地貌、水文和土质为依据，分为若干个类型单元。三级区划未列入全国性的区划中，由各省区结合当地自然情况自行划分。

各级区划的范围不同，在公路工程中的应用也各有侧重，一级区划主要为全国性的公路总体规划和设计服务；二级区划主要为各地的公路路基路面设计、施工、养护提供较全面的地理、气候依据和有关参数，如路基和路面材料的回弹模量、路基临界高度、路基压实标准等。

二、路基干湿类型划分

1. 路基潮湿的来源

引起路基湿度变化的水源主要有（图5-11）：

（1）大气降水，通过路面、路肩和边坡渗入路基。

（2）边沟水及排水不良时的地表积水，以毛细水的形式渗入路基。

（3）靠近地面的地下水，借助毛细作用上升到路基内部。

（4）在土粒空隙中流动的水汽凝结成的水分。

各种水源对路基的影响，因路基所在地的地形、地质与水文等具体条件而不同，同时也随路基结构、断面尺寸、排水设施及施工方法而变化。

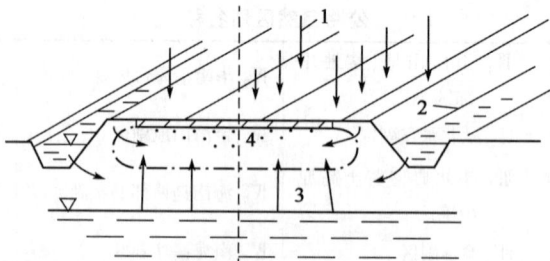

图5-11　路基潮湿来源示意
1-大气降水；2-地面水；3-由地下水上升的毛细；4-水蒸气凝结的水

2. 路基湿度状态

路基的强度与稳定性不但与土质有关，而且与湿度状态密切相关，并在很大程度上影响路面结构及厚度的确定。因此，路基湿度状态确定对路面结构设计具有重要意义。

以前在确定新建公路路基干湿类型时，通常要根据路床土的平均稠度、路基高度、有无地下水、地表积水影响等因素，综合论证来确定。采用平均稠度指标$\overline{w}_c$作为路基湿度评价指标，虽然综合了土的塑性特征，包括了液限（w_L）与塑限（w_p），也能反映土的软硬程度，但是对于塑性指数为零或者接近零的土组，土的平均稠度不能全面反映路基土的工作状态。另外，路面竣工后路基在整个使用期内处于非饱和状态，其湿度状况取决于土的基质吸力，而基质吸力又主要受地下水、土组类型、气候等因素影响。表征气候因素的参数有降雨、蒸发量、降雨天数、相对湿度、年均温度、日照时间及湿度指数TMI等。土组表征参数主要有P_{200}和塑性指数PI。

《公路路基设计规范》（JTG D30—2015）规定，公路在使用过程中，路基最后达到的平衡湿度状况可依据路基的湿度来源分为潮湿、中湿、干燥3类。

（1）地下水或地表长期积水的水位高，路基工作区均处于地下水毛细润湿影响范围内，路基平衡湿度由地下水或地表长期积水的水位升降所控制，路基湿度状态可定为潮湿类路基。

一般认为，路基湿度受地下水或地表长期积水影响的临界水位深度可根据土质，并结合当地经验确定。缺乏实际资料时，黏土可取为6m，砂质黏土和粉土可取为3m，砂可取为0.9m。

（2）地下水位很低，路基工作区处于地下水毛细润湿面之上，路基平衡湿度由气候因素所控制，路基湿度状态可定为干燥类路基。

（3）中湿类路基的湿度兼受地下水和气候因素影响，即地下水位较高，路基工作区被地下水毛细润湿面分为上、下两部分，下部受地下水毛细润湿的影响，上部则受气候因素影响，如图5-12所示。

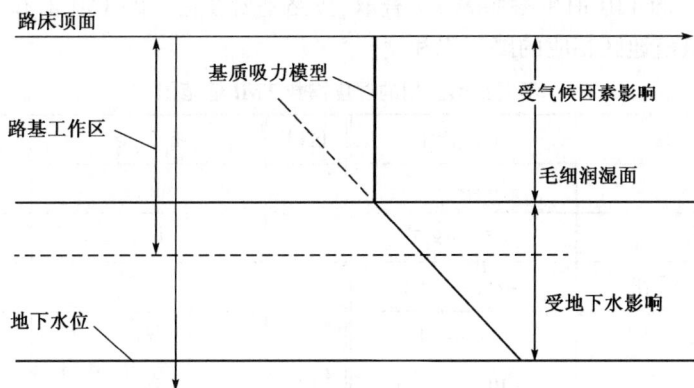

图5-12　中湿类路基的湿度状况

潮湿类路基的平衡湿度可根据路基土组类别及地下水位高度，按表5-6确定距地下水位不同高度处的饱和度。

各路基土组距地下水位不同高度处的饱和度（单位:%）　　　表5-6

土　　组	计算点距地下水或地表长期积水水位的距离(m)						
	0.3	1.0	1.5	2.0	2.5	3.0	4.0
粉土质砾 GM	69～84	55～69	50～65	49～62	45～59	43～57	—
黏土质砾 GC	79～96	64～83	60～79	56～75	54～73	52～71	—
砂 S	80～95	50～70	—	—	—	—	—
粉土质砂 SM	79～93	64～77	60～72	56～68	54～66	52～65	—
黏土质砂 SC	90～99	77～87	72～83	68～80	66～78	64～76	—

续上表

土 组	计算点距地下水或地表长期积水水位的距离(m)						
	0.3	1.0	1.5	2.0	2.5	3.0	4.0
低液限粉土 ML	94 ~ 100	81 ~ 90	76 ~ 86	73 ~ 83	71 ~ 81	69 ~ 80	—
低液限黏土 CL	93 ~ 100	80 ~ 93	76 ~ 90	73 ~ 88	70 ~ 86	68 ~ 85	66 ~ 83
高液限粉土 MH	100	90 ~ 95	86 ~ 92	83 ~ 90	81 ~ 88	80 ~ 87	—
高液限黏土 CH	100	93 ~ 97	90 ~ 93	88 ~ 91	86 ~ 90	85 ~ 89	83 ~ 87

注:1. 对于砂(SW、SP),当 D_{60} 大时,平衡湿度取低值;当 D_{60} 小时,平衡湿度取高值。

2. 对于其他含细粒的土组,通过 0.075mm 筛的颗粒含量大和塑性指数高时,取低值,反之,取高值。

干燥类路基的平衡湿度可根据路基所在公路自然区划的湿度指数 TMI 和土组类别确定。不同公路自然区划的 TMI 值可参照表5-7 查取,按路基所在地区的 TMI 值和路基土组类别,根据表5-8 插值查取该地区相应的路基饱和度。

不同自然区划的湿度指数 TMI 值范围   表 5-7

区划	亚 区		TMI 范围	区划	亚 区	TMI 范围
I	I_1		−8.1 ~ −5.0		IV_1	21.8 ~ 25.1
	I_2		0.5 ~ −9.7		IV_{1a}	23.2
II	II_1	黑龙江	−8.1 ~ −0.1		IV_2	−6.0 ~ 34.8
		辽宁、吉林	8.7 ~ 35.1		IV_3	34.3 ~ 40.4
	II_{1a}		−10.8 ~ −3.6	IV	IV_4	32.0 ~ 67.9
	II_2		−12.1 ~ −7.2		IV_5	45.2 ~ 89.3
	II_{2a}		−10.6 ~ −1.2		IV_6	27.0 ~ 64.7
	II_3		−26.9 ~ −9.3		IV_{6a}	41.2 ~ 97.4
	II_4		−22.6 ~ −10.7		IV_7	16.0 ~ 69.3
	II_{4a}		−15.5 ~ 17.3		IV_{7b}	−23.0 ~ −5.4
	II_{4b}		−7.9 ~ 9.9		V_1	−25.1 ~ 6.9
	II_5		−15.6 ~ −1.7		V_2	0.9 ~ 30.1
	II_{5a}		−15.6 ~ −1.0		V_{2a}	39.6 ~ 43.7
III	III_1		−25.7 ~ −21.2	V	V_3	12.0 ~ 88.3
	III_{1a}		−29.1 ~ −12.6		V_{3a}	−7.6 ~ 47.2
	III_2		−17.5 ~ −9.7		V_4	−2.6 ~ 50.9
	III_{2a}		−19.6		V_5	39.8 ~ 100.6
	III_3		−26.1 ~ −19.1		V_{5a}	24.4 ~ 39.2
	III_4		−24.1 ~ −10.8	VI	VI_1	−46.3 ~ −15.3

续上表

区划	亚 区	TMI 范围	区划	亚 区	TMI 范围
	VI$_{1a}$	$-47.2 \sim -40.5$		VII$_1$	$-56.3 \sim -3.1$
	VI$_2$	$-59.2 \sim -39.5$		VII$_2$	$-58.1 \sim -49.4$
VI	VI$_3$	-41.6	VII	VII$_3$	$-22.5 \sim 82.8$
	VI$_4$	$-57.2 \sim -19.3$		VII$_4$	$-5.7 \sim -5.1$
	VI$_{4a}$	$-37.1 \sim -34.5$		VII$_5$	$-20.3 \sim 91.4$
	VI$_{4b}$	$-37.2 \sim -2.6$		VII$_{6a}$	$-25.8 \sim -10.6$

各路基土组在不同 TMI 值时的饱和度(单位:%)　　　　表5-8

土 组	TMI					
	-50	-30	-10	10	30	50
砂(级配好)SW	$11.7 \sim 4.1$	$15.2 \sim 5.5$	$17.9 \sim 6.9$	$19.3 \sim 6.9$	$20.7 \sim 7.6$	$21.0 \sim 8.3$
砂(级配差)SP	$22.8 \sim 6.9$	$29.6 \sim 9.0$	$34.5 \sim 10.3$	$37.9 \sim 11.0$	$43.4 \sim 12.4$	$44.1 \sim 13.1$
粉土质砂 SM	$47.6 \sim 49.6$	$64.8 \sim 60.7$	$78.6 \sim 75.2$	$85.5 \sim 83.0$	$89.0 \sim 88.5$	$92.1 \sim 89.4$
黏土质砂 SC	$42.1 \sim 47.6$	$60.7 \sim 65.5$	$83.4 \sim 78.6$	$84.1 \sim 85.5$	$89.7 \sim 89.0$	$93.1 \sim 92.1$
低液限粉土 ML	$41.4 \sim 45.5$	$59.3 \sim 63.4$	$75.9 \sim 76.5$	$84.1 \sim 86.2$	$91.0 \sim 91.4$	$92.4 \sim 91.7$
低液限黏土 CL	$39.3 \sim 41.1$	$57.2 \sim 64.1$	$75.2 \sim 75.9$	$86.2 \sim 86.2$	$91.0 \sim 91.0$	$94.1 \sim 91.8$
高液限粉土 MH	$41.4 \sim 41.3$	$62.1 \sim 60.7$	$79.3 \sim 75.9$	$87.6 \sim 85.5$	$92.4 \sim 90.3$	$94.9 \sim 92.7$
高液限黏土 CH	$51.3 \sim 39.3$	$69.0 \sim 57.9$	$85.5 \sim 73.8$	$91.7 \sim 86.2$	$94.5 \sim 91.0$	$97.0 \sim 94.3$

中湿类路基的平衡湿度可参照图 5-10,先分路基工作区上部和下部,分别确定其平衡湿度,再以厚度加权平均计算路基的平衡湿度。地下水毛细润湿面以上的路基工作区上部,按路基土组类别和 TMI 值确定其平衡湿度;地下水毛细润湿面以下的路基工作区下部,则按路基土组类别和距地下水位的距离确定其平衡湿度。

三、路基水温状况及对路基稳定性的影响

路基稳定性指路基在各种外界因素作用下保持其强度的性质。路基土在水的作用下保持其强度的性质称为水稳性,在温度作用下保持其强度的性质称为温度稳定性。路基稳定性包括两种含义:一种是指路基整体在车辆荷载及自然因素作用下,不致产生过大的变形和破坏,称为路基整体稳定性;另一种是指路基在水温等自然因素的长期作用下保持其强度,称为路基的强度稳定性。

路基的整体稳定性,一方面取决于路基土的强度,另一方面还取决于路基与基底的结合情况(路堤),或边坡岩层的稳定性(路堑)。

气候的变化使路基土内的温度和湿度产生坡差,从而引起水分迁移。由于气候有季节性

变化,路基内水分的变迁有明显的季节性,使路基的湿度、密实度和强度在一年内亦发生季节性变化。把路基强度最低的季节,称为最不利季节。

我国南方地区,气候因素的变化幅度不如北方大,且自然水系的农田灌溉沟渠密布,路基的湿度在一年内的季节性变化并不突出。一般情况下,其最不利季节为雨季。

北方地区,由于负温差的影响,路基下层较暖的水分将向上层较冷的土层移动,产生积聚和冻结,引起冻胀。春融时,冻结的水分融化,路基又因为过湿而发生翻浆。因此,土的湿度、密实度和强度在一年内出现极为显著的季节性变化。其最不利季节为春融季节。

根据水温状况对路基强度的影响,在进行路基设计时,必须充分考虑当地的自然环境条件,采取有效措施,保证路基在各种气候条件下具有足够的强度和稳定性。

四、保证路基强度和稳定性的措施

为保证路基强度和稳定性,必须深入进行调查研究,细致分析各种自然因素与路基之间的关系,抓住主要问题,采取有效措施。一般措施如下:

(1)合理选择路基断面形式,正确确定边坡坡度。

(2)选择强度和水温稳定性良好的土填筑路堤,并采取正确的施工方法。

(3)充分压实路基,提高路基的强度和水稳定性。

(4)做好地面排水,保证水流畅通,防止路基过湿或水毁。

(5)保证路基有足够高度,使路基工作区保持干燥状态。

(6)设置隔离层或隔温层,切断毛细水上升,阻止水分迁移,减少负温差的不利影响。

(7)采取边坡加固与防护措施,以及修筑支挡结构物。

第五节 一般路基设计

一般路基指在良好的水文地质等条件下,填方高度不超过20m或挖方深度不超过30m,可以结合当地的地形、地质情况,直接选用长期生产实践和科学研究总结拟定的典型横断面图或设计规定,而不必进行个别论证和验算的路基。对于超过规范规定高度的高填、深挖路基以及特殊水文地质条件下的路基,即特殊路基,必须进行个别设计和验算,合理地选择路基断面形式,正确确定边坡坡度以及相应的防护和加固结构措施。

为了确保路基的强度与稳定性,使路基在各种外界因素作用下,不致产生不允许的变形,路基的整体结构设计中还必须包括路基排水,路基防护与加固以及与路基工程直接相关的附属设施(如弃土堆、取土坑、护坡道、碎落台、堆料坪和错车道等)的设计。因此,路基横断面结构形式的确定与路基排水设施及防护加固结构物的设计都是路基设计的基本内容。

一、路基的典型横断面与构造

1.路基典型横断面

路基的典型横断面形式有路堤、路堑和填挖结合三种。路堤是指全部用岩土填筑而成的路基,路堑是指全部在原地面开挖而成的路基,此两者是路基的基本类型。当原地面横坡较大,且路基较宽时,路基的一侧需要填筑,另一侧需要开挖,这种由部分填筑和部分开挖后而形成的路基,叫作填挖结合路基,也称半填半挖路基。在丘陵或山岭地区的路线上,填挖结合是路基横断面的主要形式。

(1)路堤

按填土高度不同,路堤可划分为低路堤、一般路堤和高路堤。填土高度小于路基工作区深度的路堤属于低路堤;一般填土高度大于20m的路堤属于高路堤。填土高度介于高路堤和低路堤之间的路堤属于一般路堤。根据路堤所处环境条件和加固类型的不同,还有浸水路堤、护脚路堤及挖沟填筑路堤等形式。图5-13为几种常见的路堤断面形式。

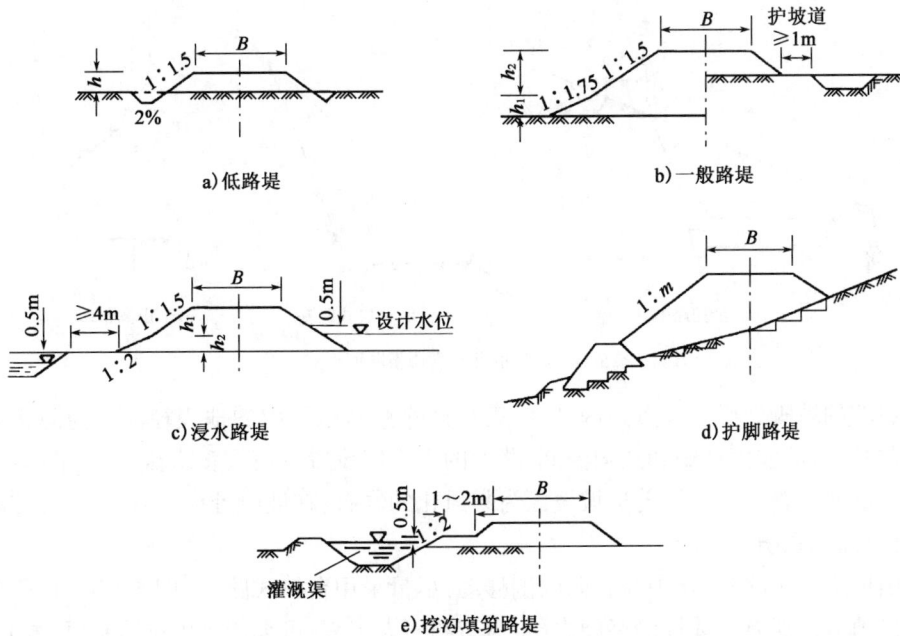

图5-13 路堤的几种常用横断面形式

低路堤通常在地形平坦地区,取土困难时选用。由于平坦地区地势低,水文条件较差,易受地下水和地表水的影响,设计时应满足最小填土高度要求,力求不低于干燥或中湿状态的路基临界高度。低路堤宜采用流线型的缓边坡并在路基的两侧设置边沟。由于低路堤高度通常接近或小于路基工作区的深度,施工中,低路堤应对地基表层土进行超挖、分层回填压实,其处理深度不应小于路床深度;当地基表层土较均匀、密实时,可直接进行压实。同时,低路堤底部应设置排水垫层和防渗隔离层,以阻断毛细水上升对路基工作区的影响。为保证路基路面的强度和稳定性,地下水位埋深小于0.5m的低路堤路段还应设置排水渗沟。

填方高度不大的一般路堤,高度在2.0~3.0m范围时,填方数量较少,全部填方或部分填方,可在两侧设置取土坑,使之与排水沟渠结合。为保护填方坡脚不受流水侵蚀,保证边坡稳定,可在坡脚与填方之间预留1~2m甚至4m以上宽度的边坡平台或护坡道[图5-13b)、c)]。地面横坡较陡时,为防止填方路堤沿山坡滑动,应将天然地面挖成台阶,或设置石砌护脚[图5-13d)]。

高路堤的填方数量大,占地多,为使路基稳定和断面经济合理,需进行个别设计。当路基中心填方高度超过 20m 时,宜结合路线方案与桥梁,分离式路基作方案必选。高路堤和浸水路堤的边坡可采用上陡下缓的折线式[图 5-13b)]或台阶形式,如在边坡中部设置边坡平台。为防止水流侵蚀和冲刷坡面,高路堤和浸水路堤的边坡,需采取适当的坡面防护和加固措施。

（2）路堑

图 5-14 是路堑的几种常见断面形式,有全挖式、台口式和半山洞三种。

路堑开挖破坏了原地面的天然平衡状态,其稳定性主要取决于土壤地质与水文条件以及边坡的高度和边坡坡度,因此,路堑的设计需要根据土壤地质条件、水文条件和边坡高度,设置成直线或折线型[图 5-14a)],并选择合适的边坡坡度。

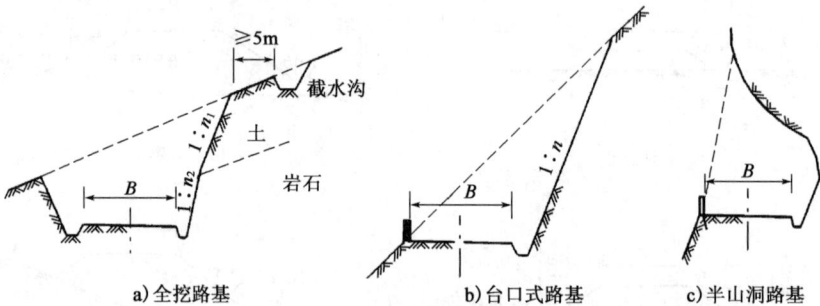

a) 全挖路基   b) 台口式路基   c) 半山洞路基

图 5-14　路堑的几种常用横断面形式

挖方边坡的坡脚处必须设置边沟,以汇集和排除路基范围内的地表径流。为防止大量地表水流向路基,造成坡面冲刷和边沟溢流,路堑的上方应设置一道或多道截水沟[图 5-14a)]。挖方弃土可堆放在路堑下方。若边坡坡面为易风化的岩石,在坡脚处应设置 1.0~1.5m 的碎落台,或对坡面采取防护措施。

陡峻山坡上的半路堑,路中线宜向内侧移动,尽量采用台口式路基[图 5-14b)],避免路基外侧的少量填方。遇有整体性的坚硬岩层,为节约石方工程,可采用半山洞路基[图 5-14c)]。

如挖方路基所处土层水文状况不良,经常发生水分积聚现象,可能会导致路面的破坏,在这种情况下,路堑以下的天然路基要人工压实至规定的密实程度,必要时还应翻挖、重新分层填筑或换土,或采取加铺隔离层,设置必要的地下排水设施等措施。

（3）填挖结合路基

图 5-15 是几种填挖结合(半填半挖)路基常见的横断面形式。

位于山坡上的路基,通常取路中心的高程接近原地面高程,以减少土石方数量,避免高填深挖和保持土石方数量的横向填挖平衡。若处理得当,路基稳定可靠,是比较经济的路基横断面形式。

填挖结合路基兼有路堤和路堑两者的特点,因此均应满足前述路堤和路堑的设计要求。填方部分的原地面横坡陡于 1:5 时,土质应挖台阶或石质应凿毛[图 5-15a)];填方部分的局部路段,如遇原地面的短缺口,可采用石砌护肩[图 5-15c)]。如果填方量较大,可就近利用废石方砌筑护坡或护墙。石砌护坡和护墙相当于简易式挡土墙,承受一定的侧向压力,要求坚固稳定。有时为了保证路基的稳定,压缩用地宽度,可在填方部分设置路肩(或路堤)式挡土墙。

石砌护肩、护坡与护墙,以及挡土墙等路基形式见图5-15c) ~ f);如果填方部分悬空,而纵向又有适当的基岩,则可以沿路基纵向建成半山桥路基[图5-15g)]。

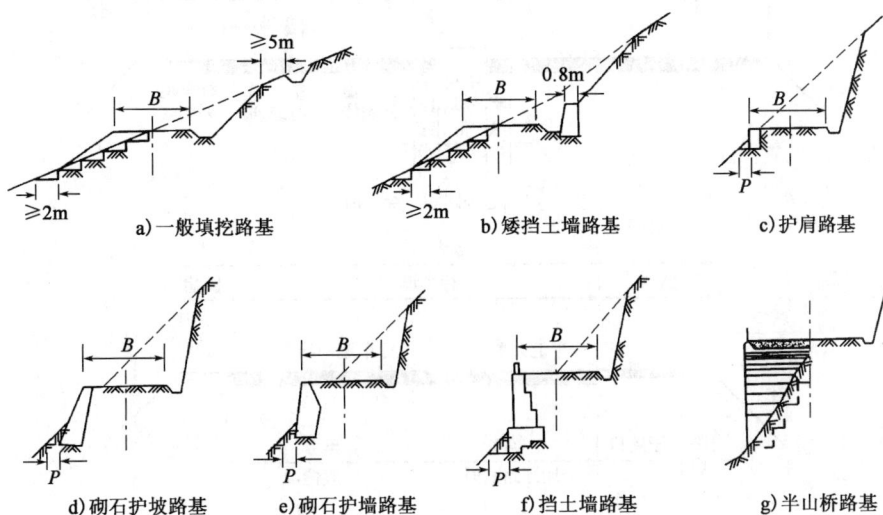

图 5-15 半填半挖路基的几种常用横断面形式

2.路基的基本构造

路基本体由宽度、高度和边坡坡度三者构成。路基宽度取决于公路技术等级;路基高度(包括路中心线的填挖深度,路基两侧的边坡高度)取决于路线的纵坡设计及地形;路基边坡坡度取决于土质、地质构造、水文条件及边坡高度,并由边坡稳定性和横断面经济性等因素比较确定。路基宽度、高度和边坡坡度是路基本体设计的基本要素,就路基稳定性和横断面经济性的要求而论,路基的边坡坡度及相应的防护、加固措施,是路基本体设计的基本内容。

(1)路基宽度

路基宽度为路面及两侧路肩宽度之和。技术等级高的公路(如高速公路和一级公路),路基宽度内还应包括中间带(由中央分隔带及相邻两侧路缘带组成)的宽度。路基宽度组成如图5-16所示。路面供机动车行驶,两侧路肩可保护路面稳定,并兼供错车、临时停车及行人和非机动车通行。路面宽度根据设计通行能力及交通量大小而定,一般每个车道宽度为3.50 ~ 3.75m。路肩宽度由公路等级和交通情况而定,最小宽度为0.5m,城镇近郊行人与非机动车较集中,路肩宽度应尽可能增大,一般取1 ~ 3m,并予以铺筑硬质面层,提高路肩利用率,保证路面行车不受干扰。各级公路的路基宽度的要求见表1-3。

公路路基宽度因技术等级及具体要求的不同,除路面和路肩外,必要时还应包括分隔带、路缘带、变速车道、爬坡车道、慢行道或路用设施(如护栏、照明、绿化)等可能占用的宽度。

城市道路路基宽度与路幅布置如图5-17所示。

(2)路基高度

路基高度指路基设计高程与路中线原地面高程之差(亦称为施工高度),即路堤的填筑厚度或路堑的开挖深度。路基设计高程通常以路肩边缘为准,即路肩边缘的高程。边坡高度指填方坡脚或挖方坡顶高程与路基设计高程之差。当原地面平坦时,路基高度与边坡高度相等;而当原地面有一定坡度时,两者不等,且两侧边坡高度也不相等。

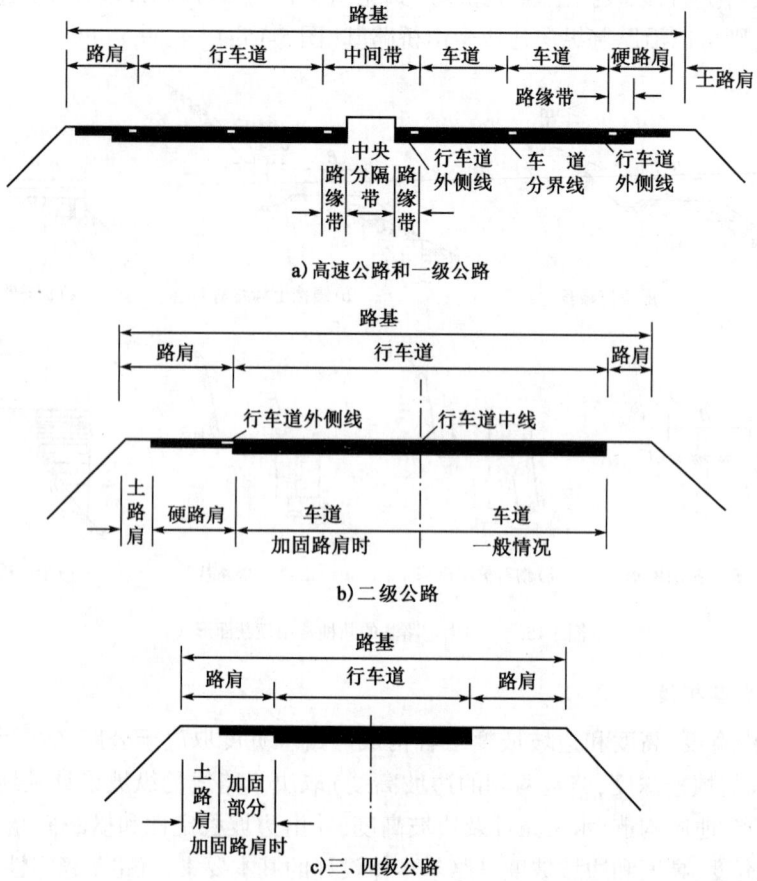

a)高速公路和一级公路

b)二级公路

c)三、四级公路

图 5-16　公路路基宽度图

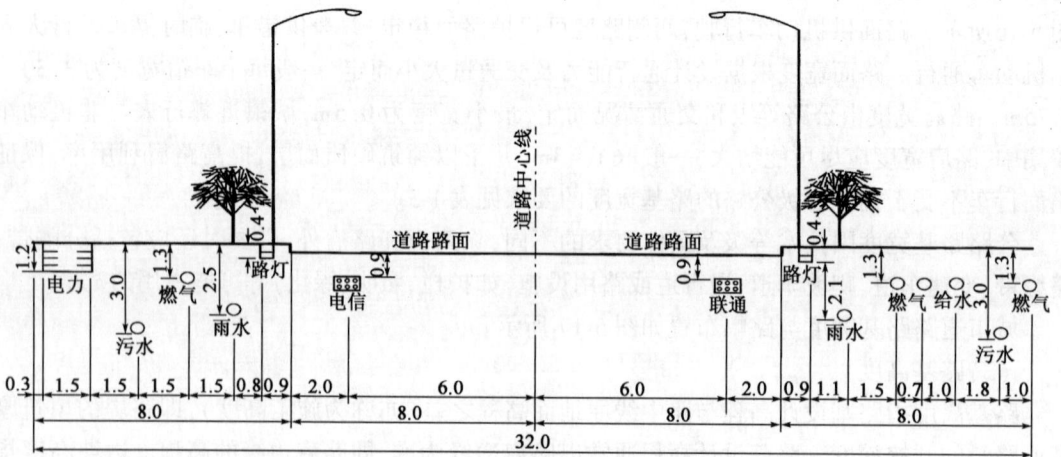

图 5-17　城市道路路基宽度图(尺寸单位:m)

路基高度取决于路线纵坡设计时所确定的路基设计高程。确定时,要综合地考虑地形、地质、地貌、水文等自然条件,桥涵等构造物与交叉口的控制高度,纵向坡度的平顺,土石方工程数量的平衡,以及路基的强度与稳定性等因素,以得出合理的路基高度。

由于挖方路基(深路堑)不仅挖方工程量大,施工面狭窄,行车条件差,且边坡稳定性差。而高填方路基(高路堤)占地面积大,工程量集中,且往往同桥涵等人工构造物连成一体,受水的侵蚀和冲刷较严重。因此,从路基稳定性出发,在填挖较大的路段,要认真考虑路基的高填与深挖的可行性,并进行单独设计。

路堤的最小填筑高度,应根据临界高度,并结合沿线具体条件和排水及防护措施,按照公路等级及有关的规定确定,不含路面厚度的路基高度不宜小于中湿状态路基临界高度或路基工作区深度。在季节性冰冻地区,不含路面厚度路基高度不宜小于道路冻结深度。

沿河及受水浸淹的路基,其高度一般应根据《公路工程技术标准》(JTG B01—2014)所规定的设计洪水频率(表5-9),求得设计水位,再增加0.5m的安全高度;如果河道因路堤而压缩河床使上游有拥水,或河面宽阔而有风浪,那么还应增加拥水的高度和波浪冲上路堤的高度。沿河浸水路堤的高度,应高出上述各值之和,以保证路基不致被淹没,并据此进行路基的防护与加固。

路基设计洪水频率 表5-9

公路等级	高速公路	一级公路	二级公路	三级公路	四级公路
设计洪水频率	1/100	1/100	1/50	1/25	视具体情况而定

(3)路基边坡坡度

确定路基边坡坡度是路基设计的基本任务。公路路基边坡的坡度,用边坡高度 H 与边坡宽度 b 之比值表示,并取 $H=1$,如图5-18所示,$H:b=1:0.5$(路堑边坡)或 $1:1.5$(路堤边坡),通常用 $1:n$ 或 $1:m$ 表示其比率(称为边坡坡率),图中 $n=0.5$,$m=1.5$。

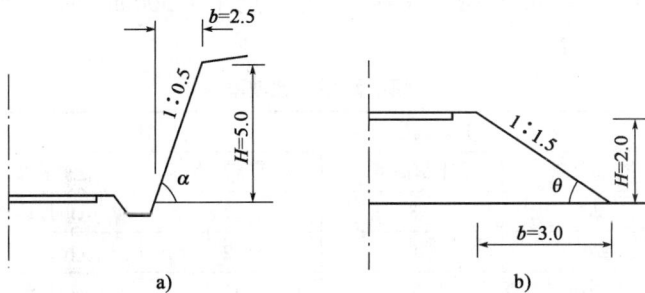

图5-18 路基边坡坡度示意

路基的边坡坡度关系到路基的稳定和工程投资。尤其是陡坡地段的路堤及较深路堑的挖方边坡,不仅工程量大,施工难度高,而且是路基稳定性的关键所在。如果地质水文条件较差,往往病害严重,持续年限很长,在水作用下导致边坡坍塌破坏,影响道路的正常运营。因此确定路基边坡坡度,对路基稳定和断面经济至为重要,在设计时,要全面考虑,力求合理。

①路堤边坡。路堤边坡形式和坡率应根据填料的物理力学性质、边坡高度和工程地质条件确定。当地质条件良好,边坡高度不大于20m时,其边坡坡率不宜陡于表5-10规定。

路 堤 边 坡 坡 率

表 5-10

填 料 类 别	边坡坡率	
	上部高度($H \leqslant 8m$)	下部高度($H \leqslant 12m$)
细粒土	1 : 1.5	1 : 1.75
粗粒土	1 : 1.5	1 : 1.75
巨粒土	1 : 1.3	1 : 1.5

对边坡高度超过20m的路堤，边坡形式宜用阶梯型，边坡坡率应根据稳定性分析计算确定，并应进行工点设计。

浸水路堤在设计水位以下的边坡坡率不宜陡于1:1.75。浸水部位应选用遇水不易膨胀和崩解、稳定性好的石料。

石质填料来源较为丰富的地区，可利用开山石料、路堑或隧道弃方作为路堤填筑材料。硬质岩石、中硬质岩石和软质岩石石料均可用作填石路堤材料；膨胀性岩石、易溶性岩石、崩解性岩石和盐化岩石等不能用于路堤填筑。

填石料可根据石料饱和抗压强度指标按表5-11进行分类。

岩 石 分 类 表

表 5-11

岩 石 类 型	单轴饱和抗压强度(MPa)	代 表 性 岩 石
硬质岩石	$\geqslant 60$	1. 花岗岩、闪长岩、玄武岩等岩浆岩类。 2. 硅质、铁质胶结的砾岩及砂岩、石灰岩、白云岩等沉积岩类。 3. 片麻岩、石英岩、大理岩、板岩、片岩等变质岩类
中硬岩石	$30 \sim 60$	
软质岩石	$5 \sim 30$	1. 凝灰岩等喷出岩类。 2. 泥砾岩、泥质砂岩、泥质页岩、泥岩等沉积岩类。 3. 云母片岩或千枚岩等变质岩类

填石路堤可采用与土质路堤相同的断面形式，边坡坡率不宜陡于表 5-12 规定，边部可采用码砌，码砌厚度宜为 $1 \sim 2m$，码砌石块最小尺寸不应小于300mm。边坡较高时，可在边坡中部设置宽度 $1 \sim 3m$ 的平台。

填石路堤边坡坡率

表 5-12

填石料种类	边坡高度(m)			边坡坡率	
	全部高度	上部高度	下部高度	上部高度	下部高度
硬质岩石	20	8	12	1 : 1.1	1 : 1.3
中硬岩石	20	8	12	1 : 1.3	1 : 1.5
软质岩石	20	8	12	1 : 1.5	1 : 1.75

三、四级公路可采用砌石路基，砌石应选用当地不易风化的片、块石砌筑，内侧填石。砌石顶宽不小于0.8m，基底面向内倾斜，砌石高度不宜超过15m。砌石内、外坡率不宜陡于表5-13。

砌 石 边 坡 坡 率

表 5-13

序　　号	砌石高度(m)	内坡坡率	外坡坡率
1	$\leqslant 5$	1 : 0.3	1 : 0.5
2	$\leqslant 10$	1 : 0.5	1 : 0.67
3	$\leqslant 15$	1 : 0.6	1 : 0.75

②路堑边坡。路堑是在天然地面上开挖后形成的路基结构形式。其边坡坡度与边坡的高度、坡体土石性质、地质构造特征、岩石的风化和破碎程度、地面水和地下水等因素有关。

土质路堑边坡形式及坡率应根据工程地质、水文地质条件、边坡高度、排水措施、施工方法等，并结合自然稳定山坡和人工边坡的调查及力学分析综合确定。边坡高度不大于 20m 时，边坡坡率不宜陡于表 5-14 规定。

土质路堑边坡坡率   表 5-14

土 的 类 别		边坡坡率
黏土、粉质黏土、塑性指数大于 3 的粉土		1:1
中密以上的中砂、粗砂、砾砂		1:1.5
卵石土、碎石土、圆砾土、角砾土	胶结和密实	1:0.75
	中密	1:1

当土质路堑边坡高度大于 20m 时，其边坡形式及坡率应根据边坡稳定性验算结果确定。

岩质路堑边坡形式及坡率应根据工程地质与水文地质条件、边坡高度、施工方法等，结合自然稳定边坡和人工边坡的调查综合确定。必要时可采用稳定分析方法予以检算。边坡高度不大于 30m 时，无外倾软弱结构面的边坡根据岩体类型，边坡坡率可按表 5-15 确定。

岩质路堑边坡坡率   表 5-15

边坡岩体类型	风 化 程 度	边坡坡率	
		$H < 15m$	$15m \leqslant H < 30m$
Ⅰ类	未风化、微风化	1:0.1 ~ 1:0.3	1:0.1 ~ 1:0.3
	弱风化	1:0.1 ~ 1:0.3	1:0.3 ~ 1:0.5
Ⅱ类	未风化、微风化	1:0.1 ~ 1:0.3	1:0.3 ~ 1:0.5
	弱风化	1:0.3 ~ 1:0.5	1:0.5 ~ 1:0.75
Ⅲ类	未风化、微风化	1:0.3 ~ 1:0.5	—
	弱风化	1:0.5 ~ 1:0.75	—
Ⅳ类	弱风化	1:0.5 ~ 1:1	—
	强风化	1:0.75 ~ 1:1	—

注：1. 有可靠的资料和经验时，可不受本表限制。
   2. Ⅳ类强风化包括各类风化程度的极软岩。

对于有外倾软弱结构面的岩质边坡、坡顶边缘附近有较大荷载的边坡、边坡高度超过表 5-15 范围的边坡等，边坡坡率应通过稳定性分析计算确定。

边坡高度大于 20m 的软弱松散岩质路堑，宜采用分层开挖、分层防护和坡脚预加固技术。当挖方边坡较高时，可根据不同的土质、岩石性质和稳定要求开挖成折线式或台阶式边坡，边沟外侧应设置碎落台，其宽度不宜小于 1.0m；台阶式边坡中部应设置边坡平台，其宽度不宜小于 2m。

岩质边坡的岩体可参照表 5-16 进行分类。

岩质边坡的岩体分类   表 5-16

边坡岩体类型	判　定　条　件			
	岩体完整程度	结构面结合程度	结构面产状	直立边坡自稳能力
I	完整	结构面结合良好或一般	外倾结构面或外倾不同结构面的组合线倾角>75°或<35°	30m高边坡长期稳定,偶有掉块
II	完整	结构面结合良好或一般	外倾结构面或外倾不同结构面的组合线倾角35°~75°	15m高的边坡稳定,15~30m高的边坡欠稳定
	完整	结构面结合差	外倾结构面或外倾不同结构面的组合线倾角>75°或<35°	
	较完整	结构面结合良好或一般或差	外倾结构面或外倾不同结构面的组合线倾角<35°,有内倾结构面	边坡出现局部塌落
III	完整	结构面结合差	外倾结构面或外倾不同结构面的组合线倾角35°~75°	8m高的边坡稳定,15m高的边坡欠稳定
	较完整	结构面结合良好或一般	外倾结构面或外倾不同结构面的组合线倾角35°~75°	
	较完整	结构面结合差	外倾结构面或外倾不同结构面的组合线倾角>75°或<35°	
	较完整（碎裂镶嵌）	结构面结合良好或一般	结构面无明显规律	
IV	较完整	结构面结合差或很差	外倾结构面以层面为主,倾角多为35°~75°	8m高的边坡不稳定
	不完整（散体、碎裂）	碎块间结合很差	—	

注:1. 边坡岩体分类中未含由外倾软弱结构面控制的边坡和倾倒崩塌型破坏的边坡。

2. I类岩体为软岩、较软岩时,应降为II岩体。

3. 当地下水发育时,II、III类岩体可视具体情况降低一档。

4. 强风化岩和极软岩可划为IV类岩体。

5. 表中外倾结构面是指倾向与坡向的夹角小于30°的结构面。

6. 岩体完整程度按表5-17确定。

岩体完整程度划分   表 5-17

岩体完整程度	结构面发育程度	结构类型	完整性系数 K_v
完整	结构面1~2组,以构造节理或层面为主,密闭型	巨块状整体结构	>0.75
较完整	结构面2~3组,以构造节理或层面为主,裂隙多呈密闭型,部分为微张型,少有充填物	块状结构、层状结构、镶嵌碎裂结构	0.35~0.75
不完整	结构面大于3组,在断层附近受构造作用影响较大,裂隙以张开型为主,多有充填物,厚度较大	碎裂状结构、散体结构	<0.35

注:1. 完整性系数 $K_v = \left(\dfrac{V_R}{V_P}\right)^2$,其中,$V_R$ 为弹性纵波在岩体中的传播速度;V_P 为弹性纵波在岩块中的传播速度。

2. 镶嵌碎裂结构为碎裂结构中碎块较大且相互咬合、稳定性相对较好的一种结构。

岩石的风化破碎程度参照表5-18进行分级。

岩石风化破碎程度分级表 表 5-18

分级	外观特征				
	颜色	矿物成分	结构构造	破碎程度	强度
轻度	较新鲜	无变化	无变化	节理不多,基本上是整体,节理基本不张开	基本上不降低,用锤敲很容易回弹
中等	造岩矿物失去光泽、色变暗	基本不变	无显著变化	开裂成直径为 20~50cm 的大块状,大多数节理张开较小	有减低,用锤敲声音仍较清脆
严重	显著改变	有次生矿物产生	不清晰	开裂成直径为 5~20cm 的碎石状,有时节理张开较多	有显著降低,用锤敲声音低沉
极重	变化极重	大部成分已改变	只具有外形,矿物间已失去结晶联系	裂缝极多,爆破以后多呈碎石土状,有时细粒部分已略具塑性	极低,用锤敲时,基本上不回弹

(4)路基顶面的路拱横坡

为了迅速地排除路面上的集水,需将路面做成一定的横向坡度,称为路拱横坡。为了保证路面厚度在路幅宽度范围均匀一致,路基顶面的路拱横坡必须与路面的路拱横坡保持一致。路拱横坡坡度的确定既要保证排水通畅,又要保证行车安全,路拱坡度一般依路面类型和当地自然条件而定,一般情况下,路拱横坡的取值可参照表 5-19 确定。

路拱横坡取值表 表 5-19

路面类型	路拱坡度(%)	路面类型	路拱坡度(%)
沥青混凝土、水泥混凝土	1~2	碎、砾石等粒料路面	2.5~3.5
其他黑色路面、整齐石块	1.5~2.5	低级路面	3~4
半整齐石块、不整齐石块	2~3		

路拱的形式根据路面宽度,路拱坡度及施工便利等确定。一般来讲,低等级公路多采用抛物线形或双曲线形,城市道路、高等级道路及路面比较宽的公路则多采用直线形。

3. 弯道横断面的超高与加宽

(1)超高及超高缓和段

行驶在弯道外侧的汽车,会受到方向相同的离心力与汽车水平分力的联合作用,这种作用会增加行车的不稳定性,因此在弯道的路基横断面设计中,当圆曲线半径介于极限最小半径与不设超高最小半径时,需将外侧车道抬升,构成与内侧车道同坡之单坡横断面,这种设置称为超高。当圆曲线半径为极限最小半径时,圆曲线采用最大超高值。圆曲线半径为不设超高最小半径时,其超高按横向力系数 $\mu = 0.01 \sim 0.035$(从极限最小半径至不设超高最小半径的 μ 值)变动来计算,且随半径 R 增大而减小。

超高计算公式为:

$$i_{超} = \frac{V^2}{127R} - \mu \tag{5-15}$$

式中：V——设计速度（km/h）；

R——圆曲线半径（m）；

μ——横向力系数。

各级公路和城市道路在圆曲线部分之最大超高值通常按表5-20、表5-21 的规定采用。超高值按设计车速、平曲线半径大小计算，并结合路面类型、当地自然条件等最后确定。圆曲线段的超高值不变。

公路最大超高值　　　　　　　　　　　　表 5-20

公路等级	高速公路、一级公路	二、三、四级公路
一般地区(%)	8 或 10	8
积雪、严寒地区(%)	6	

城市道路最大超高值　　　　　　　　　　表 5-21

设计速度(km/h)	80	60、50	40、30、20
最大超高值(%)	6	4	2

从直线上双向路拱横断面，过渡到圆曲线上具有单一超高坡度的横断面，需有一逐渐变化的渐变段，此渐变段称为超高缓和段。如图 5-19 所示，图中 L_C 为超高缓和段的长度，i_0 是路拱横坡，i_B 为超高横坡，A 为缓和段起始断面，E 为缓和段终止断面。在 A 点处，路面保持直线上双向路拱横坡，到达 C 断面时路拱横坡外侧提高而与内侧形成单侧横坡面，坡度仍为路拱横坡 i_0，从 C 断面到 E 断面，路面由单坡 i_0 变为超高横坡 i_B。

对于无中间带的公路，其超高缓和段的形成有两种形式：

①绕路面内侧边缘旋转[图 5-20a)]；

②绕路面中心旋转[图 5-20b)]。

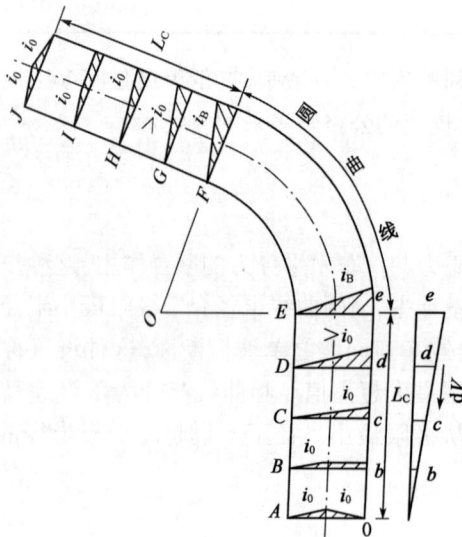

图 5-19　曲线超高

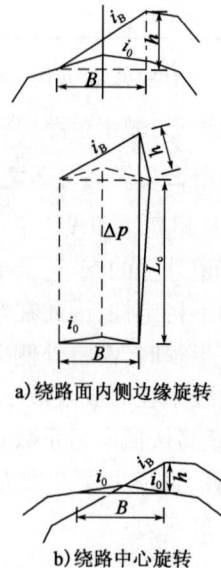

a)绕路面内侧边缘旋转

b)绕路中心旋转

图 5-20　曲线超高的方式

对于绕路面内侧边缘旋转情形,外侧抬高值 h 为:

$$h = B \cdot i_B$$

所以

$$L_C = \frac{B \cdot i_B}{p} \tag{5-16}$$

对于绕路面中心旋转情形,外侧抬高值 h 为:

$$h = \frac{B}{2} \cdot (i_0 + i_B)$$

所以

$$L_C = \frac{B}{2} \cdot \frac{i_0 + i_B}{p} \tag{5-17}$$

式中:B——未加宽前路面宽度(m);

i_B——最大超高度(%);

i_0——路拱横坡(%);

L_C——超高缓和段长度(m);

p——超高渐变率,公路及城市道路按表 5-22 和表 5-23 采用。

公路超高渐变率   表 5-22

设计速度	超高旋转轴位置	
(km/h)	绕中线旋转	绕边缘旋转
120	1/250	1/200
100	1/225	1/175
80	1/200	1/150
60	1/175	1/125
40	1/150	1/100
30	1/125	1/75
20	1/100	1/50

城市道路超高渐变率   表 5-23

设计速度(km/h)	超高渐变率	设计速度(km/h)	超高渐变率
100	1/225	40	1/100
80	1/200	30	1/75
60	1/125(1/175)	20	50
50	1/115		

超高缓和段通常按式(5-16)和式(5-17)计算,并将结果取为5m的倍数。

新建公路一般多采用绕路面边缘旋转方式,旧路改建可采用绕路中线旋转方式来设置超高缓和段。设计时应综合考虑排水和保证最小填土高度及便于控制构造物高程等因素,合理选用。

对于有中间带的公路,其超高方式有绕中间带的中心旋转、绕中央分隔带边缘旋转、绕各自行车道中线旋转三种,如图5-21所示。

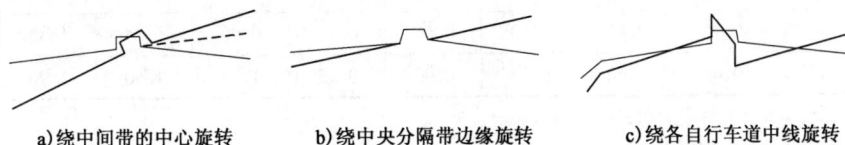

a)绕中间带的中心旋转   b)绕中央分隔带边缘旋转   c)绕各自行车道中线旋转

图5-21 设中间带公路的超高过渡方式

（2）加宽及加宽缓和段

在平曲线上行驶的汽车，因为每一车轮沿着各自独立的轨迹运动，汽车在路面上占据的宽度比直线段大，因而曲线段的路面必须加宽，如图5-22所示，R为圆曲线半径，L_0为汽车后轴至车身前沿的长度，b为一个车道的宽度，e_1为一个车道路面的加宽值。

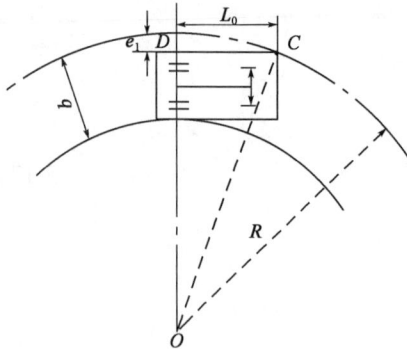

图5-22 平曲线上的路面加宽值

在图5-22中，由三角形COD得：

$$L_0^2 + (R - e_1)^2 = R^2$$

所以

$$e_1 = R - \sqrt{R^2 - L_0^2}$$

若为双车道，取路面加宽值 $e = 2e_1$ 则：

$$e = 2(R - \sqrt{R^2 - L_0^2})$$

即

$$R^2 - L_0^2 = (R - \frac{e}{2})^2 = R^2 - R \cdot e + \frac{e^2}{4}$$

因为$\frac{e^2}{4}$值与e相比甚小，可略去不计。因此：

$$e \approx \frac{L_0^2}{R} \tag{5-18}$$

考虑到车速的影响，曲线上双车道路面的加宽值按式（5-19）计算，即

$$e = \frac{L_0^2}{R} + \frac{0.1V}{\sqrt{R}} \tag{5-19}$$

当平曲线半径等于或小于250m时，应在平曲线内侧加宽。公路和城市道路的加宽（双车道路面）值可参考表5-24、表5-25的规定采用，单车道公路路面加宽值则按表列值折半。

双车道公路圆曲线加宽值表 表5-24

加宽类别	设计车辆	圆曲线半径（m）								
		200~250	150~200	100~150	70~100	50~70	30~50	25~30	20~25	15~20
1	小客车	0.40	0.50	0.6	0.7	0.9	1.3	1.5	1.8	2.2
2	载重汽车	0.60	0.70	0.9	1.2	1.5	2.0	—		
3	铰接列车	0.80	1.0	1.5	2.0	2.7	—			

城市道路圆曲线每条车道加宽值 表5-25

车型	圆曲线半径（m）								
	200<R ≤250	150<R ≤200	100<R ≤150	80<R ≤100	70<R ≤80	50<R ≤70	40<R ≤50	30<R ≤40	20<R ≤30
小型车	0.30	0.30	0.30	0.40	0.40	0.45	0.50	0.60	0.75
大型车	0.40	0.45	0.60	0.65	0.70	0.90	1.05	1.30	1.80
铰接车	0.45	0.60	0.75	0.90	0.95	1.25	1.50	1.90	2.75

注：1. 小客车汽车前悬加轴距为0.8+3.8（m）。

  2. 大型车汽车前悬加轴距为1.5+6.5（m）。

  3. 铰接车汽车前悬加轴距为1.7+5.8+6.7（m）。

圆曲线加宽类别应根据公路的交通组成确定。二级公路以及设计速度为40km/h的三级公路有集装箱半挂车通行时,应采用第3类加宽值;不经常通行集装箱半挂车时,可采用第2类加宽值。四级公路和设计速度为30km/h的三级公路,可采用第1类加宽。

加宽过渡的方式根据道路等级不同有两种方式:

①二、三、四级公路及一般城市道路采用在相应的加宽缓和段内按直线比例完成由直线段上加宽值为零加宽过渡到圆曲线上的全加宽值,如图5-23所示。

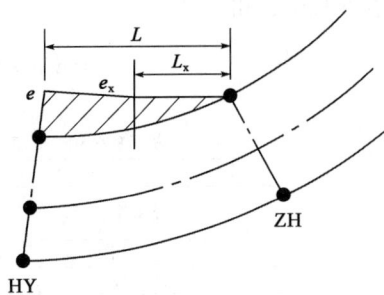

图5-23 曲线路面加宽过渡方法

$$e_x = k \cdot e \qquad (5\text{-}20)$$

式中:e——圆曲线部分的路面加宽值;

k——加宽缓和段上任一点到其起点距离与加宽缓和段全长之比$\dfrac{L_x}{L}$;

e_x——加宽缓和段上任一点的加宽值。

②高速公路、一级公路与城市主干路及快速路设置加宽缓和段时,采用高次抛物线过渡,按式(5-21)计算,如图5-23所示。

$$e_x = (4k^3 - 3k^4) \cdot e \qquad (5\text{-}21)$$

当圆曲线路段需设置回旋线、加宽、超高时,超高、加宽缓和段长度应与回旋线长度一致,并取三者计算值之大者作为设计值。

4.路基横断面设计

路基横断面设计的主要任务,是在给出横向地面线后,根据路线纵断面设计所确定的路基填挖高度以及路基宽度、边坡坡度、边沟尺寸,给出路基的外廓线。通常也将路基横断面设计工作称为"戴帽子"。

路基横断面设计一般按下述步骤进行:

(1)绘制各桩位的横向地面线。

(2)按《标准》规定拟定路基宽度,按地质、水文调查情况拟定路基边坡合理坡值并同时拟定边沟形式、尺寸等。

(3)拟定弯道不同半径的超高、加宽值,并逐桩计算超高加宽数值(该值附于路基设计表中)。

(4)根据路基设计表提供的路基填挖高度、路基宽度、超高加宽值,再结合边坡取值,即可用透明胶片制成的模板给出路基设计轮廓线。

横断面设计图比例尺一般采用1:100~1:200,在方格纸上由下至上由左至右按桩号顺序绘制,每个横断面上需注明桩号、填挖高度、超高加宽值、填挖面积等内容。

横断面设计一般如图5-24所示。

5.路基土石方计算与调配

(1)路基横断面面积的计算

路基填挖断面面积为其设计线与地面线所围之面积。这一面积的计算通常有两种方法。

①积距法。积距法是在横断面米厘纸上按单位横宽b(常取为1m)将断面分成若干三角形及梯形,如图5-25所示,图中每小条块面积近似地等于其平均高度h_1。断面总面积A等于

各条块面积之和，也即

$$A = h_1 b + h_2 b + \cdots + h_n b = b\sum_{i=1}^{n} h_i = 1 \times \sum_{i=1}^{n} h_i \qquad (5\text{-}22)$$

桩号K2+500.16（ZY）（单位：m）

填		挖	1.56
路基宽		左	右
		3.75	5.55
超　高		+0.43	-0.33
边　坡			1：0.5
边沟深度			0.40
面 积		填	挖
	土		41.0
	石	0.4	
	砌石	1.4	

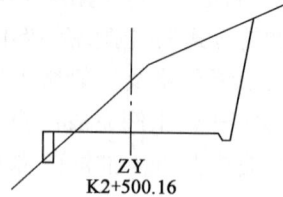

图 5-24　横断面设计图

求 $\sum_{i=1}^{n} h_i$，即求积距的方法通常有两种：一种是卡规量法，另一种是米厘纸折成条量法。通常后者较好。

②几何图形法。当路基横断面之地面线较规则时，可以将断面划分成若干规则的几何图

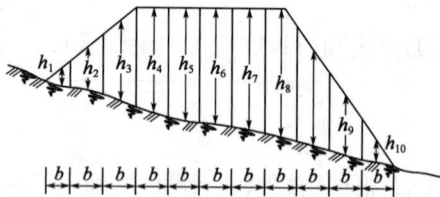

图 5-25　积距法求面积

形，如三角形、梯形、矩形等，分别计算其面积并求和得出总面积。

路基填挖面积算出后，应将其填在断面设计图上，A_T 表示填方面积，A_w 表示挖方面积，以此作为土石方计算的依据。计算中土、石类别应分开，以利于土石方调配及工程概（预）算的编制。

（2）土石方数量的计算

在各断面的面积求得以后，就可进行土石方数量的计算。为方便计，一般采用平均断面法来近似计算土石方数量。假定相邻两断面间为一棱柱体，其高为断面间距 L，棱柱体体积则为：

$$V = \frac{A_1 + A_2}{2} L \qquad (5\text{-}23)$$

式中：A_1、A_2——相邻桩号之断面面积（m^2）；

　　　L——相邻桩号之差，即断面间距（m）。

按上法计算土石方数量，参见表5-26"路基土石方数量计算表"。

（3）土石方调配

路基土石方数量计算完毕后，应进行土石方调配，借以确定填方的来源及挖方的去向，以便合理地利用挖余方，减少借方，达到综合平衡，少占农田的目的。

土石方的调配可在"土石方数量计算表"上进行（表5-26）。

调配时首先进行横向调配，满足本桩号利用方的需要，而后计算挖余和填缺的数量。

横向调配完毕后，根据挖余和填缺量分布情况，即能大抵看出调运的方向及数量，再根据纵坡和经济运距，就能对可利用方进行纵向调配。

表5-26

路基土石方数量计算表

桩号	横断面面积(m²)(或成为半面积) 挖	填 土	填 石	平均面积(m²)	填 土	石	距离(m)	总数量	松土 %	数量	普通土 %	数量	硬土 %	数量	软石 %	数量	次坚石 %	数量	坚石 %	数量	填方数量(m³) 土	石	本桩利用 土	石	填缺 土	石	挖余 土	石	远运利用(m³)及运距 纵向调配示意	借方 土	石	废方 土	石	总运量 土	石	备注
1	2	3	4	5	6	7	8	9	10	11	12	13	14	15	16	17	18	19	20	21	22	23	24	25	26	27	28	29	30	31	32	33	34	35	36	
K14+000	60.0			71.1			17	1 209				242		121				604	20	242							363	846					329③		1 038	1.(4)、(7)、(23)栏中的~表示砌石; 2.(24)、(30)栏示以石代土,()表示以石代土; 3.(31)、(32)、(33)、(34)栏中分子为运数量,分母为运距; 4.(31)、(32)栏系借普通土和次坚石,若普通土和次坚石有不同,须加注明。
K14+017	82.2			84.3	5.0	2.0	8	674			20	135	10	67			50	337	20	135	40 16		56				202	416	土:363 石:500			443③			886	
K14+025	86.4	10.0	4.0	43.2 39.0	5.0	2.0	12	518				103		52				259		104	468	60 24	155 (279)	84	34			40	石:(81)						
K14+037	78.0			73.8			4															295				295			土:(202) 石:(40)						
K14+041	69.6			69.6			9	353				106		71				176		106	313	71 (242)					113	451				443②		694	
K14+050	78.4			39.2 34.8			10	546						113				282		169					210	442	145	582	②						
K14+060	34.4			56.4			12	727						145				364		218					144	336			土:347 石:882 (66)						
K14+072	86.8			60.6			8	447			20			89			50	224	30	134					176	400	89	358							
K14+080	25.0			55.9			6	75						15				37		23	72	132 6	15	60	59	104		40	石:(215)					105	609
K14+086		26.4 54.6		12.5 12.3 27.3 27.3			8							20						22	74	164	14	58	58	104									
K14+094	28.0	56.0		26.3 55.3			6	350						70				175		105	210	442	70	15				265	①						
K14+100	20.0	56.0		24.0 56.0			8	496					20	99				248		149	144	336	64	8	176	400	35	389	土:480 石:(129)						
K14+108	24.0 44.0			22.2 50.0			6	580						116				290		174	176	400	116 (24)		58	80							45		
K14+114	24.0		2.0	12.0 12.0	2.0	1.0	10	1 040						208				520		312	60	5	60		210	442	70	440					440		
K14+124	46.0		1.0	35.0	1.5	0.5	16							76				190		114	105	8	76 (29)		144	336	148	832					148 832		
K14+140	16.0 42.0			31.0 4.0			20	496						99				248		149	140	8	64	15											
K14+160	42.0 6.0			29.0 7.0			20	580						116				290		174	60		60		176	400	148	440					60		
K14+180	62.0			52.0 3.0			10	380						76				190		114	205		76		205		21	275							
K14+190	14.0 21.0			39.0 10.5			10	70						14				35		21	205	14 (56)	14 (56)	14	215				石:(215)						
K14+200	36.0			7.0 28.5			200	7 555				480		1 270				3 777		2 028	2 406	574 69	585 (630)	281	1 191	1 362	1 362	1 654 894	土:654 石:(537) 1 362			148	2 495	799	5 416
小计							200	7 555				480		1 270				3 777		2 028	2 406	574 69	585 (630)	281	1 191	1 362	1 362	1 654 894	土:654 石:(537) 1 362			148	2 495	799	5 416	

纵向调配一般在本公里范围进行。调配后填方如尚不足或者挖方尚未用尽,再选定适当借方及弃方地点,并计算借方和废方数量。

对于跨公里的调配,须注明数量及方向。

调配完成后,应进行复核:

①横向调运＋纵向调运＋借方＝填方

②横向调运＋纵向调运＋弃方＝挖方

③挖方＋借方＝填方＋弃方

最后算得计价土石方数量:

$$计价土石方数量＝挖方数量＋借方数量$$

调配的结果示于表5-26"土石方数量计算表"中。

6. 路基附属设施

除路基本体结构及排水、防护与加固等主体工程外,与一般路基工程有关的附属设施有取土坑、弃土堆、护坡道、碎落石、堆料坪及错车道等。这些设施是路基设计的组成部分,为保证路基的强度、稳定性和行车安全,正确合理地对其设计是十分重要的。

（1）取土坑与弃土堆

路基土石方的挖填平衡,是公路路线设计的基本原则,但实际工程中往往难以做到完全平衡。土石方数量经过合理调配后,仍然会有部分借方和弃方(又称废方),为了使土石的借弃不破坏周围环境和影响路基稳定,路基土石方的借弃,要合理选择地点,即合理确定取土坑或弃土堆的位置。选点时要兼顾土质、数量、用地及运输条件等因素,弃之无害。借弃所形成的坑或堆,要求尽量结合当地地形,充分加以利用,并注意外形规整,弃堆稳固。对高等级公路或位于城郊附近的干线公路,尤应注意。

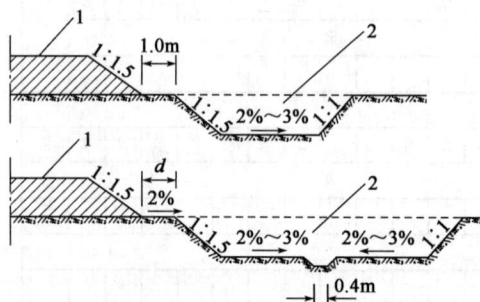

图5-26 路旁取土坑示意
1-路堤;2-取土坑

平坦地区,如果用土量较少,可以沿路两侧设置取土坑,并与路基排水和农田灌溉相结合。路旁取土坑,大致如图5-26所示,深度约1.0m或稍大一些,宽度依用土数量和用地允许而定。为防止坑内积水危害路基,当堤顶与坑底高差小于2.0m时,在路基坡脚与坑之间需设宽度1.0m的护坡平台,坑底设纵横排水坡及相应设施。

河水淹没地段的桥头引道近旁,一般不设取土坑,如设取土坑要距河流中水位边界10m以外,并与导治结构物位置相适应。此类取土坑要求水流畅通,不得长期积水危及路基或构造物的稳定。

路基开挖的废方,应尽量加以利用,如用以加宽路基或加固路堤,填补坑洞或路旁洼地,也可兼顾农田水利或基建等所需,做到变废为用,弃而不乱。

废方一般选择路边低洼地,就近弃堆。原地面倾斜坡度小于1:5时,路旁两侧均可设弃土堆,地面较陡时,宜设在路基下方。沿河路基爆破后的废石方,往往难以远运,条件许可时可以部分占用河道,但要注意河道压缩后,不致拥水危及上游路基及附近农田,或产生泥沙淤积,影响河道畅通。

图 5-27 为路旁弃土堆一例,要求堆弃整齐,顶面具有适当横坡,并设平台、三角土块及排水沟,宽度 d 与地面土质有关,最小为 3.0m,最大可按路堑深度加 5.0m,即 $d \geqslant H + 5.0m$。积砂或积雪地段的弃土堆,宜有利于防砂防雪,可设在迎风面一侧,并具有足够距离。

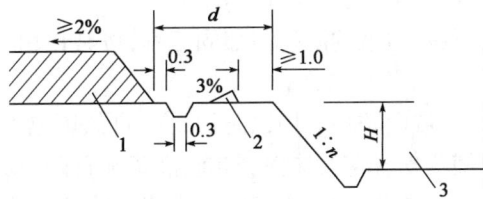

（2）护坡道与碎落台

护坡道是保护路基边坡稳定性的措施之

图 5-27 路旁弃土堆示意
1-弃土堆;2-平台与三角方块;3-路堑

一,设置目的是加宽边坡横向距离、减小边坡平均坡度。护坡道越宽,越有利于边坡稳定,一般情况下,护坡道宽度不宜小于 2m。宽度大,则工程数量亦随之增加,因此,确定护坡道的宽度要兼顾边坡稳定性与经济合理性。通常护坡道宽度 d 视边坡高度 h 而定,$h \geqslant 6 \sim 12m$ 时,$d = 2 \sim 4m$。

碎落台设于土质和石质挖方边坡的坡脚处,主要供零星土石碎块下落时临时堆积,保护边沟不致阻塞,亦有护坡道的作用。碎落台宽度不宜小于 1.0m,一般为 $1 \sim 3m$。如兼有护坡作用,可适当放宽,不宜小于 2.0m。碎落台上的堆积物应定期清理。

（3）堆料坪与错车道

路面养护所用的矿质材料,可就近选择路旁适当地点堆置备用。亦可在路肩外缘设堆料坪,其面积可结合地形与材料数量而定,例如每隔 $50 \sim 100m$ 设一个堆料坪,长 $5 \sim 8m$,宽 2m。高级路面或采用机械化养路的路段,可以不设,或另设集中备用料场,以维护公路外形的视觉平顺和景观优美。

单车道公路,由于双向行车会车和相互避让的需要,通常应每隔 $200 \sim 500m$ 设置错车道一处。按规定错车道的长度不得短于 30m,两端各有长度为 10m 的出入过渡段,中间 10m 供停车用。单车道的路基宽度为 4.5m,而错车道地段的路基宽度则为 6.5m。错车道是单车道路基的一个组成部分,应与路基同时设计与施工。

二、路基边坡防护与加固设计

1.路基防护与加固工程的要求和分类

（1）路基防护和加固的目的与要求

路基在水、风、气温等自然因素的长期作用下,将发生变形和破坏,若不及时加以防治,就会引起严重的病害。为保证路基的稳定性,除做好路基防排水外,必须做好路基防护与加固设计。一般,防护与加固的重点是路基边坡,特别是不良地质与水文地段及沿河路基的边坡。有时,对附近可能危害路基的河流和山坡也应进行必要的防护,以保证防护加固工程能正常地工作。

防护与加固工程是路基工程的一个组成部分,除专门用来支挡路基的结构物外,一般防护工程承受外力的能力很小,有的则完全不能承受外力的作用。因此,要求路基边坡本身基本稳定,否则不但路基得不到防护,而且连防护工程也会遭到破坏。

随着公路等级的提高,为维护正常的汽车运输,确保行车安全,以及保持公路与自然环境协调,做好路基的防护与加固,具有重要意义。

（2）防护与加固工程的分类

路基边坡的防护与加固工程，按其作用不同，可以分为坡面防护、冲刷防护与支挡工程三大类。

①坡面防护。用以防护易受自然因素影响而破坏的土质与岩质边坡。常用的类型有植草、铺草皮、植树、抹面、勾缝、灌浆和石砌护坡、护面墙等。

②冲刷防护。用于防止水流对路基的冲刷与淘刷。按其方法不同，又可分为直接防护与间接防护两种。直接防护类型有铺草皮、植树、抛石、砌石、石笼等；间接防护类型有丁坝、顺坝等导流及调治构造物。

③支挡工程。用于防止路基变形或支挡路基本体，以保证路基稳定性。常用的类型有各种挡土墙及其他有承重作用的构造物。

为使概念明确，一般把防止冲刷、风化，主要起隔离作用的工程措施称为防护工程；把防止路基或山体因重力作用而坍滑，主要起支承作用的支挡结构物称为加固工程。事实上，它们除了具有其主要作用外，往往还兼有其他作用。如石砌护坡，主要是防止水流冲刷路基边坡，但也具有一定的加固作用；挡土墙主要是支挡路基或山体，但同样也可以防止水流冲刷。因此，选择时很难截然分开，而应根据具体的地质、水文条件，路基稳定性及环境的主要要求，选用经济合理的方案。

2. 坡面防护

（1）植物防护

植物防护的方法有植草或喷播植草、铺草皮、种植灌木、喷混植生、客土喷播。采用植物覆盖层对坡面进行防护，可以减缓地面径流速度，调节边坡土的温湿状况，以及美化路容，协调环境。植物根系深入土中后，在一定程度上对表土起到了固结作用。它对于坡高不大、边坡比较平缓的土质坡面是一种简易有效的防护措施。

①植草。用于坡率不陡于1:1的土质边坡防护，但最小土层厚度不应小于0.15m。当边坡较高时，植草可与土工网、土工网垫结合防护。植草选用的草种宜采用易成活、生长快、根系发达、叶茎矮或有匍匐茎的多年生当地草种。草种的配合、播种量等应根据植物的生长特点、防护地点及施工方法确定。

②铺草皮。铺草皮适用于需要快速绿化且坡率缓于1:1的土质边坡和或全风化、强风化的岩石边坡防护。草皮应选择根系发达、茎矮叶茂耐旱草种，不宜采用喜水草种，严禁采用生长在泥沼地的草皮。

铺草皮需预先备料，草皮可就近培育，切成整齐块状，然后移铺到坡面上。铺时应自下而上，并用竹木小桩将草皮钉在坡面上，使之稳固，如图5-28所示。

③种植灌木。用于坡率不陡于1:0.75的土质、软质岩石和全风化岩石边坡防护。种植灌木的最小土层厚度不应小于0.30m。树种应选用能迅速生长且根深枝密的低矮灌木类。

④喷混植生。用于坡率不陡于1:0.75的砂性土、碎石土、粗粒土、巨粒土及风化岩石边坡防护，边坡高度不宜大于10m。

⑤客土喷播。用于坡率不陡于1:1的碎石土、粗粒土、巨粒土和风化岩石边坡防护，边坡高度不宜大于8m。当坡率陡于1:1时，宜设置挂网或混凝土格构。

（2）骨架植物防护

骨架植物防护主要用于边坡坡率缓于1:0.75的土质和全风化的岩石边坡防护与绿化，当坡面受雨水冲刷严重或潮湿时,坡度应缓于 1:1.0;同时应根据边坡坡率、土质和当地情况确定骨架形式,并与周围景观相协调。骨架内应采用植物或其他辅助防护措施;如果降雨量较大且集中,骨架宜增设拦水带和排水槽。截水槽断面尺寸由降雨强度计算确定。

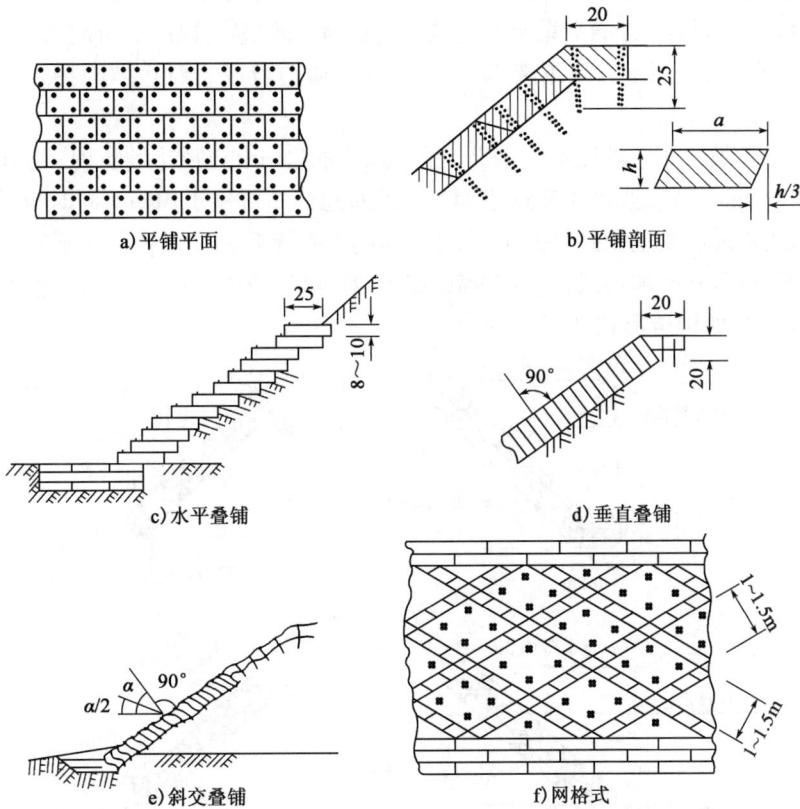

图 5-28 草皮防护示意(尺寸单位:cm)

采用骨架植物防护时浆砌片石或水泥混凝土骨架形状可采用拱形、人字形或方格形浆砌片石或水泥混凝土骨架,也可采用多边形水泥混凝土空心块,骨架内植草或喷播植草。混凝土空心块植物防护适用于坡度缓于 1:0.75 的土质边坡和全风化、强风化的岩石挖方边坡,并根据需要设置浆砌片石或混凝土骨架。空心预制块的混凝土强度等级不应低于 C20,厚度不应小于 150mm。空心预制块内应填充种植土,喷播植草。

如果是风化破碎的岩石挖方边坡,可在骨架中增设锚杆。增设锚杆的钢筋混凝土格构中混凝土强度等级不应低于 C25,格构几何尺寸应根据边坡高度和地层情况等确定,格构内宜植草。在多雨地区,格构上应设置截水槽,截水槽断面尺寸由降雨强度计算确定。

(3)圬工防护

常见的圬工防护措施有喷护、挂网喷护、干砌片石护坡、浆砌片石护坡、护面墙等。

①喷护。用于坡率不陡于 1:0.5、易风化但未遭强风化的岩石边坡防护,高速公路、一级公路和环境景观要求高的公路不宜采用。

喷护的材料可采用砂浆或水泥混凝土,砂浆防护厚度不宜小于 50mm,砂浆强度不应低于M10;喷射混凝土防护厚度不宜小于 80mm,混凝土强度不应低于 C15。喷护坡面应设置泄水孔和伸缩缝,泄水孔纵、横间距宜为2.5m,伸缩缝间距宜为10~15m。

②挂网喷护。用于坡率不陡于1:0.5、易风化但未遭强风化的岩石边坡防护,高速公路、一级公路和环境景观要求高的公路不宜采用。

锚杆挂网喷浆或喷射混凝土的喷护厚度不应小于0.10m,亦不应大于0.25m,钢筋保护层厚度不应小于20mm。同时应结合碎落台和边坡平台种植攀藤植物,以减少对周围环境的影响。

③干砌片石护坡。用于坡率不陡于1:1.25的土质边坡或岩石边坡防护。干砌片石厚度不宜小于250mm。

④浆砌片石护坡。用于坡度不陡于1:1的易风化的岩石和土质边坡防护。浆砌片石护坡的厚度不宜小于250mm,砂浆强度不应低于M7.5,严寒地区不应低于M15。同时应设置伸缩缝和泄水孔。如采用水泥混凝土预制块护坡,混凝土强度不应低于C15,严寒地区不应低于C25。

无论采用何种片石护坡形式,均应在铺砌层下设置砂砾或碎石垫层,厚度不宜小于100mm。

常见的片石护坡构造形式如图5-29所示。

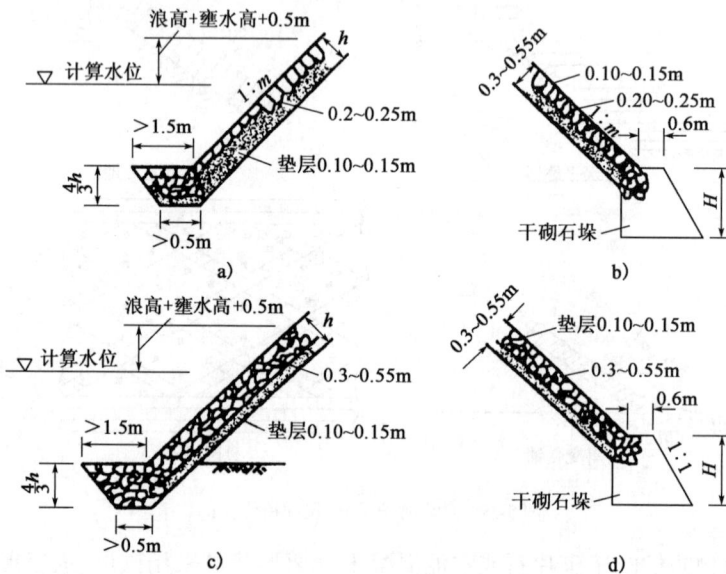

图5-29 片石护面示意

⑤护面墙。适用于防护坡率不陡于1:0.5、易风化或风化严重的软质岩石或较破碎岩石挖方边坡,以及坡面易受侵蚀的土质边坡;窗孔式护面墙适用于边坡坡率缓于1:0.75的边坡;拱式护面墙适用于边坡下部岩层较完整而上部需防护的边坡坡率缓于1:0.5的边坡。

护面墙砌筑材料可采用浆砌条石、块石、混凝土预制块,也可采用现浇素混凝土。通常护面墙的单级护坡高度不宜大于10m,其墙背坡坡率与边坡坡率一致,顶宽不小于500mm,底宽不小于1 000mm,并应设置伸缩缝和泄水孔。伸缩缝的间距宜为20~25m,但素混凝土护面墙的伸缩缝间距应为10~15m。

护面墙基础应设置在稳定的地基上,基础埋置深度应根据地质条件确定。冰冻地区应埋置在冰冻深度以下不小于250mm。护面墙前趾应低于排水沟铺砌的底面。

3. 沿河路基防护

为了防止水流直接危害沿河、滨海路堤以及有关堤坝护岸的边坡和坡脚,必须采取一定的防止冲刷措施。沿河路基应根据河流特性、水流性质、河道地貌、地质等因素,结合路基位置,经技术经济比较后,选用适宜的防护工程类型、导流或改河工程。

常见的路基冲刷防护工程有直接防护措施(植物防护、砌石或混凝土护坡、土工织物软体沉排、土工膜袋、石笼防护、浸水挡土墙、护坦防护、抛石)和间接防护措施(丁坝、顺坝、改河工程)两大类。

(1)植物防护

用于允许流速小于 1.2 ~ 1.8m/s、水流方向与公路路线近似平行、不受洪水主流冲刷的季节性水流冲刷地段防护。经常浸水或长期浸水的路堤边坡,不宜采用。

(2)砌石或混凝土护坡

用于允许流速 2 ~ 8m/s 的路堤边坡防护。砌石或混凝土护坡厚度应按流速及波浪的大小等因素确定,干砌片石护坡厚度不宜小于 0.25m,浆砌片石护坡厚度不应小于 0.35m,水泥混凝土护坡厚度不应小于 0.10m。护坡底面应设置砂砾反滤层,厚度不应小于 0.10m。

(3)土工织物软体沉排、土工膜袋

用于允许流速为 2 ~ 3m/s 的沿河路基冲刷防护。

(4)石笼防护

用于允许流速 4 ~ 5m/s 的沿河路堤坡脚或河岸防护,如图 5-30 所示。

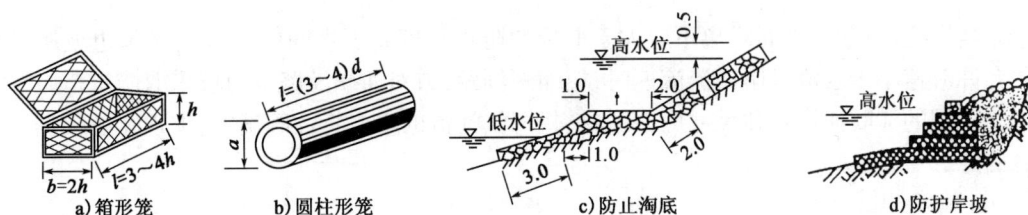

图 5-30 石笼防护示意(尺寸单位:m)

(5)浸水挡土墙

用于允许流速 5 ~ 8m/s 的峡谷急流和水流冲刷严重的河段。

(6)护坦防护

用于沿河路基挡土墙或护坡的局部冲刷深度过大、深基础施工不便的路段。

(7)抛石

用于经常浸水且水深较大的路基边坡或坡脚以及挡土墙、护坡的基础防护,如图 5-31 所示。

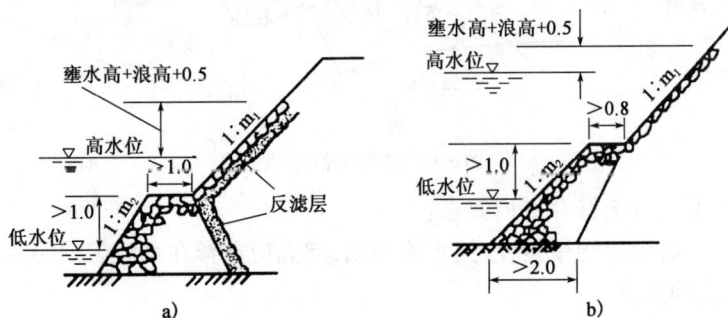

图 5-31 抛石防护示意(尺寸单位:m)

（8）丁坝

丁坝的作用是导流和挑流,把水流挑离河岸,改善水流状况,间接保护路基。用于宽浅性河段,保护河岸或路基不受水流直接冲蚀而产生破坏。丁坝由坝头、坝身和坝根三部分组成,其断面为梯形。丁坝所受的外力较小,其断面尺寸主要依据构造要求、施工条件和使用要求等因素确定。丁坝的轴线与水流方向的关系不同,分为垂直式、下挑式和上挑式三种,如图5-32所示。

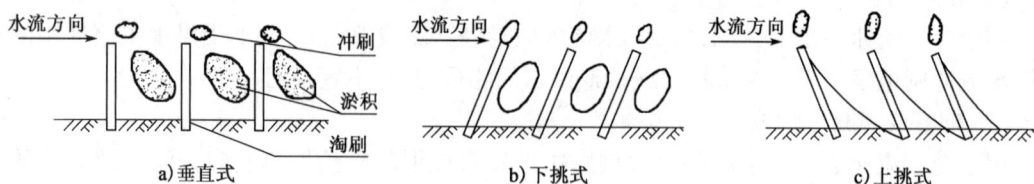

图5-32 不同布置形式的丁坝及冲淤情况示意

如设置丁坝,其设计应符合下列要求:

①丁坝长度应根据防护长度、丁坝与水流方向的交角、河段地形、水文条件及河床地质情况等确定,垂直于水流方向上的投影长度不宜超过稳定河床宽度的1/4。

②用于路基防护的丁坝宜采用漫水坝或潜坝,丁坝与水流方向的交角以小于或等于90°为宜。

③当设置群坝时,坝间距离不应大于前坝的防护长度。丁坝间的河岸或路基边坡所能承受的允许流速小于水流靠岸回流流速时,应缩短坝距,或对河岸及路基边坡采取防护措施。

④丁坝的横断面形式和尺寸应根据材料种类、河流的水文特性等确定,坝顶宽度根据稳定计算确定。

（9）顺坝

顺坝的作用是导流,基本上不改变原有水流的流态。当河床断面窄小,不允许过多侵占或地质条件不宜修筑丁坝时,可以采用顺坝。布置顺坝前,必须先有一个合理的导治线,顺坝与上下游河岸的衔接必须协调,坝的起点应选在水流匀顺的过渡地段,以免强烈冲刷,终点可与河岸连在一块。顺坝的构造与丁坝相似,分为坝头、坝身和坝根三部分,坝身断面形状为梯形,结构要求大体与丁坝相同。顺坝及格坝布置如图5-33所示。

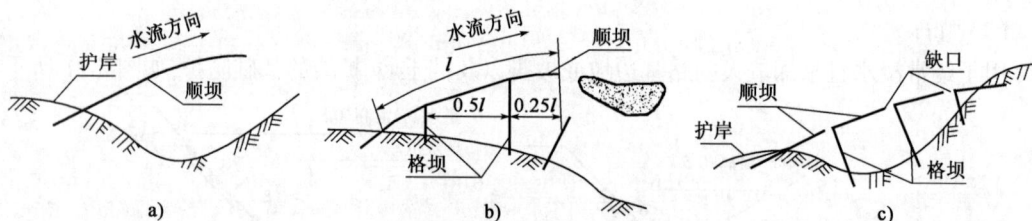

图5-33 顺坝及格坝布置

如设置顺坝,其设计应符合下列要求:

①顺坝与上、下游河岸的衔接,应使水流顺畅,起点应选择在水流匀顺的过渡段,坝根位置宜设在主流转向点的上方。

②坝顶宽度应根据稳定计算确定,坝根应嵌入稳定河岸内不小于3m。漫溢式顺坝,应在坝后设置格坝。格坝在平面上成网格状,设于顺坝与堤岸之间,防止高水位时水流溢入冲刷坝

内岸坡和坡角,并促进格间的淤积。

冲刷防护工程顶面高程,应为设计水位加上波浪侵袭、拥水高度及安全高度。基底埋设在冲刷深度以下不小于1m或嵌入基岩内,寒冷地区应在冻结深度之下不小于1m。当冲刷深度较深、水下施工困难时,可采用桩基、沉井基础或适宜的平面防护。同时冲刷防护工程应与上下游岸坡平顺衔接,端部嵌入岸壁足够的深度,以防止恶化上下游的水文条件。

设置导流建筑物时,应根据河道地貌、地质、水流特性、河道演变规律和防护要求等设计导治线,并应避免农田、村庄、公路和下游路基的冲刷加剧。在山区河谷地段,不宜设置挑水导流建筑物。

(10)改河工程

沿河路基受水流冲刷严重,或防护工程艰巨,以及路线在短距离内多次跨越弯曲河道时,可考虑改移河道,但是主河槽改动频繁的变迁性河流或支流较多的河段不宜改河。

更改河道时,其平面设计应根据河流特性及演变规律,因势利导,保证新河道水流不重归故道。改河起点和终点的位置应顺应河势,设在河流较稳定的河段,并与原河床顺接。为防止水流重归故道,宜在改河入口处加陡纵坡并设置拦河坝或顺坝。新河槽断面应按设计洪水频率的流量设计。

第六节 路基边坡稳定性设计

一、概述

一般情况下,路基结构按规范要求确定,无须进行边坡稳定性设计。特殊条件下,包括高路堤、深路堑、陡坡路堤、浸水路堤以及滑坡与软土等不良地质、水文条件下的路基,需要通过稳定性分析与验算,做出合理的路基结构设计。路基边坡稳定性设计的任务,就是对路基边坡的稳定性进行分析与验算,判定边坡的稳定性,以寻求安全可靠、经济合理的路基结构形式和稳定的边坡坡度值,或据以确定边坡的加固措施。

1.影响路基边坡稳定性的因素

路基边坡滑坍是公路上常见的一种破坏现象,它影响车辆的正常运营和安全,严重者甚至造成事故,中断交通。根据土力学原理,路基边坡滑坍是由于边坡土体中的剪应力超过其抗剪强度所产生的剪切破坏。因此,凡是使土体剪应力增加或抗剪强度降低的因素,都可能引起边坡滑坍。这些因素可归纳为以下几点:

(1)边坡土质

土的抗剪强度首先取决于土的性质,土质不同则抗剪强度亦不同。对路堑边坡而言,除与土或岩石的性质有关外,还与岩石的风化破碎程度和形状有关。

(2)水的活动

水是影响边坡稳定性的主要因素,边坡的破坏总是或多或少地与水的活动有关。土体的含水率增加,既降低了土体的抗剪强度,又增加了土内的剪应力。在浸水情况下,还有浮力和动水压力作用,使边坡处于最不利状态。

(3)边坡的几何形状

边坡的高度、坡度等直接关系到边坡的稳定条件,高大、陡直的边坡,因重心高,稳定条件差,易发生滑坍或其他形式的破坏。

(4)活荷载增加

坡脚因水流冲刷或其他不适当的开挖而使边坡失去支撑等,均可能加大边坡土体的剪应力。

(5)地震及其他振动荷载

2.边坡稳定性设计方法

边坡稳定性评价应遵循"以定性分析为基础、定量计算为手段"的原则。在进行边坡稳定性计算之前,应根据边坡工程地质条件或已经出现的变形破坏迹象,定性判断边坡可能的破坏形式和边坡稳定性状态。

规模较大的碎裂结构岩质边坡和土质边坡一般采用简化 Bishop 计算;对可能产生直线形破坏的边坡宜采用平面滑动面解析法进行计算;对可能产生折线形破坏的边坡宜采用不平衡推力法计算;对结构复杂的岩质边坡,可配合采用赤平投影法和实体比例投影法分析及楔形滑动面法计算;当边坡破坏机制复杂时,宜结合数值分析法进行分析。

边坡稳定性计算应分成以下三种工况。

(1)正常工况:边坡处于天然状态下的工况。

(2)非正常工况Ⅰ:边坡处于暴雨或连续降雨状态下的工况。

(3)非正常工况Ⅱ:边坡处于地震等荷载作用状态下的工况。

处于季冻区的边坡,在上述三种工况基础外,应考虑冻融的影响。

边坡稳定性验算时,其稳定系数应满足表5-27和表5-28规定的稳定安全系数要求,否则应对边坡进行支护。

高填方路基与陡坡路堤稳定安全系数　　　　　　　　　　表 5-27

分析内容	地基强度指标	分析工况	稳定安全系数	
			二级及二级以上公路	三、四级公路
路堤的堤身稳定性、路堤和地基的整体稳定性	采用直剪的固结快剪或三轴剪的固结不排水剪指标	正常工况	1.45	1.35
		非正常工况Ⅰ	1.35	1.25
		非正常工况Ⅱ	1.30	1.20
	采用快剪指标	正常工况	1.35	1.30
		非正常工况Ⅰ	1.25	1.15
		非正常工况Ⅱ	1.20	1.10
路堤沿斜坡地基或软弱层滑动的稳定性	—	正常工况	1.30	1.25
		非正常工况Ⅰ	1.20	1.15
		非正常工况Ⅱ	1.15	1.05

路堑边坡稳定安全系数　　　　　　　　　　表 5-28

公路等级		路堑边坡稳定安全系数
高速公路、一级公路	正常工况	1.20 ~ 1.30
	非正常工况Ⅰ	1.10 ~ 1.20
	非正常工况Ⅱ	1.05 ~ 1.10
二级及二级以下公路	正常工况	1.15 ~ 1.25
	非正常工况Ⅰ	1.05 ~ 1.15
	非正常工况Ⅱ	1.02 ~ 1.05

注:1.表中安全系数取值应与计算方法对应。

2.应确保施工边坡的临时稳定安全系数不小于1.05。

3.路基边坡稳定性验算的数据

黏聚力 c 和内摩阻角 φ 是决定土体抗剪强度的两个参数,亦即土的抗剪强度指标。高填方路基与陡坡路堤稳定性分析的强度参数应根据填料来源与场地情况,选择有代表性土样,依据分析工况的需要进行室内试验,并结合现场情况确定。

(1)路基填土的强度参数 c 值,可采用直剪快剪或三轴不排水剪试验获得。不同工况下试样制备要求见表5-29。当路基填料为粗粒土或填石料时,应采用大型三轴试验仪或大型直剪试验仪进行试验。

路堤填土强度参数试验试样制备要求

表5-29

分析工况	试样要求	备注
正常工况	采用填筑含水率和填筑密度。当难以获得填筑含水率和填筑密度时,或进行初步稳定分析时,密度采用要求达到的密度,含水率采用击实曲线上要求密度对应的较大含水率	用于新建路堤的稳定性分析
	取路基原状土	用于已建路堤的稳定性分析
非正常工况Ⅰ	同正常工况,但要预先饱和	—
非正常工况Ⅱ	同正常工况	—

(2)地基土的强度参数 c 值,宜采用直剪的固结快剪或三轴剪的固结不排水剪试验获得。

(3)分析高填方路基沿斜坡地基或软弱层带滑动的稳定性时,应结合场地条件,选择控制性层面的土层试验获得强度参数 c 值。可采用直剪快剪或三轴剪的不固结不排水剪试验。当存在地下水影响时,应采用饱水试件进行试验。

如边坡由多层土体组成,所采用的数值 c、φ、γ,可采用加权平均法求得,计算式为:

$$\left.\begin{array}{l} c = \dfrac{\sum\limits_{i=1}^{n} c_i h_i}{\sum\limits_{i=1}^{n} h_i} \\[3ex] \tan\varphi = \dfrac{\sum\limits_{i=1}^{n} h_i \tan\varphi_i}{\sum\limits_{i=1}^{n} h_i} \\[3ex] \gamma = \dfrac{\sum\limits_{i=1}^{n} \gamma_i h_i}{\sum\limits_{i=1}^{n} h_i} \end{array}\right\} \qquad (5\text{-}24)$$

式中:c_i、φ_i、γ_i——各分层土的黏聚力、内摩阻角和重度;

h_i——各土层厚度。

式(5-24)仅是近似的计算,计算中亦可以根据滑动面形状,采用精确方法验算多层土体组成的边坡的稳定性。

选用参数应力求与路基使用过程中的最不利的实际情况一致。因此,路堑边坡土体力学参数宜采用原位剪切试验、原状土样室内剪切试验及反算分析等方法综合确定。

4.荷载当量高度计算

路堤边坡除受自重作用外,同时承受行车荷载作用。在边坡稳定性验算时需要按车辆最不利情况排列（图 5-34），把车辆荷载换算成当量土柱高，即以相等压力的土层厚度来代替荷载，叫作当量高度，用 h_0 表示。

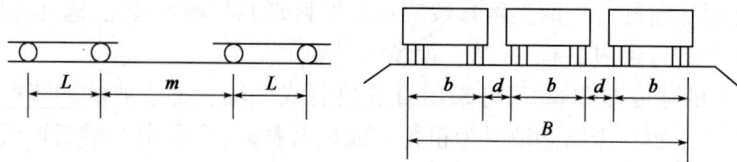

图 5-34　汽车荷载布置示意

当量高度 h_0 的计算公式为：

$$h_0 = \frac{NQ}{LB\gamma} \tag{5-25}$$

式中：h_0——荷载当量高度（m）；

　　　N——横向分布的车辆数；

　　　Q——每一辆车的重量（kN）；

　　　L——车辆前后轮胎（或拖拉机履带）着地长度（m）；

　　　γ——土的重度（kN/m³）；

　　　B——横向分布车辆轮胎（或履带）外缘之间距离（m）。

$$B = Nb + (N-1)d$$

式中：b——每一辆车的轮胎（或履带）外缘之间的距离（m）；

　　　d——相邻两车辆轮胎（或履带）之间的净距（m）。

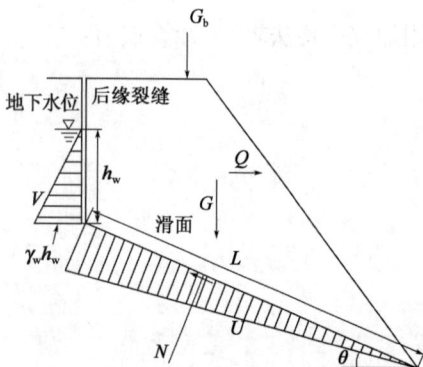

图 5-35　平面滑面边坡计算简图

关于荷载分布宽度，可分布在行车道（路面）范围内，亦可以认为路肩有可能停车（最不利的情况），则荷载分布于整个路基宽度（包括路肩、路面的宽度）。两者虽有差异，但计算结果相差不大。

二、直线滑动面

边坡体由砂土或砂性土组成时，抗力以摩阻力为主，滑动面为直线。或原地面为单一倾斜的陡坡路堤沿原地面下滑时，滑动面亦为直线。

对直线滑动面，边坡稳定性系数可按式（5-26）计算，计算图示见图 5-35。

$$F_s = \frac{R}{T} \tag{5-26}$$

$$R = \left[(G + G_b)\cos\theta - Q\sin\theta - V\sin\theta - U \right]\tan\varphi + cL \tag{5-27}$$

$$T = (G + G_b)\sin\theta + Q\cos\theta + V\cos\theta \tag{5-28}$$

$$V = \frac{1}{2}\gamma_w h_w^2 \tag{5-29}$$

$$U = \frac{1}{2}\gamma_w h_w L \tag{5-30}$$

式中：T——滑体单位宽度重力及其他外力引起的下滑力（kN/m）；

R——滑体单位宽度重力及其他外力引起的抗滑力(kN/m);

c——滑面的黏聚力(kPa);

φ——滑面的内摩擦角(°);

L——滑面长度(m);

G——滑体单位宽度自重(kN/m);

G_b——滑体单位宽度竖向附加荷载(kN/m),方向指向下方时取正值,指向上方时取负值;

θ——滑面倾角(°);

U——滑面单位宽度总水压力(kN/m);

V——后缘陡倾裂隙面上的单位宽度总水压力(kN/m);

Q——滑体单位宽度水平荷载(kN/m),方向指向坡外时取正值,指向坡内时取负值;

h_w——后缘陡倾裂隙充水高度(m),根据裂隙情况及汇水条件确定。

计算所得的稳定系数应满足表5-27和表5-28规定的安全系数要求,否则应对边坡进行支护。

三、圆弧形滑动面

圆弧形滑动面一般出现在黏性土组成的边坡体滑动时,可采用简化毕肖普法,边坡稳定性系数可按式(5-31)计算,计算图示见图5-36。

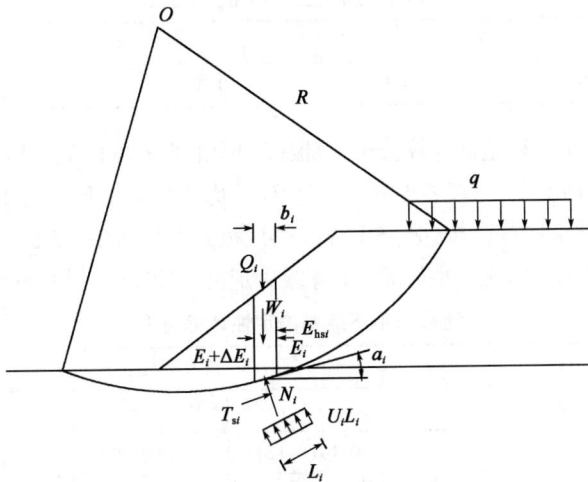

图5-36 圆弧形滑面边坡计算示意

$$F_S = \frac{\sum [c_i b_i + (W_i + Q_i)\tan\varphi_i]/m_{\alpha i}}{\sum (W_i + Q_i)\sin\alpha_i + \sum \dfrac{d_i}{R}E_{hsi}}$$ (5-31)

式中:R——滑弧半径;

d_i——第i个土条上水平地震荷载作用力到滑弧圆心的距离;

b_i——第i个土条宽度;

α_i——第i个土条底滑面的倾角;

c_i、φ_i——第i个土条滑弧所在土层的黏聚力和内摩擦角,依滑弧处于位置,取对应土层的黏结力和内摩擦角;

W_i——第 i 个土条重力；

Q_i——第 i 个土条垂直方向外力；

E_{hsi}——作用于第 i 个土条重心处的水平地震作用（荷载），采用拟静力法时，按式（5-33）计算；

$m_{\alpha i}$——系数，按式（5-32）计算。

$$m_{\alpha i} = \cos\alpha_i + \frac{\sin\alpha_i \tan\varphi_i}{F_s} \qquad (5-32)$$

式中符号意义同前。

$$E_{hsi} = \eta C_z K_h W_i \qquad (5-33)$$

式中：C_z——综合影响系数，取 0.25；

K_h——水平地震加速度系数，可按表 5-30 选用；

η——水平地震作用沿路基边坡高度的放大系数，对二级及以上公路且边坡高度大于 20m 的路基，按式（5-34）取值，其他情况路基取 1.0。

$$\eta = \frac{h_i - 20}{H - 20} \times 0.6 + 1.0 \qquad (5-34)$$

式中：H——路基边坡高度；

h_i——第 i 个土条顶至路基边坡坡脚的高度。

水平地震加速度系数 K_h 取值表　　表 5-30

基本烈度（度）	7		8		9
水平地震系数	0.1	0.15	0.2	0.3	0.4

路基是否需要进行抗震稳定性计算分析，应根据中国地震烈度区划，结合公路等级与路基边坡高度等进行判断。一般情况下，可按表 5-31 确定。对于基本烈度大于 9 度的地区，抗震设计应进行专门研究；对液化土及软土地基应按《公路工程抗震规范》（JTG B02—2013）进行场地稳定性评价，并进行地基处理；对于重要的工程，可提高一个等级确定抗震稳定性计算分析的路基范围。

地震作用下路基稳定性计算范围　　表 5-31

公 路 等 级			二级及二级以上公路			三、四级公路
地震基本烈度			7	8	9	9
地震加速度值（g）			0.10(0.15)	0.20(0.30)	0.40	0.40
岩石、非液化及非软土地基上的路基	非浸水	填料：岩块、细粒土	不验算	$H>20$m 验算	$H>15$m 验算	$H>20$m 验算
		填料：粗粒土	不验算	$H>12$m 验算	$H>6$m 验算	$H>12$m 验算
	浸水	填料：渗水性土	不验算	$H_w>3$m 验算	$H_w>2$m 验算	水库地区 $H_w>3$m 验算
	粉砂、细砂填筑或地面横坡大于 1:3 的路堤		不验算	验算	验算	验算
液化土及软土地基上路基			验算	验算	验算	验算

注：H 为路基边坡高度，H_w 为路堤浸水常水位深度。

确定滑动面圆心辅助线方法如下：

在地基比较坚实的条件下，边坡的滑动圆弧线，可认为通过坡脚点，而且圆心大致沿着某条线作有规则的变动,此直线即为滑动面圆心辅助线。求得此圆心位置移动的辅助线后,在辅助线上选定某圆心,并通过坡脚作圆弧,即可确定滑动圆弧面。

确定圆心辅助线有两种方法:4.5H 法和 36°法。图 5-37 为 4.5H 法作圆心辅助线的方法,表 5-32 为作辅助线时的辅助角度数值表。具体做法是:连接坡脚 E 与坡顶 S,得边线 ES,其坡比为 1:m,根据坡比 1:m 查表 5-32 得 β_1、β_2,过 SE 和坡顶水平线分别作角 β_1、β_2,两角线的交点为 I;过坡角 E 作垂线 EF = H(包括换算土柱高度 h_0),过 F 点作水平线 FM = 4.5H,M 点即为圆心辅助线的另一点;连接 IM,即得圆心辅助线。

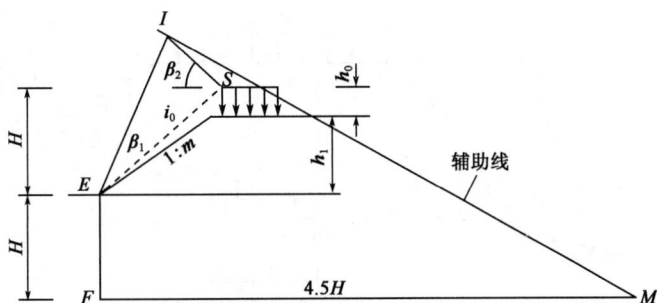

图 5-37 4.5H 法绘制圆心辅助线

破裂圆弧中心位置的有关角值($\varphi = 0°$黏土边坡)　　　　　　表 5-32

边坡斜度	边坡倾斜角 θ	α	ω	β_1	β_2
1:0.50	63°26′	33°15′	37°	29°30′	40°
1:0.75	53°18′	40°	32°15′	29°	39°
1:1	45°00′	45°	28°15′	28°	37°
1:1.25	38°40′	48°30′	25°	27°	35°30′
1:1.5	33°41′	51°15′	22°15′	26°	35°
1:1.75	29°45′	53°15′	20°	26°	35°
1:2	26°34′	55°	18°	25°	35°
1:2.25	23°58′	56°	16°30′	25°	35°
1:2.50	21°48′	57°	15°15′	25°	35°
1:3	18°26′	58°45′	13°15′	25°	35°
1:4	14°03′	60°45′	10°15′	25°	36°
1:5	11°19′	62°	8°15′	25°	37°

图 5-38 为用 36°法作圆心辅助线的方法。自 S 点作水平线,自 S 点和水平线作 36°角,即得圆心辅助线 SF。

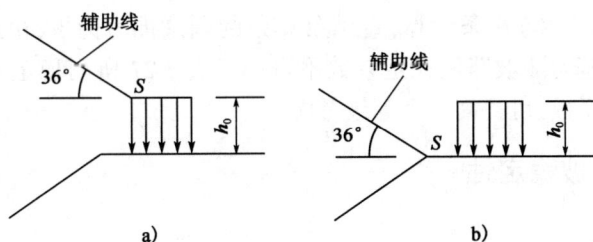

图 5-38 36°法绘辅助线

此两种方法,36°法较简便,但精确程度比4.5H法差些。对于1:1~1:1.75的边坡及滑动面通过坡脚者均适用。

四、折线滑动面(不平衡推力法)

路堤沿斜坡地基或软弱层带滑动的稳定性可采用不平衡推力法及基于不平衡推力法的拟静力法,稳定系数F_s按式(5-35)和式(5-36)计算,计算图示见图5-39。正常工况、非正常工况Ⅰ下,不计地震力作用。

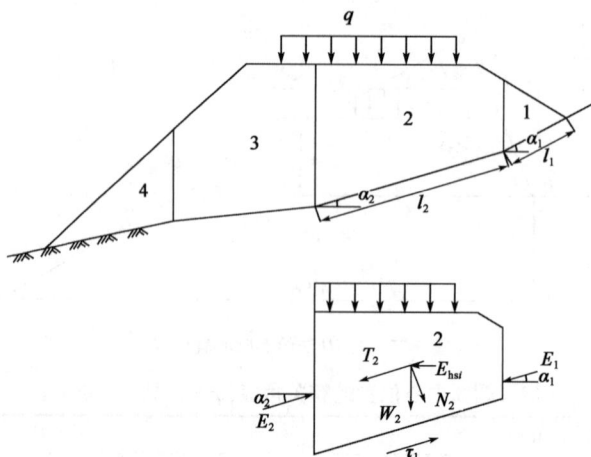

图5-39　路堤沿斜坡地基或软弱层带滑动稳定性计算图示

$$E_i = W_{Qi}\sin\alpha_i + E_{hsi}\cos\alpha_i - \frac{1}{F_s}\left[c_i l_i + (W_{Qi}\cos\alpha_i - E_{hsi}\sin\alpha_i)\tan\varphi_i \right] + E_{i-1}\psi_{i-1} \quad (5-35)$$

其中,传递系数为:

$$\psi_{i-1} = \cos(\alpha_{i-1} - \alpha_i) - \frac{\tan\varphi_i}{F_s}\sin(\alpha_{i-1} - \alpha_i) \quad (5-36)$$

式中:W_{Qi}——第i个土条的重力与外加竖向荷载之和;

　　α_i——第i个土条底滑面的倾角;

　　c_i、φ_i——第i个土条底的黏聚力和内摩擦角;

　　l_i——第i个土条底滑面的长度;

　　α_{i-1}——第$i-1$个土条底滑面的倾角;

　　E_{i-1}——第$i-1$个土条传递给第i个土条的下滑力;

　　E_{hsi}——第i个土条的水平地震作用;

其余符号意义同前。

用式(5-35)和式(5-36)逐条计算,直到第n条的剩余推力为零,由此确定稳定系数F_s。各等级公路高填方路基与陡坡路堤稳定系数不得小于表5-27所列稳定安全系数值。对重要工程的抗震稳定安全系数,可提高一个等级考虑。

五、浸水路堤边坡稳定性

1.浸水路堤的特点

建筑在桥头引道、河滩及河流沿岸,受到季节性或长期浸水的路堤,称为浸水路堤。这种路堤具有以下特点：

(1)稳定性受水位降落的影响

浸水路堤除承受普通路堤所承受的外力和自重外,还要承受水的浮力和渗透动水压力的作用。当河中水位上升时,水从边坡的一侧或两侧渗入路堤内,如图5-40中A所示;当水位降落时,水又从堤身向外渗出,如图5-40中B所示。由于土体内的渗水速度和水位升降速度比堤外水位的涨落慢,因此当堤外水位升高时,堤内水位比降曲线(浸润曲线)呈凹形,而当堤外水位下降时,堤内水位比降曲线呈凸形,渗透速度随土的性质而定。

因此,当水位上涨时,土体内的渗透浸润曲线比边坡外面水位低。土体除承受向上的浮力外,土粒还受到指向土体内部的动水压力作用,增加了路堤的稳定性。当水位下降时,土体内部水向外流出需要较长的时间。由于水位的差异,其动水压力方向指向土体外面,剧烈地破坏边坡的稳定性,并可能产生边坡凸起和滑坡现象。堤外水位下降速度越快,边坡的稳定性越低。另外,渗透水流能带走堤内的细小土粒,从而引起路堤变形。

在河滩路堤和桥头引道外,路堤上游和下游的水位有时并不一致,可能产生横穿路堤的渗透,因此即使上下游水位相差不大,也需予以考虑(图5-41)。

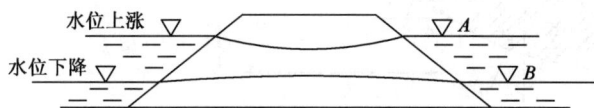

图5-40 水位涨落时土体内的浸润曲线
A-水位上涨时;B-水位降落时

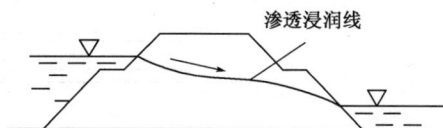

图5-41 两侧水位出现高差时堤身内的渗透浸润曲线

(2)稳定性与路堤填料透水性有关

以黏土填筑的路堤达到最佳密实度后,透水性很弱;以砂砾石土填筑的路堤,由于空隙大,透水性强。因此,水位涨落对这两种土的边坡稳定性影响一般不大。属于中等透水性的土如亚砂土、亚黏土等作路堤填料,在水位降落时,对边坡稳定性影响较大,需考虑动水压力作用。因此,浸水路堤填料最好选用渗水性强的材料,如石质坚硬不易风化的块石、片石、碎石及砂砾等。若附近无此类材料或从远处运来不经济时,可采用黏土,但必须夯实,严格掌握压实标准。对浸水易崩解、风化的岩石如页岩、千枚岩等应禁止使用。

2.浸水路堤的高度与断面形式

一般浸水路堤的最低设计高程,可取设计洪水位加安全高度0.5m。

大河两岸或水库路堤,因水面较宽,可能有壅水现象和波浪侵袭,路堤的最低设计高程应为：

$$H = 设计洪水位 + 可能的壅水高 + 波浪侵袭高 + 安全高度(0.5m)$$

浸水路堤的一般横断面形式如图5-42所示。对于深谷半填半挖的浸水路堤以及河滩高路堤,为了路基边坡的稳定,并便于施工和修复起见,可在边坡适当高度处,加设台阶或护坡道,宽度1~2m。浸水部分边坡应较平缓,并宜用片、块石防护。应对整个路堤边坡的稳定性进行验算。

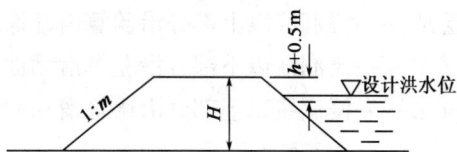

图5-42 浸水路堤设计高程(h = 壅水高 + 浪高)

3. 动水压力计算

凡用黏性土填筑的浸水路堤（不包括透水性极小的纯黏土），必须进行渗透动水压力计算，如图5-43所示。渗透动水压力D作用于浸润线以下土体的重心，平行于水力坡降I，其大小按式(5-37)计算：

$$D = I\Omega_B\gamma_w \tag{5-37}$$

式中：I——渗流水力坡降；

Ω_B——浸润线与滑动面之间的面积（m^2）；

γ_w——水的重度（$\gamma_w = 9.8kN/m^3$）。

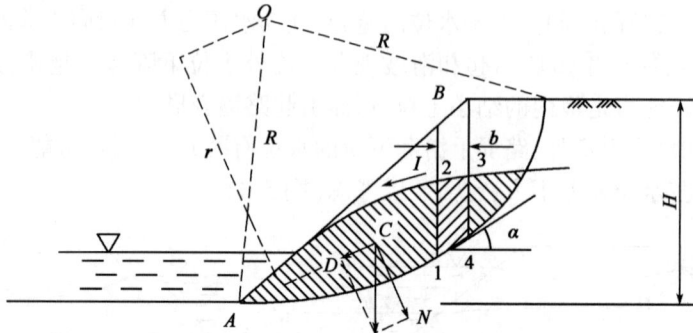

图5-43　渗透动水压力计算图

4. 浸水路堤边坡稳定性验算

河滩路堤的稳定性，应假定路堤处于最不利的情况下进行验算。其破坏一般发生在洪水位骤然下降的时候，验算方法与普通路堤边坡稳定性验算无大差异，只需考虑浮力和动水压力作用。

通常采用圆弧条分法，其稳定系数计算原理为：

$$K = \frac{M_R}{M_S} = \frac{(f\sum N + cl)R}{R\sum T + D\cdot r}$$

$$= \frac{(f_C\sum N_C + f_B\sum N_B + c_C l_C + c_B l_B)R}{(\sum T_C + \sum T_B)R + \sum D_n\cdot r_n}$$

$$= \frac{f_C\sum N_C + f_B\sum N_B + c_C l_C + c_B l_B}{\sum T_C + \sum T_B + \dfrac{\sum D_n\cdot r_n}{R}}$$

式中：K——稳定安全系数；

M_R——抗滑力矩；

M_S——滑动力矩；

$f_C\sum N_C$——浸润线以上部分沿验算滑动面的摩擦力总和，$f_C = \tan\varphi_C$；

$f_B\sum N_B$——浸润线以下部分沿验算滑动面的摩擦力总和，$f_B = \tan\varphi_B$；

$c_C l_C$——浸润线以上部分沿验算滑动面的黏结力，c_C和l_C分别为非浸水部分土体单位黏聚力和弧长；

$c_B l_B$——浸润线以下部分沿验算滑动面的黏结力，c_B和l_B分别为浸水土体的单位黏聚力和

浸水部分的弧长;

$\sum T_{\text{C}}$——浸润线以上部分沿验算滑动面的下滑力总和;

$\sum T_{\text{B}}$——浸润线以下部分沿验算滑动面的下滑力总和;

D——渗透动水压力;

D_n——分段渗透动水压力;

r_n——分段渗透动水压力作用线距圆心的垂直距离。

由于渗透动水压力一般很小,为了简化计算,分母第三项可用 D 代替,即

$$K = \frac{f_{\text{C}} \sum N_{\text{C}} + f_{\text{B}} \sum N_{\text{B}} + c_{\text{C}} l_{\text{C}} + c_{\text{B}} l_{\text{B}}}{\sum T_{\text{C}} + \sum T_{\text{B}} + D} \tag{5-38}$$

用圆弧条分法计算时,滑动土体分成段后,有些段全部在浸润线以上,有些全部在浸润线以下,有些段部分在浸润线以上,部分在浸润线以下(图5-44),对于这种部分浸水的分段的土体重量应为:

$$Q_i = A_{\text{C}} \gamma_{\text{C}} + A_{\text{B}} \gamma_{\text{B}} \tag{5-39}$$

$$\gamma_{\text{B}} = \frac{\gamma_{\text{s}} - 1}{1 + \varepsilon} \gamma_{\text{w}} = (\gamma_{\text{s}} - 1)(1 - n) \gamma_{\text{w}} \tag{5-40}$$

式中:A_{C}、A_{B}——分条土体浸润线以上和以下土体的面积;

γ_{C}——分条浸润线以上土体的重度;

γ_{B}——分条浸润线以下考虑浮力后土体的浸水重度;

γ_{s}——土颗粒的比重;

ε——土的孔隙比;

n——土的孔隙率。

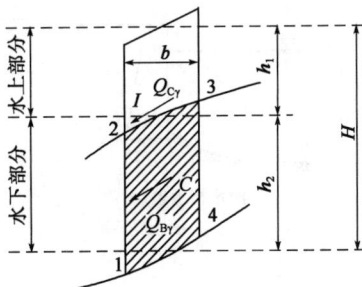

图5-44 部分浸水的条块

当稳定安全系数 K 大于表5-27 的要求时,认为该浸水路堤处于稳定状态,否则不稳定,需要加固或改变横断面形态,直至满足稳定性要求为止。

边坡稳定性分析其计算工作量较大,目前普遍采用计算机分析程序来完成。

第七节　挡土墙设计

一、挡土墙的类型及使用条件

1.挡土墙的用途

挡土墙是一种能够抵抗侧向土压力,用来支撑天然边坡或人工边坡,保持土体稳定的建筑物。它被广泛用于公路、铁路、水利及其他土建工程中。

挡土墙各部分名称如图5-45a)所示。靠回填土(或山体)一侧为墙背,外露临空一侧为墙面(也称墙胸),墙底与墙面交线为墙趾,墙底与墙背的交线为墙踵,墙背与垂线的交角为墙背倾角(α)。

在公路工程中,挡土墙的用途可归纳如下:

(1)在路堑地段,若开挖后的路堑边坡不能自行稳定,可在坡脚处设置挡土墙,以支撑边

坡,降低挖方边坡高度,减少挖方数量,避免山体失稳坍滑[图5-45a)]。

(2)在地面横坡较陡,填筑路基难以稳定,或征地、拆迁费用高的填方路段,可在路肩或填方边坡的适当位置设置挡土墙,以收缩路堤坡脚,减少填方数量[图5-45b)]或减少拆迁和占地面积[图5-45c)],保证路堤稳定性。

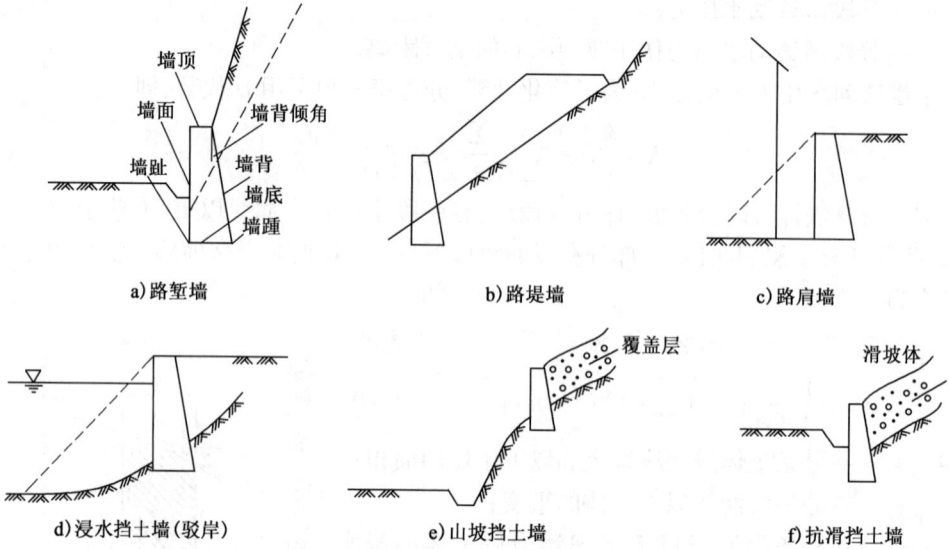

a)路堑墙　　　　　　　　b)路堤墙　　　　　　　　c)路肩墙

d)浸水挡土墙(驳岸)　　　　　e)山坡挡土墙　　　　　f)抗滑挡土墙

图5-45　设置挡土墙的位置

注:图中虚线表示不设挡土墙时的路基边坡。

(3)对于沿河路基,为避免沿河路基挤缩河床,防止水流冲刷路基,可在沿河一侧路基设置挡土墙[图5-45d)]。

(4)在某些挖方路段,原地面有较厚的覆盖层或滑坡,可在路堑边坡上方设置挡土墙,防止山坡覆盖层下滑[图5-45e)]和抵抗滑坡[图5-45f)]。

其他还有设置于隧道洞口的洞口挡土墙和设置于桥头的桥头挡土墙等。

在路基设计中,是否需要设置挡土墙,应通过与其他可能的技术方案进行技术、经济比较来确定。

2.挡土墙的类型

挡土墙按照墙的位置、材料、结构形式可划分为以下几种类型:

(1)按照挡土墙设置的位置,可分为路堑墙、路堤墙、路肩墙和山坡墙等类型,如图5-45所示。

(2)按照修筑挡土墙的材料,又可分为石砌挡土墙、砖砌挡土墙、混凝土挡土墙、钢筋混凝土挡土墙和加筋土挡土墙等类型。

(3)按照挡土墙的结构形式,可分为重力式、衡重式、半重力式、悬臂式、扶壁式、锚杆式、桩板式、垛式等类型,如表5-33所示。其中,重力式、衡重式多用石砌。半重力式用混凝土浇筑,视需要也可在受拉区加少量钢筋,以节省坯工。其他类型多用钢筋混凝土就地制作或预制拼装。

3.各种挡土墙的特点与使用条件

各种挡土墙的主要特点和适用范围如表5-33所示。

　　重力式和衡重式挡土墙的特点是构造简单,断面尺寸较大,墙身较重,墙背侧向土压力主要由墙身自重来平衡。由于墙身重,故对地基承载力要求亦较高。半重力式与重力式相似,但因其整体强度较高,故墙身断面和自重相对较小。垛式挡土墙实际上是一种在钢筋混凝土杆件装配的框架内填以土石的重力式挡土墙,但其构造复杂,对构件的设计、制作和安装要求较高。

　　其他类型的挡土墙如表5-33所示,由于构造上的特点,其侧向土压力主要不是由墙身自重来平衡,墙身材料强度高,断面较小,自重较轻,可统称为轻型挡土墙。它们的受力特点因构造而异。悬臂式挡土墙由立壁、墙踵板和墙趾板构成倒"T"形刚构,其侧向土压力作用于立壁所产生的弯矩,由墙踵板上的填料质量作用于墙踵板所产生的反弯矩来平衡。扶壁式挡土墙与悬臂式相似,扶壁(肋板)的作用是把墙面板和墙踵板直接连接起来,起到加劲的作用。带卸荷板的柱板式挡土墙,有一个立柱、底梁和拉杆构成的三角形框架,它使由挡板传递给立柱的侧向土压力,与卸荷板上填料的重量形成平衡力系,从而起到卸荷作用。锚杆式挡土墙是通过锚杆把墙体与墙后的稳定地层连接起来,形成静力平衡体系以维持墙的平衡。锚定板式挡土墙类似于锚杆式,差别仅在于固定端采用锚定板。桩板式挡土墙由钢筋混凝土桩和挡板构成,主要利用其深埋的桩柱前地层产生的被动土压力来平衡全墙侧向土压力。如采用锚杆将桩柱锚固在墙后的稳定地层中,则其结构与锚杆式相似,如用锚定板锚固,则类似于锚定板式。加筋土挡土墙由填土及在填土中布置的加筋材料和墙面板三部分组成,在垂直于墙面方向,按一定间隔和高度水平地布置加筋材料,然后填土压实,通过填土与加筋材料间的摩擦和黏附等作用,把土的侧压力传给加筋材料,从而使土体稳定。

各类型挡土墙主要特点与适用范围表 表5-33

挡土墙类型	结构示意图	特　点	适　用　条　件
重力式挡土墙		1. 依靠墙身自重抵抗土压力的作用; 2. 形式简单,取材容易,施工简易	适用于一般地区、浸水地段和高烈度区的路肩、路堤和路堑等支挡工程。墙高不宜超过12m,干砌挡土墙的高度不宜超过6m。地下水较多的土质、风化破碎岩石路段,可采用石笼式挡土墙
半重力式挡土墙		用混凝土灌注,在墙背设少量钢筋,并将墙趾展宽(必要时设少量钢筋),或基底设凸榫,以减薄墙身,节省圬工	适用于缺乏石料且不宜采用重力式挡土墙的地下水位较高或较软弱的地基上。墙高不宜超过8m
悬臂式挡土墙		1. 由立壁、墙趾板和墙踵板3个悬臂梁组成,断面尺寸较小; 2. 墙高时,立壁下部的弯矩大,消耗钢筋多,不经济	宜在石料缺乏、地基承载力较低的填方路段采用。墙高不宜超过5m

挡土墙类型	结构示意图	特　　点	适　用　条　件
扶壁式挡土墙		沿悬臂式墙的墙长,隔一定距离加一道扶壁,使立壁与墙踵板连接起来,更好受力	宜在石料缺乏、地基承载力较低的填方路段采用。墙高不宜超过15m
锚杆挡土墙		1. 由立柱、挡板和锚杆三部分组成,靠锚杆锚固在山体内拉住立柱; 2. 断面尺寸小; 3. 立柱、挡板可预制	宜用于墙高较大的岩质路堑地段。可用作抗滑挡土墙。可采用肋柱式或板壁式单级墙或多级墙。每级墙高不宜大于8m,多级墙的上下级墙体之间应设置宽度不小于2m的平台。需要备有钻岩机、压浆机等施工设备
锚定板挡土墙		1. 由钢筋混凝土墙面(肋柱及挡板)、钢拉杆和锚定板组成,借埋置在破裂面后稳定土层内的锚定板和锚杆拉住墙面,保持墙身稳定; 2. 拼装简易、施工快; 3. 结构轻便,柔性大	宜使用在缺少石料地区的路肩墙或路堤式挡土墙,但不应建筑于滑坡、坍塌、软土及膨胀土地区。可采用肋柱式或板壁式,墙高不宜超过10m。肋柱式锚定板挡土墙可采用单级墙或双级墙,每级墙高不宜大于6m,上、下级墙体之间应设置宽度不小于2m的平台。上下两级墙的肋柱宜交错布置
加筋土挡土墙		1. 由加筋条(带)、墙面板和填土三部分组成,借筋带与填料之间的摩擦力保持墙身稳定; 2. 施工简便,造型美观; 3. 对地基的适应性强,占地少	用于一般地区的路肩式挡土墙、路堤式挡土墙。但不应修建在滑坡、水流冲刷、崩塌等不良地质地段。高速公路、一级公路墙高不宜大于12m,二级及二级以下公路不宜大于20m。当采用多级墙时,每级墙高不宜大于10m,上下级墙体之间应设置宽度不小于2m的平台
桩板式挡土墙		1. 主要由桩与桩间的挡板组成; 2. 基础开挖较悬臂式和扶壁式少; 3. 断面尺寸小; 4. 桩顶处可能产生较大的水平位移或转动; 5. 挡土板可预制拼装,快速施工	用于表土及强风化层较薄的均质岩石地基、挡土墙高度可较大,也可用于地震区的路堑或路堤支挡或滑坡等特殊地段的治理

二、挡土墙的构造

以常用的重力式挡土墙为例,其一般由墙身、基础、排水设施和伸缩缝等几部分构成。

1.墙身构造

(1)墙身断面形式及其特点

根据墙背的倾斜方向,墙身断面形式可分为仰斜、垂直、俯斜、凸形折线式和衡重式几种,如图 5-46 所示。

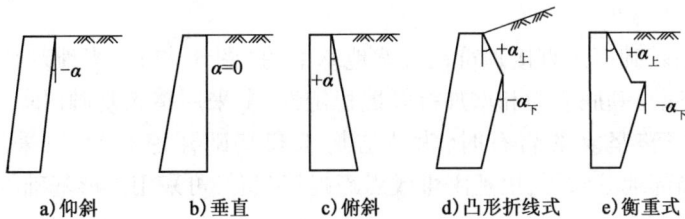

图 5-46　重力式挡土墙的断面形式

在其他条件相同时,仰斜墙背所承受的土压力比俯斜墙背小,故其墙身断面亦较俯斜墙背经济。同时,由于仰斜墙背的倾斜方向与开挖面边坡方向一致,故开挖量和回填量均比俯斜墙背小。然而,由于仰斜式挡土墙的基础外移,当墙趾处地面横坡较陡时,会使墙身增高,断面增大。因此,仰斜式挡土墙适用于作路堑墙及墙趾处地面平坦的路堤墙或路肩墙。

俯斜墙背所承受的土压力较大。在地面横坡陡峻时,俯斜式挡土墙可用陡直的墙面,以减小墙高。俯斜墙背亦可做成台阶形,以增加墙背与填料间的摩阻力。

垂直墙背的特点介于仰斜和俯斜墙背之间。

若将仰斜式挡土墙的上部墙背改为俯斜,即构成凸形折线式。与仰斜式比较,其上部尺寸有所减少,故断面亦较节省。多用于路堑墙,也可用于路肩墙。

若在凸形折线式的上下墙之间增设一平台,并采用陡直墙面,即为衡重式断面。在其他条件相同时,衡重式的断面积比俯斜式小而比仰斜式大,但其基底应力较大,故对地基承载力要求相对较高。

(2)墙身断面尺寸

①墙背坡度。俯斜式墙背坡度一般为 1:0.15 ~ 1:0.4(即 $\alpha = +8°32' ~ +21°48'$)。仰斜式不宜缓于1:0.3(即 $\alpha \leq -16°42'$),以免施工困难。衡重式之上墙背为 1:0.25 ~ 1:0.45(即 $\alpha_上 = +14°02' ~ +24°14'$),下墙背在 1: 0.25($\alpha_下 = -14°02'$)左右,上下墙高比一般采用2:3。

②墙面。墙面一般为平面,其坡度除应与墙背坡度相协调外,还应密切结合墙趾处的地面横坡合理选择。地面横坡较陡时,为减小墙高,宜采用垂直墙面或仰斜1:0.05 ~ 1:0.20,地面横坡较缓时,可放得更缓些,但不宜缓于 1:0.40,以免过分增加墙高。

③墙顶。墙顶最小宽度,块石或条石挡土墙的墙顶宽度不宜小于 400mm,素混凝土挡土墙的墙顶宽度不宜小于 300mm。浆砌路肩墙墙顶一般宜采用粗料石或低强度等级混凝土做成顶帽,顶帽厚约0.4m。如不做顶帽或为路堑墙或路堤墙,墙顶应以较大块石砌筑,并用砂浆勾缝,或

用 M5 砂浆抹平顶面,砂浆厚约 2cm。干砌挡土墙墙顶 0.5m 高度内,用 M2.5 砂浆砌筑,以增加墙身稳定性。

④护栏。为保证交通安全,在地形险峻地段,或过高过长的路肩墙,需在墙顶设置护栏。为保持路肩宽度,护栏内侧边缘距路面边缘的距离,二、三级公路不小于 0.75m,四级公路不小于 0.5m。

2. 基础

在实际工程中,挡土墙的破坏在多数情况下,都是由于地基不良和基础处理不当引起的。因此,基础设计是挡土墙设计的重要内容,必须予以充分重视。

基础设计,包括选择基础类型和确定基础埋置深度两项主要内容。

（1）基础形式

大多数挡土墙基础都是直接砌筑在天然地基上的（图 5-47）。当地基承载力不足且墙趾处地形平坦时,为减小基底应力和增加抗倾覆稳定性,常采用扩大基础[图 5-47a)、b)];当地面陡峻而地基为完整坚实的岩石时,为节省圬工和基础开挖数量,可采用切割台阶基础[图 5-47c)];如局部地基软弱,挖基困难或需跨越沟涧时,可采用拱形基础[图 5-47d)]跨过。

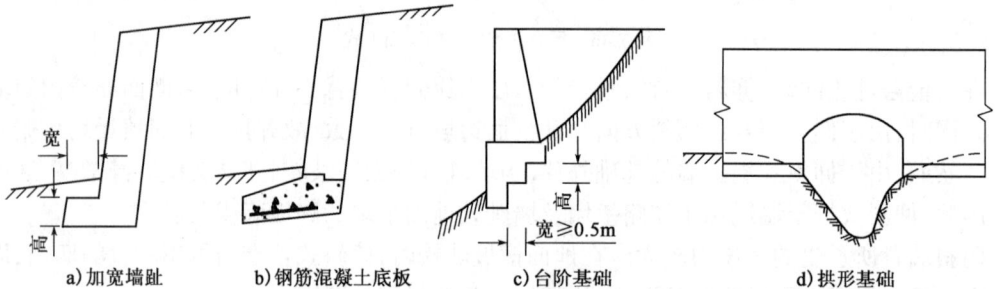

a)加宽墙趾　　　b)钢筋混凝土底板　　　c)台阶基础　　　d)拱形基础

图 5-47　挡土墙的基础形式

扩大基础是将墙趾或墙踵部分加宽成台阶,也可同时将两侧加宽,以增大承压面积,减小基底应力。台阶的宽度视基底应力需要减小的程度和加宽后的合力偏心距大小而定,一般不宜小于 0.2m。台阶高度按加宽部分的抗剪、抗弯和基础材料的扩散角（刚性角）要求确定。高宽比可采用 3:2 或 2:1。

当基底应力超出地基容许承载力过多时,基底需加宽的数值较大,台阶高度亦随之增加。为减小台阶高度,基础可改为钢筋混凝土底板。底板高度根据剪应力和主拉应力的要求确定。

切割台阶基础[图 5-47c)],每一台阶的宽度需要根据地形和地质条件而定,高宽比不宜大于 2:1。最下面一个台阶的底宽应满足偏心距的有关规定,一般不宜小于 1.5~2.0m。其余台阶的宽度不宜小于 0.5m,高度一般约为 1.0m。

（2）基础埋置深度

为保证挡土墙的稳定性,必须根据下列要求,将基础埋入地面以下适当深度。

①应保证基底土层的容许承载力大于基底可能出现的最大应力。不同深度的土层具有不同的承载力。基底应力分布因基础埋置深度不同而有所差异,埋入土中的基础,基底应力分布比置于地面的均匀。所以,将基础置于具有足够承载力的土层上,以避免地基产生剪切破坏,保证基础稳定。

②应保证基础不受冲刷。在墙前地基受水冲刷地段,如未采取专门的防冲刷措施,应将基

础埋到冲刷线以下,以免基底和墙趾前的土层被水淘蚀。

③在季节性冰冻地区,应将基础埋置到冰冻线以下,以防止地基因冻融而破坏。

对于上述要求,公路上的一般规定是:

①设置在土质地基上的挡土墙,基底埋置深度一般应在天然地面以下至少1.0m;受水冲刷时应在冲刷线以下至少1.0m;受冻胀影响时,应在冻结线以下不少于0.25m,当冻深超过1.0m时,仍采用1.25m,但基底应夯填一定厚度的砂砾或碎石垫层,垫层底面亦应位于冻结线以下不少于0.25m。

②设置在石质地基上的挡土墙,应清除表面风化层,当风化层厚难于全部清除时,可根据地基风化程度及其容许承载力,将基底埋入风化层中。基础嵌入岩层的深度,可参照表5-34确定。墙趾前地面横坡较陡时,基底埋深必须满足墙趾前的安全襟边宽度L,以防止地基剪切破坏。

挡土墙基础嵌入岩石地基深度表 表5-34

岩层种类	基础埋深h(m)	襟边宽度L(m)	嵌入示意图
较完整的坚硬岩石	0.25	0.25 ~ 0.5	
一般岩石(如砂页岩互层等)	0.6	0.6 ~ 1.5	
松散岩石(如千枚岩等)	1.0	1.0 ~ 2.0	
砂夹砾石	≥1.0	1.5 ~ 2.5	

在挡土墙位于地质不良地段,地基内可能出现滑动面时,应进行地基抗滑稳定性验算,将基底埋置在滑动面以下,或采用其他措施,防止挡土墙滑动。

3. 排水设施

挡土墙设计一般都以天然地基容许承载力和自然状态下墙背土体的土压力为依据。如排水不良,地基和墙背土体将由于水分增加而改变原来的状态,导致地基承载力降低和土压力增加。同时,当土体内水分过多时,将产生静水压力;在冰冻地区,还将产生冻胀压力;对黏性土,水分增加时将产生膨胀压力。显然,当附加的压力过大以致超出设计计算土压力,或地基承载力过分降低以致低于设计基底应力时,挡土墙的稳定性和强度难以保证。因此,设置有效排水设施对保证挡土墙稳定性和强度具有重要的意义。

挡土墙常用的排水设施可分为地面排水和墙身排水两部分。

地面排水主要是防止地表水渗入墙背土体或地基。主要措施包括:在墙后地面设置排水沟、夯实地表松土,必要时采取封闭处理;对路堑挡土墙墙趾前的边沟予以铺砌加固等。

墙身排水主要是为了迅速排除土内积水。其方法是在浆砌挡土墙墙身的适当高度处设置一排或数排泄水孔(图5-48),泄水孔尺寸一般为5cm×10cm、10cm×10cm、15cm×20cm的矩形孔,或直径为5 ~ 10cm的圆形孔。泄水孔间距一般为2 ~ 3m,干旱地区可适当增大,渗水量大时可适当加密。上下排泄水孔交错布置。为保证顺利泄水和避免墙外水流倒灌,泄水孔应向外侧倾斜,最下面一排泄水孔出口应高出地面或边沟、排水沟及积水地区的常水位0.3m。为防止水分渗入地基,最下面一排的底部需铺设30cm厚的黏土隔水层。泄水孔的进水口附近应设置粗粒料反滤层,以免孔道阻塞。当墙背透水性差或可能发生冻胀时,应在最低一排泄水孔至墙顶以下0.5m高度范围内铺设砂卵石排水层[图5-48c)]。

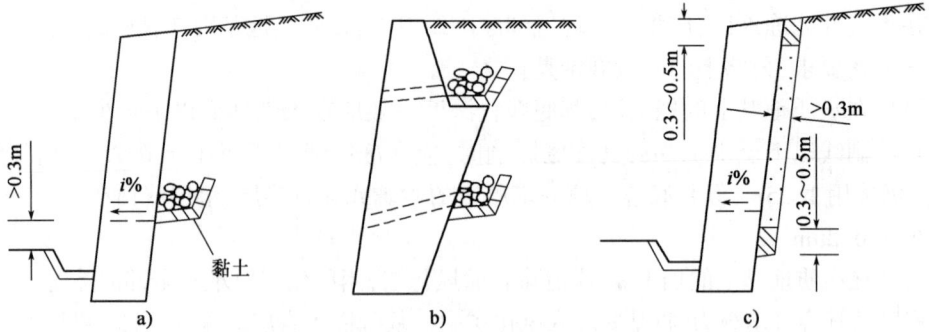

图5-48 挡土墙排水孔及反滤层的构造

4.沉降缝与伸缩缝

为防止墙身因地基不均匀沉降而引起断裂,需根据地基地质条件和墙高、墙身断面变化情况,设置沉降缝。为防止墙身因圬工砌体硬化收缩,或温度变化所产生的温度应力引起开裂,需设置伸缩缝。

设计时,一般将沉降缝和伸缩缝合并设置,统称为伸缩缝。沿路线方向每隔 $10 \sim 15m$ 设一道,缝宽 $2 \sim 3cm$,缝内可用胶泥填塞,但在渗水量大,填料容易流失或冻害严重地区,宜用沥青麻筋或涂以沥青的软木板等具有弹性的材料,沿内、外、顶三方填塞,填深不宜小于 $15cm$。当墙背为填石且冻害不严重时,可不填缝。

干砌挡土墙,缝的两侧应选用平整石料砌筑,使其成垂直通缝。

三、挡土墙的土压力计算

1.一般条件下的库仑(Coulomb)主动土压力计算

土压力是挡土墙设计的主要荷载。挡土墙的位移情况不同,可以形成不同性质的土压力(图5-49)。当挡土墙向外移动(位移或倾覆)时,土压力随之减少,直到墙后土体沿破裂面下滑而处于极限平衡状态,此时作用于墙背的土压力称为主动土压力;当墙向土体挤压移动,土压力随之增大,土体被推移向上滑动处于极限平衡状态,此时土体对墙的抗力称为被动土压力;墙处于原来位置不动时,土压力介于两者之间,称为静止土压力。采用哪种性质的土压力作为挡土墙设计荷载,要根据挡土墙的具体条件而定。

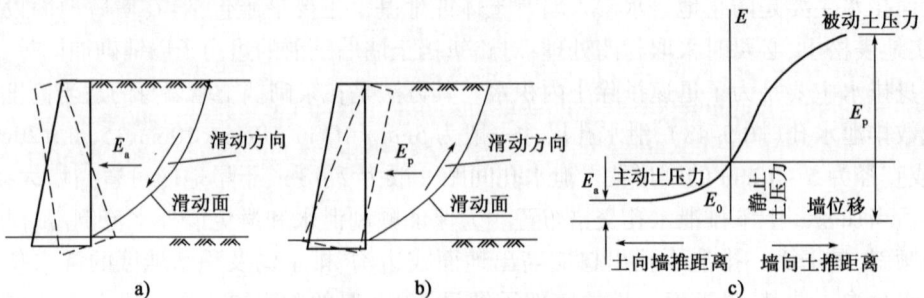

图5-49 三种不同性质的土压力

路基挡土墙一般都可能有向外的位移或倾覆。因此,在设计中按墙背土体达到主动极限平衡状态,且设计时取一定的安全系数,以保证墙背土体的稳定。对于墙趾前的被动土压力

E_p,在挡土墙基础一般埋深的情况下,考虑到各种自然力和人畜活动的作用,一般均不计,以偏于安全。

主动土压力计算的理论和方法,在土力学中已有专门论述,这里仅结合路基挡土墙的设计,介绍库仑土压力的计算方法和具体应用。

(1)库仑理论的基本假设

库仑理论的基本假定是:

①当挡土墙向前滑移时(图5-50),墙后土体将形成一个沿墙背 AB 和破裂平面 BC 向下滑动的破裂棱体 ABC(或称土楔),此时土楔处于主动应力状态。

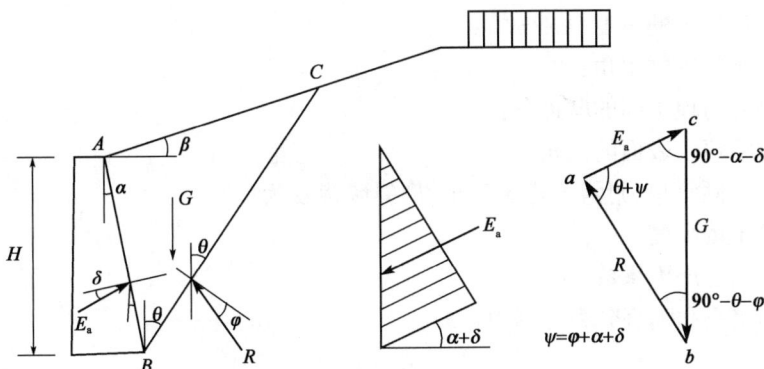

图5-50 库仑主动土压力计算

②墙后土体为均质松散颗粒,粒间仅有摩阻力而无黏结力存在。挡土墙和土楔都是无压缩或拉伸变形的刚体。

③土楔刚形成时,土楔在自重 G 与墙背反力 E_a 及破裂面反力 R 的作用下保持静力平衡,故土体处于极限平衡状态。由于土楔与墙背和破裂面间有摩阻力,故 E_a 和 R 分别与各自的作用面的法线成 δ 角(墙背与土体间的摩阻角,简称外摩阻角)和 φ 角(土的内摩阻角)。

(2)各种边界条件下的库仑主动土压力计算

根据上述假定,即可推得不同边界条件下,计算挡土墙土压力的基本公式。

现以破裂面交于路基内边坡的边界条件为例,介绍库仑理论计算土压力的原理(图5-50)。

图5-50 中 AB 为挡土墙的墙背,BC 与破裂面,BC 与铅垂线的夹角 θ 为破裂角,ABC 为破裂棱体。棱体上作用着 3 个力,即破裂棱体自重 G、主动土压力的反力 E_a 和破裂面上的反力 R。E_a 的方向与墙背法线成 δ 角,且偏于阻止棱体下滑的方向;R 的方向与破裂面法线成 φ 角,且偏于阻止棱体下滑的方向。根据力平衡原理,G、E_a 和 R 构成一矢量三角形 abc。取挡土墙长度为1m计算,从作用于破裂棱体上的平衡力三角形 abc,按正弦定理可得:

$$E_a = \frac{\sin(90^\circ - \theta - \varphi)}{\sin(\theta + \psi)} \cdot G = \frac{\cos(\theta + \varphi)}{\sin(\theta + \psi)} \cdot G \tag{5-41}$$

式中:$\psi = \varphi + \alpha + \delta$。

当参数 δ、φ、α、β 固定时,E_a 随破裂面的位置而变化,即 E_a 是破裂角 θ 的函数。为求得最大土压力 E_a,首先要求得对应于最大土压力的破裂角 θ。取 $\mathrm{d}E_a/\mathrm{d}\theta = 0$ 得:

$$P\tan^2\theta + Q \cdot \tan\theta + R = 0$$

$$\tan\theta = \frac{-Q \pm \sqrt{Q^2 - 4PR}}{2P} \tag{5-42}$$

式中：$P = \cos\alpha \cdot \sin\beta \cdot \cos(\psi - \varphi) - \sin\varphi \cdot \cos\psi \cdot \cos(\alpha - \beta)$；

$\quad\quad Q = \cos(\alpha - \beta) \cdot \cos(\psi + \varphi) - \cos(\psi - \varphi) \cdot \cos(\alpha + \delta)$；

$\quad\quad R = \cos\varphi \cdot \sin\psi \cdot \cos(\alpha - \beta) - \sin\alpha \cdot \cos(\psi - \varphi) \cdot \cos\beta$。

将式(5-42)求得的 θ 值代入式(5-41)，即可求得最大主动压力 E_a 值，即

$$
\begin{aligned}
E_a &= \frac{1}{2}\gamma H^2 K_a \\
&= \frac{1}{2}\gamma H^2 \frac{\cos^2(\varphi - \alpha)}{\cos^2\alpha \cdot \cos(\alpha + \delta)\left[1 + \sqrt{\dfrac{\sin(\varphi + \delta) \cdot \sin(\varphi - \beta)}{\cos(\alpha + \delta) \cdot \cos(\alpha - \beta)}}\right]^2}
\end{aligned}
\tag{5-43}
$$

式中：γ——墙后填土的重度（kN/m^3）；

$\quad\quad \varphi$——填土的内摩阻角；

$\quad\quad \delta$——墙背与填土间的摩擦角；

$\quad\quad \beta$——墙后填土表面的倾角；

$\quad\quad \alpha$——墙背倾斜角，俯斜墙背 α 为正，仰斜墙背 α 为负；

$\quad\quad H$——挡土墙高度（m）；

$\quad\quad K_a$——主动土压力系数。

土压力的水平和垂直分力分别为：

$$
\left.\begin{aligned}
E_x &= E_a \cdot \cos(\alpha + \delta) \\
E_y &= E_a \cdot \sin(\alpha + \delta)
\end{aligned}\right\}
\tag{5-44}
$$

填土的内摩阻角应进行墙后填料的土质试验，确定填料的物理力学指标，当缺乏可靠试验数据时，填料内摩擦角 φ 可参照表 5-35 选用。

填料内摩擦角或综合内摩擦角（单位：°）　　　　表 5-35

填 料 种 类		综合内摩擦角 φ_0	内摩擦角 φ	重度（kN/m^3）
黏性土	墙高 $H \leqslant 6m$	35 ~ 40	—	17 ~ 18
	墙高 $H > 6m$	30 ~ 35		
碎石、不易风化的块石		—	45 ~ 50	18 ~ 19
大卵石、碎石类土、不易风化的岩石碎块		—	40 ~ 45	18 ~ 19
小卵石、砾石、粗砂、石屑		—	35 ~ 40	18 ~ 19
中砂、细砂、砂质土		—	30 ~ 35	17 ~ 18

注：填料重度可根据实测资料作适当修正，计算水位以下的填料重度采用浮重度。

墙背与填土间的摩擦角（外摩擦角）δ 与墙背的粗糙度、填料的内摩擦角和墙后排水等因素有关。如墙背光滑且排水不良时取 $(0 \sim 1/3)\varphi$，墙背很粗糙且排水良好时取 $(1/2 \sim 2/3)\varphi$。

因路基形式和荷载分布的不同，土压力有多种计算图式，一种计算图示即为一种边界条件。按照荷载横向分布与破裂棱体相对位置的不同，有 3 种情况，即局部荷载位于破裂棱体上、全部荷载位于破裂棱体上和破裂棱体上无荷载。如果以填方路基的路堤墙为准，路肩墙又是路堤墙的变换。这些不同边界条件下的挡土墙的主动土压力，可用上述类似的方法求得。表 5-36 列出了几种边界条件下的土压力计算公式供参考。

表 5-36

主动土压力计算公式

编号	类型	计算图式及土压应力分布图形	计 算 公 式
1	路堑墙或路堤墙墙后填土表面为平面，无荷载		破裂角：$\theta = 90° - \varphi - \varepsilon$ $\tan\varepsilon = \dfrac{\sqrt{\tan(\varphi-\beta)\left[\tan(\varphi-\beta)+\cot(\varphi-\alpha)\right]\left[1+\tan(\varphi-\delta)\cot(\varphi-\alpha)\right]}-\tan(\varphi-\beta)}{1+\tan(\varphi-\delta)\left[\tan(\varphi-\beta)+\cot(\varphi-\alpha)\right]}$ 主动土压力：$E=\dfrac{1}{2}\gamma H^2 K$，$E_x = E\cos(\alpha+\delta)$，$E_y = E\sin(\alpha+\delta)$ 主动土压力系数：$K=\dfrac{\cos^2(\varphi-\alpha)}{\cos^2\alpha\cos(\alpha+\delta)\left[1+\sqrt{\dfrac{\sin(\varphi+\delta)\sin(\varphi-\beta)}{\cos(\alpha+\delta)\cos(\alpha-\beta)}}\right]^2}$ 土压力作用点：$Z_y=\dfrac{1}{3}H$，$Z_x = B - Z_y\tan\alpha$
2	墙后填土表面为折面，破裂面交于路肩		$\tan\theta = -\tan\psi \pm \sqrt{(\cot\varphi+\tan\psi)(\tan\psi+A)}$，$\psi=\varphi+\alpha+\delta$ $A=\dfrac{ab-H(H+2a)\tan\alpha}{(H+a)^2}$ $E=\dfrac{1}{2}\gamma H^2 KK_1$，$E_x=E\cos(\alpha+\delta)$，$E_y=E\sin(\alpha+\delta)$，$K_1=1+\dfrac{2a}{H}\left(1-\dfrac{h_3}{2H}\right)$ $K=\dfrac{\cos(\theta+\varphi)}{\sin(\theta+\psi)}(\tan\theta+\tan\alpha)$，$Z_x=B-Z_y\tan\alpha$ $h_3=\dfrac{b-a\tan\theta}{\tan\theta+\tan\alpha}$，$Z_y=\dfrac{H}{3}+\dfrac{a(H-h_3)^2}{3H^2 K_1}$

道路工程（第4版）

续上表

编号	类型	计算图式及土压应力分布图形	计算公式
3	墙后填土表面为折面，破裂面交于荷载内		$\tan\theta = -\tan\psi \pm \sqrt{(\cot\varphi + \tan\psi)(\tan\psi + A)}$, $\psi = \varphi + \alpha + \delta$ $A = \dfrac{ab + 2h_0(b+d) - H(H+2a+2h_0)\tan\alpha}{(H+a)(H+a+2h_0)}$ $E = \dfrac{1}{2}\gamma H^2 K K_1$, $E_x = E\cos(\alpha+\delta)$, $E_y = E\sin(\alpha+\delta)$ $K = \dfrac{\cos(\theta+\varphi)}{\sin(\theta+\psi)}(\tan\theta + \tan\alpha)$, $K_1 = 1 + \dfrac{2a}{H}\left(1 - \dfrac{h_3}{2H}\right) + \dfrac{2h_0 h_4}{H^2}$ $h_1 = \dfrac{d}{\tan\theta + \tan\alpha}$, $h_3 = \dfrac{b - a\tan\alpha}{\tan\theta + \tan\alpha}$, $h_4 = H - h_1 - h_3$ $Z_y = \dfrac{H}{3} + \dfrac{a(H-h_3)^2 + h_0 h_4(3h_4 - 2H)}{3H^2 K_1}$, $Z_x = B - Z_y\tan\alpha$
4	墙后填土表面为折面，破裂面交于荷载外		$\tan\theta = -\tan\psi \pm \sqrt{(\cot\varphi + \tan\psi)(\tan\psi + A)}$, $\psi = \varphi + \alpha + \delta$ $A = \dfrac{ab - 2b_0 h_0 - H(H+2a)\tan\alpha}{(H+a)^2}$ $E = \dfrac{1}{2}\gamma H^2 K K_1$, $E_x = E\cos(\alpha+\delta)$, $E_y = E\sin(\alpha+\delta)$ $K = \dfrac{\cos(\theta+\varphi)}{\sin(\theta+\psi)}(\tan\theta + \tan\alpha)$, $K_1 = 1 + \dfrac{2a}{H}\left(1 - \dfrac{h_3}{2H}\right) + \dfrac{2h_0 h_2}{H^2}$ $h_1 = \dfrac{d}{\tan\theta + \tan\alpha}$, $h_2 = \dfrac{b_0}{\tan\theta + \tan\alpha}$, $h_3 = \dfrac{b - a\tan\theta}{\tan\theta + \tan\alpha}$, $h_4 = H - h_1 - h_2 - h_3$ $Z_y = \dfrac{H}{3} + \dfrac{a(H-h_3)^2 + h_0 h_2(3h_2 + 6h_4 - 2H)}{3H^2 K_1}$, $Z_x = B - Z_y\tan\alpha$

注：1. 在第2、3、4三种情况中，取α=0，可得路肩墙的计算式。

2. 应用本表各式时，仰斜墙背，α取负值；俯斜墙背，α取正值；垂直墙背，α=0。

3. 破裂角公式中的 $\pm\sqrt{(\cot\varphi+\tan\psi)(\tan\psi+A)}$ 项，ψ<90°时，取正号；ψ>90°时，取负号。

156

在用不同边界条件下,土压力公式计算某一边界条件下的挡土墙土压力 E_a 时,先要求出破裂角 θ,即首先确定产生最大土压力的破裂面。这一破裂面将按哪一种边界条件出现,事先并不知道,因此必须试算。计算时可先假定破裂面交于路基的位置(一般是先假定交于荷载中部),按此图式及选择其相应的计算公式算出 θ 角,再与原假定的破裂面位置(边界条件)相比较,看是否相符。如与假定不符,根据计算的 θ 角重新假定破裂面位置,按相应的公式重复上述计算,直至相符为止。最后根据此破裂角计算最大主动土压力。在个别情况下,可能出现验证与假定不符,改变图式后仍然不符,此时可假定破裂面交于两种边界条件的分界点(例如交于荷载边缘)来计算破裂角。

2. 大俯角墙背的主动土压力计算

在挡土墙设计中,往往会遇到俯斜墙背很缓,即墙背倾角 α 很大的情况,如折线形挡土墙上墙墙背、悬臂式挡土墙和衡重式挡土墙的上墙假想墙背(图 5-51)。当墙后土体达到主动极限平衡状态时,破裂棱体并不沿墙背或假想墙背 CA 滑动,而是沿着土体的另一裂面 CD 滑动,CD 即称为第二破裂面;α_i 和 θ_i 为相应的破裂角,远离墙的破裂面 CF 称为第一破裂面。这时,挡土墙承受着作用于第二破裂面上的土压力 E_a,E_a 是 α_i 和 θ_i 的函数。而 E_x 是 E_a 的水平分力,因此可以列出以下函数关系:

$$E_x = f(\alpha_i, \theta_i) \tag{5-45}$$

为了确定最不利的破裂角 α_i 和 θ_i 及相应的主动土压力值,可以求解下列偏微分方程组:

$$\left.\begin{array}{l} \dfrac{\partial E_x}{\partial \alpha_i} = 0 \\[3mm] \dfrac{\partial E_x}{\partial \theta_i} = 0 \end{array}\right\} \tag{5-46}$$

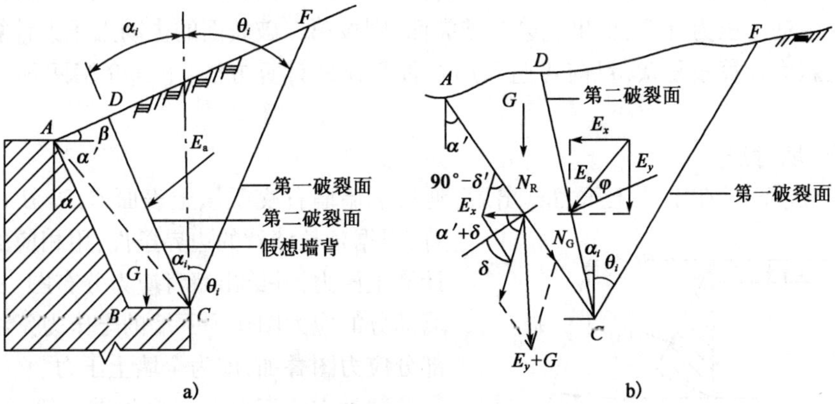

图 5-51 出现第二破裂面的土压力计算

并满足下列条件:

$$\left.\begin{array}{l} \dfrac{\partial^2 E_x}{\partial \alpha_i^2} < 0 \\[3mm] \dfrac{\partial^2 E_x}{\partial \theta_i^2} < 0 \\[3mm] \dfrac{\partial^2 E_x}{\partial \alpha_i^2} \cdot \dfrac{\partial^2 E_x}{\partial \theta_i^2} - \left(\dfrac{\partial^2 E_x}{\partial \alpha_i \cdot \partial \theta_i}\right)^2 > 0 \end{array}\right\} \tag{5-47}$$

出现第二破裂面的条件是：

（1）墙背或假想墙背的倾角 α 或 α' 大于第二破裂面倾角 α_i。

（2）在墙背或假想墙背上产生的抗滑力 N_R 大于其下滑力 N_G，使破裂棱体不会沿墙背或假想墙背下滑。

第二个条件的又一表达方式为：作用于墙背或假想墙背上的土压力对墙背法线的倾角 δ' 小于或等于墙背摩擦角 δ。

一般，为避免土压力过大，俯斜式挡土墙很少采用平缓式背坡，故不易出现第二破裂面。衡重式的上墙或悬臂式挡土墙，因系假想墙背，$\delta = \varphi$，只要满足第一个条件，即出现第二破裂面，设计时应首先加以判别，然后再用相应的公式计算土压力。其做法是先拟定两组破裂面，按相应公式算出 θ_i，以确定第一破裂面的位置，如与假定相符，再按与此边界条件相对应的公式计算 α_i；如 $\alpha_i > \alpha'$，表明不会出现第二破裂面，应按一般库仑公式计算土压力；如 $\alpha_i < \alpha'$，表明有第二破裂面出现，应按出现第二破裂面的库仑公式计算土压力。表 5-37 列出了各种边界条件下的第二破裂面土压力计算公式，供设计应用参考。

3. 折线形墙背的土压力计算

凸形墙背的挡土墙和衡重式挡土墙，其墙背不是一个平面而是折面，称为折线形墙背。对这类墙背，以墙背转折点或衡重台为界，分成上墙与下墙，分别按库仑方法计算主动土压力，然后取两者的矢量和作为全墙的土压力。

计算上墙土压力时，不考虑下墙的影响，按俯斜墙背计算土压力。衡重式挡土墙的上墙，由于衡重台的存在，通常都将墙顶内缘和衡重台后缘的连线作假想墙背，假想墙背与实际墙背间的土楔假定与实际墙背一起移动。计算时先按墙背倾角 α 或假想墙背倾角 α' 是否大于第二破裂角 α_1 进行判定，如不出现第二破裂面，应以实际墙背或假想墙背为边界条件，按一般直线墙背库仑主动土压力计算；如出现第二破裂面，则按第二破裂面的主动土压力计算。

下墙土压力计算较复杂，目前普遍采用各种简化的计算方法，下面介绍两种常用的计算方法：

（1）延长墙背法

如图 5-52 所示，在上墙土压力算出后，延长下墙墙背交于填土表面 C，以 $B'C$ 为假想墙背，根据延长墙背的边界条件，用相应的库仑公式计算土压力，并给出墙背应力分布图，从中截取下墙部分的应力图作为下墙的土压力。将上下墙两部分应力图叠加，即为全墙土压力。

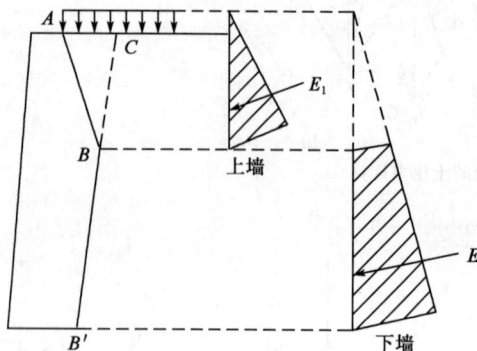

图 5-52　延长墙背法

这种方法存在着一定误差。第一，忽略了延长墙背与实际墙背之间的土楔及荷载重，但考虑了在延长墙背和实际墙背上土压力方向不同而引起的垂直分力差，虽然两者能相互补偿，但未必能相抵消。第二，绘制土压应力图形时，假定上墙破裂面与下墙破裂面平行，但大多数情况下两者是不平行的，由此存在计算下墙土压力所引起的误差。以上误差一般偏于安全，由于此法计算简便，至今仍被广泛采用。

各种边界条件下出现第二破裂面时的主动土压力计算公式

表 5-37

编号	类型	计算图式及土压力分布图形	破裂角计算公式	主动土压力及土压力系数计算公式
1	路肩墙破裂面交于面载内		$\alpha_i = \theta_i = 45° - \dfrac{\varphi}{2}$	$E_1 = \dfrac{1}{2}\gamma H_1^2 KK_1,\ E_{1x} = E_1\cos(\alpha_i+\varphi),\ E_{1y} = E_1\sin(\alpha_i+\varphi)$ $K = \dfrac{\tan^2\left(45° - \dfrac{\varphi}{2}\right)}{\cos\left(45° + \dfrac{\varphi}{2}\right)},\ K_1 = 1 + \dfrac{2h_0}{H_1},\ Z_{1y} = \dfrac{H_1}{3} + \dfrac{h_0}{3K_1}$
2	路肩墙第一破裂面交于荷载外缘		$\tan\theta_i = \dfrac{b_0}{H_1} - \tan\alpha'_1$	$E_1 = \dfrac{1}{2}\gamma H_1^2 KK_1,\ E_{1x} = E_1\cos(\alpha_i+\varphi)$ $E_{1y} = E_1\sin(\alpha_i+\varphi),\ K = \dfrac{\cos(\theta_i+\varphi)}{\sin(\theta_i+\alpha_i+2\varphi)}(\tan\theta_i+\tan\alpha_i)$ $K_1 = 1 + \dfrac{2h_0}{H_1},\ Z_{1y} = \dfrac{H_1}{3} + \dfrac{h_0}{3K_1}$
3	路肩墙第一破裂面交于荷载外		$\tan\theta_i = -Q \pm \sqrt{Q^2 - R}\quad Q = p\csc 2\varphi - \cot 2\varphi$ $p = \sqrt{1 + \dfrac{2h_0}{H_1}}$ $R = \cot\varphi\cot\varphi + \dfrac{1}{2}\csc^2\varphi\ \cdot$ $\left[p^2 + \tan\varphi\left(\dfrac{2b_0 h_0}{H_1} - \dfrac{2h_0}{H_1}\cot\alpha'_1\right) - 2p\right]$ $\tan\alpha_i = \left(1 - \dfrac{1}{p}\right)\cot\varphi + \dfrac{\tan\theta_i}{p}$	$E_1 = \dfrac{1}{2}\gamma H_1^2 KK_1,\ E_{1x} = E_1\cos(\alpha_i+\varphi)$ $E_{1y} = E_1\sin(\alpha_i+\varphi),\ K = \dfrac{\cos(\theta_i+\varphi)}{\sin(\theta_i+\alpha_i+2\varphi)}(\tan\theta_i+\tan\alpha_i)$ $K_1 = 1 + \dfrac{2h_0 h_2}{H_1^2},\ h_2 = \dfrac{b_0 - H_1(\tan\alpha'_1 - \tan\alpha_i)}{\tan\alpha_i + \tan\alpha_i}$ $Z_{1y} = \dfrac{H_1}{3} + \dfrac{h_0 h_2(4H_1 - 3h_2)}{3H_1^2 K_1}$
4	路堤墙路肩墙第一破裂面交于边坡		$\theta_i = \dfrac{1}{2}(90° - \varphi) + \dfrac{1}{2}(\varepsilon - \beta)$ $\alpha_i = \dfrac{1}{2}(90° - \varphi) - \dfrac{1}{2}(\varepsilon - \beta)$ $\varepsilon = \arcsin\dfrac{\sin\beta}{\sin\varphi}$	$E_1 = \dfrac{1}{2}\gamma H_1'^2 KK_1,\ E_{1x} = E_1\cos(\alpha_i+\varphi),\ E_{1y} = E_{1y}\sin(\alpha_i+\varphi)$ $K = \dfrac{\cos^2(\varphi-\beta)}{\cos^2\varphi\cos(\alpha_i+\varphi)}\left[1 + \sqrt{\dfrac{\sin 2\varphi\sin(\varphi-\beta)}{\cos(\alpha_i+\varphi)\cos(\alpha_i-\beta)}}\right]^2$ $H_1' = H_1\dfrac{1+\tan\alpha'_1\tan\beta}{1+\tan\alpha_i\tan\beta},\ Z_{1y} = \dfrac{1}{3}H_1'$

续上表

编号	类型	计算图式及土压力分布图形	破裂角计算公式	主动土压力及土压力系数计算公式
5	路堤墙第一破裂面交于路肩		$$\tan\theta_i = -Q \pm \sqrt{Q^2 - R}$$ $$Q = \frac{h''}{H_0}\csc(2\varphi+\beta) - \cot(2\varphi+\beta)$$ $$R = \cot\varphi\cot(2\varphi+\beta) + \frac{h''^2\cos(\varphi+\beta)}{H_0^2\sin\varphi\sin(2\varphi+\beta)} \cdot$$ $$\left\{1 + \frac{H_0^2}{h''^2}\tan(\varphi+\beta) - \left[\frac{2h''}{H_0\sin\beta} - \cot\beta - \frac{h''^2}{H_0^2}\cot\beta\right] - \frac{2H_0\cos\varphi}{h''\cos(\varphi+\beta)}\right\}$$ $$\tan(\alpha_i - \beta) = \cot(\varphi+\beta) - \frac{H_0\cos\varphi}{h''\cos(\varphi+\beta)}(1 - \tan\varphi\tan\theta_i)$$ $$h'' = H_1\sin\beta(\cot\beta + \tan\theta_i)$$	$$E_1 = \frac{1}{2}\gamma H_1^2 K K_1, \quad E_{1x} = E_1\cos(\alpha_i + \varphi)$$ $$E_{1y} = E_1\sin(\alpha_i + \varphi)$$ $$K = \frac{\cos(\theta_i + \varphi)}{\sin(\theta_i + \alpha_i + 2\varphi)}(\tan\theta_i + \tan\alpha_i)$$ $$K_1 = 1 + \frac{2a'}{H_1'}\left(1 - \frac{h_3}{2H_1'}\right)$$ $$H_1' = H_1\frac{1 + \tan\alpha_i'\tan\beta}{1 + \tan\alpha_i\tan\beta}, \quad a' = H_0 - H_1'$$ $$b' = a'\cot\beta, \quad h_3 = \frac{b' - a'\tan\theta_i}{\tan\theta_i + \tan\alpha_i}$$ $$Z_{1y} = \frac{H_1'}{3} + \frac{a'(H_1' - h_3)^2}{3H_1'^2 K_1}$$
6	路堤墙第一破裂面交于荷载内		$$\tan\theta_i = -Q \pm \sqrt{Q^2 - R}$$ $$Q = \frac{h''}{pH_0}\csc(2\varphi+\beta) - \cot(2\varphi+\beta)$$ $$p = \sqrt{1 + \frac{2h_0}{H_0}}$$ $$R = \cot\varphi\cot(2\varphi+\beta) + \frac{h''^2\cos(\varphi+\beta)}{p^2 H_0^2\sin\varphi\sin(2\varphi+\beta)} \cdot$$ $$\left\{1 + \frac{H_0^2}{h''^2}\tan(\varphi+\beta) - \left[\frac{2h''}{H_0\sin\beta} - \cot\beta - \frac{h''^2}{H_0^2}\cot\beta\right] - \frac{2h_0}{H_0}\left(\cot\beta - \frac{h''}{H_0\sin\beta} + \frac{d}{H_0}\right)\right\}$$ $$\tan(\alpha_i - \beta) = \cot(\varphi+\beta) - \frac{pH_0\cos\varphi}{h''\cos(\varphi+\beta)}\left(1 - \tan\varphi\tan\alpha_i'\right)$$ $$h'' = H_1\sin\beta(\cot\beta + \tan\theta_i)$$	$$E_1 = \frac{1}{2}\gamma H_1^2 K K_1, \quad E_{1x} = E_1\cos(\alpha_i + \varphi)$$ $$E_{1y} = E_1\sin(\alpha_i + \varphi)$$ $$K = \frac{\cos(\theta_i + \varphi)}{\sin(\theta_i + \alpha_i + 2\varphi)}(\tan\theta_i + \tan\alpha_i)$$ $$K_1 = 1 + \frac{2a'}{H_1'}\left(1 - \frac{h_3}{2H_1'}\right) + \frac{2h_0 h_4}{H_1'^2}$$ $$H_1' = H_1\frac{1 + \tan\alpha_i'\tan\beta}{1 + \tan\alpha_i\tan\beta}, \quad a' = H_0 - H_1'$$ $$b' = a'\cot\beta, \quad h_3 = \frac{b' - a'\tan\theta_i}{\tan\theta_i + \tan\alpha_i}$$ $$h_1 = \frac{d}{\tan\theta_i + \tan\alpha_i}, \quad h_4 = H_1' - h_3 - h_1$$ $$Z_{1y} = \frac{H_1'}{3} + \frac{a'(H_1' - h_3)^2 + h_0 h_4(3h_4 - 2H_1')}{3H_1'^2 K_1}$$

续上表

编号	类型	计算图式及土压力分布图形	破裂角计算公式	主动土压力及土压力系数计算公式
7	路堤墙第一破裂面交于荷载外边缘	(图)	$\tan\theta_i$ 按几何尺寸求 $\tan(\alpha_i - \beta) = \tan\psi_1 \pm$ $\sqrt{\tan\psi_1\left[\tan\psi_1 + \cot(\varphi + \beta) - \dfrac{H_0^2}{h''^2} - p\dfrac{pH_0^2}{h''^2}\right] - \dfrac{pH_0^2}{h''^2}\cdot\cot(\varphi + \beta)}$ $p = \dfrac{h''}{H_0}\cdot\dfrac{1}{\sin\beta} - \dfrac{h''^2}{H_0^2}\cot\beta + \dfrac{2b_0 h_0}{H_0^2} + \dfrac{d + b_0}{H_0}$ $\psi_1 = 2\varphi + \theta_i + \beta$ $h'' = H_1\sin\beta(\cot\beta + \tan\alpha'_i)$	$E_1 = \dfrac{1}{2}\gamma H'^2 KK_1,\ E_{1x} = E_1\cos(\alpha_i + \varphi)$ $E_{1y} = E_1\sin(\alpha_i + \varphi)$ $K = \dfrac{\cos(\theta_i + \varphi)}{\sin(\theta_i + \alpha_i + 2\varphi)}(\tan\theta_i + \tan\alpha_i)$ $K_1 = 1 + \dfrac{2a'}{H'_1}\left(1 - \dfrac{h_3}{2H'_1}\right) + \dfrac{2h_0 h_2}{H'^2_1}$ $H'_1 = H_1\dfrac{1 + \tan\alpha'_i\tan\beta}{1 + \tan\alpha_i\tan\beta},\ a' = H_0 - H'_1,\ b' = a'\cot\beta$ $h_3 = \dfrac{b_0}{\tan\theta_i + \tan\alpha_i},\ h_2 = \dfrac{b' - a'\tan\theta_i}{\tan\theta_i + \tan\alpha_i}$ $Z_{1y} = \dfrac{H'_1}{3} + \dfrac{a'(H'_1 - h_3)^2 + h_0 h_2(3h_2 - 2H'_1)}{3H'^2_1 K_1}$
8	路堤墙第一破裂面交于荷载外边缘外	(图)	$\tan\theta_i = -Q \pm \sqrt{Q^2 - R}$ $Q = \dfrac{h''}{pH_0}\csc(2\varphi) - \cot(2\varphi + \beta)$ $R = \cot\varphi\cot(2\varphi + \beta) + \dfrac{h''^2\cos(\varphi + \beta)}{H_0^2\sin\varphi\sin(2\varphi + \beta)}\cdot$ $\left\{\left(1 + \dfrac{H_0^2}{h''^2}\tan(\varphi + \beta) + \dfrac{2b_0 h_0}{H_0^2}\right)\left[\dfrac{2h''}{H_0\sin\varphi}\right] - \dfrac{2H_0\cos\varphi}{h''\cos(\varphi + \beta)}\right\}$ $\dfrac{h''^2}{H'^2_1}\cot\beta + \dfrac{2b_0 h_0}{H_0^2}\right\} - \dfrac{H_0\cos\varphi}{h''\sin(\varphi + \beta)}(1 - \tan\varphi\tan\theta_i)$ $h'' = H_1\sin\beta(\cot\beta + \tan\alpha'_i)$	$E_1 = \dfrac{1}{2}\gamma H_1'^2 KK_1,\ E_{1x} = E_1\cos(\alpha_i + \varphi)$ $E_{1y} = E_1\sin(\alpha_i + \varphi)$ $K = \dfrac{\cos(\theta_i + \varphi)}{\sin(\theta_i + \alpha_i + 2\varphi)}(\tan\theta_i + \tan\alpha_i)$ $K_1 = 1 + \dfrac{2a'}{H'_1}\left(1 - \dfrac{h_3}{2H'_1}\right) + \dfrac{2h_0 h_2}{H'^2_1}$ $H'_1 = H_1\dfrac{1 + \tan\alpha'_i\tan\beta}{1 + \tan\alpha_i\tan\beta},\ a' = H_0 - H'_1,\ b' = a'\cot\beta$ $h_3 = \dfrac{b_0}{\tan\theta_i + \tan\alpha_i},\ h_2 = \dfrac{b' - a'\tan\theta_i}{\tan\theta_i + \tan\alpha_i}$ $h_1 = \dfrac{d}{\tan\theta_i + \tan\alpha_i},\ h_4 = \dfrac{a'(H'_1 - h_3)^2 + h_0 h_2(6h_4 + 3h_2 - 2H'_1)}{3H'^2_1 K_1}$ $Z_{1y} = \dfrac{H'_1}{3} +$

（2）力多边形法

在墙背土体处于极限平衡条件下，作用于破裂棱体上的诸力，应构成矢量闭合的力多边形。在算得上墙土压力 E_1 后，就可给出下墙任一破裂面力多边形。利用力多边形来推求下墙土压力，这种方法叫力多边形法，如图 5-53 所示。

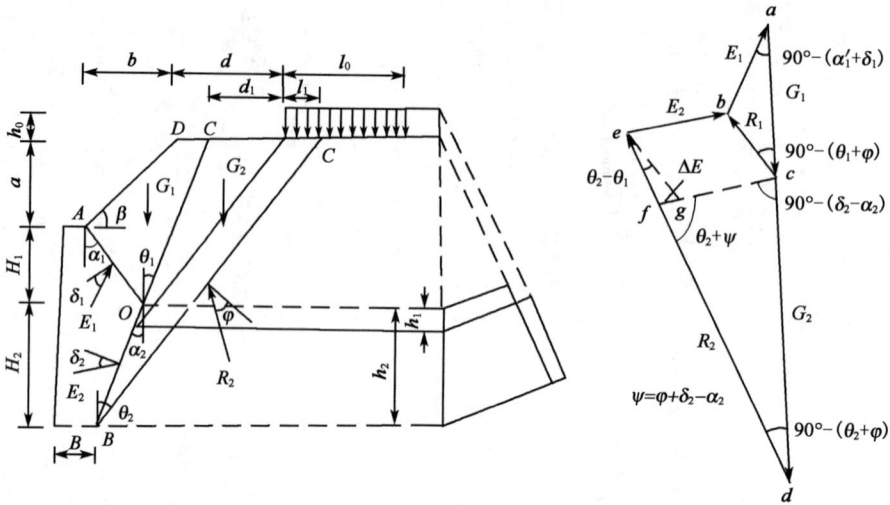

图 5-53　力多边形法

按力多边形法推导的下墙土压力计算公式见表 5-38。

4.等代均布土层厚度

作用于墙后破裂棱体上的车辆荷载，在土体中产生附加的竖向应力，从而产生附加的侧向压力。考虑到这种影响，可将车辆荷载近似地按均布荷载考虑，换算成重度与墙后填料相同的均布土层。

《公路路基设计规范》（JTG D30—2015）规定采用式（5-48）计算：

$$h_0 = \frac{q}{\gamma} \tag{5-48}$$

式中：h_0——等代均布土层厚度（换算土层厚度）（m）；

$\quad q$——车辆荷载附加荷载强度，墙高小于 2m，取 q 为 $20kN/m^2$；墙高大于 10m，取 q 为 $10kN/m^2$；墙高在 2～10m 之间时，q 值按直线内插法计算。

作用于墙顶或墙后填土上的人群荷载强度规定为 $3kN/m^2$，作用于挡土墙栏杆顶的水平推力采用 0.75kN/m，作用于栏杆扶手上的竖向力采用 1kN/m。

5.作用在挡土墙上的荷载及荷载组合

施加于挡土墙的作用（或荷载），按性质分列于表 5-39。作用在一般地区挡土墙上的力，可只计算永久作用（或荷载）和基本可变作用（或荷载），浸水地区、地震动峰值加速度值为 $0.2g$ 及以上的地区、产生冻胀力的地区等，尚应计算其他可变作用（或荷载）和偶然作用（或荷载）。常用作用（或荷载）组合可按表 5-40 进行。

各种边界条件下折线形挡土墙下墙土压力计算公式

表 5-38

编号	类型	计算图式及土压应力分布图形	计 算 公 式
1	路堤墙或路肩墙上墙第一破裂面交于路肩，下墙破裂面交于荷载内		破裂角：$\tan\theta_2 = -\tan\psi \pm \sqrt{(\cot\varphi + \tan\psi)(\tan\psi + A)}$，$\psi = \varphi + \alpha_2 + \delta_2$，$A = \dfrac{2d'h_0}{H_2(H_2 + 2H_0 + 2h_0)} - \tan\alpha_2$ 主动土压力：$E_2 = \dfrac{1}{2}\gamma H_2^2 KK_1$，$E_{2x} = E_2\cos(\alpha_2 + \delta_2)$，$E_{2y} = E_2\sin(\alpha_2 + \delta_2)$ 土压力系数：$K = \dfrac{\cos(\theta_2 + \varphi)}{\sin(\theta_2 + \psi)}(\tan\theta_2 + \tan\alpha_2)$，$K_1 = 1 + \dfrac{2H_0}{H_2} + \dfrac{2h_0 h_4}{H_2^2}$ $h_1 = \dfrac{d'}{\tan\theta_2 + \tan\alpha_2}$，$h_4 = H_2 - h_1$，$d' = b + d - H_1\tan\alpha_1' - H_0\tan\theta_1$ 土压力作用点：$Z_{2y} = \dfrac{H_2}{3} + \dfrac{H_0}{3K_1} - \dfrac{h_0 h_4(2H_2 - 3h_4)}{3H_2^2 K_1}$，$Z_{2x} = B - Z_{2y}\tan\alpha_2$
2	路堤墙或路肩墙上墙第一破裂面交于路肩，下墙破裂面交于荷载外		$\tan\theta_2 = -\tan\psi \pm \sqrt{(\cot\varphi + \tan\psi)(\tan\psi + A)}$，$\psi = \varphi + \alpha_2 + \delta_2$，$A = \dfrac{2d'h_0}{H_2(H_2 + 2H_0)} - \tan\alpha_2$ $E_2 = \dfrac{1}{2}\gamma H_2^2 KK_1$，$E_{2x} = E_2\cos(\alpha_2 + \delta_2)$，$E_{2y} = E_2\sin(\alpha_2 + \delta_2)$ $K = \dfrac{\cos(\theta_2 + \varphi)}{\sin(\theta_2 + \psi)}(\tan\theta_2 + \tan\alpha_2)$，$K_1 = 1 + \dfrac{2H_0}{H_2} + \dfrac{2h_0 h_2}{H_2^2}$ $h_1 = \dfrac{d'}{\tan\theta_2 + \tan\alpha_2}$，$h_2 = \dfrac{b_0}{\tan\theta_2 + \tan\alpha_2}$，$d' = b + d - H_1\tan\alpha_1' - H_0\tan\theta_1$ $Z_{2y} = \dfrac{H_2}{3} + \dfrac{H_0}{3K_1} - \dfrac{h_0 h_2(6h_1 + 3h_2 - 4H_2)}{3H_2^2 K_1}$，$Z_{2x} = B - Z_{2y}\tan\alpha_2$

续上表

编号	类型	计算图式及土压应力分布图形	计 算 公 式
3	路堤墙或路肩墙，上墙第一破裂面，交于荷载内，下墙破裂面交于荷载内		$\tan\theta_2 = -\tan\psi \pm \sqrt{(\cot\varphi + \tan\psi)(\tan\psi + A)}$，$\psi = \varphi + \alpha_2 + \delta_2$，$A = -\tan\alpha_2$ $E_2 = \dfrac{1}{2}\gamma H_2^2 KK_1$，$E_{2x} = E_2\cos(\alpha_2 + \delta_2)$，$E_{2y} = E_2\sin(\alpha_2 + \delta_2)$ $K = \dfrac{\cos(\theta_2 + \varphi)}{\sin(\theta_2 + \psi)}(\tan\theta_2 + \tan\alpha_2)$ $K_1 = 1 + \dfrac{2H_0}{H_2} + \dfrac{2h_0 h_2}{H_2^2}$ $Z_{2y} = \dfrac{H_2}{3} + \dfrac{H_0 + h_0}{3K_1}$，$Z_{2x} = B - Z_{2y}\tan\alpha_2$
4	路堤墙或路肩墙，上墙第一破裂面，交于荷载内，下墙破裂面交于荷载外		$\tan\theta_2 = -\tan\psi \pm \sqrt{(\cot\varphi + \tan\psi)(\tan\psi + A)}$，$\psi = \varphi + \alpha_2 + \delta_2$，$A = -\dfrac{2b_0' h_0}{H_2(H_2 + 2H_0)}$ $b_0' = b_0 + d + b - H_1\tan\alpha_1' - H_0\tan\theta_1$ $E_2 = \dfrac{1}{2}\gamma H_2^2 KK_1$，$E_{2x} = E_2\cos(\alpha_2 + \delta_2)$，$E_{2y} = E_2\sin(\alpha_2 + \delta_2)$ $K = \dfrac{\cos(\theta_2 + \varphi)}{\sin(\theta_2 + \psi)}(\tan\theta_2 + \tan\alpha_2)$ $K_1 = 1 + \dfrac{2H_0}{H_2} + \dfrac{2h_0 h_2}{H_2^2}$，$h_2 = \dfrac{b_0'}{\tan\theta_2 + \tan\alpha_2}$ $Z_{2y} = \dfrac{H_2}{3} + \dfrac{H_0}{3K_1} - \dfrac{h_0 h_2(3h_2 - 4H_2)}{3H_2^2 K_1}$，$Z_{2x} = B - Z_{2y}\tan\alpha_2$

续上表

编号	类型	计算图式及土压应力分布图形	计算公式
5	路堤墙或路肩墙上下墙破裂面均交于边坡		$\theta_2 = 90° - \varphi - \varepsilon$ $\tan\varepsilon = \sqrt{\dfrac{\tan(\varphi-\beta)\left[\tan(\varphi-\beta)+\cot(\varphi-\alpha_2)\right]\left[1+\tan(\alpha_2+\delta_2)\cot(\varphi-\alpha_2)\right]}{1+\tan(\alpha_2+\delta_2)\left[\tan(\varphi-\beta)+\cot(\varphi-\alpha_2)\right]}} - \tan(\varphi-\beta)$ $E_2 = \dfrac{1}{2}\gamma H_2^2 K K_1$, $E_{2x} = E_2\cos(\alpha_2+\delta_2)$, $E_{2y} = E_2\sin(\alpha_2+\delta_2)$ $K = \dfrac{\cos^2(\varphi-\alpha_2)}{\cos^2\alpha_2\cos(\alpha_2+\delta_2)\left[1+\sqrt{\dfrac{\sin(\varphi+\delta_2)\sin(\varphi-\beta)}{\cos(\alpha_2+\delta_2)\cos(\alpha_2-\beta)}}\right]^2}$ $K_1 = 1 + \dfrac{2h_0'}{H_2}$, $h_0' = H_1\dfrac{1+\tan\alpha_1'\tan\beta}{1+\tan\alpha_2\tan\beta}$ $Z_{2y} = \dfrac{H_2}{3} + \dfrac{h_0'}{3K_1}$, $Z_{2x} = B - Z_{2y}\tan\alpha_2$
6	路堤墙上墙破裂面交于边坡，下墙破裂面交于路肩		$\tan\theta_2 = -\tan\psi \pm \sqrt{(\cot\varphi+\tan\psi)(\tan\psi+A)}$, $\psi = \varphi + \alpha_2 + \delta_2$ $A = \dfrac{a'b' - H_2(H_2+2H_0)\tan\alpha_2 + 2a'h_0'\tan\theta_1}{(H_2+a')(H_2+a'+2h_0')}$ $h_0' = H_1\dfrac{1+\tan\alpha'\tan\beta}{1-\tan\theta_1\tan\beta}$, $a' = H_0 - h_0'$, $b' = a'\cot\beta$ $E_2 = \dfrac{1}{2}\gamma H_2^2 K K_1$, $E_{2x} = E_2\cos(\alpha_2+\delta_2)$, $E_{2y} = E_2\sin(\alpha_2+\delta_2)$ $K = \dfrac{\cos(\theta_2+\varphi)}{\sin(\theta_2+\psi)}(\tan\theta_2+\tan\alpha_2)$, $K_1 = 1 + \dfrac{2H_0}{H_2} - \dfrac{a'h_3}{H_2^2}$, $h_3 = \dfrac{b'-a'\tan\theta_2}{\tan\theta_2+\tan\alpha_2}$ $Z_{2y} = \dfrac{H_2}{3} + \dfrac{H_0}{3K_1} - \dfrac{a'h_3(2H_2-h_3)}{3H_2^2K_1}$, $Z_{2x} = B - Z_{2y}\tan\alpha_2$

165

续上表

编号	类型	计算图式及土压应力分布图形	计 算 公 式
7	路堤墙上墙破裂面交于边坡，下墙破裂面交于荷载内		$\tan\theta_2 = -\tan\psi \pm \sqrt{(\cot\varphi + \tan\psi)(\tan\psi + A)}$, $\psi = \varphi + \alpha_2 + \delta_2$ $A = \dfrac{a'b' + 2(b'+d)h_0 - H_2(H_2 + 2H_0 + 2h_0)\tan\alpha_2 + 2a'h_0\tan\theta_1}{(H_2 + a')(H_2 + a' + 2h_0')}$ $h_0' = H_1 \dfrac{1 + \tan\alpha'\tan\beta}{1 - \tan\theta_1\tan\beta}$, $a' = H_0 - h_0'$, $b' = a'\cot\beta$ $E_2 = \dfrac{1}{2}\gamma H_2^2 K K_1$, $E_{2x} = E_2\cos(\alpha_2 + \delta_2)$, $E_{2y} = E_2\sin(\alpha_2 + \delta_2)$ $K = \dfrac{\cos(\theta_2 + \varphi)}{\sin(\theta_2 + \psi)}(\tan\theta_2 + \tan\alpha_2)$, $K_1 = 1 + \dfrac{2H_0}{H_2} + \dfrac{2h_0h_4 - a'h_3}{H_2^2}$ $h_1' = \dfrac{d}{\tan\theta_2 + \tan\alpha_2}$, $h_3 = \dfrac{b' - a'\tan\theta_2}{\tan\theta_2 + \tan\alpha_2}$, $h_4 = H_2 - h_1 - h_3$ $Z_{2y} = \dfrac{H_2}{3} - \dfrac{H_0}{3K_1} - \dfrac{a'h_3(2H_2 - h_3) + h_0h_4(2H_2 - 3h_4)}{3H_2^2 K_1}$, $Z_{2x} = B - Z_{2y}\tan\alpha_2$
8	路堤墙上墙破裂面交于边坡，下墙破裂面交于荷载外		$\tan\theta_2 = -\tan\psi \pm \sqrt{(\cot\varphi + \tan\psi)(\tan\psi + A)}$, $\psi = \varphi + \alpha_2 + \delta_2$ $A = \dfrac{a'b' - H_2(H_2 + 2H_0)\tan\alpha_2 - 2b_0h_02a'h_0 + 2a'h_0\tan\theta_1}{(H_2 + a')(H_2 + a' + 2h_0)}$ $h_0' = H_1 \dfrac{1 + \tan\alpha'\tan\beta}{1 - \tan\theta_1\tan\beta}$, $a' = H_0 - h_0'$, $b' = a'\cot\beta$ $E_2 = \dfrac{1}{2}\gamma H_2^2 K K_1$, $E_{2x} = E_2\cos(\alpha_2 + \delta_2)$, $E_{2y} = E_2\sin(\alpha_2 + \delta_2)$ $K = \dfrac{\cos(\theta_2 + \varphi)}{\sin(\theta_2 + \psi)}(\tan\theta_2 + \tan\alpha_2)$, $K_1 = 1 + \dfrac{2H_0}{H_2} + \dfrac{2h_0h_4 - a'h_3}{H_2^2}$ $h_1' = \dfrac{d}{\tan\theta_2 + \tan\alpha_2}$, $h_2 = \dfrac{b_0}{\tan\theta_2 + \tan\alpha_2}$, $h_3 = \dfrac{b' - a'\tan\theta_2}{\tan\theta_2 + \tan\alpha_2}$ $Z_{2y} = \dfrac{H_2}{3} - \dfrac{H_0}{3K_1} - \dfrac{a'h_3(2H_2 - h_3) + h_0h_4(6h_1 + 3h_2 + 6h_3 - 4H_2)}{3H_2^2 K_1}$, $Z_{2x} = B - Z_{2y}\tan\alpha_2$

注：1. 应用本表各式时，仰斜墙背的 α_2 均须以负值代入。
　　2. 以 $H_0 = H_1$（即 $a = 0$）及 $b = 0$ 代入第 1～4 类各式，即得墙肩路墙的计算式。

荷 载 分 类 　　　　表 5-39

作用(或荷载)分类		作用(或荷载)名称
永久作用(或荷载)		挡土墙结构重力
		填土(包括基础襟边以上土)重力
		填土侧压力
		墙顶上的有效永久荷载
		墙顶与第二破裂面之间的有效荷载
		计算水位的浮力及静水压力
		预加力
		混凝土收缩及徐变
		基础变位影响力
可变作用(或荷载)	基本可变作用(或荷载)	车辆荷载引起的土侧压力
		人群荷载、人群荷载引起的土侧压力
	其他可变作用(或荷载)	水位退落时的动水压力
		流水压力
		波浪压力
		冻胀压力和冰压力
		温度影响力
	施工荷载	与各类型挡土墙施工有关的临时荷载
偶然作用(或荷载)		地震作用力
		滑坡、泥石流作用力
		作用于墙顶护栏上的车辆碰撞力

常用作用(或荷载)组合 　　　　表 5-40

组　合	作用(或荷载)名称
Ⅰ	挡土墙结构重力、墙顶上的有效永久荷载、填土重力、填土侧压力及其他永久荷载组合
Ⅱ	组合Ⅰ与基本可变荷载相组合
Ⅲ	组合Ⅱ与其他可变荷载、偶然荷载相组合

注:1.洪水与地震力不同时考虑。
　2.冻胀力、冰压力与流水压力或波浪压力不同时考虑。
　3.车辆荷载与地震力不同时考虑。

6. 荷载分项系数

挡土墙按承载能力极限状态设计时,除另有规定外,常用作用(或荷载)分项系数可按表 5-41的规定采用。

承载能力极限状态作用(或荷载)分项系数 　　　　表 5-41

情　况	荷载增大对挡土墙结构起有利作用时		荷载增大对挡土墙结构起不利作用时	
组合	Ⅰ,Ⅱ	Ⅲ	Ⅰ,Ⅱ	Ⅲ
垂直恒载 γ_G	0.90		1.20	

续上表

情　况	荷载增大对挡土墙结构起有利作用时		荷载增大对挡土墙结构起不利作用时	
恒载或车辆荷载、人群荷载的主动土压力 γ_{Q1}	1.00	0.95	1.40	1.30
被动土压力 γ_{Q2}	0.30		0.50	
水浮力 γ_{Q3}	0.95		1.10	
静水压力 γ_{Q4}	0.95		1.05	
动水压力 γ_{Q5}	0.95		1.20	

四、挡土墙的基础设计与稳定性验算

1. 基础设计

基底合力的偏心距 e_0（图 5-54）可按式（5-49）计算：

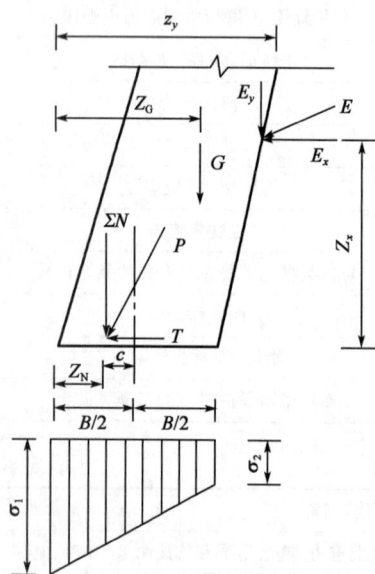

图 5-54　基底应力及合力偏心距

$$e_0 = \frac{M_d}{N_d} \tag{5-49}$$

式中：N_d——作用于基底上的垂直力组合设计值（kN/m）；

M_d——作用于基底形心的弯矩组合设计值（kN）。

计算挡土墙地基时，各类作用（或荷载）组合下，作用效应组合设计值计算式中的作用分项系数，除被动土压力分项系数 $\gamma_{Q2} = 0.3$ 外，其余作用（或荷载）的分项系数规定均为 1。

基底压应力 σ 应按下列公式计算：

$|e| \le \dfrac{B}{6}$ 时，

$$\sigma_{1,2} = \frac{N_d}{A}\left(1 \pm \frac{6e}{B}\right) \tag{5-50}$$

位于岩石地基上的挡土墙：

$e > \dfrac{B}{6}$ 时，

$$\sigma_1 = \frac{2N_d}{3\alpha_1},\ \sigma_2 = 0 \tag{5-51}$$

$$\alpha_1 = \frac{B}{2} - e_0 \tag{5-52}$$

式中：σ_1——挡土墙趾部的压应力（kPa）；

σ_2——挡土墙踵部的压应力（kPa）；

B——基底宽度（m），倾斜基底为其斜宽；

A——基础底面每延米的面积，矩形基础为基础宽度 $B \times 1$（m^2）；

其余符号意义同前。

基底合力的偏心距 e_0，对于土质地基不应大于 $B/6$，对于岩石地基不应大于 $B/4$。基底压应力不应大于基底的容许承载力 $[\sigma_0]$；基底容许承载力值可按《公路桥涵地基与基础设计规范》（JTG D63—2007）的规定采用，当为作用（或荷载）组合Ⅲ及施工荷载，且 $[\sigma_0] > 150\mathrm{kPa}$ 时，可提高 25%。

设置于不良土质地基、表土下为倾斜基岩地基及斜坡上的挡土墙，应对挡土墙地基及填土的整体稳定性进行验算，其稳定系数小应小于 1.25（可参照第五章第六节的方法进行验算）。

2. 稳定性验算的项目和控制指标

挡土墙的稳定性验算，按平面问题取单位长度来进行。验算项目和控制指标见表 5-42。

抗滑动和抗倾覆的稳定系数　　　　　　表 5-42

荷载情况	验算项目	稳 定 系 数	
荷载组合Ⅰ、Ⅱ	抗滑动	K_c	1.3
	抗倾覆	K_0	1.5
荷载组合Ⅲ	抗滑动	K_c	1.3
	抗倾覆	K_0	1.3
施工阶段验算	抗滑动	K_c	1.2
	抗倾覆	K_0	1.2

（1）挡土墙的滑动稳定性

挡土墙的滑动稳定方程与抗滑稳定系数按下列公式计算。

滑动稳定方程：

$$[1.1G + \gamma_{Q1}(E_y + E_x\tan\alpha_0) - \gamma_{Q2}E_p\tan\alpha_0]\mu + (1.1G + \gamma_{Q1}E_y)\tan\alpha_0 - \gamma_{Q1}E_x + \gamma_{Q2}E_p > 0$$

$$(5\text{-}53)$$

式中：G——作用于基底以上的重力（kN），浸水挡土墙的浸水部分应计入浮力；

E_y——墙后主动土压力的竖向分量（kN）；

E_x——墙后主动土压力的水平分量（kN）；

E_p——墙前被动土压力的水平分量（kN），当为浸水挡土墙时，$E_p = 0$；

α_0——基底倾斜角（°），基底为水平时，$\alpha_0 = 0$；

γ_{Q1}、γ_{Q2}——主动土压力分项系数、墙前被动土压力分项系数，可按表 5-41 的规定选用；

μ——基底与地基间的摩擦系数，当缺乏可靠试验资料时，可按表 5-43 的规定采用。

基底与基底土间的摩擦系数 μ　　　　　　表 5-43

地基十的分类	摩擦系数 μ	地基土的分类	摩擦系数 μ
软塑黏土	0.25	碎石类土	0.50
硬塑黏土	0.30	软质岩石	0.40~0.60
砂类土、黏砂土、半干硬的黏土	0.30~0.40	硬质岩石	0.60~0.70
砂类土	0.40		

如图 5-55 所示，抗滑动稳定系数 K_c 按式（5-54）计算：

$$K_c = \frac{[N + (E_x - E'_p)\tan\alpha_0]\mu + E'_p}{E_x - N\tan\alpha_0} \qquad (5-54)$$

式中：N——作用于基底上合力的竖向分力（kN），浸水挡土墙应计浸水部分的浮力；

E'_p——墙前被动土压力水平分量的 0.3 倍（kN）；

其余符号意义同前。

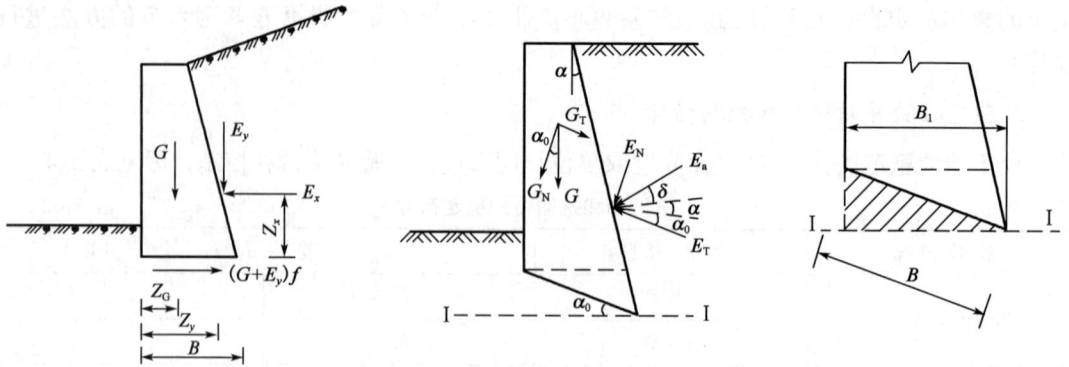

图 5-55　挡土墙的滑动与倾覆稳定

（2）挡土墙的倾覆稳定

挡土墙的倾覆稳定方程与抗倾覆稳定系数按下列公式计算。

倾覆稳定方程：

$$0.8GZ_G + \gamma_{Q1}(E_y Z_y - E_x Z_x) + \gamma_{Q2}E_p Z_p > 0 \qquad (5-55)$$

式中：Z_G——墙身重力、基础重力、基础上填土的重力及作用于墙顶的其他荷载的竖向力合力重心到墙趾的距离（m）；

Z_x——墙后主动土压力的水平分量到墙趾的距离（m）；

Z_y——墙后主动土压力的竖向分量到墙趾的距离（m）；

Z_p——墙前被动土压力的水平分量到墙趾的距离（m）；

其余符号意义同前。

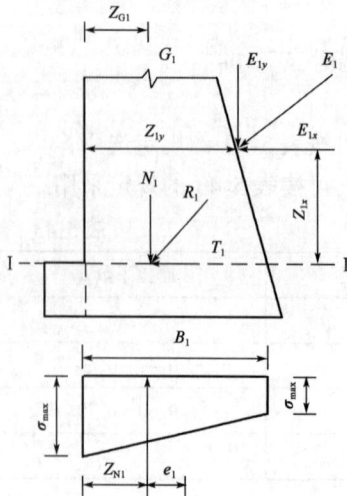

图 5-56　墙身法向应力（Ⅰ—Ⅰ截面）

如图 5-55 所示，抗倾覆稳定系数 K_0 按式（5-56）计算：

$$K_0 = \frac{GZ_G + E_y Z_y + E'_p Z_p}{E_x Z_x} \qquad (5-56)$$

式中符号意义同前。

3. 墙身截面强度验算

为保证墙身具有足够的强度，应根据经验选择 1～2 个控制性截面进行验算。验算截面，一般可选择在距墙身底部二分之一墙高位置和截面急剧变化处。

（1）容许应力法

①法向应力验算。如图 5-56 所示选择 Ⅰ—Ⅰ 截面为验算截面。若作用在此截面以上墙背的主动土压力为 E_1，墙身自重为 G_1，两者之合力为 R_1，则将 R_1 分解为 N_1 和 T_1。验

算截面的法向应力,视偏心距大小,分别按下列公式计算。

当 $e_1 = \dfrac{B_1}{2} - \dfrac{G_1 \cdot Z_{G1} + E_{1y} \cdot Z_{1y} - E_{1x} \cdot Z_{1x}}{G_1 + E_{1y}} \leqslant \dfrac{B_1}{6}$ 时,

$$\begin{array}{c}\sigma_{\max} \\ \sigma_{\min}\end{array} = \frac{G_1 + E_{1y}}{B_1}\left(1 \pm \frac{6e_1}{B_1}\right) \leqslant [\sigma_a] \tag{5-57}$$

当 $e_1 > \dfrac{B_1}{6}$ 时,法向应力将重分布:

$$\sigma_{\max} = \frac{2(G_1 + E_{1y})}{3\left(\dfrac{B_1}{2} - e_1\right)} \leqslant [\sigma_a] \tag{5-58}$$

式中:B_1——验算截面宽度;

$\sigma_{\max}$、$\sigma_{\min}$——验算截面的最大、最小法向应力;

$[\sigma_a]$——圬工砌体的容许压应力;

其余符号意义同前。

②剪应力验算。对于重力式挡土墙,一般只进行墙身水平截面的剪应力验算;对折线式和衡重式挡土墙,除验算水平截面外还应验算倾斜截面。

水平截面的剪应力为:

$$\tau = \frac{T_1}{A_1} = \frac{E_{1x}}{B_1} \leqslant [\tau] \tag{5-59}$$

式中:A_1——受剪面积,$A_1 = B_1 \times 1$;

$[\tau]$——圬工砌体容许剪应力;

其余符号意义同前。

当墙身截面出现拉应力时,应考虑裂缝对受剪面积的折减。

(2)极限状态方法

①重力式挡土墙按承载能力极限状态设计时,在某一类作用(或荷载)效应组合下,作用(或荷载)效应的组合设计值,可按式(5-60)计算。

$$S = \psi_{ZL}\left(\gamma_G \sum S_{Gik} + \sum \gamma_{Qi} S_{Qik}\right) \tag{5-60}$$

式中:S——作用(或荷载)效应的组合设计值;

γ_G、γ_{Qi}——作用(或荷载)的分项系数,按表5-41采用;

S_{Gik}——第 i 个垂直恒载的标准值效应;

S_{Qik}——土侧压力、水浮力、静水压力、其他可变作用(或荷载)的标准值效应;

ψ_{ZL}——荷载效应组合系数,按表5-44采用。

荷载效应组合系数 ψ_{ZL} 值　　　　　　　　　　　　表5-44

荷载组合	ψ_{ZL}	荷载组合	ψ_{ZL}	荷载组合	ψ_{ZL}
Ⅰ、Ⅱ	1.0	Ⅲ	0.8	施工荷载	0.7

②挡土墙构件轴心或偏心受压时,正截面强度和稳定按下列公式计算。

计算强度时

$$\gamma_0 N_d \leqslant \frac{a_K A R_a}{\gamma_f} \tag{5-61}$$

计算稳定时

$$\gamma_0 N_d \leqslant \frac{\psi_K a_K A R_a}{\gamma_f} \tag{5-62}$$

式中: N_d——验算截面上的轴向力组合设计值(kN);

　　　 γ_0——重要性系数;

　　　 γ_f——圬工构件或材料的抗力分项系数,按表5-45取用;

　　　 R_a——材料抗压极限强度(kN);

　　　 A——挡土墙构件的计算截面面积(m^2);

　　　 a_K——轴向力偏心影响系数,按式(5-63)计算;

　　　 ψ_K——偏心受压构件在弯曲平面内的纵向弯曲系数,按公式(5-65)计算确定;轴心受压构件的纵向弯曲系数,采用表5-47的规定。

圬工构件或材料的抗力分项系数 γ_f　　　　　　　　　　表5-45

圬 工 种 类	受 力 情 况	
	受压	受弯、剪、拉
石料	1.85	2.31
片石砌体、片石混凝土砌体	2.31	2.31
块石、粗料石、混凝土预制块、砖砌体	1.92	2.31
混凝土	1.54	2.31

$$a_K = \frac{1 - 256\left(\dfrac{e_0}{B}\right)^8}{1 + 12\left(\dfrac{e_0}{B}\right)^2} \tag{5-63}$$

式中: e_0——轴向力的偏心距(m),由式(5-64)计算确定,挡土墙墙身或基础为圬工截面时,其轴向力的偏心距 e_0 应符合表5-48的规定;

　　　 B——挡土墙计算截面宽度(m)。

$$e_0 = \left|\frac{M_0}{N_0}\right| \tag{5-64}$$

式中: M_0——在某一类作用(或荷载)组合下,作用(或荷载)对计算截面形心的总力矩(kN·m);

　　　 N_0——某一类作用(或荷载)组合下,作用于计算截面上的轴向力的合力(kN)。

$$\psi_K = \frac{1}{1 + a_s\beta_s(\beta_s - 3)\left[1 + 16\left(\dfrac{e_0}{B}\right)^2\right]} \tag{5-65}$$

$$\beta_s = \frac{2H}{B} \tag{5-66}$$

式中: H——墙高(m);

　　　 a_s——与材料有关的系数,按表5-46采用;

　　　其余符号意义同前。

a_s 取 值

表 5-46

坏工名称	浆砌砌体采用以下砂浆强度等级			混 凝 土
	M10、M7.5、M5	M2.5	M1	
a_s 值	0.002	0.002 5	0.004	0.002

轴心受压构件纵向弯曲系数 ψ_K

表 5-47

$2H/B$	混凝土构件	砌体砂浆强度等级	
		M10、M7.5、M5	M2.5
≤3	1.00	1.00	1.00
4	0.99	0.99	0.99
6	0.96	0.96	0.96
8	0.93	0.93	0.91
10	0.88	0.88	0.85
12	0.82	0.82	0.79
14	0.76	0.76	0.72
16	0.71	0.71	0.66
18	0.65	0.65	0.60
20	0.60	0.60	0.54
22	0.54	0.54	0.49
24	0.50	0.50	0.44
26	0.46	0.46	0.40
28	0.42	0.42	0.36
30	0.38	0.38	0.33

坏工结构轴向力合力的容许偏心距 e_0

表 5-48

荷 载 组 合	容许偏心距	荷 载 组 合	容许偏心距
Ⅰ、Ⅱ	$0.25B$	施工荷载	$0.33B$
Ⅲ	$0.3B$		

注:B 为沿力矩转动方向的矩形计算截面宽度。

　　偏心受压构件除验算弯曲平面内的纵向稳定外,还应按轴心受压构件验算非弯曲平面内的稳定。

　　③重力式挡土墙轴向力的偏心距 e_0 应符合表 5-49 的规定。

　　④混凝土截面在受拉一侧配有不小于截面面积 0.05% 的纵向钢筋时,表 5-48 中的容许规定值可增加 $0.05B$;当截面配筋率大于表 5-49 的规定时,按钢筋混凝土构件计算,偏心距不受限制。

按钢筋混凝土构件计算的受拉钢筋最小配筋率

表 5-49

钢筋牌号(种类)	钢筋最小配筋率(%)	
	截面一侧钢筋	全截面钢筋
Q235 钢筋(Ⅰ级)	0.20	0.50
HRB335、HRB400 钢筋(Ⅱ、Ⅲ级)	0.20	0.50

注:钢筋最小配筋率按构件的全截面计算。

4.增加挡土墙稳定性的方法

（1）增加抗滑稳定性的方法

①采用倾斜基底。采用向内倾斜的基底，可以增加抗滑力和减小滑动力，从而增加抗滑稳定性，这是增加挡土墙抗滑稳定性的常用方法（图5-55）。

②采用凸榫基础。如图5-57所示，在挡土墙底部设置混凝土凸榫基础的作用在于利用凸榫前的被动土压力，增加其抗滑力，从而提高挡土墙的抗滑稳定性。

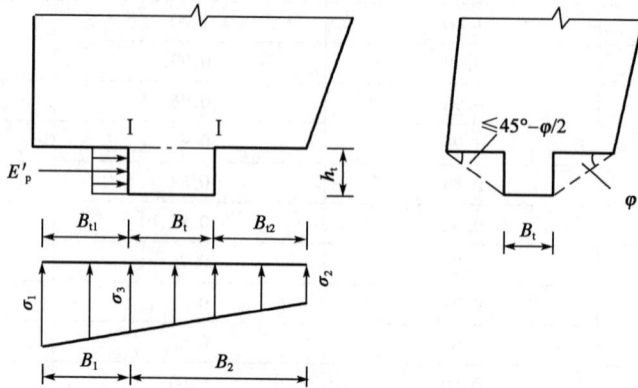

图5-57 凸榫基础

③采用人工地基。对于地基采用换土的办法，增加墙底与地基之间的摩阻系数，从而加大抗滑力，增加挡土墙的抗滑稳定性，如图5-58所示。

（2）增加抗倾覆稳定性的方法

①展宽墙趾。展宽墙趾的作用是增大抗倾覆力矩的力臂，从而增加其抗倾覆的稳定性，是挡土墙抗倾覆稳定性的常用方法（图5-59）。但是，当墙趾前地面较陡时，墙趾展宽过多，将导致墙高和圬工体积显著增加。

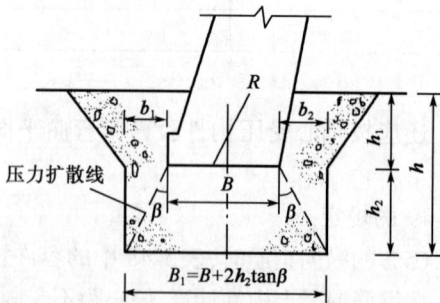

图5-58 人工地基

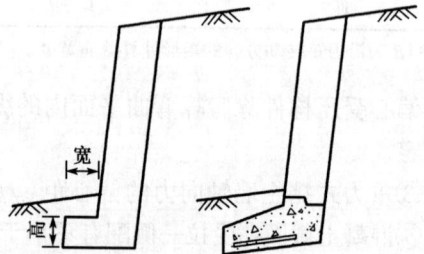

图5-59 展宽墙趾

②改变墙面及墙背坡度。改陡墙背坡度可减小土压力，改缓墙面坡度可加大抗倾覆力矩的力臂，从而增加挡土墙的抗倾覆稳定性。但是，若墙趾前地面较陡，改缓面坡将引起基础外移，使墙高增加。

③改变墙身断面形式。就抗倾覆而言，衡重式优于仰斜式，仰斜式优于俯斜式。

5.提高地基承载力或减小基底应力的方法

（1）采用人工地基

通过换土或人工加固地基的办法来扩散地基应力或提高地基承载力，如图5-58所示。

（2）采用扩大基础

扩大基础的目的是加大承压面积，以减小基底应力（图5-59）。

第八节　路基施工技术

公路路基是公路工程的重要组成部分，路基施工时，应保证能够承受行车的反复荷载作用和抵御各种自然因素的影响，保证路基具备足够的稳定性和耐久性。

一、路基施工的基本要求

（1）公路路基施工必须按主管部门批准了的设计文件进行。如需变更设计或改变原施工方案，或采用特殊施工方法时，应按施工管理程序，预先报请审批。

（2）必须贯彻安全生产的方针，制订技术安全措施，加强安全教育，严格执行安全操作规程。

（3）路基工程必须精心组织，在确保工程质量的原则下进行。

（4）因地制宜，合理利用当地材料和工业废料。

（5）以挖作填，合理调运，节约用地，注意保护耕地和农田水利设施。

（6）保护生态环境，尽量少破坏原有植被地貌。清除的杂物，必须妥善处理，不得倾弃于河流水域之中。

（7）防止地面水和地下水对路基的浸泡和软化，是路基施工的关键。

二、路基施工前的准备工作

在进行路基施工之前，做好充分的准备工作十分重要。准备工作包括熟悉图纸资料、施工测量、场地清理及必要的试验。通过这些工作，有助于我们精心组织施工，有助于我们发现和弥补设计中的遗漏，有助于我们确定合理的施工工艺。

1.熟悉图纸资料

应全面熟悉设计文件和设计技术要求，进行现场核对和施工调查。核实设计工程数量，分析施工难度、人员设备材料需求，编制具有实施性的施工组织设计。根据图纸要求，解决好电力、通信及生活用水的供应要求，修建临时便道、便桥。设立必要的安全标志。

2.施工测量

路基施工开工前，应做好施工测量工作，其内容包括：导线、中线、水准点复测，横断面检查与补测，增设水准点、现场试验等。

导线复测包括导线的检查、固定与加密。必须保证相邻施工段导线的闭合。对于有碍施工的导线点，可以采用交点法固桩。

路基施工开工前,应全面恢复并固定路线的中桩,对于公里桩、百米桩、曲线主点桩应特别固定。设出对应中桩的路基用地界桩、路基边桩、边坡坡底桩、坡顶桩。对于水准点,应仔细校对,并与国家水准点闭合。发现水准点受施工影响时,应将其移出影响范围外,其高程应与原水准点闭合。

应仔细检查、核对纵横断面,发现问题时,在原始地貌未被破坏之前,应进行现场复测、补测。若设计单位未提供详细的横断面图,应全部补测。

3. 场地清理

路基范围内的房屋、道路、电力、通信设施、水管、坟墓及其他建筑物,应协调有关部门事先拆迁或改造。对文物古迹要妥善保护,对路基附近的危险建筑应予以适当的加固处理。路基用地范围内的树木、灌木丛等均应在施工前砍伐或移植。高速公路、一级公路和填方高度小于1m 的其他公路应将路基范围内的树根全部挖除并将坑穴填平夯实。填方与借方路段的表面种植土应全部清理干净,并将填方路段的表面平整压实到规定要求。

4. 试验

路基施工前,应对路基工程范围内的地质、水文进行调查取样,通过试验确定其性质。对用作填料的土,应作含水率、液限、塑限、塑性指数、颗粒大小分析和 CBR 值等试验。对高速公路、一级公路还要作有机质含量和易溶盐含量等试验。

确定试验路段,通过试验来确定不同机具压实不同填料的最佳含水率、适宜的松铺厚度和相应的碾压次数、最佳的机械配套和施工组织。

三、土方路堤施工技术

填方路堤的强度和稳定性,取决于填料的物理力学性质和当地自然因素的影响程度。

（1）填料的选择

规范规定:路堤填筑不得使用淤泥、沼泽土、冻土、有机土、含草皮土、生活垃圾、树根和含有腐朽物质的土做填料。路堤通常是利用沿线就近土石作为填筑材料。选择填料时应尽可能选择当地强度高、稳定性好并利于施工的土石作路堤填料。一般情况下,碎石、卵石、砾石、粗砂等具有良好的透水性,且强度高、稳定性好,因此可优先采用。亚砂土、亚黏土等经压实后也具有足够的强度,故也可采用。粉性土水稳性差,不宜作路堤填料。重黏土、黏性土、捣碎后的植物土等由于透水性差,作路堤填料时应慎重采用。

（2）基底的处理

为使填筑在天然地面上的路堤与原地面紧密结合,以保证填筑后的路堤不至于产生沿基底的滑动和过大变形,填筑路堤前,应根据基底的土质、水文、坡度、植被和填土高度采取一定措施对基底进行处理。

①当基底为松土或耕地时,应先将原地面认真压实后再填筑。基底原状土的强度不符合要求时,应进行换填处理,换填深度不得小于30cm,并分层压实。当路线经过水田、洼地和池塘时,应根据实际情况采取疏干、挖除淤泥、换填、桩基础、抛石挤淤等措施进行处理后方能填筑。

②基底土密实稳定,且地面横坡缓于 1:10,填方高度大于 0.5m 时,基底可不处理;路堤填

方低于 0.5m 的地段,应清除原地表杂草。地面横坡为 1:10 ~ 1:5 时,应清除地表草皮杂物再填筑;地面横坡陡于 1:5 时,清除草皮杂物后还应将原地面挖成不小于 1m 的台阶,台阶向内设置坡度为 2% ~ 4% 的倒坡。

(3)填筑方案

路堤的填筑方法有水平分层填筑法、竖向填筑法和混合填筑法三种。

水平分层填筑:是一种将不同性质的土有规则地分层填筑和压实的填筑方法,该法易于达到规定的压实度,易于保证质量,是填筑路堤的基本方案。水平分层填筑应遵守以下规定:

①用不同性质土填筑路堤时,应分层填筑,层数应尽量减少,每种填料总厚度不小于 0.5m,不得混杂乱填。

②以透水性较小的土填筑路堤下层时,应做成 4% 的双向横坡;如用于填筑上层时,除干旱地区外,不应覆盖在由透水性较好的土所填筑的路堤边坡上。

③不同性质的土应分别填筑,不得混填。每种填料层累计总厚度不宜小于 0.5m。

④凡不因潮湿及冻融而使其体积变化的优良土应填在上层,强度较小的土应填在下层。

⑤河滩路堤填土应在整个宽度上连同护道在内一并分层填筑,受水浸淹部分的填料,选用水稳定性好的材料。

⑥桥涵、挡土墙及其他构造物后的回填土,宜采用砂砾或砂性土,并应适时分层回填压实。

⑦涵顶填土压实厚度大于 50cm 时,方可使用重型机械进行压实。

不同路堤填筑方案,如图 5-60 所示。

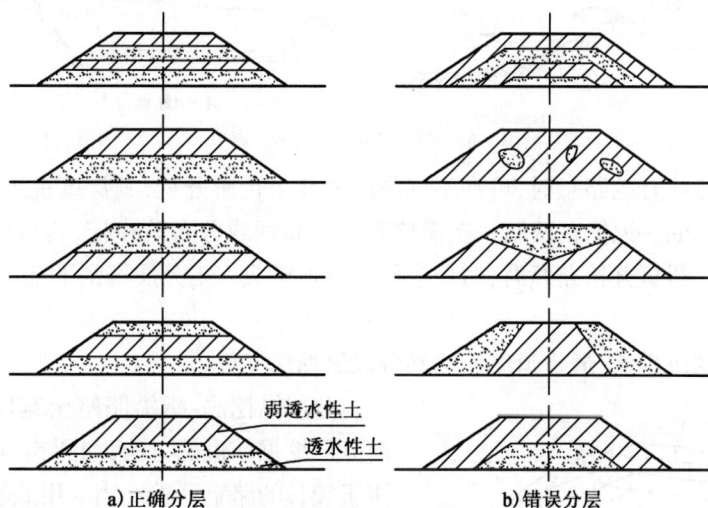

a)正确分层   b)错误分层

图 5-60 路堤分层填筑

此外,对于高填方路堤的填筑,应按技术规范的有关规定进行。

竖向填筑:指沿公路纵向或横向逐步向前填筑。竖向填筑多用于路线跨越深谷陡坡地形时,由于地面高差大,作业面小,难以采用水平分层法填筑时,如图 5-61 所示。竖向填筑由于填土过厚而难以压实,因此应选用高效能的压实机械压实,或采用强夯技术进行压实。

混合填筑:指路堤下层采用竖向填筑法而上层采用水平分层填筑法,此方法可以保证路堤上部经分层碾压后,达到足够的压实度,如图 5-62 所示。

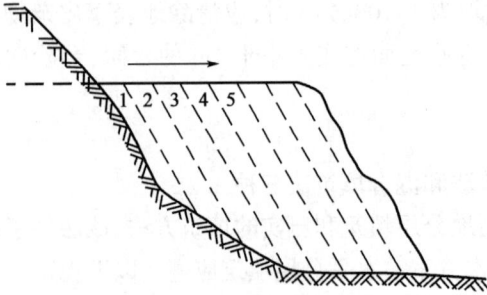

图5-61　路堤竖向填筑

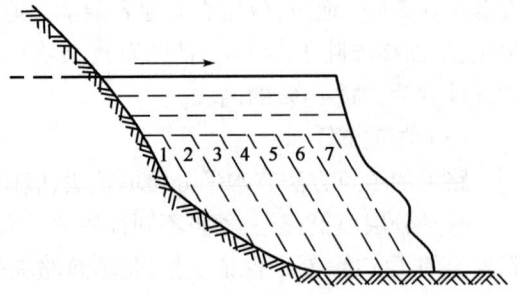

图5-62　路堤混合填筑

四、土质路堑施工技术

路堑开挖前应做好截水沟,并视土质情况做好防渗工作。土方开挖不论工程量大小、开挖深度如何,均应该自上而下进行,不得乱挖超挖。严禁掏洞取土。土质路堑的开挖,根据路堑深度和纵向长度,其施工方法有横挖法、纵挖法和混合法几种。

(1)横挖法

以路堑整个横断面的宽度和深度,从一端或两端逐渐向前开挖的方式称为横挖法。该法适宜于短而深的路堑,如图5-63所示。

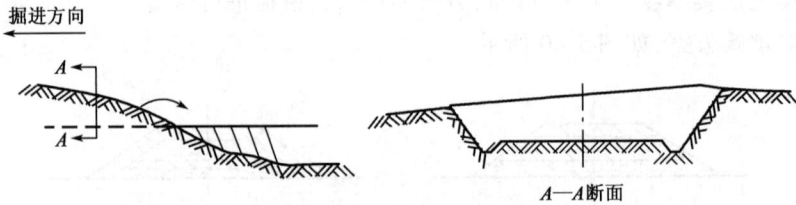

图5-63　横向全宽挖掘法施工路堑

用人力按横挖法开挖路堑时,可在不同高度分几个台阶开挖,其深度视工作与安全而定,一般宜为1.5~2.0m。无论自两端一次横挖到路基高程或分台阶横挖,均应设单独的运土通道及临时排水沟。机械开挖路堑时,边坡应配以平地机或人工分层修刮平整。

(2)纵挖法

纵挖法有分层纵挖法、通道道纵挖法和分段纵挖法三种。

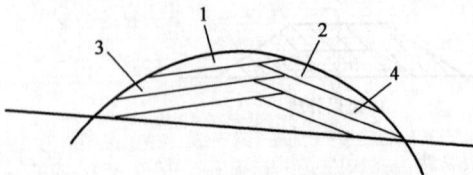

图5-64　分层纵挖法施工路堑示意
(数字表示挖掘顺序)

分层纵挖法:指沿路堑全宽以深度不大的纵向分层挖掘前进的方法,如图5-64所示。该法适用于较长的路堑开挖。当采用此法挖掘的路堑长度较短(不超过100m)每层开挖深度不大于3m,地面坡度较陡时,宜采用推土机作业;当采用此法挖掘的路堑长度较长(超过100m)时,宜采用铲运机作业;较长较宽的路堑可以采用铲运机配合运土机作业。

通道纵挖法:先沿路堑纵向挖一通道,然后将通道向两侧拓宽,直至路堑边坡设计线,如图5-65所示。上层通道拓宽至路堑边坡后,再开挖下层通道,由此向纵深开挖直至路基设计高程。该法适用于路堑较长、较深,两端地面线较小的土方路堑开挖。

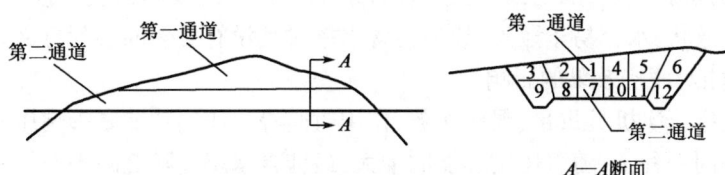

图 5-65 通道纵挖法施工路堑(数字表示挖掘顺序)

分段纵挖法:沿路堑纵向选择一个或几个适宜处,将较薄一侧堑壁横向挖穿,使路堑分成两段或数段,各段再进行纵向开挖,如图 5-66 所示。该法适用于路堑过长,开挖土方运距过远的傍山路堑,其一侧的堑壁不厚的路堑开挖。

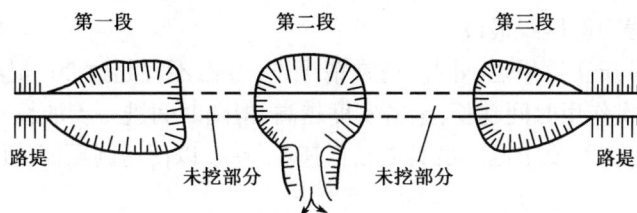

图 5-66 分段纵挖法施工路堑

(3)混合法

混合法即将横挖法和通道纵挖法混合使用,该法是先沿路堑纵向开挖通道,然后沿横向开挖横向通道,在增加开挖工作面后,再双通道沿纵横向同时掘进,每一坡面应设一个施工小组或一台机械作业。该法适用于路堑长、工期紧的场合。

五、压实技术

1.路基压实机理

土是由固体土颗粒、颗粒之间孔隙和水组成的三相体。路基施工破坏了土体的原始天然结构,使土体呈松散状态。因此,为使路基具有足够的强度和稳定性,必须对土体进行人工压实以提高其密实程度。压实的机理在于使土颗粒重新组合,彼此挤紧,孔隙减少,土的单位重量提高,水进入土体的通道也减少,形成了密实的整体,内摩阻力和黏聚力大大增加,从而使路基强度增加、稳定性增强。

2.影响路基压实效果的因素

路基压实的效果受很多因素影响,对具有塑性的细粒土,影响压实效果的因素有内因和外因两方面:内因主要是土质和含水率,外因主要是压实功能、压实机具和压实方法等。

(1)含水率对压实效果的影响

在路基压实过程中,如能控制工地含水率为最佳含水率,就能获得最好的压实效果。试验表明,一般塑性土的最佳含水率(按轻型击实标准)大致相当于该种土液限含水率的 0.58 ~ 0.62 倍,平均约 0.6 倍。

(2)土质对压实效果的影响

不同的土质,其压实效果不同。不同的土质具有不同的最佳含水率及最大干密度。分散性（液限、黏性）较高的土，其最佳含水率较高而最大干密度较低，这是由于土粒越细，比面积越大，土粒表面的水膜越多，加之黏性土中含有亲水性较高的胶体物质所致。对砂土，由于其颗粒粗并且呈松散状，水分易于散失，故最佳含水率对其没有更多的实际意义。

（3）压实功能对压实效果的影响

压实功能是指压实机具重量、碾压次数、作用时间等。压实功能是影响压实效果的又一重要因素。通常对同一种土，随着压实功能的增大，最佳含水率会随之减小而最大干密度随之增加。因此，增大压实功是提高路基密实度的又一种方法，然而这种方法有一定局限性，因为压实功增加到一定程度后，土的密度增长就不明显了，因此最经济的办法是严格控制工地现场含水率，使碾压在接近最佳含水率时进行，这样便能容易地达到规定的压实度。

（4）压实工具和压实方法对压实效果的影响

不同的压实机具，其压力传布作用深度不同，因而压实效果也不同。通常夯击式作用深度最大，振动式次之，静力碾压式最浅。

不同压实厚度其压实效果也不同。通常情况下，夯击不宜超过20cm，8～12t光面碾不宜超过20～30cm。压实作用时间越长，土密实度越高，但随时间进一步加长，其密实度的增长幅度会逐渐减小，故压实时，要求压实机具以较低速度行驶，以便达到预期的压实效果。

3. 压实要求

各级道路的路堤和路堑均应按规定进行压实并达到规定的密实度。实验证明：经过人工压实后的土体不仅强度提高、抗变形能力增强，而且由于压实使土体透水性明显减小、毛细水作用减弱和饱水量等减小，从而使其水稳性也大大提高。因此，路基压实是保证路基获得足够强度和稳定性的根本技术措施之一。很多道路的路面破坏都是源于路基的不均匀沉降。因此，路基压实度是衡量路基施工质量的一个重要指标，所谓压实度，是指路基填料压实后的干密度 γ 与室内标准击实试验确定的最大干密度 $\gamma_{d,max}$ 之比，以百分率表示。即

$$K = \frac{\rho_d}{\rho_{d,max}} \times 100\% \tag{5-67}$$

显然，压实度是一个以 $\rho_{d,max}$ 为标准的相对值，意为压实的程度。

路基压实度应满足标准规定的要求（重型击实标准），见表5-50。

表5-50

压 实 度 要 求

路基结构形式		路床顶面以下深度（m）	压 实 度（%）		
			高速公路、一级公路	二级公路	三、四级公路
上路床		0～0.3	≥96	≥95	≥94
下路床	轻、中及重交通荷载等级	0.3～0.8	≥96	≥95	≥94
	特重、极重交通荷载等级	0.3～1.2	≥96	≥95	—
上路堤	轻、中及重交通荷载等级	0.8～1.5	≥94	≥94	≥93
	特重、极重交通荷载等级	1.2～1.9	≥94	≥94	—
下路堤	轻、中及重交通荷载等级	>1.5	≥93	≥92	≥90
	特重、极重交通荷载等级	>1.9			

注：1. 表列压实度数值以重型击实试验为准。

2. 三、四级公路铺筑沥青混凝土和水泥混凝土路面时，其压实度应采用二级公路压实度标准。

3. 特殊干燥或潮湿地区的路基压实度，表列数值可适当降低。

一般而言,路基土的压实应在该土的最佳含水率 ±2% 以内进行,而土的最佳含水率和最大干密度是在路基修筑半个月前,取其具有代表性的土进行标准击实试验而确定的。

路基的压实应分层进行,每一层均要检验其压实度,合格后才可以进行下一层的填筑。否则必须查明原因,采取措施进行补压。检验频率是每 2 000m² 检验 8 个点。待土质路床顶面压实后,除进行压实度试验外,还应进行弯沉检验。必须两者全部满足规范要求,该路基压实方为合格。

在具体压实作业时,宜注意以下要点:

(1)路基工程施工,压实作业必须采用机械施工。压实机械可以根据工程规模、填料种类、气候条件、压实度要求等因素,综合考虑而确定。

(2)土的松铺厚度、所需压实遍数等均由试验路段确定,并在压实过程中反复检校、修正。高速公路、一级公路的土层最大松铺厚度不应超过 30cm;一般公路不宜超过 50cm。

(3)碾压前,要用推土机或平地机对松土进行摊铺和整平,且自中线到两边形成 2% ~4% 的横向坡度,以利于排水要求。对填筑土的松铺厚度、含水率、平整度、最大粒径等均应进行检查。检查合格的部分,要及时碾压。

(4)路基在实施碾压的过程中,应经常检查含水率及压实度,以控制压实工作。工地的含水率通常应接近最佳含水率。若含水率过大,不易碾压密实时,应摊开晾晒,待其接近最佳含水率时再行碾压;如含水率过低时,需均匀洒水至接近最佳含水率方可碾压。工地含水率的检查常采用比重法、酒精燃烧法和烘干法几种;干密度通常采用环刀法、灌砂法、水袋法和核子密度仪法等方法测定。

(5)采用振动式压路机碾压时,第一遍应不振动静压,然后先慢后快,由弱振至强振。

(6)各种压路机的碾压行驶速度开始用慢速,最大速度不宜超过 4km/h。碾压时路线为直线段时由两边向中间,曲线段由内侧向外侧,纵向进退式进行。

(7)注意碾压的横向接头,做到无漏压、无死角,确保碾压均匀。对振动式压路机,一般重叠 0.4 ~0.5m,对于三轮式压路机,一般重叠后轮的 1/2。前后相邻两段的纵向重叠长度为 1.0 ~1.5m。

(8)桥台背后、涵洞两侧和顶部、锥坡与挡土墙等构造物背后的填土要分层压实、分层检查,每 50m² 检查一点。每层压实层的松铺厚度不宜超过 20cm。涵洞两侧的压实应对称或同时进行。

(9)特殊路基的压实,应满足有关规范的特殊要求。

六、石方开挖技术

在山区,公路路基施工经常遇到石方工程。有些石方工程数量大,石质坚硬,工期长,成为路基的关键工程。石方的开挖应根据岩石的类别、风化程度、节理发育程度和周围管线、建筑物等具体情况确定开挖方式。对于软石和强风化的岩石,能用机械直接开挖的均应采用机械开挖,也可以采用人工开挖。凡是不能使用机械或人工直接开挖的石方,则采用爆破法施工。

1. 爆破作用原理

爆破作用原理是药包点火后产生高温(2 000 ~5 000℃)、高压(1 ~1.5MPa)而发生冲击波(波速达1 000m/s),使药包体积膨胀千倍以上。这种爆破足以使岩体破坏而产生碎裂。药包共有集中药包、延长药包和分集药包三种类型。

爆破冲击波由药包中心呈球面向外扩散,按其破坏程度大致分为四个作用圈,如图5-67所示。

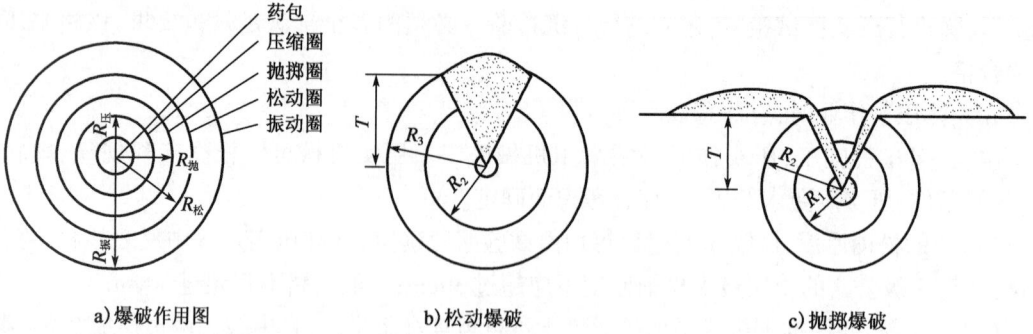

图 5-67　爆破作用示意图

(1)压缩圈。爆破能使介质粉碎,产生塑性变形,在药包周围形成空腔。

(2)抛掷圈。爆破能冲出岩石表面,介质在重力场下作弹道飞行,产生抛掷现象。介质产生抛掷的范围边界,称为抛掷圈。

(3)松动圈。抛掷圈以外爆炸力大为减弱,但岩石结构受到破坏而松动。大块岩石下落崩塌,小块石块经雨水和振动作用缓慢滑坍。

(4)振动圈。岩石受振动而未破坏的范围边界,称为振动圈。

2. 爆破器材

爆破器材包括炸药和引爆材料两类。

(1)炸药

黑火药:这是最常用的炸药,威力小。

黄色炸药:又称TNT炸药,化学名为硝基甲苯粉末状,不溶于水,冲击敏感性不大,需用雷管起爆。

铵梯炸药:又称硝铵炸药,是TNT与硝酸铵及少量木粉的混合物。具有中等威力和一定敏感性,可用雷管安全起爆。

胶质炸药:是硝化甘油与硝酸钠的混合物。有剧毒,易爆、不安全,爆炸威力大,使用时需格外小心。

(2)引爆材料

有导火线(如鞭炮)和传爆线(用雷管起爆)。雷管有火雷管和电雷管。火雷管用导火线点火引爆,电雷管用电线通电引爆。

3. 爆破技术

1)几种常用爆破方法

常用的爆破方法一般包括小炮和大爆破两类。小炮用药量在1t以下,主要包括钢钎炮、深孔爆破、裸露炮、药壶炮和猫洞炮。爆破方法的采用应根据石方集中程度、地形、地质条件及路基断面形状等具体情况决定。

（1）钢钎炮

钢钎炮指炮眼直径和深度分别小于 7cm 和 5m 的爆破方法。用于工程分散、石方少的情况。

（2）深孔爆破

深孔爆破指炮眼孔径大于 75mm，深度在 5m 以上（一般深 8 ~ 12m），使用延长药包的爆破。多用于石方数量较大且较集中的情况。

（3）裸露炮

将药包置于被炸体表面或经清理的石缝中，药包表面用草皮或稀泥覆盖，然后进行爆破。该法仅用于破碎孤石或大块岩石的二次爆破。

（4）药壶炮（葫芦炮）

药壶炮（葫芦炮）指在炮眼底部用少量炸药经一次或多次烘膛，使炮眼底部扩大成药壶形（葫芦形），然后将炸药集中装入药壶中进行的爆破，如图 5-68 所示。葫芦炮炮眼较深（一般为 5 ~ 7m），它适用于均匀致密黏土（硬土）、次坚石、坚石。对于炮眼深度小于 2.5m，节理发育的软石、地下水发育或雨季施工时，不宜采用。

（5）猫洞炮

猫洞炮指炮眼直径为 0.2 ~ 0.5m，深度为 2 ~ 6m，炮眼成水平或略有倾斜，用集中药包进行爆破的方法，如图 5-69 所示。它适用于硬土、胶结良好的古河床、冰渍层、软石和节理发育的次坚石，坚石可利用裂隙修成导洞或药室，这种炮型对大孤石、独岩包等爆破效果较佳。

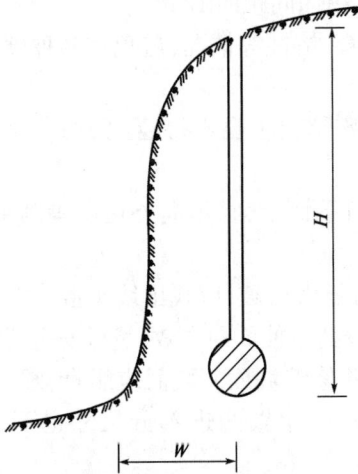

图 5-68 药壶炮断面图

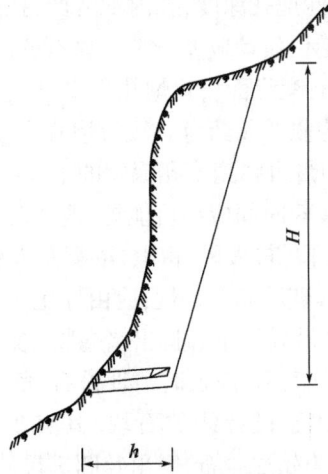

图 5-69 猫洞炮断面图

（6）大爆破

大爆破指采用导洞和药室装药用药在 1t 以上的爆破。大爆破效率高、威力大。公路石方开挖一般不宜采用。只有当路线穿过孤独山丘，开挖后边坡不高于 6m，且根据岩石产状和风化程度，确认开挖后，边坡稳定，方可采用大爆破方案。

2）综合爆破设计原则

为充分发挥各种爆破方法的特点，利用地形和地质的客观条件，在路基石方工程中常采用综合爆破。综合爆破设计应遵循以下原则：

（1）在路基石方工程中，应充分利用地形和地质客观条件及石方集中程度，全面规划、重点设计、综合组织群炮。

（2）利用有利地形，扩展工作面。

（3）综合利用小炮群，分段分批爆破。

①半填半挖斜坡地形，采用一字排炮；在自然坡度较缓的地形，先用钢钎炮切脚，改造地形后，再采用一字排炮。

②路线横切小山包时，采用钢钎炮三面切脚，改造地形后，再在中间用药壶炮爆破。

③路基加宽，阶梯较高地形，采用上下互相配合的小炮群。

④对拉沟路堑，采用两头开挖时，可采用竖眼揭盖、水平炮眼插底的梅花炮。

⑤机械化清方时，如遇坚石，可用眼深 2m 以上钢钎炮组成 30 ~ 40 个多排多层炮群，或采用深孔炮。在坚硬岩石中，为使岩石破碎程度满足清方要求，可采用微差爆破或间隔药包。遇软石或节理发育的次坚石，可用松动爆破。

3）爆破施工一般注意事项

（1）进行爆破作业必须由经过专业培训并取得爆破证书的专业人员施爆。

（2）爆破前应查明地下有无管线，必须确保空中缆线、地下管线和施工区边界处建筑物的安全。在开挖附近有加油站、输气管等必须保证安全的建筑、设施时，可采用人工开凿、化学爆破或控制爆破。

（3）当施爆可能对建筑物地基造成影响时，应在开挖层边界，沿设计坡面打预裂孔（减振孔），孔深同炮孔深度，孔内不装药，孔间距不宜大于炮孔纵向间距的 1/2。

（4）炮位设计应充分考虑岩石的产状、类别、节理发育、溶蚀等情况，避免在两种硬度相差很大的岩石交界面设置炮孔药室。

（5）炮眼的装药量一般为炮孔深度的 1/3 ~ 1/2，特殊情况下也不得超过 2/3。对于松动爆破，装药量可降到炮孔深度的 1/4 ~ 1/3。

（6）装药时间应尽可能短，避免炸药受潮。装药应自下而上，自里向外逐层码砌平稳、密实，不得在雨雪、大风、雷电、浓雾及天黑进行。

（7）爆破后如有瞎炮，应由原施工人员参加处理。对于大爆破，应找出线头接上电源重新起爆，或者沿导洞小心掏出堵塞物，取出起爆体，用水灌浸药室使炸药失效，然后安全清除。

爆破施工后，应及时清理松石、危石和堑内土石方，并修整坡面。坡面应顺直、圆滑、大面平整。突出于设计线的石块，其突出尺寸不应大于 20cm，超爆凹进部分尺寸也不应大于 20cm。对于软质岩石，突出及凹进尺寸均不应大于 10cm。

【复习题】

1. 路基设计应满足哪些基本要求？
2. 路基设计内容包括哪几个方面？
3. 什么是路基工作区？
4. 简述路基的强度指标及其适用条件。

5. 路基的破坏形式有哪些？其形成原因是什么？

6. 公路自然区划的意义是什么？划分公路自然区划的依据是什么？

7. 路基干湿类型分为哪几类？划分路基干湿类型的方法有哪些？

8. 路基土分为哪些类型？划分标准是什么？

9. 简述各种土的工程性质。

10. 路基典型横断面有哪几种类型？

11. 简述路基宽度、路基高度、路基边坡坡度的定义。

12. 常见的路基附属设施有哪些？

13. 路基边坡防护常用的措施有哪些？各适用于哪种边坡形式？

14. 简述冲刷防护的类型及其适用条件。

15. 路基边坡稳定性验算的力学计算方法有哪几种？各适用于哪些情况？

16. 简述各类挡土墙的结构特点及其条件。

17. 重力式挡土墙稳定性验算包括哪些指标的验算？

18. 增加挡土墙稳定性的措施有哪些？

19. 重庆市某越岭线公路拟设计一路肩墙，采用重力式挡土墙，断面如图 5-70 所示，墙高 $H = 7.5\text{m}$，墙顶宽 $B = 1.8\text{m}$，墙面与墙背的坡度均为 1:0.25，基底坡度 1:5。经计算其墙背的主动土压力 $E_a = 145.25\text{kN}$，土压力其作用点到墙底的垂直距离为 $Z_x = 2.62\text{m}$。已知墙背填料的外摩擦角为 $\delta = 17.5°$，墙身的重度为 22kN/m^3，地基的摩阻系数为 $f = 0.3$，地基的容许压应力为 $[\sigma] = 300\text{kPa}$，请验算该挡土墙的稳定性和地基承载力能否满足要求。

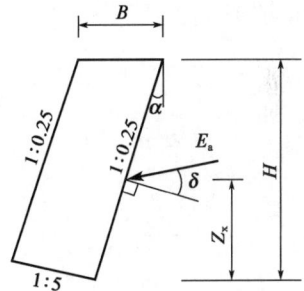

图 5-70 复习题 19 图

20. 影响路基压实的因素有哪些？

21. 路基压实评价指标是什么？

22. 简述路基压实机理及其意义。

第六章
路面设计与施工

【学习要求】

通过本章的学习,要求掌握以下内容:路面基本性能要求及影响因素;路面的结构层次与功能;路面的分类及相应面层类型;路面排水设计;沥青路面的种类、特点及选择;沥青路面设计的内容;沥青路面结构组合设计;沥青路面的破坏状态及设计标准;沥青路面厚度计算;水泥混凝土路面的种类、特点;水泥混凝土路面设计的内容;水泥混凝土路面结构组合设计;水泥混凝土路面平面布置与接缝设计;水泥混凝土路面厚度设计。熟悉以下内容:汽车荷载和环境影响因素对路面的影响;沥青路面改建设计;水泥混凝土路面加铺层设计。了解以下内容:沥青路面设计理论;水泥混凝土路面设计理论;其他类型水泥混凝土路面。

第一节 概 述

路面是道路的重要组成部分,是在路基的顶部用各种材料或混合料分层修筑的供车辆行驶的一种层状结构物。它直接承受车辆荷载和受到自然因素的作用。路面的性能影响行车速度、安全、舒适性和运输成本。因此,根据道路等级和任务,合理选择路面结构,精心设计,严格施工,使路面在设计使用年限内具有良好的使用性能,对节约投资,提高运输效益,具有十分重要的意义。

一、路面结构组成

1.路面结构层位及功能

行车荷载和自然因素对路面的作用和影响,随着深度增加而递减。因此,对路面结构的强度、抗变形能力和稳定性的要求也随深度的增加而逐渐降低。根据这一特点,同时考虑到筑路的经济性,路面结构一般由各种不同材料分多层铺筑,各个层位分别承担不同的功能。通常将路面结构划分为面层、基层和功能层,如图 6-1 所示。

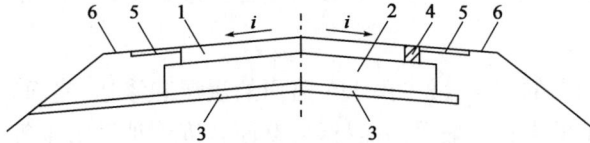

图 6-1 路面结构层次示意图

i-路拱横坡度;1-面层;2-基层;3-功能层;4-路缘石;5-加固路肩;6-土路肩

（1）面层

面层是路面结构的最上层,直接与车辆荷载和大气相接触,与其他层次相比,面层应具备更高的强度、抗变形能力、较好的稳定性、平整度,同时应具有较好的耐磨性、抗滑性和不透水性。

铺筑面层的材料主要有:水泥混凝土、沥青混凝土、块石、沥青碎(砾)石混合料等。

等级高的道路路面面层通常由两层或三层构成,分别称为上面层和下面层,或上、中、下面层。

（2）基层

基层设置在面层之下,承受由面层传递下来的行车荷载,并将它扩散和传递到垫层和路基。虽然基层位于面层之下,但仍然难以避免大气降水从面层渗入,而且还可能受到地下水的侵蚀,因此,基层除应具有足够的强度和刚度外,还应具有良好的水稳定性。同时为了保证面层的平整度,要求基层有一定的平整度。

修筑基层的材料主要有:各种结合料(如石灰、水泥或沥青等)稳定土或碎(砾)石以及各种工业废渣(如煤渣、粉煤灰、矿渣、石灰渣等)组成的混合料,贫水泥混凝土,各种碎(砾)石混合料,天然砂砾及片石、块石等。

等级高的道路基层通常较厚,一般分两层或三层铺筑,位于下层的叫底基层,对底基层的材料在质量和强度方面要求相对较低,应尽量使用当地材料修筑。

（3）功能层

路面设计时,视情况需要设置具有排水、防水或抗冻等性能的功能层,位于基层和路基之间,它的功能是改善路基的湿度和温度状况,保证基层和面层的强度、刚度和稳定性不受路基的影响。同时,它还将基层传下来的车辆荷载进一步扩散,从而减小路基顶面的压应力和竖向变形;另外,也能阻止路基土挤入基层。在地下水位较高的路基上,土质不良或冻深较大的路基上通常都应设置此类功能层。

功能层材料的强度要求不一定高,但水稳定性和隔温性要好。常用的材料有两类:一类为松散粒料,如砂、砾石、炉渣煤渣等透水性功能层;另一类为石灰、水泥和炉渣稳定土等稳定性功能层。

为了保护路面各层的边缘，一般路面的基层宽度应比面层每边宽出至少25cm，其宽度应比基层每边宽出至少25cm，或与路基同宽以利排水。

路面结构层次和组成材料的选择，依据道路等级、交通繁重程度、路基承载能力、材料供应情况、气候条件、施工因素、资金筹措等因素，综合考虑和分析后做出决定。高速公路、一级公路基层，应采用水泥稳定粒料、石灰粉煤灰稳定粒料、沥青混合料以及级配碎砾石等材料铺筑；高速公路、一级公路底基层和二级及二级以下公路基层和底基层，除上述材料外，也可采用水泥稳定土、石灰稳定土、石灰粉煤灰稳定土、石灰工业废渣、填隙碎石等材料铺筑。各级公路当需要设置垫层时，一般可采用水稳性好的粗粒料或各种稳定类材料铺筑。

2.路拱横坡度

为了及时排出路面上的积水，减少雨水对路面的浸湿和渗透，路面表面应做成两边低、中央高的路拱。路拱坡度的大小一般受路面材料、路面宽度和地区降雨等因素的影响。高级路面平整度和水稳性好，透水性小，一般采用较小的路拱横坡度和直线形路拱。低级路面，为利于迅速排除路表积水，通常采用较大的路拱横坡度和抛物线形路拱。表6-1为各种类型路面路拱平均横坡度值。

各类路面路拱平均横坡度 表6-1

路 面 类 型	路拱平均横坡度（%）
沥青混凝土、水泥混凝土、沥青玛蹄脂碎石（SMA）	1.0～2.0
热拌沥青碎石、路拌沥青碎（砾）石、沥青贯入碎（砾）石、沥青表面处治、整齐石块	1.5～2.5
半整齐石块、不整齐石块	2.0～3.0
碎（砾）石等粒料路面	2.5～3.5
炉渣土、砾石土、砂砾土等低级路面	3.0～4.0

路拱横坡度的具体选择，应考虑有利于行车平稳和利于路面排水的要求。在干旱和积雪、浮冰地区，应采用低值；多雨地区采用高值；道路纵坡较大或路面较宽，或行车速度较高，或经常有拖挂车行驶时用低值，反之，取用高值。

路肩横坡度一般较路面横坡度大1%。高速公路和一级公路当硬路肩采用与路面行车道相同结构时，路肩与路面采用相同的横坡度。

二、路面的性能要求

为了保证道路全天候通车，提高行车速度，增强安全性和舒适性，降低运输成本和延长道路使用年限，要求路面具有下述性能：

1.足够的强度和刚度

汽车在路面上行驶，通过车轮把垂直力和水平力传递给路面，水平力又分为横向和纵向两种。此外，路面还受到车辆振动力和冲击力作用，在车身后面还会产生真空吸力。

在上述各种外力的综合作用下，路面结构内会产生不同大小的应力、应变，如果这些应力或应变超过路面结构整体或某一组成部分的强度或抗变形能力，路面就会出现断裂、沉陷、车辙及波浪等病害。从而使路况恶化，服务水平下降。因此，要求路面结构具有足够的强度，同时应具有一定的刚度，即抵抗变形的能力。

2. 良好的稳定性

路面结构袒露在大气中,无时不受到温度和湿度变化的影响,其力学性能也就随之不断发生变化。强度和刚度不稳定,路况时好时坏。例如,沥青路面在夏季高温时会变软而产生车辙和推挤,冬季低温时又可能因收缩或变脆而开裂;水泥混凝土路面在高温时会发生拱胀破坏,温度急剧变化时会因翘曲而产生破坏;砂石路面在雨季时,路面结构会因雨水渗入而使强度下降,产生沉陷、轮辙或波浪。在冰冻地区,温度和湿度的共同作用会使路基路面结构产生冻胀、翻浆破坏。因此,要研究路面结构的温度和湿度状况及其对路面结构的影响,以便在此基础上,修筑能在当地气候条件下具有足够稳定性的路面结构。

3. 耐久性

路面结构要承受车辆荷载的多次重复作用,由此而逐渐产生疲劳破坏和塑性变形的累积;另外,温度、湿度、日照等自然因素的影响会使路面各结构层材料老化而导致破坏,这些都将缩短路面的使用寿命,增加养护工作量及难度。因此,路面结构必须具有足够的抗疲劳强度和抗老化能力以及抗变形累积的能力。

4. 表面平整度

路面平整度是影响行车安全、行驶舒适性和运输效益的重要指标。不平整的路表面会增大行车的阻力,并使车辆产生附加的振动作用。这种振动会造成行车颠簸,影响行车的速度和安全、驾驶的平稳和乘客的舒适。同时,振动作用还会对路面施加冲击力,从而加剧路面和汽车机件的损坏,并增大油料的消耗。而且,不平整的路面还会积滞雨水,加速路面的破坏。不同等级的公路,对路面平整度的要求也不同。

平整的路面,依靠优良的施工机具、精细的施工工艺、严格的施工质量控制以及经常和及时的养护来保证。同时,路面结构的平整度还和整个路面结构、面层材料的强度及抗变形能力有关。强度和抗变形能力差的路面结构,经不起车轮荷载的反复作用,极易出现沉陷、车辙和推挤等破坏,从而形成不平整的路表面。

5. 表面抗滑性和耐磨性

路面表面要求平整度好,但不宜光滑。光滑的表面,造成行驶的车轮与路面之间的附着力和摩擦力较小,影响行车的安全性。特别是在雨天高速行车,或紧急制动,或爬坡、转弯时,车轮易产生空转或打滑,致使车速降低,油料消耗增多,甚至引起严重的交通事故。路面的抗滑性能通常采用摩擦系数表征。高速公路和一级公路,由于行车速度高,因此,要求具有较高的抗滑性。

路面的抗滑性可以通过采用坚硬、耐磨、表面粗糙的集料组成路面表层材料来实现,有时也可以采用一些工艺性措施来实现,如水泥混凝土路面的刷毛、刻槽等。此外,对于路面上的积雪、浮冰或污泥等,也会降低路面的抗滑性,必须及时予以清除。

6. 不透水性

大气降水若通过路面表面渗入路面结构和路基内部,在高速行车荷载的反复作用下,这些水将产生很大的动水压力不断冲刷路面,使路面产生剥落、坑洞、唧泥和网裂等早期水破坏现象。在降雨量大的潮湿地区,交通量大、载重车辆多的高速公路沥青路面,水破坏更严重。

为避免路面水破坏,应尽量采用不透水的路面面层,设置路面排水设施或有效防水层。

7. 低噪声和少尘性

汽车在路面上行驶，车身后面所产生的真空吸力会将表层中较细材料吸出使尘土飞扬，导致路面松散、脱落和坑洞等。扬尘还会加速汽车机件的损坏，影响行车视距，降低行车速度，而且对旅客和沿路的环境卫生，以及货物和路旁农作物均带来不良影响。

行车噪声一方面因路面平整度差而引起，以及路面面层材料的刚度大而产生；另一方面与不良的线形设计导致车辆频繁的加速、减速、转向有关。

因此，对于行车噪声和扬尘，应当从道路工程的设计、施工、养护和管理等方面统筹考虑，才能保证路面具有尽可能低的扬尘性和尽可能小的噪声。

三、路面的分类

路面类型一般按路面所使用的面层材料划分，如水泥混凝土路面、沥青路面、砂石路面等。但在进行路面结构设计时，主要从路面结构的力学特性出发，将路面划分为柔性路面、刚性路面两大类。

（1）柔性路面（flexible pavement）

柔性路面结构整体刚度较小，在行车荷载作用下产生的弯沉变形较大，行车荷载通过路面各结构层传给路基的应力也较大。路面整体结构抗拉强度不高，主要靠抗压强度、抗剪强度承受行车荷载作用。柔性路面主要有：各种未经处治的粒料基层和沥青面层、碎砾石面层或块石面层组成的路面结构。

（2）刚性路面（rigid pavement）

刚性路面主要指用水泥混凝土作面层或基层的路面结构（用水泥混凝土作基层沥青混合料作面层的路面也称为复合式路面）。与柔性路面相比，刚性路面具有较高的抗压强度、抗折强度和弹性模量，刚度大、板体性好，具有较强的扩散应力的能力。因此，在车辆荷载作用下，通过混凝土路面板体传递给基层或路基的应力比柔性路面小得多。

另外，用水泥、石灰、粉煤灰等无机结合料稳定土或稳定碎（砾）石来修筑的基层，通常称为半刚性基层（semi-rigid base）。此类基层初期强度和刚度较小，其强度和刚度随龄期增长，所以后期体现出刚性路面的特性，但最终强度和刚度仍远小于刚性路面。用半刚性基层修筑的沥青类路面称为半刚性基层沥青路面，这类路面的设计仍然采用柔性路面设计理论来设计。

为了提高沥青路面的高温抗剪切能力，在大空隙基体沥青混合料中（空隙率高达20%～28%），灌注特殊水泥砂浆形成一种密实的新型路面，称之为"半柔性路面（semi-flexible pavement）"。

四、汽车荷载及其对路面的作用

汽车是路面的服务对象，也是路面结构产生破坏的主要原因。要保证汽车以一定的速度在道路上安全而舒适地行驶，就要研究行车荷载的特性及其对路面的作用。

1. 轮胎接地压强

汽车荷载经由轮胎传给路面。轮胎与路面接触面上的平均竖向压强 p 受下述因素的影响：

（1）充气轮胎的内压强 p_i。

（2）轮胎的类型（斜线或子午线）和性质（新或旧）。

（3）轮载的大小（同轮胎的标准负载相比）。

一般情况下，轮胎与路面接触面上的压强 p 为 $(0.8 \sim 0.9)p_i$，只是在轮胎软而旧，或者实际内压强比标准内压强低得多，或者轮载超过规定的标准负荷情况下，接触压强才会大于内压强 p_i，为 $(1.1 \sim 1.3)p_i$。车轮在行驶过程中，内压强会因轮胎内气温的升高而增加。因此，对于滚动的车轮，接地压强由 $(0.8 \sim 0.9)p_i$ 增大到 $(0.9 \sim 1.1)p_i$。路面设计时，通常忽略上述因素变化的影响而直接采用内压强 p_i 作为接地压强。

2. 接触面积

汽车荷载通过充气轮胎传给路面，车轮与路面的接触面积称为轮印面积，通常把轮胎的投影面积当作接触面积，其形状为长短轴比较接近的椭圆。在路面设计中，大都近似采用圆形接触面来代替，称为轮印的当量圆。汽车后轴多为双轮组，将双轮轮印简化为一个当量圆，称为单圆荷载；若简化为两个当量圆，称为双圆荷载。当量圆的半径 δ 按以下公式确定：

$$\delta_{单} = \sqrt{\frac{10P}{\pi \cdot p}} \qquad （单圆） \tag{6-1a}$$

$$\delta_{双} = \sqrt{\frac{5P}{\pi \cdot p}} \qquad （双圆） \tag{6-1b}$$

式中：P——车轴一侧双轮荷载（kN）；

p——轮胎接地压强（MPa）；

$\delta_{单}$——当量单圆荷载的当量圆半径（cm）；

$\delta_{双}$——当量双圆荷载的当量圆半径（cm）。

3. 运动车辆对路面的作用力

汽车对路面施加的作用力的大小和性质，随汽车的运动状态而变化。在汽车行驶过程中，汽车对路面体系除了作用有竖向力和车轮转动对路面产生的纵向水平力，还有转向时增加的横向水平力，尤其是车辆起动和紧急制动时，水平力将使路面面层产生波浪、拥包、推移等破坏而影响汽车的正常运行。如路面不平，汽车颠簸，还有冲击力和振动力产生；车轮的高速旋转，使轮胎后形成暂时的真空，从而产生真空吸力。汽车运动状态越复杂，对路面的作用力也越复杂。在路面设计中，根据路面材料的性能来选择考虑这些作用力。柔性路面主要考虑了汽车荷载对路面作用的垂直力和水平力；汽车对路面的冲击力和振动力，目前只是在刚性路面设计中才考虑；至于真空吸力，目前尚未在设计中考虑。

4. 路面设计轴载

由于路面上行驶的车辆类型很多，它们的轴载也不相同，对路面的损坏程度也不同，因此必须选择一种代表性轴载作为设计轴载（design axle load），并将各级轴载作用次数换算为设计轴载作用次数，从而计算设计使用年限内作用于路面的累计当量轴次。考虑到我国公路运输车辆的现状及发展趋势，我国公路沥青路面和水泥路面结构设计通常以 100kN 的单轴—双轮组轴载为设计轴载，其当量双圆荷载计算参数由表 6-2 确定（相应的单圆荷载当量圆直径 D 约为 30cm）。

设计轴载计算参数

表 6-2

标准轴载 P(kN)	100	单轮传压面当量圆直径 d(cm)	21.30
轮胎接地压强 p(MPa)	0.70	两轮中心距(cm)	$1.5d$

对于行驶特重轴载车辆或特种车辆的水泥混凝土路面,宜选用特重车或特重车中主导车辆的轴载作为设计轴载。

公路上通行的车辆轴型根据轮组和轴组类型可以分为 7 类,如表6-3 所示。

轴 型 及 编 号

表 6-3

编　号	轴型说明	编　号	轴型说明
1	单轴(每侧单轮胎)	5	双联轴(每侧双轮胎)
2	单轴(每侧双轮胎)	6	三联轴(每侧单轮胎)
3	双联轴(每侧单轮胎)	7	三联轴(每侧双轮胎)
4	双联轴(每侧各一单轮胎、双轮胎)		

车辆类型根据轴型组合共分为 11 类,如表6-4 所示。在当量轴载次数计算中不考虑 1 类车(单后轴单轮组)。

车 辆 类 型 分 类

表 6-4

编号	说　明	典型车型及图示		其他车型
1 类	2 轴 4 轮车辆	11 型		
2 类	2 轴 6 轮及以上客车	12 型客车		15 型客车
3 类	2 轴 6 轮整体式货车	12 型货车		
4 类	3 轴整体式货车(非双前轴)	15 型		
5 类	4 轴及以上整体式货车(非双前轴)	17 型		
6 类	双前轴整体式货车	112 型 115 型		117 型
7 类	4 轴及以下半挂货车(非双前轴)	125 型		122 型

续上表

编号	说 明	典型车型及图示		其他车型
8类	5轴半挂货车(非双前轴)	127型 155型		
9类	6轴及以上半挂货车(非双前轴)	157型		
10类	双前轴半挂式货车	1127型		1122型 1125型 1155型 1157型
11类	全挂货车	1522型 1222型		

第二节 沥青路面设计

　　沥青路面设计的任务是根据道路使用要求以及水文、地质、气候等自然条件,筑路材料及施工条件,确定技术上可靠、经济上合理的路面结构,保证路面在预定的使用期限内,处于规定的工作状态。沥青路面设计的内容,包括路面结构层组合设计、厚度计算、路面材料配合比设计及方案比选等。对高速公路、一级公路,除行车道部分的路面外,还应包括路缘带、硬路肩、加减速车道、紧急停车带、匝道、收费站和服务区的路面设计。

　　当前世界各国的沥青路面设计方法基本上可分两类:一类是以经验或试验为依据的经验法。其著名代表是美国加州承载比法(CBR法)和美国各州公路工作者协会(American Association of States Highway and Transportation Officials)法,简称AASHTO法。另一类是以力学分析为基础,同时考虑环境因素、交通条件和路面材料特性的理论法,如英荷壳牌(Shell)法、美国地沥青协会(AI)法。理论法大多采用弹性层状体系理论分析沥青路面结构的应力、应变和位移,并可以利用电子计算机技术,因此理论法具有广阔的应用发展前景。我国现行沥青路面设计方法正是基于弹性层状体系理论进行结构设计与计算的方法。

一、弹性层状体系理论概述

　　由不同材料和路基组成的沥青路面结构,在荷载作用下,其应力—应变关系大多呈非线性特性,并且应变随应力作用时间而变,应力卸除后有一部分塑性变形不可恢复。但考虑到运动车轮作用于路面的瞬时性,路面结构在瞬间产生的塑性变形很小。因此,在进行路面结构计算和分析时,对于厚度较大、强度较高的高等级路面,将其视为线弹性体,并应用弹性层状体系理论进行分析计算是合适的。

　　弹性层状体系由若干个弹性层组成,上面各层具有一定厚度,最下一层为弹性半空间体,如图 6-2 所示。并假设：

（1）各层由均质、连续的、均匀的、各向同性的线弹性材料组成，用弹性模量 E_i 和泊松比 μ_i 表征其弹性参数。

（2）最下一层为水平方向和竖直向下方向无限延伸的半无限体。其上各层在水平方向为无限大，但竖向具有一定厚度 h_i。

（3）各层分界面上的应力和位移完全连续（称连续体系），或者仅竖向应力和位移连续，而层间无摩擦力（称滑动体系）。

（4）各层在水平方向无限远处及最下层无限深处的应力、应变和位移为零。

（5）不计各层材料自重。

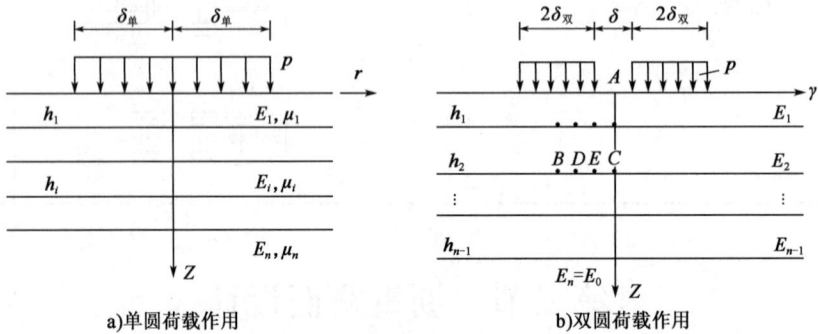

a)单圆荷载作用 b)双圆荷载作用

图 6-2 弹性层状体系示意图(尺寸单位:cm)

在圆形均布荷载作用下，弹性层状体系的力学计算简图（图中作为示例仅列出垂直荷载）如图 6-2 所示，图中 p 和 δ 分别为均布荷载压强和荷载当量圆半径，h_i、E_i 和 μ_i 分别为各结构层的厚度、弹性模量和泊松比。

在圆形均布荷载作用下，弹性层状体系内各点的应力和位移可以利用"弹性层状体系理论"的有关公式进行计算，这些计算公式都是非常复杂的无穷积分公式。为了简单起见，可表示成如式（6-2）、式（6-3）所示的函数表达式（式中下标"单"表示荷载为单圆荷载）。

路表面弯沉：

$$l_{\text{单}} = \frac{2p\delta}{E_1}\alpha_c\left(\frac{E_2}{E_1}, \frac{E_3}{E_2}, \cdots, \frac{E_n}{E_{n-1}}; \frac{h_1}{\delta}, \frac{h_2}{\delta}, \cdots, \frac{h_{n-1}}{\delta}\right) \tag{6-2}$$

路面内的正应力：

$$\sigma_{\text{单}} = p\,\overline{\sigma}_{\text{单}}\left(\frac{E_2}{E_1}, \frac{E_3}{E_2}, \cdots, \frac{E_n}{E_{n-1}}; \frac{h_1}{\delta}, \frac{h_2}{\delta}, \cdots, \frac{h_{n-1}}{\delta}\right) \tag{6-3}$$

式中：α_c、$\overline{\sigma}_{\text{单}}$——理论弯沉系数和正应力系数，是 $E_2/E_1, E_3/E_2, \cdots, E_0/E_{n-1}$ 和 $h_1/\delta, h_2/\delta, \cdots, h_{n-1}/\delta$ 的函数。

在路面设计中，我们通常采用双圆荷载图式代表汽车后轴一侧的双轮荷载。在具体求解时，先用上面公式计算出单圆荷载作用下在计算点所产生的各应力和位移，然后用力学中的"叠加原理"计算出双圆荷载作用下在计算点所产生的应力和位移。即

$$l_{\text{双}} = l_{\text{单}}^{(1)} + l_{\text{单}}^{(2)} = \frac{2p\delta}{E_1}[\alpha_{1\text{单}}^{(1)} + \alpha_{1\text{双}}^{(2)}] = \frac{2p\delta}{E_1}\alpha_{1\text{双}} \tag{6-4}$$

$$\sigma_{\text{双}} = \sigma_{\text{单}}^{(1)} + \sigma_{\text{单}}^{(2)} = p[\overline{\sigma}_{\text{单}}^{(1)} + \overline{\sigma}_{\text{双}}^{(2)}] = p\,\overline{\sigma}_{\text{双}} \tag{6-5}$$

式(6-4)、式(6-5)中,上标"(1)"和"(2)"分别表示第一个和第二个单圆荷载,下标"双"表示双圆荷载,在后面的计算公式中,下标"双"往往省略。

在以上诸公式中,结构层材料参数只出现弹性模量而未出现泊松比,这是由于在路面结构计算中习惯将泊松比取为定值(即开级配和半开级配沥青混合料 $\mu = 0.40$,无机结合料稳定类和密级配沥青混合料 $\mu = 0.25$,粒料 $\mu = 0.35$,路基 $\mu = 0.40$),不再作为变量的缘故。

以弹性三层体系为例,它由两个有限层厚的弹性层及弹性半无限体(路基)组成。若各层材料弹性参数分别为 E_1、μ_1,E_2、μ_2 和 E_0、μ_0,上层和中层厚度分别为 h 和 H。利用弹性层状理论,双圆均布垂直荷载作用下弹性三层体系表面弯沉为:

$$l = \frac{2p\delta}{E_1} \cdot \alpha_c \tag{6-6}$$

式中:α_c——理论弯沉系数,是 h/δ,H/δ,E_2/E_1,E_0/E_2 的函数,由弹性三层体系理论计算求得。

图 6-3 为 $\mu_1 = \mu_2 = 0.25$,$\mu_0 = 0.35$ 时,根据三层连续体系电算结果所绘制的理论弯沉系数诺谟图。

上、中层底面最大弯拉应力:

$$\sigma_m = p \cdot \overline{\sigma}_m \quad （上层） \tag{6-7}$$

$$\sigma_n = p \cdot \overline{\sigma}_n \quad （中层） \tag{6-8}$$

式中:$\overline{\sigma}_m$、$\overline{\sigma}_n$——上、中层底面拉应力系数,它们是 E_0/E_2,E_2/E_1,h/δ,H/δ 的函数,其表达式为含有贝塞尔函数和指数函数的广义积分。

二、沥青路面结构组合设计

沥青路面设计应根据公路等级、路面使用性能要求和所需要承担的交通荷载,结合当地气候、水文、地质、材料、建设和养护条件、工程实践经验以及环境保护要求等,进行路面的结构组合设计、材料设计和厚度设计,通过技术经济分析选定设计方案,其设计流程如图 6-4 所示。

路面结构组合设计,即正确合理地选择路面结构层层次及材料组成,是路面设计的关键,它决定路面能否在设计使用期间具备其使用功能,满足行车的要求。

路面结构组合应根据道路等级、交通量大小、环境因素、施工条件和当地筑路材料等条件,从技术经济角度出发,选择合理的路面结构体系,以充分发挥路面结构各层的整体效能。

沥青路面结构类型可分为几种类型:在无机结合料稳定类基层(习惯称为"半刚性基层")上铺设沥青混合料层的结构,称无机结合料稳定类基层沥青路面或称半刚性基层沥青路面;在无结合料的粒料(如级配碎石、填隙碎石)基层上铺设沥青混合料层的结构,称为粒料基层沥青路面;水泥混凝土做基层(比如旧水泥混凝土路面或碾压混凝土、贫混凝土、低标号混凝土基层),在其上铺设沥青面层的结构,称为刚性基层沥青路面(或复合式路面);采用沥青混合料做基层的沥青路面结构,称沥青结合料类基层沥青路面,其中直接在路基上或处治了的路基上铺筑 400 ~ 550mm 的全厚沥青混合料结构层,称全厚式沥青路面(Full-Depth Asphalt Pavement)。

据理论分析和实践经验,路面结构组合设计应针对各种路面结构组合的力学特性、功能特性及其长期性能衰变规律和损坏特点,遵循路基路面综合设计的理念,保证路面结构的安全、耐久和全寿命周期经济合理。

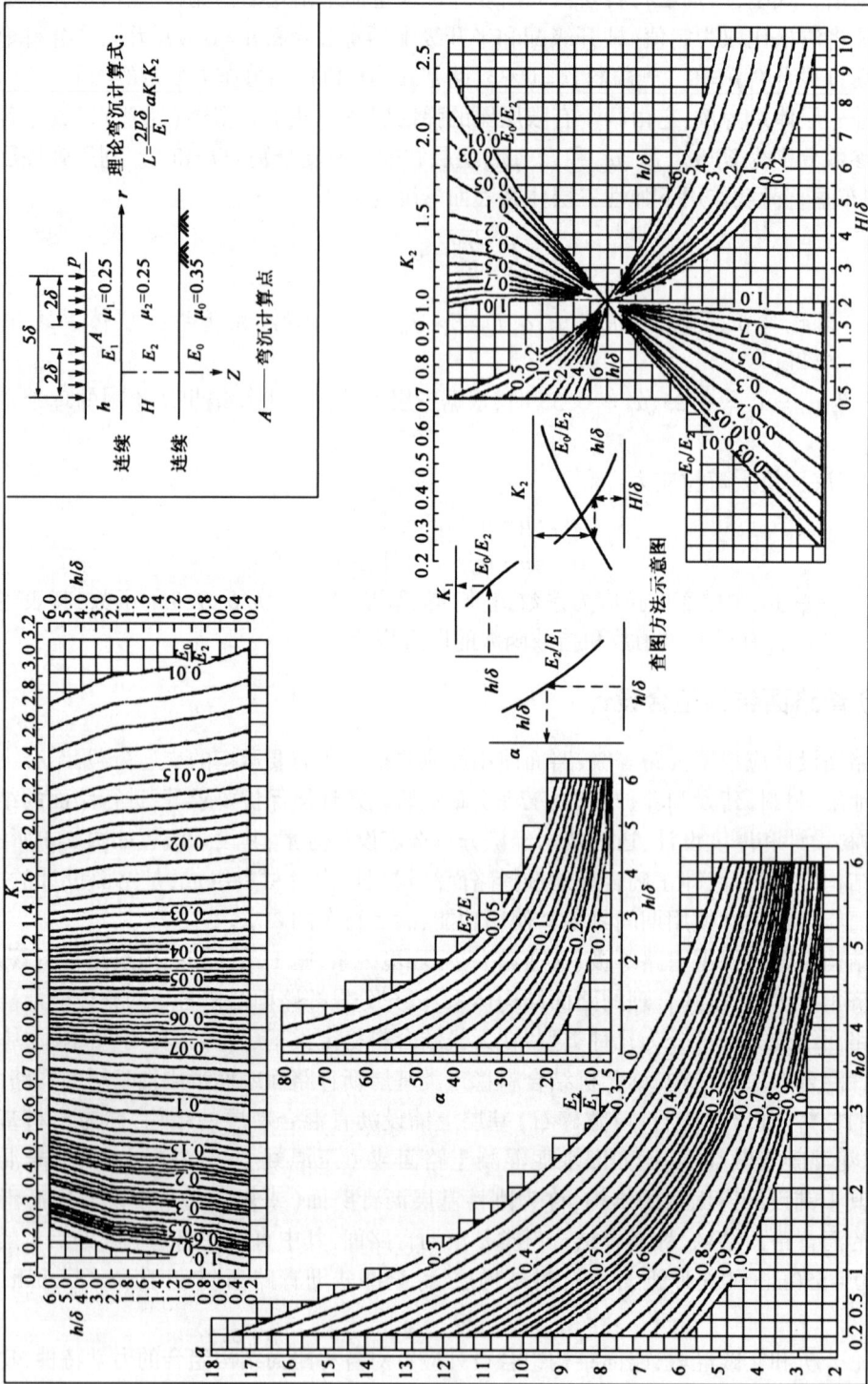

图6-3 弹性三层体系表面弯沉系数诸读图

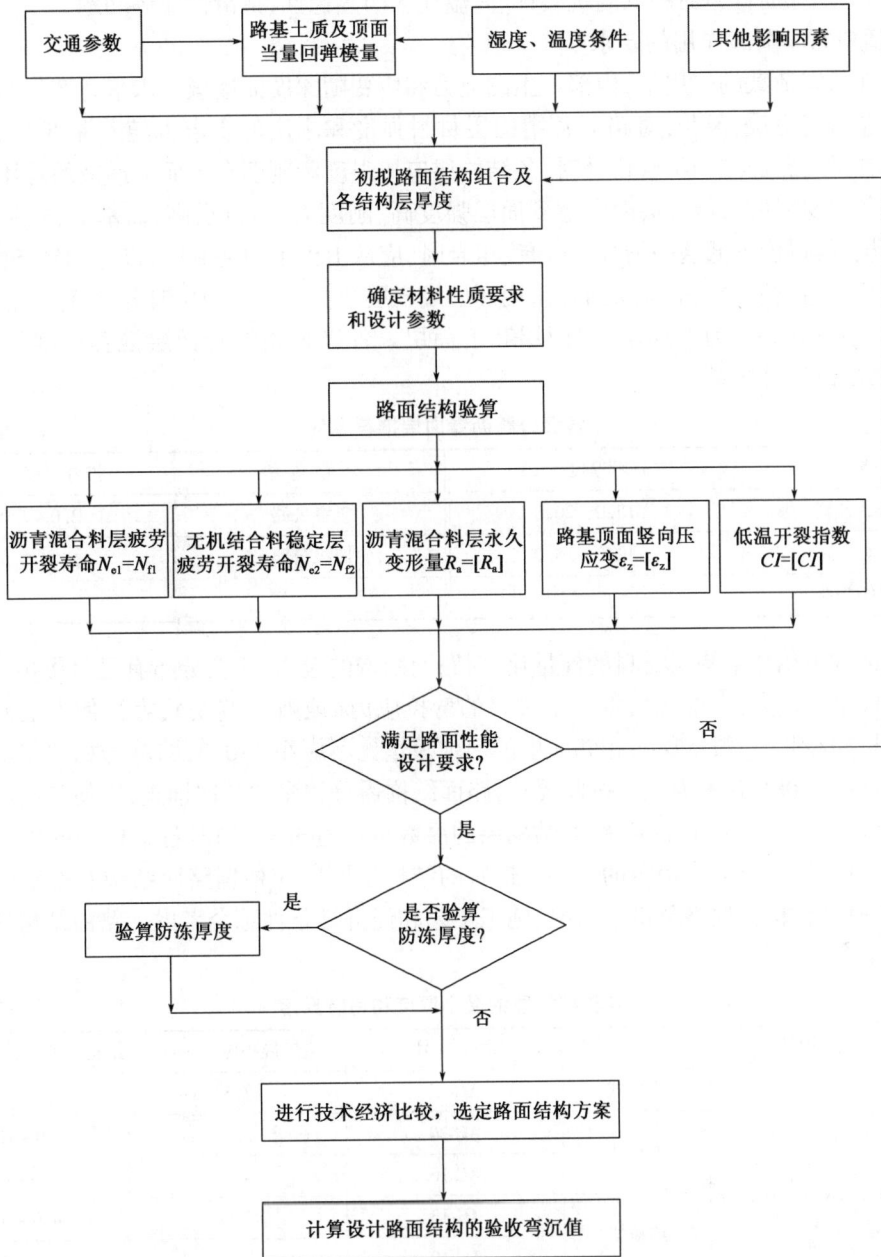

图 6-4 沥青路面设计流程图

（1）根据交通等级确定路面面层类型

确定路面面层类型应以政治、经济、国防、旅游以及经济发展的需要和设计交通量为主要依据。道路等级越高，交通等级越高，要求面层耐久越好、厚度也越厚，相应的面层层次也越多。

在选择面层类型时，应特别考虑当地的气候特征。如在气候干旱地区，不宜采用砂砾路面，以免产生严重的搓板现象；在多雨地区，要特别重视路面结构层的水稳性和面层透水性问题，以及寒冷地区沥青路面的低温抗裂性、高温地区的热稳性、抗滑性能等问题。

（2）适应行车荷载作用的要求

路面在行车荷载的作用下，内部产生的应力和应变随深度而递减。水平力产生的应力、应变随深度递减得更快，因此，对路面各结构层材料强度和刚度的要求也随着深度的增加而降低。于是在进行路面结构组合设计时，各结构层应按强度和刚度自上而下递减的规律组合，以充分发挥各层材料的效能。同时考虑到面层强度高、刚度大，造价也高，而基层、底基层强度、刚度较面层低，造价也低这一情况，在厚度组合时，应从上到下由薄到厚，以达到经济的目的。

等级高的道路沥青路面面层通常采用两层或三层结构。采用两层时分别称上面层和下面层，采用三层时分别称为上面层、中面层和下面层。各级公路沥青面层推荐厚度如表6-5所示，可供初步设计时参考。

各级公路沥青面层推荐厚度   表6-5

公 路 等 级	推荐厚度（cm）	公 路 等 级	推荐厚度（cm）
高速公路	15.0 ~ 20.0	三级公路	2.0 ~ 4.0
一级公路	12.0 ~ 15.0	四级公路	1.0 ~ 2.5
二级公路	5.0 ~ 12.0		

路面结构中相邻结构层材料的模量比，对路面结构的应力、应变分布有显著影响。相邻两层材料的模量比过大，上层底面将产生过大的弯拉应力（或弯拉应变），容易使上层开裂。根据理论分析和经验，一般基层与相邻面层的回弹模量比不应小于0.3，路基与相邻基层或底基层的模量比以0.08 ~ 0.4为宜。按此要求，路面结构需分较多的层次铺筑，以使各层模量逐渐过渡更为合理；但是为便于施工，路面结构层的层数也不宜过多，同时各结构层的厚度也不宜过小，厚度过小不可能形成稳定的结构。适宜的结构层厚度应根据路面结构的稳定性和强度来决定，还应结合材料规格及供应情况、施工工艺和经济等条件综合考虑。路面结构的最小厚度见表6-6。

各类结构层的最小厚度和适宜厚度   表6-6

结 构 层 类 型		符　号	施工最小厚度（cm）	结构层的适宜厚度（cm）
密级配沥青混凝土（AC）	粗粒式	AC-25	7.5	8.0 ~ 12.0
	中粒式	AC-20	5.0	6.0 ~ 10.0
		AC-16	4.0	5.0 ~ 8.0
	细粒式	AC-13	3.5	4.0 ~ 6.0
		AC-10	2.5	2.5 ~ 4.0
	砂粒式	AC-5	1.5	1.5 ~ 3.0
沥青玛蹄脂碎石混合料（SMA）	中粒式	SMA-20	6.0	5.0 ~ 8.0
		SMA-16	5.0	4.0 ~ 7.0
	细粒式	SMA-13	4.0	3.5 ~ 6.0
		SMA-10	3.0	2.5 ~ 5.0
密级配沥青稳定碎石（ATB）	特粗式	ATB-40	12.0	12.0 ~ 15.0
	粗粒式	ATB-30	9.0	9.0 ~ 15.0
		ATB-25	7.0	8.0 ~ 12.0

续上表

结 构 层 类 型		符　号	施工最小厚度(cm)	结构层的适宜厚度(cm)
开级配沥青稳定碎石(ATPB)	特粗式	ATPB-40	12.0	12.0~15.0
	粗粒式	ATPB-30	9.0	9.0~15.0
		ATPB-25	8.0	8.0~12.0
半开级配沥青稳定碎石(AM)	特粗式	AM-40	12.0	12.0~15.0
	粗粒式	AM-25	8.0	8.0~12.0
	中粒式	AM-20	5.0	6.0~8.0
		AM-16	4.0	5.0~7.0
	细粒式	AM-13	3.5	4.0~6.0
开级配沥青磨耗层(OGFC)	细粒式	OGFC-13	2.5	3.0~4.0
		OGFC-10	2.0	2.0~3.0
稀浆封层		—	0.3	0.3~0.8
沥青贯入式		—	4.0	4.0~8.0
沥青上拌下贯式		—	6.0	6.0~8.0
沥青表面处治		—	1.0	1.0~3.0
水泥稳定类		—	15.0	18.0~20.0
石灰稳定类		—	15.0	18.0~20.0
石灰工业废渣类		—	15.0	18.0~20.0
级配碎砾石		—	8.0	10~20
贫混凝土		—	15.0	18.0~24.0
泥结碎石		—	8.0	10~15
填隙碎石		—	10.0	10~12

（3）考虑结构层自身特征

各结构层材料具有不同的特性,在路面结构组合设计时,应注意相邻层次的相互影响,采取措施限制或消除所产生的不利影响。例如,沥青混凝土路面不宜直接铺筑在碎(砾)石基层上,而宜在其间设置沥青碎石过渡层,以防止由于基层的松动造成面层不平整或变形开裂;在半刚性基层上铺筑沥青混凝土,为防止和缓减基层干缩或温缩开裂而引起面层反射裂缝,通常宜适当加厚面层,或者设置沥青碎石、级配碎石等联结层。此外,在软弱潮湿的路基上,不宜直接铺筑碎砾石基层,以防止基层产生过大的变形。

（4）加强层间结合

为了保证路面结构之间传递应力的连续性和结构的整体性,层间结合应尽量紧密稳定。常采用的技术措施有:

①在各种基层上应设置透层沥青。透层沥青应具有良好的渗透性能,可用液体沥青、稀释沥青、乳化沥青等。洒布数量宜通过现场试验确定,对粒料基层以透入 $3\sim6mm$ 为宜。

②在沥青层之间应设黏层,黏层沥青宜用乳化沥青,洒布数量宜为 $0.3\sim0.6kg/m^2$;在新、旧沥青层之间,沥青层与旧水泥混凝土板之间应洒布热沥青、改性热沥青或改性乳化沥青作黏层。

③在半刚性基层上应设下封层。

④在拓宽路面时，新、旧路面接搓处，宜喷涂黏结沥青。

（5）考虑不利水温状况的影响

为了保证路面的强度和耐久性，路基必须处于干燥或中湿状态；否则会由于沥青面层不透气，使得路基和基层中因温度和湿度坡差向上积聚的水分无法通过面层排除，如果基层水稳定性不好，例如含泥量较多，塑性指数较大，一旦遇水变软，强度刚度急剧下降，致使路面破坏。为防止雨雪下渗，浸入基层、路基，沥青面层应选用密级配沥青混合料。当采用排水基层时，其下均应设防水层，并设置结构内部的排水系统，将雨水排除路基外。作为路面基础的路基应稳定、密实和均匀，具有足够的承载能力；新建公路路床应处于干燥或中湿状态，并应采取措施防止地表水或地下水的浸入。路床顶面回弹模量值的确定应与交通荷载等级相适应，并应符合表6-7的规定。当路床顶面回弹模量值不满足要求时，应采取改变填料、增设粒料层或采用无机结合料改善等措施。

路床顶面回弹模量要求（单位：MPa）   表6-7

交通荷载等级	极重	特重	中等、重	轻交通
回弹模量，不小于	70	60	50	40

注：1. 表列回弹模量为考虑环境作用（干湿循环或冻融循环），路基达到平衡湿度状态下的动态回弹模量。

2. 沥青路面路基顶面竖向压应变的计算值应满足沥青路面永久变形的控制要求。

潮湿地区路面底基层为无机结合料类材料时，宜在底基层与路床之间设置粒料层，宽度应与路基同宽，其最小厚度为150mm。

在冻深较大的季节性冰冻地区，路面总厚度的确定，除应满足力学强度的要求外，还应满足防冻层厚度的要求，以避免路基内出现较厚的聚冰带，导致路面不均匀冻胀和开裂等。路面防冻的最小厚度可参照表6-8确定。当按力学计算路面总厚度小于表列厚度时，应增设或加厚垫层以满足防冻厚度要求。

沥青路面结构的最小防冻厚度（单位：cm）   表6-8

路基类型	道路冻深(cm)	黏性土、细亚砂土			粉性土		
		砂石类	稳定土类	工业废渣类	砂石类	稳定土类	工业废渣类
中湿	50~100	40~45	35~40	30~35	45~50	40~45	30~40
	100~150	45~50	40~45	35~40	50~60	45~50	40~45
	150~200	50~60	45~55	40~50	60~70	50~60	45~50
	>200	60~70	55~65	45~55	70~75	60~70	50~65
潮湿	60~100	45~55	40~50	35~45	50~60	45~55	40~50
	100~150	55~60	50~55	45~50	60~70	55~65	50~60
	150~200	60~70	55~65	50~55	70~80	65~70	60~65
	>200	70~80	65~75	550	80~100	70~90	65~80

注：1. 对潮湿系数小于0.5的干旱地区的防冻厚度比表中值减小15%~20%。

2. 对Ⅱ区砂性土路基的防冻厚度应相应减少5%~10%。

防冻层的宽度应与路基同宽，其最小厚度为150mm，宜采用砂、砂砾、碎石等粒料类材料。

另外，设置排水基层或防冻层时，应在排水基层或防冻层外侧边缘设置纵向集水沟和带孔集水管，并间隔50~100m的纵向距离设置横向排水管。排水基层的纵向边缘集水沟设在路肩内侧边缘外。防冻层的纵向边缘集水沟设在路床边缘。

综上所述,在进行路面设计时,要按照面层耐久、基层坚实、路基稳定的要求,贯彻因地制宜、合理选材、方便施工、利于养护的原则以及上述结构组合原则,结合当地经验拟定几种路面结构方案,进行分析比较,并优先选用便于机械化施工和质量管理的方案,做到技术先进、经济合理。图6-5列出了我国常用的各级公路沥青路面结构组合,可供设计时参考。

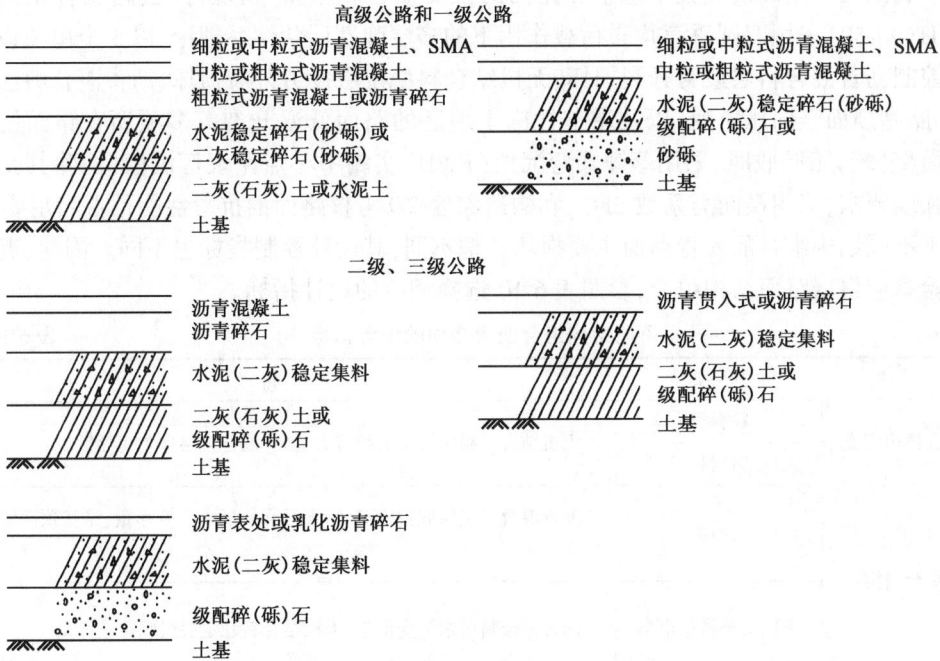

图6-5 各级公路沥青路面典型结构示例

高速公路、一级公路的路面一般不宜分期修建。软土地区或高填方路基、黄土湿陷地区等可能产生较大沉降的路段以及初期交通量较小的公路,可进行"一次设计、分期修建"。

三、沥青路面设计指标和参数

1. 沥青路面主要病害类型

在相同的自然环境和交通条件下,由于各种路面结构组合的技术特征和性能性能衰变规律不同,在沥青路面使用期内所产生的主要破坏类型也有所不同。不同结构组合沥青路面的损坏特点如表6-9所示。

不同结构组合沥青路面的主要损坏类型　　　　　　　　表6-9

结 构 类 型	粒料类基层沥青路面,底基层采用粒料的沥青结合料类基层沥青路面			无机结合料类基层沥青路面、底基层采用无机结合料类材料的沥青结合料类基层沥青路面	
沥青层厚度(mm)	≥150	50~150	≤50	≥150	<150
主要损坏类型	沥青层永久变形 沥青层疲劳开裂	沥青层疲劳开裂 沥青层永久变形	永久变形	面层永久变形 基层疲劳开裂 面层反射裂缝	基层疲劳开裂 面层反射裂缝
季冻地区	面层低温开裂				

复合式沥青路面的主要损坏类型为设传力杆水泥混凝土板的疲劳开裂、沥青混合料表面层的反射裂缝以及由于沥青混合料表面层与水泥混凝土板之间的层间结合不良而产生的剪切推移变形。对于季节性冰冻地区，还需考虑沥青表面层的低温开裂。

2. 路面结构计算图式及设计指标

鉴于我国沥青路面研究技术水平和路面的主要损害类型，我国现行《公路沥青路面设计规范》（JTG D50）采用双圆垂直均布荷载作用下的多层弹性层状体系理论，以 5 个单项设计指标分别控制沥青混合料层疲劳开裂损坏、无机结合料稳定层疲劳开裂损坏、沥青混合料层永久变形量、路基顶面竖向压应变，以及季节性冻土地区的路面低温开裂等多项沥青路面使用性能。路面交（竣）工验收时，采用落锤式弯沉仪（FWD）实测中心点路表弯沉值，检验其是否达到设计强度要求；采用横向力系数 SFC_{60} 和构造深度 TD 考核路面的抗滑性能是否满足要求。

由于不同结构组合的沥青路面主要损坏类型不同，其设计控制指标也不同。因此，沥青路面结构验算应根据路面结构组合，参照表 6-10 选择相应的设计指标。

不同结构组合沥青路面的设计指标 表 6-10

基 层 类 型	底基层类型	设 计 指 标[①]
无机结合料稳定类	粒料类	无机结合料稳定层层底拉应力、沥青混合料层永久变形量
	无机结合料稳定类	
沥青结合料类	粒料类	沥青混合料层层底拉应变、沥青混合料层永久变形量、路基顶面竖向压应变
	无机结合料稳定类	沥青混合料层永久变形量、无机结合料稳定层层底拉应力
粒料类[②]	粒料类	沥青混合料层层底拉应变、沥青混合料层永久变形量、路基顶面竖向压应变
	无机结合料稳定类	沥青混合料层层底拉应变、沥青混合料层永久变形量、无机结合料稳定层层底拉应力
水泥混凝土[③]	—	沥青混合料层永久变形量

注：①季节性冻土地区应增加沥青面层低温开裂验算和防冻厚层验算。
②在沥青面层与无机结合料稳定类基层间设置粒料层时，应验算沥青混合料层疲劳。
③水泥混凝土基层应按现行《公路水泥混凝土路面设计规范》（JTG D40）设计。

不同设计指标对应的力学指标及其竖向位置如表 6-11 所示。水平方向计算点为单圆中心点、单圆边缘点、双圆中心距中点以及后两点的中点，如图 6-6 所示的 A、B、C、D 点，取四个点计算的最大的力学响应量进行路面结构分析。

路面设计指标对应的力学指标及竖向位置 表 6-11

设 计 指 标	力 学 指 标	竖 向 位 置
沥青混合料层层底拉应变	行车方向的水平拉应变	沥青层层底
无机结合料稳定层层底拉应力	行车方向的水平拉应力	无机结合料层层底
沥青混合料层永久变形量	竖向压应力	沥青混合料层各分层顶面
路基顶面竖向压应变	竖向压应变	路基顶面

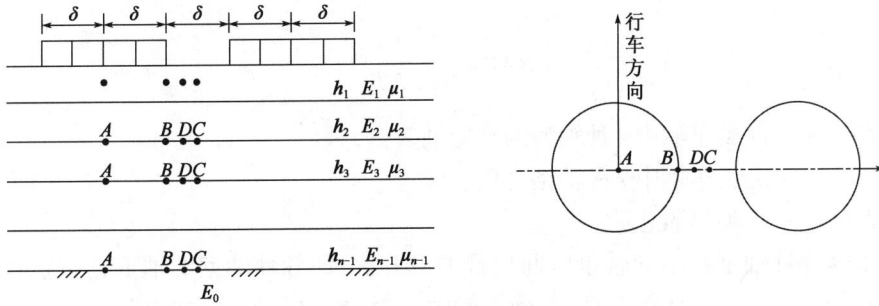

图6-6 力学响应水平方向计算点位置图示

3. 设计参数

(1) 沥青路面设计使用年限

新建高速公路、一级公路沥青路面设计使用年限采用 15 年,二级公路 12 年,三级公路 10 年,四级公路 8 年。

(2) 当量设计轴载累计作用次数与交通量等级

路面设计所用的交通资料,可以通过实地设立站点进行各类车辆的轴型调查和轴重测定,或者利用该地区或相似类型公路已有称重站的测定统计资料,也可以从已有的计重收费数据中提取所需的信息。所收集的信息包括交通量及增长率、方向系数、车道系数,以及车辆类型、轴型、轴重、轮组等轴载谱(axle load spectrum)资料。再分别按沥青结合料层层底拉应变、无机结合料层层底拉应力、沥青层竖向压应力和剪切应力、路基顶面压应变引起路面相应损伤等效的原则,将不同车型、不同轴载的作用次数换算为与设计轴载相当的轴载作用次数即当量轴次(equivalent single axle loads)。在路面设计期内,考虑方向系数和车道系数后,一个车道上的累计当量轴次总和即为设计用的累计当量轴次(cumulative equivalent axle loads)。

各类车辆的当量设计轴载换算系数可按下列三个水平确定,高速公路和一级公路的改建设计应按照水平一,其他情况可采用水平二或者水平三。

① 水平一。按照当量轴载换算公式计算表6-4 中除第 1 类(后轴为单轮组)外其余所有车辆的各种轴型在不同轴重区间的当量设计轴载换算系数,计算时取各轴重区间的中点值作为该轴重区间的代表轴重。按式(6-10)计算各类车辆的当量设计轴载换算系数:

$$\text{EALF}_m = \sum_i \left[\text{NAPT}_{mi} \sum_j \left(\text{EALF}_{mij} \times \text{ALDF}_{mij} \right) \right] \tag{6-9}$$

式中: EALF_m ——m 类车辆的当量轴载换算系数;

$\quad \text{NAPT}_{mi}$ ——m 类车辆中 i 种轴型的平均轴数,可根据式(6-10)计算确定;

$\quad \text{ALDF}_{mij}$ ——m 类车辆中 i 种轴型在 j 级轴重区间的轴重分布系数,可根据式(6-11)计算确定;

$\quad \text{EALF}_{mij}$ ——m 类车辆中 i 种轴型在 j 级轴重区间当量设计轴载换算系数,根据式(6-12)计算确定;

$\quad i$ ——分别为单轴单胎、单轴双胎、双联轴、三联轴;

$\quad m$ ——除后轴为单轮组外(即表6-4 中的 2 类~11 类)的所有车辆。

平均轴数 NAPT_{mi} 按式(6-10)计算：

$$\mathrm{NAPT}_{mi} = \frac{NA_{mi}}{NT_m} \qquad (6\text{-}10)$$

式中：NAPT_{mi} —— m 类车辆中 i 种轴型的平均轴数；

NA_{mi} —— m 类车辆中 i 种轴型总数；

NT_m —— m 类车辆总数。

各类车辆各种轴型在不同轴重区间出现的百分比，即各种轴型的轴重分布系数 ALDF_{mij} （轴载谱）可以按式(6-11)计算。注意，确定轴载谱时，单轴单胎、单轴双胎、双联轴和三联轴应分别间隔 2.5kN、4.5kN、9.0kN 和 13.5kN 划分轴重区间。

$$\mathrm{ALDF}_{mij} = \frac{ND_{mij}}{NA_{mi}} \qquad (6\text{-}11)$$

式中：ALDF_{mij} —— m 类车辆中 i 种轴型在 j 级轴重区间的轴重分布系数；

ND_{mij} —— m 类车辆中 i 种轴型在 j 级轴重区间的数量；

NA_{mi} —— m 类车辆中 i 种轴型的数量。

m 类车辆中 i 种轴型在 j 级轴重区间当量设计轴载换算系数 EALF_{mij}，根据式(6-12)计算确定：

$$\mathrm{EALF}_{mij} = c_1 c_2 \left(\frac{P_{mij}}{P_s}\right)^b \qquad (6\text{-}12)$$

式中：P_s —— 设计轴载(kN)；

P_{mij} —— m 类车辆中 i 种轴型在 j 级轴重区间的单轴轴载(kN)，对于双联轴和三联轴，为分配到每根单轴的轴载重量；

b —— 换算指数，分析沥青混合料层疲劳和沥青混合料层永久变形时，$b=4$；分析路基永久变形时，$b=5$；分析无机结合料层疲劳时，$b=13$；

c_1 —— 轴组系数，前后轴间距大于 3m 时，分别按单个轴计算；轴间距小于 3m 时，按表 6-12 取值；

c_2 —— 轮组系数，双轮组为 1.0，单轮时取 4.5。

轴 型 系 数 取 值 表 6-12

设 计 指 标	轮—轴型	c_1 取值
沥青层疲劳沥青层永久变形	双联轴	2.1
	三联轴	3.2
路基永久变形	双联轴	4.2
	三联轴	8.7
无机结合料稳定层疲劳	双联轴	2.6
	三联轴	3.8

②水平二和水平三。若没有实测轴重数据时，按式(6-13)确定各类车辆的当量设计轴载换算系数：

$$\mathrm{EALF}_m = \mathrm{EALF}_{ml} \times \mathrm{PER}_{ml} + \mathrm{EALF}_{mh} \times \mathrm{PER}_{mh} \qquad (6\text{-}13)$$

式中：$EALF_{ml}$ —— m 类车辆中非满载车的当量设计轴载换算系数；

$EALF_{mh}$ —— m 类车辆中满载车的当量设计轴载换算系数；

PER_{ml} —— m 类车辆中非满载车所占的百分比；

PER_{mh} —— m 类车辆中满载车所占的百分比。

为确定各类车辆的当量设计轴载换算系数，设计人员需要通过分析实测的或历史积累的车辆总重数据，或者根据以往的车辆超载情况调查结果，确定各种车型的非满载车和满载车的比例。

在水平二时，各类车辆非满载车和满载车的当量设计轴载换算系数取当地的经验值；在水平三时，采用表6-13所示的各类车辆轻车和重车的当量轴载换算系数全国的经验值。

2类~11类车辆非满载车及满载车的当量设计轴载换算系数 表6-13

车 型	沥青混合料层底拉应变、沥青混合料层永久变形		无机结合料稳定层层底拉应力		路基顶面竖向压应变	
	非满载车	满载车	非满载车	满载车	非满载车	满载车
2 类	0.8	2.8	0.5	35.5	0.6	2.9
3 类	0.4	4.1	1.3	314.2	0.4	5.6
4 类	0.7	4.2	0.3	137.6	0.9	8.8
5 类	0.6	6.3	0.6	72.9	0.7	12.4
6 类	1.3	7.9	10.2	1 505.7	1.6	17.1
7 类	1.4	6.0	7.8	553.0	1.9	11.7
8 类	1.4	6.7	16.4	713.5	1.8	12.5
9 类	1.5	5.1	0.7	204.3	2.8	12.5
10 类	2.4	7.0	37.8	426.8	3.7	13.3
11 类	1.5	12.1	2.5	985.4	1.6	20.8

在此基础上，按照公式(6-14)确定初始年设计车道日平均当量轴次 N_1。

$$N_1 = AADT \times DDF \times LDF \times \sum_{m=2}^{11} (VCDF_m \times EALF_m) \quad (6-14)$$

式中：AADT —— 2轴6轮及以上车辆的双向年平均日交通量(辆/d)；

DDF —— 方向系数，其值宜根据不同方向上实测交通量数据确定，无实测数据时可在 0.5~0.6 范围内选取；

LDF —— 车道系数，其值可分为三个水平确定，改建设计应采用水平一，新建路面设计可采用水平二或水平三；水平一是根据现场交通量观测资料统计设计方向不同车道上车辆的数量，确定车道系数；水平二是采用当地的经验值；水平三是采用表6-14推荐值；

m —— 车辆类型编号；

$EALF_m$ —— m 类车辆的当量设计轴载换算系数；

$VCDF_m$ —— m 类车辆类型分布系数，其值可分为三个水平确定，改建设计应采用水平一，新建路面设计可采用水平二或水平三；水平一，根据设计方向的交通量观测资料，按照表6-4对车辆进行分类，确定2类~11类车型所占的百分比，即为车辆类型分布系数；水平二，根据历史数据或经验按照表6-15确定公路的

TTC 分类,采用该 TTC 分类的车辆类型分布系数的当地经验值;水平三,根据历史数据或经验按照表6-15 确定公路的 TTC 分类,采用表6-16 针对 TTC 分类的车辆类型分布系数的经验值。

车　道　分　配　系　数　　　　　表 6-14

单向车道数	1	2	3	≥4
高速公路	—	0.70~0.85	0.45~0.60	0.40~0.50
其他等级公路	1.00	0.50~0.75	0.50~0.75	—

注:交通受非机动车和行人影响较严重的取低限,反之取高限。

公路 TTC 分类标准(单位:%)　　　　　表 6-15

TTC 分类	整体货车比例	半挂货车比例
TTC1	<40	>50
TTC2	<40	<50
TTC3	40~70	>20
TTC4	40~70	<20
TTC5	>70	—

注:表中整体式货车包括表6-4 中的 3 类~6 类车,半挂式货车包括表 6-4 中的 7 类~10 类车。

不同 TTC 分类的公路车辆类型分布系数(单位:%)　　　　　表 6-16

车辆类型编号	2	3	4	5	6	7	8	9	10	11
TTC1	6.4	15.3	1.4	0.0	11.9	3.1	16.3	20.4	25.2	0.0
TTC2	22.0	23.3	2.7	0.0	8.3	7.5	17.1	8.5	10.6	0.0
TTC3	17.8	33.1	3.4	0.0	12.5	4.4	9.1	10.6	8.5	0.7
TTC4	28.9	43.9	5.5	0.0	9.4	2.0	4.6	3.4	2.3	0.1
TTC5	9.9	42.3	14.8	0.0	22.7	2.0	2.3	3.2	2.5	0.2

在沥青路面设计使用年限内,设计车道上的当量设计轴载累计作用次数 N_e 按照式(6-15)计算。

$$N_e = \frac{\left[(1+\gamma)^t - 1\right] \times 365}{\gamma} N_1 \qquad (6-15)$$

式中: N_e ——设计使用年限内设计车道上的当量设计轴载累计作用次数(次);

　　　t ——设计使用年限(年);

　　　γ ——设计使用年限内交通量的年平均增长率;

　　　N_1 ——初始年设计车道日平均当量轴次(次/d)。

沥青路面所承受的设计交通荷载作用等级,按设计使用年限内设计车道所承担的大型客车和货车累计交通量分为 5 个等级,见表6-17。

设计交通荷载分级　　　　　表 6-17

设计交通荷载等级	极重	特重	重	中等	轻
设计车道累计货车交通量(×10⁶)	≥20	20~9	9~5	5~1.5	<1.5

注:货车是指表6-4 所列的 2 类~11 类车。

（3）设计安全等级和可靠度指标

各级公路沥青路面结构设计的安全等级及相应的可靠度、可靠度指标应不低于表6-18的规定。

沥青路面结构设计安全等级、可靠度和可靠度指标　　　　　表6-18

公路等级	高速公路	一级公路	二级公路	三级公路	四级公路
设计安全等级	一级		二级	三级	
可靠度(%)	95	90	85	80	70
可靠度指标β	1.65	1.28	1.04	0.84	0.52

（4）路基回弹模量

路基应稳定、密实和均匀，具有足够的承载能力。新建公路路床应处于干燥或中湿状态，并应采取措施防止地表水或地下水的浸入。现行规范以重复加载三轴压缩试验测试路基土在标准状态（最佳含水率、最大干密度）下的回弹模量 M_R。但考虑到在路面使用年限内路基含水率是变化的，通车一段时间后路基湿度会逐渐趋于相对平衡的状态，路面设计时采用路基平衡状态的湿度下路基顶面回弹模量值作为回弹模量设计值 E_0，且不小于表6-7的规定。不满足要求时，应采取改变填料、增设粒料层或采用无机结合料改善等措施提高路基顶面回弹模量值。

新建公路路基回弹模量设计值 E_0 可由标准状态下的路基回弹模量按式（6-16）确定，并应满足式（6-17）的要求。

$$E_0 = K_s K_\eta M_R \tag{6-16}$$

$$E_0 \geq [E_0] \tag{6-17}$$

式中：E_0——路基回弹模量设计值（MPa）；

　　$[E_0]$——路面结构设计的路基回弹模量要求值（MPa），应符合表6-7的规定；

　　M_R——标准状态（最佳含水率、最大干密度）下路基回弹模量值（MPa）；路基土及粒料的回弹模量应根据路基结构应力水平，采用重复加载三轴压缩试验方法，通过试验获得；初步设计阶段，也可参照式（6-18）和式（6-19）由路基土或粒料的 CBR 值（%）估算标准状态下路基土或粒料的回弹模量值；

　　K_s——路基回弹模量湿度调整系数，为平衡湿度（含水率）状态下的回弹模量与标准状态下的回弹模量之比；

　　K_η——干湿循环或冻融循环条件下路基土模量折减系数，通过试验确定。初步设计时，非冰冻地区可根据土质类型、失水率确定，季节性冰冻区可根据冻结温度、含水率确定，折减系数可取 0.7~0.9。

$$M_R = 17.6 CBR^{0.64} \qquad (2 < CBR \leqslant 12) \tag{6-18}$$

$$M_R = 22.1 CBR^{0.55} \qquad (12 < CBR < 80) \tag{6-19}$$

（5）路面材料设计参数

路面结构层材料设计参数的确定可分为下列 3 个水平确定：

水平一，通过室内试验实测确定。

水平二，利用已有经验关系式确定。

水平三,参照典型数值确定。

高速公路和一级公路的施工图设计阶段宜采用水平一,其他设计阶段可采用水平二或水平三;二级及二级以下等级公路各设计阶段可采用水平二或水平三。

①粒料基层、底基层。路面设计采用平衡湿度状态下粒料的回弹模量,由标准条件下的回弹模量值乘以湿度调整系数得到,湿度调整系数在1.6~2.0范围内选取。

根据公路等级和设计阶段,标准条件(最佳含水率、现场压实度要求相应的干密度或最大干密度的95%)下粒料的回弹模量可采用重复加载三轴压缩试验实测,或者依据粒料的类别确定标准条件和平衡湿度条件下的回弹模量值,常用粒料的回弹模量参考值范围见表6-19。

标准条件和平衡湿度条件下粒料层回弹模量参考范围(单位:MPa)　　　表6-19

材　料　类　型	标　准　条　件　下	平衡湿度条件下
级配碎石(基层)	200~400	300~700
级配碎石(底基层)	180~250	190~440
未筛分碎石	180~220	200~400
级配砾石(基层)	150~300	250~600
级配砾石(底基层)	150~220	160~380
天然砂砾	105~135	130~240

②无机结合料稳定类材料的弹性模量和弯拉强度。无机结合料稳定类材料的回弹模量采用中间段法单轴压缩试验确定,弯拉强度测试参照《公路工程无机结合料稳定材料试验规程》(JTG E51—2009)的有关规定。试验条件受限时(水平三),回弹模量和弯拉强度可参考表6-20选取。无机结合料稳定类材料的弹性模量和弯拉强度试验,水泥稳定类、水泥粉煤灰稳定类材料的试件龄期为90d,石灰稳定类、石灰粉煤灰稳定类材料的试件龄期为180d。

无机结合料稳定类材料的弯拉强度和弹性模量参考值　　　表6-20

材　料　类　型	弯拉强度(MPa)	弹性模量(MPa)
水泥稳定粒料、水泥粉煤灰稳定粒料、石灰粉煤灰稳定粒料	1.5~2.0	18 000~28 000
	0.9~1.5	14 000~20 000
水泥稳定土、水泥粉煤灰稳定土、石灰粉煤灰稳定土	0.6~1.0	5 000~7 000
石灰土	0.3~0.7	3 000~5 000

路面结构分析时,无机结合料稳定类材料弹性模量应乘以结构层模量调整系数0.5。

③沥青混合料回弹模量。

水平一,沥青混合料动态压缩模量采用重复加载单轴压缩回弹模量试验测定。试验温度采用20℃,面层沥青混合料加载频率采用10Hz,基层沥青稳定类材料加载频率采用5Hz。

水平二,沥青混合料回弹模量可以采用经验关系式确定。道路石油沥青和常规级配的沥青混合料20℃的动态压缩模量可采用式(6-20)计算。

$$\lg E_a = 4.59 - 0.02f + 2.58G^* - 0.14P_a - 0.041V - 0.03VCA_{DRC} - 2.65 \times$$

$$1.1^{\lg f}G^* \cdot f^{-0.06} - 0.05 \times 1.52^{\lg f}VCA_{DRC} \cdot f^{-0.21} + 0.003\,1f \cdot P_a + 0.002V \quad (6\text{-}20)$$

式中:E_a——沥青混合料20℃的动态压缩模量(MPa);

f——试验频率(Hz);

G^*——60℃、10rad/s下沥青动态剪切复数模量(kPa);

P_a——沥青混合料的油石比(%);

V——压实沥青混合料的空隙率(%);

VCA_{DRC}——捣实状态下粗集料的松装间隙率(%)。

水平三,沥青混合料的动态压缩模量可参照表6-21确定。

常用沥青混合料20℃、10Hz条件下的回弹模量参考值(单位:MPa)　　　　表6-21

沥青混合料类型	沥 青 种 类			
	70号道路石油沥青	90号道路石油沥青	110号道路石油沥青	SBS改性沥青
SMA10、SMA13、SMA16	—	—	—	7 500~12 000
AC10、AC13	8 000~12 000	7 500~11 500	7 000~10 500	8 500~12 500
AC16/AC20/AC25	9 000~13 500	8 500~13 000	7 500~12 000	9 000~13 500
ATB25	7 000~11 000	—	—	—

注:1. TAB25为5Hz条件下动态压缩模量。其他沥青混合料为10Hz条件下动态压缩模量。

　　2. 沥青黏度大、级配好或空隙率小时取高值,反之取低值。

④温度调整系数与等效温度。路面结构分析时,根据公路所在地区的气温条件、路面结构类型和结构层厚度,对路面疲劳寿命进行温度调整。

对于基准三层路面结构,温度调整系数按式(6-21)计算。

$$\begin{cases} \hat{k}_{Ti} = a_i x^2 + b_i x + c_i \\ x = \mu T_a + d_i \Delta T_{a,mon} \end{cases} \tag{6-21}$$

式中: $\hat{k}_{Ti}$ ——基准路面结构的温度调整系数,下标 $i=1$ 时为分析沥青混合料层疲劳开裂(层底拉应变), $i=2$ 时为分析无机结合料稳定层疲劳开裂(层底拉应力), $i=3$ 时为分析路基永久变形(路基顶面竖向压应变);

　　　μT_a ——公路所在地区年平均气温(℃);

　　　$\Delta T_{a,mon}$ ——公路所在地区月均气温的年极差(℃),为最热月平均气温和最冷月平均气温之差,通常为7月和1月平均气温之差;

　　　b、c、d ——与验算指标有关的回归系数,按照表6-22所示取值。

回 归 系 数 取 值　　　　表6-22

设 计 指 标	a	b	c	d
沥青混合料层底拉应变无机结合料稳定层底拉应力	0.000 6	0.027	0.71	0.05
路基顶面竖向压应变	0.001 3	0.003	0.73	0.08

基准三层路面结构形式为沥青混合料面层的厚度 $h_a=180mm$,20℃沥青混合料的动态模量 $E_a=8\,000MPa$;粒料基层或无机结合料稳定基层的厚度 $h_b=400mm$,基层的回弹模量 $E_b=400MPa$;路基的回弹模量 $E_0=100MPa$。

基准路面等效温度按式(6-22)计算:

$$T_\xi = 1.04\mu T_a + 0.22\Delta T_{a,mon} \tag{6-22}$$

式中符号意义同式(6-21)。

对于非基准路面结构,需要进行结构层厚度和模量修正,得到不同结构路面的温度调整系数和等效温度。

四、沥青路面使用性能设计要求

初步拟定的路面结构组合方案的设计分析结果,应能满足下列沥青路面使用性能指标的设计要求,否则需调整路面结构方案,重新分析,直至满足要求。

(1)沥青层疲劳开裂:计算的沥青混合料层的疲劳开裂寿命 N_{f1},不应小于按照沥青混合料层疲劳等效换算得到的设计使用年限内当量设计轴载累计作用次数 N_{e1}。

(2)无机结合料层疲劳开裂:计算的无机结合料稳定层的疲劳开裂寿命 N_{f2},不应小于按照无机结合料稳定层疲劳等效换算得到的设计使用年限内当量设计轴载累计作用次数 N_{e2}。

(3)路基永久变形:路基顶面的最大竖向压应变不应大于容许压应变值$[\varepsilon_z]$。

(4)沥青混合料层永久变形:计算的沥青混合料层永久变形量不应大于表6-23规定的容许永久变形量。

沥青混合料层容许永久变形量(单位:mm)　　　　　表6-23

公 路 等 级	沥青混合料层容许永久变形量	
	高速公路、一级公路	二级、三级公路
无机结合料稳定类基层、水泥混凝土基层、底基层为无机结合料稳定类的沥青混合料类基层	15	20
其他基层(粒料类基层、底基层为粒料的沥青混合料类基层)	10	15

(5)低温开裂:季节性冰冻地区,为了评价沥青路面横向裂缝密集程度,采用裂缝指数(Cracking Index,简称CI)这个指标来表征。竣工验收时100m调查单元内横向裂缝条数,贯穿全幅的裂缝按1条计,未贯穿全幅的裂缝按0.5条计,长度小于单车道宽度的裂缝不计入。计算的沥青面层低温开裂指数不宜大于表6-24的要求。

低温开裂指数要求值　　　　　表6-24

公 路 等 级	高速公路、一级公路	二级公路	三级、四级公路
低温开裂指数 CI ≤	3	5	7

(6)抗滑性能:抗滑性能以横向力系数测试车在60km/h车速下测得的横向力系数(SFC_{60})和用铺砂法测定的宏观构造深度 TD 为主要指标。高速公路、一级公路以及山岭重丘区二级和三级公路的路面在交工验收时,其抗滑技术指标应满足表6-25的技术要求。

沥青路面抗滑技术指标　　　　　表6-25

年平均降雨量 (mm)	交工检测指标值	
	横向力系数 SFC_{60}	构造深度 TD(mm)
>1 000	≥54	≥0.55
500 ~ 1 000	≥50	≥0.50
250 ~ 500	≥45	≥0.45

五、沥青路面结构分析验算

1.沥青路面抗疲劳开裂验算

沥青路面疲劳分析的响应为沥青混合料层底面的拉应变、无机结合料稳定层底面的拉应力,分别计算平行于行车方向和垂直于行车方向的力学响应量,确定力学响应的关键位置和方向,采用其中最大的力学响应量进行性能分析。

(1)沥青混合料层

依据沥青混合料层底面的最大拉应变以及沥青混合料的组成和性质,按式(6-23)计算沥青混合料结构层的疲劳寿命。如果按式(6-23)计算得到的沥青混合料层疲劳寿命 N_{fl} 大于设计年限内设计车道的当量设计轴载累计作用次数 N_{e1},则所拟定的路面结构满足疲劳开裂的要求,否则应调整路面结构方案,重新验算,直至满足要求。

$$N_{\text{fl}} = 6.32 \times 10^{(15.96-0.29\beta)} k_{\text{a}} k_{\text{b}} k_{\text{Tl}}^{-1} \left(\frac{1}{\varepsilon_{\text{a}}}\right)^{3.97} \left(\frac{1}{E_{\text{a}}}\right)^{1.58} (\text{VFA})^{2.72} \qquad (6\text{-}23)$$

式中:N_{fl} ——沥青混合料层疲劳开裂寿命(轴次);

β ——目标可靠度指标,根据公路等级按表6-18取值;

VFA ——沥青混合料的沥青饱和度(%);

E_{a} ——沥青混合料20℃时的动态压缩模量(MPa);

ε_{a} ——沥青混合料层层底拉应变(10^{-6}),根据弹性层状体系理论,按表6-11和图6-6选取计算点,按式(6-24)计算;

k_{Tl} ——温度调整系数;

k_{a} ——季节性冻土地区调整系数,按表6-26采用内插法确定;

k_{b} ——疲劳加载模式系数,按式(6-25)计算。

$$\varepsilon_{\text{a}} = p \cdot \overline{\varepsilon}_{\text{a}}$$

$$\overline{\varepsilon}_{\text{a}} = f\left(\frac{h_1}{\delta}, \frac{h_1}{\delta}, \cdots, \frac{h_{n-1}}{\delta}; \frac{E_2}{E_1}, \frac{E_3}{E_2}, \cdots, \frac{E_0}{E_{n-1}}\right) \qquad (6\text{-}24)$$

式中: $\overline{\varepsilon}_{\text{a}}$ ——理论拉应变系数;

p、δ ——设计轴载的轮胎接地压强(MPa)和当量双圆半径(mm),见表6-2所示;

E_0 ——路基顶面回弹模量(MPa);

h_1、h_2、$\cdots$、h_{n-1} ——各结构层厚度(mm);

E_1、E_2、$\cdots$、E_{n-1} ——各结构层模量(MPa)。

季节性冻土地区调整系数 表6-26

冻 区	重 冻 区	中 冻 区	轻 冻 区	其 他 地 区
冻结指数 F(℃,d)	≥2 000	800~2 000	50~800	≤50
k_{a}	0.60~0.70	0.70~0.80	0.80~1.00	1.00

$$k_{\text{b}} = \left(\frac{1 + 0.3E_{\text{a}}^{0.43} \text{VFA}^{-0.85} e^{0.024h_a-5.41}}{1 + e^{0.024h_a-5.41}}\right)^{3.33} \qquad (6\text{-}25)$$

式中:h_{a} ——沥青混合料层厚度(mm)。

（2）无机结合料稳定层

无机结合料稳定层的疲劳开裂寿命,应根据路面结构分析得到该层底面的最大拉应力按式(6-26)计算确定。无机结合料稳定层的疲劳开裂寿命 N_{f2} 应大于设计使用年限内设计车道的当量设计轴载累计作用次数 N_{e2}。否则,应调整路面结构组合或厚度,重新验算,直到满足要求。

$$\lg N_{f2} = k_a k_{T2}^{-1} 10^{a - b\frac{\sigma_t}{R_S} + k_c - 0.57\beta} \tag{6-26}$$

式中:N_{f2}——无机结合料稳定层的疲劳开裂寿命(轴次);

k_a——季节性冻土地区调整系数,按表6-26采用内插法确定;

k_{T2}——温度调整系数;

R_S——无机结合料稳定类材料的弯拉强度(MPa),水泥稳定类、水泥粉煤灰稳定类材料的龄期为90d,石灰稳定类、石灰粉煤灰稳定类材料的龄期为180d;

a、b——疲劳试验回归系数,根据材料类型,按表6-27选取;

k_c——现场综合修正系数,按式(6-27)确定;

β——可靠度指标,根据公路等级按表6-18取值;

σ_t——无机结合料稳定层的层底拉应力(MPa);根据弹性层状体系理论,按表6-11和图6-6选取计算点,按式(6-28)计算。

无机结合料稳定层疲劳破坏模型参数　　　　　　　　表6-27

材 料 类 型	a	b
无机结合料稳定粒料	13.24	12.52
无机结合料稳定细粒土	12.18	12.79

$$k_c = c_1 e^{c_2(h_a + h_b)} + c_3 \tag{6-27}$$

式中:c_1、c_2、c_3——参数,按表6-28取值;

h_a、h_b——沥青混合料层和计算点以上无机结合料稳定层厚度(mm)。

现场综合修正系数 k_c 相关参数　　　　　　　　表6-28

材 料 类 型	新建路面结构层或改建工程既有路面结构层		改建工程加铺层	
	无机结合料稳定粒料	无机结合料稳定细粒土	无机结合料稳定粒料	无机结合料稳定细粒土
c_1	14.0	35.0	18.5	21.0
c_2	− 0.007 6	− 0.015 6	− 0.01	− 0.012 5
c_3	− 1.47	− 0.83	− 1.32	− 0.82

$$\sigma_t = p \cdot \overline{\sigma}_t$$
$$\overline{\sigma}_t = f\left(\frac{h_1}{\delta}, \frac{h_1}{\delta}, \cdots, \frac{h_{n-1}}{\delta}; \frac{E_2}{E_1}, \frac{E_3}{E_2}, \cdots, \frac{E_0}{E_{n-1}}\right) \tag{6-28}$$

式中:$\overline{\sigma}_t$——理论拉应力系数;

其他符号意义同式(6-24)。

2.沥青混合料层永久变形量验算

为了科学确定沥青混合料结构层的永久变形量,应按下列要求对各沥青混合料层进行分层,分别计算各分层的永久变形量:

（1）表面层，采用 10～20mm 为 1 分层厚度进行划分。

（2）第二层沥青混合料层，每一分层厚度不应大于 25mm。

（3）第三层沥青混合料层，每一分层厚度不应大于 100mm。但作为 1 个分层大于 100mm 时等分为 2 个分层。

（4）第四层及其以下的沥青混合料层，作为 1 个分层。

根据标准条件下的车辙试验得到各层沥青混合料的车辙试验永久变形量，按式（6-29）计算各分层的永久变形量和沥青混合料层总的永久变形量。

$$
\begin{cases}
R_a = \sum_{i=1}^{n} R_{ai} \\
R_{ai} = 2.31 \times 10^{-8} k_{Ri} T_{pef}^{2.93} p_i^{1.80} N_{e3}^{0.48} (h_i/h_0) R_{0i}
\end{cases} \tag{6-29}
$$

式中：R_a——沥青混合料层永久变形量（mm）；

$\quad\quad R_{ai}$——第 i 分层沥青混合料的永久变形量（mm）；

$\quad\quad n$——分层数；

$\quad\quad T_{pef}$——沥青混合料层永久变形等效温度（℃）；

$\quad\quad N_{e3}$——设计使用年限内或通车至首次针对车辙维修的期限内，设计车道上当量设计轴载累计作用次数（轴次）；

$\quad\quad h_i$——第 i 分层厚度（mm）；

$\quad\quad h_0$——车辙试验试件的厚度（mm）；

$\quad\quad R_{0i}$——第 i 分层沥青混合料在试验温度为 60℃，压强为 0.7MPa，加载次数为 2 520 次时，车辙试验永久变形量；

$\quad\quad k_{Ri}$——综合修正系数，按式（6-30）～式（6-32）计算；

$\quad\quad p_i$——沥青混合料层第 i 分层顶面的竖向压应力（MPa），根据弹性层状体系理论，按表 6-11 和图 6-6 选取计算点，按式（6-33）计算。

$$
k_{Ri} = (d_1 + d_2 \cdot z_i) \cdot 0.973 1^{z_i} \tag{6-30}
$$

$$
d_1 = -1.35 \times 10^{-4} h_a^2 + 8.18 \times 10^{-2} h_a - 14.50 \tag{6-31}
$$

$$
d_2 = 8.78 \times 10^{-7} h_a^2 - 1.50 \times 10^{-3} h_a + 0.90 \tag{6-32}
$$

式中：z_i——沥青混合料层第 i 分层的深度（mm），第一分层取为 15mm、其他分层为路表距分层中点的深度；

$\quad\quad h_a$——沥青混合料层厚度（mm），h_a 大于 200mm 时取 200mm。

$$
\begin{cases}
p_i = p \cdot \bar{p}_i \\
\bar{p}_i = f\left(\dfrac{h_1}{\delta}, \dfrac{h_1}{\delta}, \cdots, \dfrac{h_{n-1}}{\delta}; \dfrac{E_2}{E_1}, \dfrac{E_3}{E_2}, \cdots, \dfrac{E_0}{E_{n-1}} \right)
\end{cases} \tag{6-33}
$$

式中：$\bar{p}_i$——理论压应力系数；

$\quad\quad$其他符号意义同前。

验算所得的沥青混合料层永久变形量应满足见表 6-23 的容许永久变形量要求，否则应调整沥青混合料设计，直至满足要求。

另外，对于满足沥青混合料层容许永久变形量要求（表 6-23）的沥青混合料本身而言，尚应满足标准车辙试验的动稳定度 DS 要求。同时，其永久变形量 R_0 对应的动稳定度也可用作沥青混合料的质量要求和施工控制指标。经试验研究表明，标准车辙试验温度为 60℃、压强为 0.7MPa、试件厚度为 50mm、加载次数为 2 520 次时，沥青混合料的动稳定度 DS 与永久变形量 R_0 之间存在如式(6-34)的关系。

$$DS = 9\ 365R_0^{-1.48} \tag{6-34}$$

式中：DS——沥青混合料的动稳定度(次/mm)。

3.路基顶面竖向压应变验算

按表 6-11 和图 6-6 选取计算点，根据弹性层状体系理论按式(6-35)计算路基顶面竖向压应变：

$$\varepsilon_z = p\bar{\varepsilon}_z$$

$$\bar{\varepsilon}_z = f\left(\frac{h_1}{\delta}, \frac{h_1}{\delta}, \cdots, \frac{h_{n-1}}{\delta}; \frac{E_2}{E_1}, \frac{E_3}{E_2}, \cdots, \frac{E_0}{E_{n-1}}\right) \tag{6-35}$$

路基顶面的最大竖向压应变应小于由式(6-36)确定的容许压应变值。否则，需调整路面结构方案，重新验算，直至满足要求。

$$[\varepsilon_z] = 1.25 \times 10^{4-0.1\beta}(k_{T3}N_{e4})^{-0.21} \tag{6-36}$$

式中：$[\varepsilon_z]$——路基顶面容许竖向压应变($\times 10^{-6}$)；

N_{e4}——设计使用年限内设计车道上的当量设计轴载累计作用次数(轴次)；

β——目标可靠度指标，根据公路等级按表 6-18 取值；

k_{T3}——温度调整系数。

4.沥青面层低温开裂指数验算

季节性冰冻地区沥青面层，应按式(6-37)验算其低温开裂指数 CI。

$$CI = 1.95 \times 10^{-3}S_t\lg b - 0.075(T + 0.07h_a)\lg S_t + 0.15 \tag{6-37}$$

式中：CI——沥青路面开裂指数；

T——路面低温设计温度(℃)，为连续 10 年的年最低气温平均值；

S_t——在路面低温设计温度加 10℃ 的试验温度条件下，表面层沥青弯曲梁流变试验加载 180s 时的蠕变劲度(MPa)；

h_a——沥青结合料类材料层厚度(mm)；

b——路基类型参数，砂 $b=5$，粉质黏土 $b=3$，黏土 $b=2$。

沥青面层的低温开裂指数 CI 应满足设计标准(表 6-24)的要求。否则，应改变所选用的沥青材料，直至满足要求。

5.防冻厚度的验算

季节性冰冻地区路基为中湿或潮湿状态时，应按式(6-38)计算公路多年最大冻深。

$$Z_{max} = abcZ_d \tag{6-38}$$

式中：Z_{max}——公路多年最大冻深(mm)；

Z_d——大地多年最大冻深(mm)，根据调查资料确定；

a——大地冻深范围内路基、路面各层材料热物性系数，按表 6-29 确定；

  b——路基潮湿系数,按表6-30确定;
  c——路基断面形式系数,根据表6-31按内插法确定。

路基、路面材料热物性系数 a   表6-29

路基材料	黏质土	粉质土	粉土质砂	细粒土质砂、黏土质砂	含细粒土质砾(砂)
热物性系数	1.05	1.10	1.20	1.30	1.35
路面材料	水泥混凝土	沥青混合料	级配碎石	二灰或水泥稳定粒料	二灰土及水泥土
热物性系数	1.40	1.35	1.45	1.40	1.35

路基湿度系数 b   表6-30

干湿类型	干燥	中湿	潮湿
湿度系数	1.0	0.95	0.90

路基断面形式系数 c   表6-31

填挖形式	路基填土高度					路基挖方深度			
	零填	<2m	2~4m	4~6m	>6m	<2m	2~4m	4~6m	>6m
断面形式系数	1.0	1.02	1.05	1.08	1.10	0.98	0.95	0.92	0.90

  对于季节性冰冻地区中湿和潮湿状态的路基,当计算得到的路面结构厚度小于表6-8规定的最小防冻厚度要求时,应增设防冻层,使其满足最小防冻厚度的要求。

  6. 交(竣)工弯沉检测验收

  对于拟定的沥青路面结构,经过上述的各项路面使用性能(沥青混合料结构层和无机结合料稳定层疲劳开裂、沥青混合料层永久变形量、路基顶面竖向压应变、沥青面层低温开裂指数和防冻厚度)验算均能满足要求后,并经技术经济比较,选定为路面结构设计方案。按照该设计方案施工建造的沥青路面在交(竣)工时,应采用落锤式弯沉仪(FWD)进行弯沉检测验收,实测中心点路表弯沉值(测试荷载为50kN,荷载板半径为150mm)。路表验收弯沉值 l_a 根据选定的路面结构方案和各层材料参数,采用层间连续接触的弹性层状体系理论计算,所采用的荷载参数须与落锤式弯沉仪相同。

  (1)路基顶面弯沉验收

  路基顶面验收弯沉值 l_g 按式(6-39)计算。

$$l_g = \frac{176pr}{E_0} \tag{6-39}$$

式中:l_g——路基顶面验收弯沉值(0.01mm);
  p——落锤式弯沉仪承载板施加荷载(MPa);
  r——落锤式弯沉仪承载板半径(mm);
  E_0——平衡湿度状态下路基顶面回弹模量(MPa)。

  FWD实测中心点弯沉代表值 l_0 应符合式(6-40)的要求:

$$l_0 \leqslant l_g \tag{6-40}$$

式中:l_g——路基顶面验收弯沉值(0.01mm);
  l_0——路段内实测的路基顶面弯沉代表值(0.01mm),以1~3km为一评定路段,按式(6-41)计算。

$$l_0 = (\bar{l}_0 + \beta \cdot s)K_1 \tag{6-41}$$

式中：$\bar{l}_0$——路段内实测路基顶面弯沉平均值(0.01mm)；

s——路段内实测路基顶面弯沉标准差(0.01mm)；

β——可靠度指标，根据公路等级按6-18取值；

K_1——路基顶面弯沉湿度影响系数，根据当地经验确定。

（2）路表弯沉验收

路面表面验收弯沉值 l_a，应根据所设计路面结构方案采用弹性层状体系理论按(6-42)计算。

$$l_a = p \cdot \bar{l}_a$$
$$\bar{l}_a = f\left(\frac{h_1}{\delta}, \frac{h_1}{\delta}, \cdots, \frac{h_{n-1}}{\delta}; \frac{E_2}{E_1}, \frac{E_3}{E_2}, \cdots, \frac{k_1 \cdot E_0}{E_{n-1}}\right) \tag{6-42}$$

式中：$\bar{l}_a$——理论弯沉系数；

k_1——路基顶面回弹模量调整系数，无机结合料稳定类基层沥青路面和水泥混凝土基层沥青路面，取0.5；粒料基层沥青路面和沥青结合料类基层沥青路面，当底基层为无机结合料稳定类时，取0.5，否则取1.0；

E_0——平衡湿度状态下路基顶面回弹模量(MPa)。

路面在交（竣）工时应对路表弯沉值进行检测验收。FWD实测中心点弯沉代表值应符合式(6-43)的要求：

$$l_0 \leqslant l_a \tag{6-43}$$

式中：l_a——路表验收弯沉值(0.01mm)；

l_0——路段内实测路表弯沉代表值(0.01mm)，以 1~3km 为一评定路段，按式(6-44)计算。

$$l_0 = (\bar{l}_0 + \beta \cdot s)K_1 K_3 \tag{6-44}$$

式中：$\bar{l}_0$——路段内实测路表弯沉平均值(0.01mm)；

s——路段内实测路表弯沉标准差(0.01mm)；

β——可靠度指标，根据公路等级按6-18取值；

K_1——路表弯沉湿度影响系数，根据当地经验确定；

K_3——路表弯沉温度影响系数，按式(6-45)确定。

$$K_3 = e^{[9\times10^{-6}(\ln E_0 - 1)h_a + 4\times10^{-3}](20-T)} \tag{6-45}$$

式中：T——弯沉测定时沥青结合料类材料层中点实测或预估温度(℃)；

h_a——沥青结合料类材料层厚度(mm)；

E_0——平衡湿度状态下路基顶面回弹模量(MPa)。

六、沥青路面改建设计

改线路段应按新建沥青路面设计程序进行设计。加宽路面、提高路基、调整纵坡的路段应视具体情况按新建或改建路面设计。在原有路面上补强时，应按改建路面设计。

改建路面设计应充分调查和分段评估既有路面状况，分析路面损坏原因，提出针对性改建对策,经技术经济分析后,结合工程经验确定适应预期交通荷载等级和使用性能要求的改建设计方案。确定改建设计方案时,应充分利用既有路面结构性能,减少废料,并积极、稳妥地再生利用既有路面材料。另外,改建设计应采用动态设计理念,工程实施阶段应逐段调查分析现场路况,动态调整改建方案。

沥青路面补强设计工作包括既有路面结构状况调查与分析、既有路面结构承载力评定以及补强厚度计算等内容。

1. 既有路面结构状况调查与分析

在进行加铺补强设计之前,应调查下列内容:

(1)调查既有路面已承受的交通荷载及预计的交通需求,如交通量、轴载组成及增长率等。

(2)收集既有路面及其排水设施的设计、施工及历史养护维修情况等技术资料。

(3)调查既有路面损坏状况,包括路面损坏类型、严重程度、范围和数量等。

(4)采用落锤式动态弯沉仪(FWD)或其他弯沉仪检测评价既有路面结构承载力。

(5)采用钻芯、切割和探坑等方式取样或采用路面雷达检测技术,调查既有路面结构厚度、层间结合及病害程度情况,并取样进行室内试验测定路面结构层材料的回弹模量和强度等,分析路面材料组成与退化情况,判断其结构层或材料是否可以再利用。

(6)调查沿线气候条件、地下水位、填挖高度、路基路面排水状况。对于因路基问题导致路面损坏的路段,取样调查路基土质类型、含水率和CBR值等,分析路基稳定性和承载力等。

(7)调查沿线跨线桥、隧道净空要求及其他影响路面改建设计的因素。

既有路面技术状况的调查与评价工作需按现行《公路技术状况评定标准》(JTG H20)和现行《公路养护技术规范》(JTG H10)等有关规定进行,全面地对既有沥青路面损坏状况、平整度、车辙深度、抗滑性能和承载力五个方面进行科学评价,指导既有沥青路面改建设计。也可结合既有沥青路面的损坏特点采用横向裂缝间距、纵向裂缝率、网裂面积率、修补面积率和车辙面积率等针对性指标进行补充评价。

2. 既有路面承载力评定与设计参数

路面结构承载能力采用落锤式动态弯沉仪(FWD)调查时,弯沉检测设备的位移探测点不少于6个;每20~50m测试一点,弯沉值变化较大时应加密;不同行车方向以及路况有明显差异的车道应分别进行检测;根据路表弯沉值,结合结构层反演模量,综合评价路面结构承载能力。

(1)既有路面破损严重或结构性能不足时,无论采取直接加铺方案还是采用铣刨至某一结构层再加铺方案,均应对加铺面层进行结构验算,加铺面层的设计参数应按新建路面结构确定。作为路面加铺设计基础的既有路面或铣刨后留用的路面结构层不再进行单独的结构验算,将其结构连同路基视为弹性半无限体,其整体刚度采用顶面当量回弹模量表征,按式(6-46)计算。

$$E_{\mathrm{d}} = \frac{176pr}{l_0} \tag{6-46}$$

式中:E_{d}——既有路面或铣刨后留用的路面结构层顶面当量回弹模量(MPa);

p——落锤式弯沉仪承载板施加荷载(MPa);

　　r ——落锤式弯沉仪承载板半径（mm）；

　　l_0 ——落锤式弯沉仪承载板中心点弯沉值（0.01mm）。

　　（2）既有路面破损不严重且结构性能较好时，采取直接加铺方案或铣刨至某一结构层再加铺方案，应同时对既有路面结构层和加铺层进行结构验算。加铺面层的设计参数应按新建路面结构确定。既有路面的设计参数应按照下列要求确定。

　　既有路面简化为由沥青结合料类材料层、无机结合料稳定层或粒料层和路基组成的三层弹性体系，利用 FWD 测定的弯沉盆反演或芯样实测的方法确定各结构层模量。

　　条件不具备时，既有路面结构层中的沥青混合料层回弹模量可参照表 6-32 根据路面裂缝面积率选取。裂缝面积率为裂缝面积占车道面积的百分比，分车道进行统计。裂缝包括网裂和纵、横缝，同时计入针对裂缝的修补，其中网裂和裂缝修补面积为病害外接矩形的实测面积，纵、横缝按影响宽度 0.2m 计算面积。

既有路面结构层中的沥青混合料层回弹模量（MPa）推荐值　　　　表 6-32

路面裂缝面积率（%）	回弹模量	路面裂缝面积率（%）	回弹模量
0 ~ 0.5	10 000 ~ 15 000	6.0 ~ 10.0	2 000 ~ 4 000
0.5 ~ 2.0	8 000 ~ 10 000	>10.0	<2 000
2.0 ~ 6.0	4 000 ~ 8 000		

　　无机结合料稳定层的回弹模量采用现场钻取芯样实测其回弹模量，也可采用弯沉盆反演。但当无机结合料稳定层开裂严重，芯样松散或完整性差时，参照粒料层确定其模量值。

　　无机结合料稳定层的弯拉强度宜根据现场取芯实测的无侧限抗压强度按式（6-47）换算为弯拉强度计算；条件不具备时，可根据既有路面整体强度、基层和面层损坏状况，结合当地经验确定。

$$R_s = 0.21R_c \tag{6-47}$$

式中：R_s ——无机结合料试件的弯拉强度（MPa）；

　　　R_c ——无机结合料试件的无侧限抗压强度（MPa）。

　　粒料基层和路基的回弹模量参照新建路面的相关规定确定。

　　3. 加铺补强层设计

　　在既有路面路况调查的基础上，按照如下原则对路面进行分段，按分段设计路面加铺方案。

　　（1）既有路面结构形式、材料、交通量、养护历史等差异明显的路段应分段设计。

　　（2）将既有路面的承载能力、破损类型、破损原因相近的划分为一个路段，可采用累计差分的方法进行划分。

　　（3）在同一路段中，若局部路段弯沉值过大，可先对弯沉值过大点附近段落局部补强处治再进行整体路段的加铺，在计算分析该段代表弯沉值或模量时，可不考虑局部弯沉值大的点。

　　（4）分段最小长度不宜小于 500m，水文、土质条件复杂或需要特殊处理的路段，分段最小长度可酌情缩短。

　　在加铺补强之前，应根据不同路段路面状况和损坏程度，对既有路面采取相应局部病害处治或路面整体性处理的处治方案进行病害处治。对于既有路面病害处治，当路面未发生结构性破坏，且路表病害密度不大时，可针对病害部位局部处治；当路面病害密度较大时，病害处治的工作量大,且处治后路面整体性下降过多,宜采取整段铣刨重铺的方案。当较长段落路面存在结构性病害时,也宜采取整段铣刨重铺的方案。设计时可参照表6-33,当满足表中条件之一时,宜采用路面整体性处理的方案。路面整体性处理采用分层铣刨的方式,上层铣刨后,检测分析下层的结构完整性,参照表6-33所列1、2、3项指标及标准,确定是否继续铣刨下层。

路面整体性处理方案的适用条件
表6-33

编　号	指　标	范　围
1	路面破损率 DR(%)	≥10
2	横向裂缝间距(m)	≤15
3	网裂面积率(%)	≥10
4	修补面积率(%)	≥10
5	路表弯沉①	路表弯沉值大于弯沉临界值

注:①弯沉临界值对应于路面结构层发生破坏的弯沉值下限,受路面结构、路基承载力等因素影响,不同工程的弯沉阀值不同,建议根据设计项目路表实测弯沉值与芯样完整性、强度等的相关性分析综合确定。对于将无机结合料层视为粒料层进行路面结构设计时,对该层的结构整体性不做要求。

局部病害处治是在病害位置针对病害本身的局部路面修复,适用于既有路面未发生结构性破坏,且路表病害密度未达到表6-33规定的路段。局部病害处治方案参照现行《公路沥青路面养护技术规范》(JTJ 073.2)的有关规定执行。

加铺层结构应根据既有路面状况、公路等级、交通条件、气候条件、施工期交通组织、原路面处理方案、纵横断面调坡等因素分段设计。加铺方式可采用直接加铺,或开挖至原路面某一结构层后加铺的方案。加铺层可采用一层或多层,或根据需要在沥青混合料结构层与既有路面之间设置粒料层、无机结合料稳定层等。既有路面与加铺层之间应洒布黏层沥青或设置封层,既有路面存在较多裂缝时应采取减少反射裂缝的措施。加铺层材料参数与技术要求可参照新建工程沥青路面的相关规定。

加铺层方案确定后,与新建公路路面设计要求一样,对加铺层和既有路面结构层进行沥青层层底拉应变、无机结合料层层底拉应力、路基顶面压应变、沥青层永久变形和低温开裂等进行结构分析。对于既有路面无机结合料稳定层破坏严重,按照粒料层参数进行改造方案设计时,不再分析该无机结合料稳定层的层底拉应力。

第三节　水泥路面设计

一、概述

水泥混凝土路面(cement concrete pavement)是指用水泥混凝土作面层(配筋或不配筋)的路面结构,也称刚性路面,属于高级路面。根据对材料的要求、组成以及施工工艺的不同,水泥混凝土路面分为以下几种。

普通水泥混凝土路面(plain concrete pavement)是指除接缝区和局部范围(如角隅和边缘)外,面层内均不配筋的水泥混凝土路面,也称素混凝土路面。目前,该路面广泛用于公路及城市道路中。

碾压混凝土路面（roller compacted concrete）是利用沥青混凝土路面摊铺、碾压技术施工的一种水泥混凝土路面。它与普通水泥混凝土路面所用材料基本组成相同,均为水、水泥、砂、碎（砾）石及外掺剂,不同之处是碾压混凝土为用水量很少的特干硬性混凝土,比普通水泥混凝土路面节约水泥10%~30%,且施工速度快,养护时间短,具有很好的社会经济效益。

钢纤维混凝土路面（steel fiber reinforced concrete pavement）是在混凝土面层中掺入钢纤维,即成为一种均匀而多向配筋的混凝土路面。与普通混凝土路面相比,该种路面的板厚在同等条件下相对较薄,且使用寿命长,养护费用少,国外一致认为它是一种新型路面材料,具有广泛的发展前途,特别是作为旧混凝土路面的罩面尤为适宜。

钢筋混凝土路面（jointed reinforced concrete pavement）是指面层内配置纵、横向钢筋或钢筋网并设接缝的水泥混凝土路面。其中,钢筋网的设置可以控制裂缝缝隙的张开量,把开裂的板拉在一起,使板依靠断裂面上集料的嵌锁作用而保证结构强度。

连续配筋混凝土路面（continuous reinforced concrete pavement）是指面层内配置纵向连续钢筋和横向钢筋,横向不设缩缝的水泥混凝土路面。适用于高速公路、一级公路和机场混凝土道面。

复合式混凝土路面（composite pavement）为面层由两层或两层以上不同材料类型和力学性质的混凝土复合而成,通常下层用当地品质较差的材料来铺筑,而上层用品质较好的材料,以降低造价,该路面也叫双层式或组合式路面。一般下层为碾压混凝土,其厚度取总厚度的2/3,上层为普通混凝土,其厚度一般取总厚度的1/3,并不宜小于8cm。

水泥混凝土预制块路面（concrete block pavement）是由水泥混凝土预制块铺筑而成的路面。块料形状有矩形和嵌锁型（不规则形状）两类。这种路面结构由面层、砂整平层（厚3cm）和基层组成,基层类型同普通混凝土路面。该种路面具有结构简单、价格低廉,能承受较大的单位压力,出现较大变形也不会破坏块料,便于修复等优点。因此,20世纪70年代以来,这种路面在欧美得到了较大的发展,较广泛地用于铺筑人行道、停车场、堆场（特别是集装箱码头）、街区道路、一般公路的路面等。

装配式混凝土路面为在工厂中把混凝土预制成板块,然后运至工地现场装配而成的路面。混凝土板可以全年生产,不受气候影响,混凝土质量容易保证;施工进度快,铺筑完毕即可以通车;损坏后易于拆换修理。因此,它适用于城市道路、厂矿道路、大型基建场地、停车站场和软弱土基上。

水泥混凝土路面与其他路面相比,具有较高的抗压、抗弯拉强度及抗磨耗能力,稳定性好,路面粗糙,抗滑性能好,养护费用少、经济效益高;但是由于混凝土本身的特点,混凝土路面也存在以下缺点:一般水泥混凝土路面要建造许多接缝,这些接缝不但增加施工和养护的复杂性,而且容易引起行车跳动,影响行车的舒适性。同时接缝又是路面的薄弱点,如处理不当,将导致路面板边和板角处破坏;水泥混凝土路面铺筑后,一般要经过15~20d的保湿养护,开放交通较迟;修补工作量也大,且影响交通,这对于有地下管线的城市道路,带来较大困难。而且水泥混凝土路面的光、热反射能力高于沥青路面,驾驶员行车容易造成晃眼疲劳。

二、普通水泥混凝土路面的构造

1. 路基和基层

路基是路面的基础,其质量的好坏,直接关系到路面的使用品质。路基应稳定、密实、均质,对路面结构提供均匀的支承。如果路基的稳定性不足,在自然因素水温变化影响下,路基出现较大的变形,造成混凝土板下路基不均匀沉陷,导致对面板的不均匀支撑,使面板在荷载作用下底部产生过大的弯拉应力而破坏。因此,没有坚固、密实、均匀、稳定的路基,就没有稳固的路面。按照交通荷载等级,路床顶的综合回弹模量值应分别不低于40MPa(轻交通荷载等级)、60MPa(中等或重交通荷载等级)和80MPa(特重或极重交通荷载等级)。对于不能满足综合回弹模量值要求的路床,应采取更换填料、增设粒料层或低剂量无机结合料稳定层等措施。压实度应满足《公路路基设计规范》(JTG D30—2015)要求。

另外,要加强排水设计,对可能危害路基稳定的地面水和地下水,采取必要的防水排水措施,使之远离路基。路基一般要求处于干燥或中湿状态,过湿状态或强度和稳定性不符合要求的潮湿状态的路基必须进行处理。

在混凝土板下面设置基层,不仅能给混凝土面板提供均匀稳定的支撑,而且可以防止唧泥和冻胀的不良影响,保证路面整体强度和有较好的平整度,并延长混凝土板的使用寿命,对保证路面使用品质起着重要作用。水泥混凝土路面对基层的基本要求是有足够抗冲刷能力和一定的刚度,整体性强,稳定性好,断面正确,表面平整,有抗冻性,以避免出现板底脱空和错台现象。依据交通荷载等级、材料供应条件和结构层组合要求,可参照表6-34选用基层和底基层的组成材料类型。基层的最小厚度为15cm。

适宜于各交通荷载等级的基层和底基层类型　　　　　　表6-34

交通荷载等级	基 层 类 型	底 基 层 类 型
极重、特重	贫混凝土、碾压混凝土	级配碎石
	沥青混凝土	级配碎石、水泥稳定碎石、石灰粉煤灰稳定碎石
重	密级配沥青稳定碎石	
	水泥稳定碎石	级配碎石
中等、轻	级配碎石	未筛分碎石、级配砾石,或不设
	水泥稳定碎石、石灰粉煤灰稳定碎石	未筛分碎石

承受极重、特重或重交通荷载的路面,基层下应设置底基层;承受中等或轻交通荷载时,可不设底基层。当基层采用无机结合料稳定类材料,且上路床由细粒土组成时,应在基层下设置粒料类底基层。

基层采用无机结合料稳定类材料时,底基层宜选用小于0.075mm颗粒含量少于7%的粒料类材料。无机结合料稳定碎石基层上应设置封层,封层可采用单层沥青表面处治或适宜的膜层材料等。当采用单层沥青表面处治时,层厚不宜小于0.6cm。

贫混凝土或碾压混凝土基层上应铺设沥青混凝土夹层,层厚不宜小于4.0cm。

各种基层和底基层的结构层适宜厚度,按所选集料的公称最大粒径和压实效果的要求而定,可参照表6-35选用。基层或底基层的设计层厚超出相应材料的适宜层厚范围时,宜分层铺设和压实。

基层和底基层材料的结构层适宜厚度　　　　　　表6-35

材 料 种 类	适宜层厚(mm)
贫混凝土、碾压混凝土	120~200
无机结合料稳定粒料	150~200

续上表

材 料 种 类		适宜层厚（mm）
沥青混凝土	集料公称最大粒径9.5mm	25～40
	集料公称最大粒径13.2mm	35～65
	集料公称最大粒径16mm	40～70
	集料公称最大粒径19mm	50～75
沥青稳定碎石	集料公称最大粒径19mm	50～75
	集料公称最大粒径26.5mm	75～100
多孔隙水泥稳定碎石		100～150
级配碎石、未筛分碎石、级配砾石或碎砾石		100～200

多雨地区，路基由低透水性细粒土组成的高速公路和一级公路或者承受极重或特重交通荷载的二级公路，宜设置由开级配沥青稳定碎石或开级配水泥稳定碎石组成的排水基层。排水基层下应设置由密级配粒料或水泥稳定碎石组成的不透水底基层。底基层顶面宜铺设沥青类封层或防水土工织物。

基层的宽度应比混凝土面板每侧至少宽出30cm（采用小型机具施工）、50cm（轨模式摊铺机施工）或65cm（采用滑模式摊铺机施工），路肩采用混凝土面层，其厚度与行车道面层相同时，基层宽度应与路基同宽，以供施工时安装模板，并防止路面边缘渗水至路基而导致路面破坏。

碾压混凝土基层应设置与混凝土面层相对应的接缝。贫混凝土基层在其弯拉强度超过1.5MPa时，应设置与面层相对应的横向缩缝；当一次摊铺宽度大于7.5m时，还应设置纵向缩缝。

开级配沥青稳定碎石或水泥稳定碎石排水基层的计算厚度应满足排除表面水设计渗入量的需要。排水基层的设计厚度依据计算厚度按1.0cm向上取整后再增加2.0cm，以考虑表层空隙被堵塞的深度。

在冰冻深度大于0.5m的季节性冰冻地区，为防止路基可能产生的不均匀冻胀对混凝土面层的不利影响，路面结构应有足够的总厚度，以便将路基的冰冻深度约束在有限的范围内。路面结构的最小总厚度，随冰冻线深度、路基的潮湿状况和土质而异，其数值可参照表6-36而定。当路面结构总厚度小于表中规定的最小厚度时，应通过设置垫层补足。

水泥混凝土路面结构最小防冻厚度（单位：m）　　　　表6-36

路基干湿类型	路基土类别	当地最大冰冻深度			
		0.50～1.00	1.00～1.50	1.51～2.00	＞2.00
中湿路基	易冻胀土	0.30～0.50	0.40～0.60	0.50～0.70	0.60～0.95
	很易冻胀土	0.40～0.60	0.50～0.70	0.60～0.85	0.70～1.10
潮湿路基	易冻胀土	0.40～0.60	0.50～0.70	0.60～0.90	0.75～1.20
	很易冻胀土	0.45～0.70	0.55～0.80	0.70～1.00	0.80～1.30

注：1. 易冻胀土——细粒土质砾（GM、GC）、除极细粉土质砂外的细粒土质砂（SM、SC）、塑性指数小于12的黏质土（CL、CH）。

2. 很易冻胀土——粉质土（ML、MH）、极细粉土质砂（SM）、塑性指数在12～22之间的黏质土（CL）。

3. 冻深小或填方路段，或基、垫层采用隔温性能良好的材料，可采用低值；冻深大或挖方及地下水位高的路段，或基、垫层采用隔温性能稍差的材料，应采用高值。

4. 冻深小于0.50m的地区，可不考虑结构层防冻厚度。

垫层应与路基同宽,其最小厚度为15cm。防冻垫层和排水垫层宜采用砂、砂砾等颗粒材料。

2.混凝土面板

理论分析表明,轮载作用于板中部时板所产生的最大应力约为轮载作用于板边部时的 2/3。因此,面层板的横断面应采用中间薄两边厚的形式, 以适应荷载应力的变化。一般边部厚度较中部约大 25%,从路面最外两侧板的边部,在0.6~1.0m宽度范 围内逐渐加厚(图6-7)。但是厚边式路面对路基和基层 的施工不便,而且使用经验也表明,在厚度变化转折处, 易引起板的折裂。因此,目前国内外常采用等厚式断 面,或在等厚式断面板的最外两侧板边部配置钢筋予以 加固。

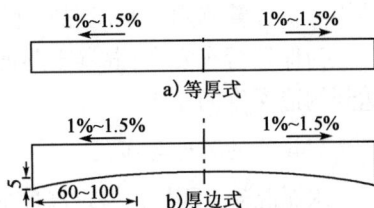

图6-7 水泥混凝土路面横断面形式
(尺寸单位:cm)

水泥混凝土面层应具有足够的强度、耐久性、表面抗滑、耐磨、平整。一般采用接缝设置传 力杆的普通水泥混凝土。面层板的平面尺寸较大或形状不规则,路面结构下埋有地下设施,高 填方、软土地基、填挖交界段的路基有可能产生不均匀沉降时,应采用接缝设置传力杆的钢筋 混凝土面层。其他面层类型可依据适用条件,按表6-37选用。

其他面层类型选择 表6-37

面层类型		适用条件
连续配筋混凝土面层		高速公路
复合式面层	密级配沥青混合料上面层	极重、特重交通荷载的高速公路
	连续配筋混凝土下面层 设传力杆普通混凝土下面层	
碾压混凝土面层		二级及二级以下公路、服务区停车场
钢纤维混凝土面层		高程受限制路段、收费站、混凝土加铺层、桥面铺装
混凝土预制块面层		二级及二级以下公路桥头引道沉降未稳定段、服务区停车场

普通混凝土、钢筋混凝土、碾压混凝土或连续配筋混凝土面层所需的厚度,可依据交通荷 载等级、公路等级和变异水平等级,可参照表6-38并按《公路水泥混凝土路面设计规范》(JTG D40—2011)规定计算确定,考虑混凝土路面表面在设计基准期(设计年限)内会因轮胎摩擦产 生一定的磨耗量,设计厚度依据计算厚度加6mm磨耗层后,按10mm向上取整。

水泥混凝土面层厚度的参考范围 表6-38

交通荷载等级	极重	特重				重			
公路等级	—	高速	一级		二级	高速	一级		二级
变异水平等级	低	低	中	低	中	低	中	低	中
面层厚度(mm)	≥320	320~280	300~260		280~240		270~230	260~220	

交通荷载等级	中等				轻	
公路等级	二级		三、四级		三、四级	
变异水平等级	高	中	高	中	高	中
面层厚度(mm)	250~220	240~210	230~200		220~190	210~180

钢纤维混凝土面层的厚度按钢纤维掺量确定,钢纤维体积率为 0.6% ~ 1.0% 时,其厚度为普通混凝土面层厚度的 0.75 ~ 0.65 倍。特重或重交通荷载时,其最小厚度为 180mm。中等或轻交通荷载时,其最小厚度为 160mm。

复合式路面的沥青混凝土上面层的厚度不宜小于 4.0cm。水泥混凝土下面层的厚度通过结构分析计算确定。水泥混凝土下面层与沥青混凝土上面层之间应设置黏层。

为保证行车安全,混凝土路面表面必须采用拉毛、拉槽、压槽或刻槽等方法做表面构造,并达到构造深度的要求。

3. 接缝的构造与布置

水泥混凝土面层由一定厚度的混凝土板组成,混凝土板具有热胀冷缩的性质。由于一年四季气温的变化,混凝土板会产生不同程度的膨胀和收缩。而在一昼夜中,白天气温升高,混凝土板顶面温度较底面为高,这种温度坡差会造成板的中部隆起。夜间气温降低,板顶面温度较底面为低,会使板的角隅和四周翘起[图 6-8a)]。这些变形会受到板与基础之间的摩阻力和黏结力以及板的自重和车轮荷载等的约束,致使板内产生过大的应力,造成板的断裂或拱胀等破坏。

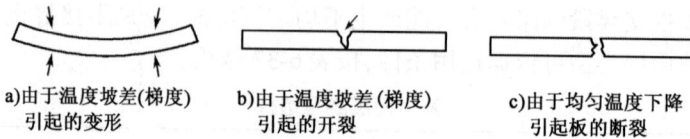

a)由于温度坡差(梯度)　　b)由于温度坡差(梯度)　　c)由于均匀温度下降
引起的变形　　　　　　引起的开裂　　　　　　引起板的断裂

图 6-8　混凝土受温度变化影响的形式

为避免这些缺陷,混凝土路面不得不在纵横两个方向设置许多接缝,把整个路面分割成许多板块(图 6-9)。

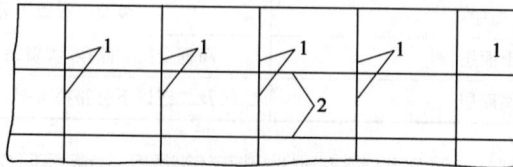

图 6-9　路面接缝设置
1-横缝;2-纵缝

任何形式的接缝处板体都不可能是连续的,其传递荷载的能力总不如非接缝处,而且任何形式的接缝都不免漏水。因此,对各种形式的接缝,都必须为其提供相应的传荷与防水的设施。

(1)横缝的构造与布置

横向接缝垂直于行车方向,共有三种:缩缝、胀缝、施工缝。缩缝保证板因温度和湿度的降低而产生收缩时不至于产生不规则裂缝。胀缝保证板在温度升高时能部分伸张,从而避免产生路面板在热天的拱胀和折断破坏,同时胀缝也能起到缩缝的作用。另外,混凝土每天完工以及因其他原因不能继续施工时,应设置施工缝。施工缝应尽量施工在胀缝处,如不可能,也应施工在缩缝处。

①胀缝。常采用平缝形式,平缝也叫真缝。对于交通繁重的道路,为保证混凝土板之间能

有效地传递荷载,防止形成错台,应在胀缝处板厚中央设置滑动传力杆,见图6-10,并设置支架或其他方法予以固定。传力杆采用光面圆钢筋,尺寸及间距见表6-39。在同一条胀缝上的传力杆,设有套筒的活动端最好在缝的两边交错布置。

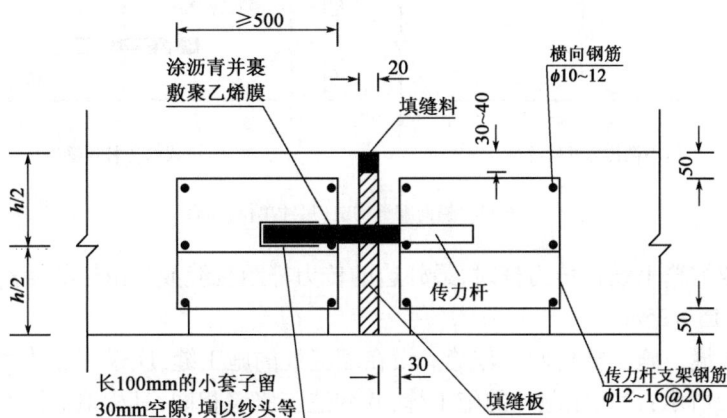

图 6-10　胀缝构造(尺寸单位:mm)

传力杆尺寸及间距　　　　　　　　　　　　　　　　　　　　　　　表 6-39

面层厚度(mm)	直径(mm)	最小长度(mm)	最大间距(mm)
220	28	400	300
240	30	400	300
260	32	450	300
280	32 ~ 34	450	300
≥300	34 ~ 36	500	300

胀缝是混凝土路面的薄弱环节,它不仅给施工带来不便,同时,容易由于施工不能满足要求而造成胀缝处的混凝土出现碎裂等病害。此外,胀缝还易引起行车跳动,其中的填缝料又要经常补充或更换,增加了养护的麻烦。因此,近年来,国内外修筑的混凝土路面均有减少或者不设胀缝的趋势。我国现行《公路水泥混凝土路面设计规范》(JTG D40)规定,在邻近桥梁或其他固定构筑物处以及与其他道路相交处应设置横向胀缝。设置的胀缝条数,视膨胀量大小而定。低温浇筑混凝土路面面板或选用膨胀性高的集料时,应酌情确定是否设置胀缝。胀缝宽20mm,缝内设置填缝板和可滑动的传力杆。胀缝构造如图6-10所示。

但是,采用长间距胀缝或无胀缝路面结构时,需注意采取一些相应的措施,如增大基层表面的摩阻力,以约束板在高温或潮湿时伸长的趋势;在气温较高时施工,以尽量减小水泥混凝土板的胀缩幅度。

②缩缝。缩缝一般采用假缝形式[图6-11a)],即只在板的上部设缝隙,当板收缩时,将沿此最薄弱断面有规则地自行断裂。

由于缩缝缝隙下面板断裂面凹凸不平,能起一定的传荷作用,一般不必设置传力杆,但在特重和重交通道路、收费广场以及邻近胀缝或自由端部的3条缩缝,应加传力杆[图6-11b)]。普通混凝土路面横向缩缝间距一般为4~6m(即板长);碾压混凝土或钢纤维混凝土路面一般为6~10m;钢筋混凝土路面一般为6~15m。

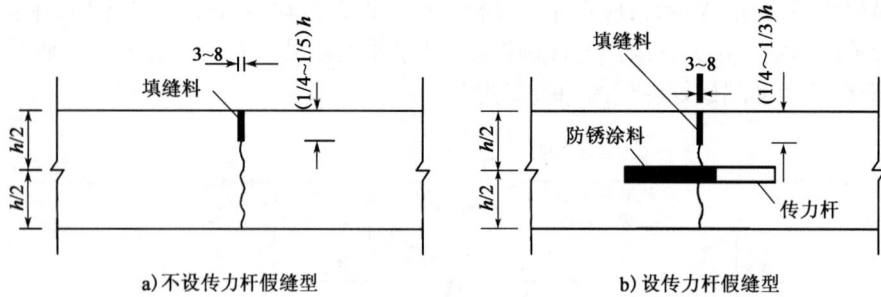

a) 不设传力杆假缝型 b) 设传力杆假缝型

图 6-11　横向缩缝构造(尺寸单位:mm)

当在胀缝或缩缝上设置传力杆时,最外边的传力杆距接缝或自由边的距离,应较传力杆间距小些,一般为 15～25cm。

③横向施工缝。施工缝也叫工作缝。设在缩缝处的施工缝,应采用加传力杆的平缝形式,其构造如图 6-12 所示;设在胀缝处的施工缝,其构造与胀缝相同,其构造如图 6-10 所示。

（2）纵缝的构造与布置

纵缝是指与行车方向平行的接缝。纵缝一般分假缝和施工缝。纵缝间距一般按 3～4.5m 设置,这对施工和行车都方便。当一次铺筑宽度大于 4.5m 时,应增设纵向缩缝,纵向缩缝采用假缝形式。为了防止接缝两侧混凝土板被拉开而丧失缝下部的嵌锁作用,应设置拉杆(图 6-13)。拉杆采用螺纹钢筋,拉杆尺寸及间距见表 6-40。其最外边的拉杆距横向接缝的距离不得小于 10cm。一次铺筑宽度小于路面宽度时,应设置纵向施工缝,施工缝采用平缝形式,并应设置拉杆(图 6-14),上部应锯切槽口,深度宜为 30～40mm,宽度宜为 3～8mm,槽内应灌塞填缝料。

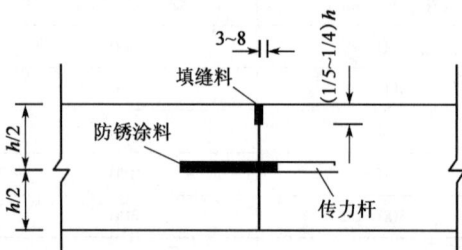

图 6-12　横向施工缝构造(尺寸单位:mm)

拉杆尺寸及间距(单位:mm)　　　　　　　　　　　　　表 6-40

面层厚度（mm）	到自由边或未设拉杆纵缝的距离(m)					
	3.00	3.50	3.75	4.50	6.00	7.50
200～250	14×700×900	14×700×800	14×700×700	14×700×600	14×700×500	14×700×400
≥260	16×800×900	16×800×700	16×800×600	16×800×500	16×800×400	16×800×300

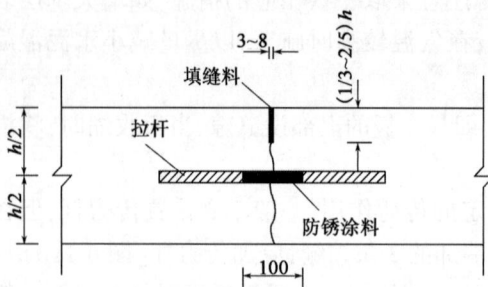

图 6-13　纵向缩缝构造图(尺寸单位:mm)

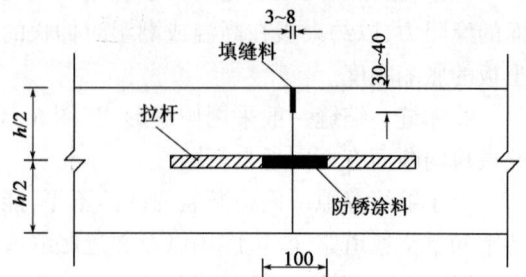

图 6-14　纵向施工缝构造(尺寸单位:mm)

对多车道路面,应每隔 3 ~ 4 个车道设一条纵向胀缝,其构造与横向胀缝相同。当路旁有路缘石时,缘石与路面板之间也应设胀缝,但不必设传力杆。

(3)纵横缝的布置

纵缝与横缝一般作成垂直正交,使混凝土板具有90°的角隅。纵缝两旁的横缝一般成一条直线。在交叉口范围内,为了避免板形成较小的锐角并使板的长边与行车方向一致,接缝边长宜大于 1m。大多采用辐射式的接缝布置形式(图 6-15)。

4.特殊部位混凝土路面的处理

(1)板边和角隅补强

当采用板中计算厚度的等厚板时,或混凝土板纵、横向自由边缘下的基础有可能产生较大的塑性变形时,应在其自由边缘和角隅处设置下述两种补强钢筋。

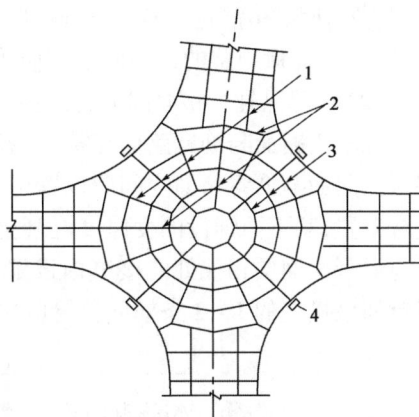

图 6-15 交叉口接缝布置
1-纵缝;2-胀缝;3-缩缝;4-进水口

①边缘钢筋。一般用两根直径为 12 ~ 16mm 的螺纹钢筋或圆钢筋,设在板下部板厚的 1/4 ~ 1/3 处,且距板底均不小于5cm,两根钢筋的间距不应小于 10cm[图 6-16a)],钢筋两端向上弯起。纵向边缘钢筋一般只做在一块板内,不得穿过缩缝,以免妨碍板的翘曲;有时也可穿过缩缝,但不得穿过胀缝。为了加强锚固能力,钢筋两端应向上弯起。在横向胀缝两侧板边缘以及混凝土路面的起终端处,为加强板的横向边缘,也可设置横向边缘钢筋。

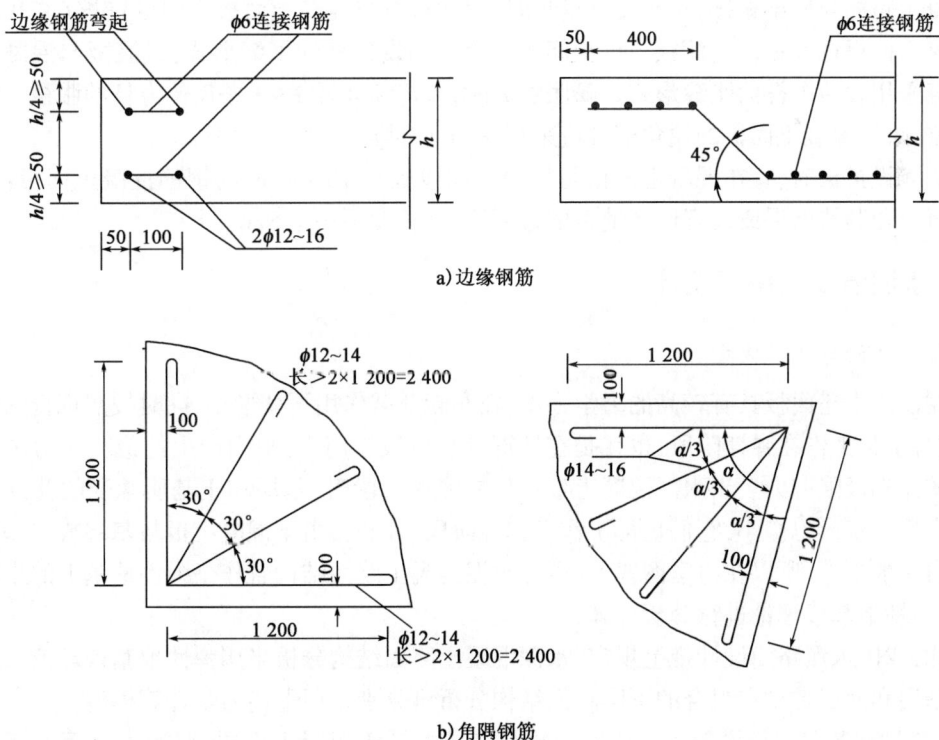

a)边缘钢筋

b)角隅钢筋

图 6-16 边缘和角隅钢筋的布置(尺寸单位:mm)

②角隅钢筋。用于角隅部分的补强,一般可用两根直径为 12～16mm 的螺纹钢筋,布置在板的上部,距板顶不应小于 5cm,距板边一般为 10cm[图6-16b)]。板角小于 90°时,亦可采用双层钢筋网补强,钢筋选用直径 6mm,布置在板的上、下部,距板顶和板底以 5～10cm 为宜[图6-16c)]。钢筋保护层的最小厚度不应小于 5cm。

（2）水泥混凝土路面同沥青路面相接

混凝土路面与沥青路面相接处,容易出现沉陷和错台,或柔性路面受顶推而拥起,因此,在混凝土路面与沥青路面之间应设置至少 3m 的过渡段。过渡段的路面采用两种路面呈阶梯状叠合布置,其下面铺设的变厚度混凝土过渡板的厚度不得小于 200mm,如图6-17 所示。过渡板与混凝土面层相接处的接缝内设置直径 25mm、长 700mm、间距 400mm 的拉杆。混凝土面层毗邻该接缝的 1～2 条横向接缝应采用胀缝形式。

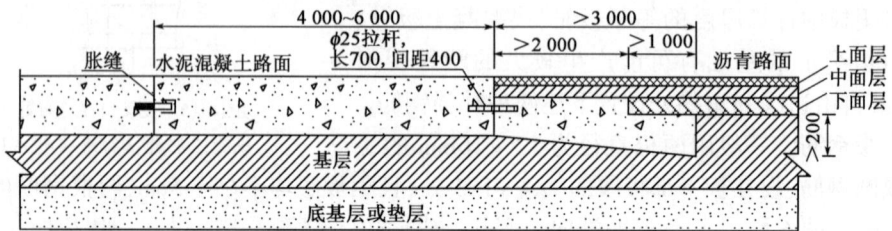

图6-17　水泥混凝土路面与沥青路面相接的处理(尺寸单位:mm)

（3）混凝土路面与桥梁相接

混凝土路面与桥梁相接,桥头设有搭板时,应在搭板与混凝土面板之间设置长 6～10m 的钢筋混凝土面层过渡板。过渡板与搭板间的横缝采用设拉杆的平缝形式,过渡板与混凝土层间的横缝采用设传力杆的胀缝形式。膨胀量大时,应连续设置 2～3 条设传力杆的胀缝。如为斜交桥梁,钢筋混凝土面板的锐角部分应采用钢筋网补强。

桥头未设搭板时,宜在混凝土面板与桥台之间设置长 10～15m 的钢筋混凝土面板;或设置由混凝土预制块面层或沥青面层铺筑的过渡段,其长度不小于 8m。

三、水泥混凝土路面设计

1. 设计理论与计算模型

水泥混凝土路面板具有较高的力学强度,在车轮荷载作用下变形小,同时按照现行的设计理论,混凝土板工作在弹性阶段,也就是在计算汽车荷载作用下,板内产生的最大应力不超过混凝土的比例极限应力。当水泥混凝土板工作在弹性阶段时,基层和土基所承受的荷载单位应力及产生的变形也微小,它们也都工作于弹性阶段。同时,由于混凝土板与基层或土基之间的摩阻力一般不大,所以在力学图式上,可把水泥混凝土路面结构看作是弹性地基上的小挠度薄板,用弹性地基板理论进行分析计算。

因此,我国水泥路面设计规范规定,水泥混凝土路面结构分析采用弹性地基板理论。

按基层和面层类型和组合的不同路面结构分析可分别采用下述力学计算模型:

（1）弹性地基单层板模型——适用于粒料基层上铺筑混凝土面层、旧沥青路面加铺混凝土面层。面层板底面以下部分按弹性地基处理。

（2）弹性地基双层板模型——适用于无机结合料类基层或沥青类基层上铺筑混凝土面层、旧混凝土路面上加铺分离式混凝土面层。面层和基层或者新旧混凝土面层作为双层板，基层底面以下或者旧混凝土面层底面以下部分按弹性地基处理。

（3）复合板模型——适用于两层不同性能材料组成的面层或基层复合板。旧混凝土路面上加铺结合式混凝土面层、两层不同性能材料组成的层间黏结的面层，作为弹性地基上的单层板或者弹性地基上双层板的上层板；而无机结合料类基层或沥青类基层与无机结合料类底基层组成的基层，作为弹性地基上双层板的下层板。

2. 设计标准

（1）可靠度设计标准

各级公路水泥混凝土路面结构的设计安全等级及相应的设计基准期（年限）、目标可靠指标与目标可靠度，应符合表6-41的规定。二级及二级以下公路路面结构破坏可能产生很严重的后果时，可提高一级安全等级。

可靠度设计标准 表6-41

公路等级	高速	一级	二级	三级	四级
安全等级	一级		二级	三级	
设计基准期（年）	30		20	20	
目标可靠度（%）	95	90	85	80	70
目标可靠指标	1.64	1.28	1.04	0.84	0.52

各安全等级路面的材料性能和结构尺寸参数的变异水平可分为低、中和高三级，应按公路等级、所采用的施工技术以及所能达到的施工质量控制和管理水平，通过调研确定变异水平等级和相应的变异系数，高速公路、一级公路的变异水平等级宜为低级，二级公路的变异水平等级应不大于中级。确有困难时，可按表6-42规定的主要设计参数变异系数范围选择相应的变异系数。

变异系数 c_v 的范围 表6-42

变异水平等级	低	中	高
水泥混凝土弯拉强度	$0.05 \leqslant c_v \leqslant 0.10$	$0.10 < c_v \leqslant 0.15$	$0.15 < c_v \leqslant 0.20$
基层顶面当量回弹模量	$0.15 \leqslant c_v \leqslant 0.25$	$0.25 < c_v \leqslant 0.35$	$0.35 < c_v \leqslant 0.55$
水泥混凝土面层厚度	$0.02 \leqslant c_v \leqslant 0.04$	$0.04 < c_v \leqslant 0.06$	$0.06 < c_v \leqslant 0.08$

（2）结构设计标准

水泥混凝土路面结构设计应以面层板在设计基准期内，在行车荷载和温度梯度综合作用下，不产生疲劳断裂作为设计标准；并以最重轴载和最大温度梯度综合作用下，不产生极限断裂（一次性作用，突然断裂）作为验算标准。其极限状态设计表达式分别采用式（6-48a）和式（6-48b）。

$$\gamma_r (\sigma_{pr} + \sigma_{tr}) \leqslant f_r \tag{6-48a}$$

$$\gamma_r (\sigma_{p,max} + \sigma_{t,max}) \leqslant f_r \tag{6-48b}$$

式中：σ_{pr}——面层板在临界荷位处产生的行车荷载疲劳应力（MPa）；

σ_{tr}——面层板在临界荷位处产生的温度梯度疲劳应力（MPa）；

$\sigma_{p,max}$——最重的轴载在临界荷位处产生的最大荷载应力（MPa）；

$\sigma_{t,max}$——所在地区最大温度梯度在临界荷位处产生的最大温度翘曲应力（MPa）；

γ_r——可靠度系数，依据所选目标可靠度、变异水平等级及变异系数通过计算确定（参见表6-43）；

f_r——水泥混凝土弯拉强度标准值（MPa）。

可 靠 度 系 数

表6-43

变异水平等级	目标可靠度（%）			
	95	90	85	70~80
低	1.20~1.33	1.09~1.16	1.04~1.08	—
中	1.33~1.50	1.16~1.23	1.08~1.13	1.04~1.07
高	—	1.23~1.33	1.13~1.18	1.07~1.11

注：变异系数接近表6-42下限时，可靠度系数取低值；反之，取高值。

对于贫混凝土或者碾压混凝土作基层时，应以设计基准期内行车荷载不产生疲劳断裂作为其设计标准，此时极限状态表达式为：

$$\gamma_r\sigma_{bpr} \leqslant f_{br} \tag{6-49}$$

式中：σ_{bpr}——混凝土基层内产生的行车荷载疲劳应力（MPa）；

f_{br}——混凝土基层材料的弯拉强度标准值（MPa）。

3. 设计内容

水泥混凝土路面结构设计包括下述内容：

（1）路面结构组合设计

根据该路的交通繁重程度，结合当地环境气候条件和材料供应情况来综合考虑。它包括各层的结构类型、弹性模量和厚度的确定。基层、垫层的设置应根据水泥混凝土路面的要求来进行。

（2）混凝土面板厚度设计

混凝土面板厚度设计，应按照设计标准的要求，确定满足设计年限内使用要求所需的混凝土面层的厚度。

（3）混凝土面板的平面尺寸与接缝设计

根据混凝土面层板内产生的荷载应力和温度应力进行板的平面尺寸设计，布设各类接缝的位置，设计接缝的构造，并采取有效措施，提高接缝的传荷能力。

（4）路肩设计

高速公路和一级公路中间带和路肩路缘带的结构应与行车道的混凝土路面相同，并与行车道部分的混凝土面板浇筑成整体。路肩可采用水泥混凝土面层或沥青混合料面层，其基（垫）层结构应满足行车道路面结构和排水的要求，应采用级配粒料或多孔隙水泥稳定碎石。路肩与行车道之间的纵缝应设置拉杆。

一般公路的混凝土路面应设置路缘石或用沥青混合料加固路肩。高速公路和一级公路的路肩宜采用与行车道相同的路面结构和厚度，当选用薄混凝土面层时，其厚度不宜小于150mm。

复合式路面的路肩沥青面层可选用沥青混凝土（高速公路、一级或二级公路）或沥青表面处治(三级或四级公路)。其基层可选用无机结合料稳定粒料或者级配粒料。行车道路面结构不设内部排水设施时,沥青面层和不透水基层的总厚度不宜超过行车道面层的厚度,基层下应选用透水性粒料填筑。

(5)普通混凝土路面配筋设计

普通混凝土路面板较大或交通量较大、地基有不均匀沉降或板的形状不规则时,可沿板的自由边缘加设补强钢筋,在角隅处加设发针形钢筋或钢筋网,以阻止可能出现的裂缝。

(6)技术经济方案比较

结合施工工艺、工艺造价综合比较,确定最佳方案。

4.设计参数

(1)交通荷载等级和累计作用次数

我国《公路水泥混凝土路面设计规范》(JTG D40—2011)规定,按疲劳断裂设计标准进行结构分析时,以100kN单轴—双轮组荷载作为设计轴载;对极重交通荷载等级的水泥混凝土路面,宜选用货车中占主要份额特重车型的轴载作为设计轴载。

各级轴载作用次数 N_i,可按式(6-50)换算为设计轴载的作用次数 N_s。

$$N_s = \sum_{i=1}^{n} N_i \left(\frac{P_i}{P_s} \right)^{16} \tag{6-50}$$

式中:P_i——i 级轴载重(kN),联轴按每一根轴载单独计;

P_s——设计轴载重(kN);

n——各种轴型的轴载级位数;

N_i——i 级轴载的作用次数;

N_s——设计轴载的作用次数。

水泥混凝土路面所承受的交通荷载作用,按设计基准期内设计车道所承受的设计轴载累计作用次数分为5级,分级范围如表6-44所示。

交 通 荷 载 分 级   表6-44

交通荷载等级	极重	特重	重	中等	轻
设计基准期内设计车道承受设计轴载(100kN)累计作用次数 N_e(10⁴)[①]	>1×10⁶[②]	2 000 ~ 1×10⁶	100 ~ 2 000	3 ~ 100	<3

注:①交通轴载的调查和分析。
②极重荷载等级的路面应将所承受的特重轴载车辆或特种车辆选作设计轴载并计算累计作用次数。

设计基准期内设计车道的标准轴载累计作用次数与第一年的交通量、交通组成和交通量的增长情况等因素有关。上述交通参数应进行详细调查、观测与预测,然后按式(6-51)确定设计使用年限内设计车道的设计轴载累计作用次数 N_e:

$$N_e = \frac{N_s [(1+g_r)^t - 1] \times 365}{g_r} \eta \tag{6-51}$$

式中:N_e——设计轴载累计作用次数;

N_s——100kN单轴—双轮组标准轴载的日平均作用次数;

g_r——由调查确定的交通量年平均增长率(%);

t——设计基准期(年),见表6-41;

η——临界荷位处的车辆轮迹横向分布系数,按表6-45选用。

车轮轮迹横向分布系数 表 6-45

公 路 等 级		纵缝边缘处
高速公路、一级公路、收费站		0.17 ~ 0.22
二级及二级以下公路	行车道宽 >7m	0.34 ~ 0.39
	行车道宽 ≤7m	0.54 ~ 0.62

注：车道或行车道宽或者交通量较大时，取高值；反之，取低值。

（2）材料设计参数

①路床土和粒料的回弹模量应采用重复加载三轴压缩试验测定。土试件的尺寸应为直径100mm、高200mm（最大粒径不超过19mm），粒料试件的尺寸应为直径150mm、高300mm。

②无机结合料稳定类材料的弹性模量应采用单轴压缩试验测定。试件尺寸应为直径100mm、高200mm 或直径150mm、高300mm。水泥稳定类材料的试件龄期应采用90d，石灰粉煤灰稳定类材料的试件龄期应采用180d，测定前试件应浸水1d。

③沥青混合料动态模量应采用周期加载单轴压缩试验测定。试件的尺寸应为直径100mm、高150mm。

④水泥混凝土的设计强度与模量。

水泥混凝土路面以设计弯拉强度作为设计控制指标，取28d 龄期的 15cm × 15cm × 55cm 的水泥混凝土小梁试件，用三分点加载试验方法确定。设计弯拉强度必须满足规范规定的弯拉强度标准的要求。同时，为保证路面有较高的耐久性、耐磨性和抗冻性。混凝土的抗压强度不应低于 30 ~ 35MPa。

各交通荷载等级要求的水泥混凝土弯拉强度标准值 f_r 不得低于表 6-46 的规定。

水泥混凝土弯拉强度标准值 表 6-46

交通荷载等级	极重、特重、重	中等	轻
水泥混凝土的弯拉强度标准值 f_r（MPa）	≥5.0	≥4.5	≥4.0
钢纤维混凝土的弯拉强度标准值 f_r（MPa）	≥6.0	≥5.5	≥5.0

水泥混凝土的弯拉弹性模量可以采用试验实测。当无条件实测时，可按式（6-52）计算并结合工程经验分析确定。

$$E_c = 1.44 f_r^{0.458} \times 10^4 \tag{6-52}$$

式中：E_c——水泥混凝土的弯拉弹性模量（MPa）；

f_r——水泥混凝土的弯拉强度标准值（MPa）。

混凝土配合比设计时的混合料试配弯拉强度的均值，应按式（6-53）确定。

$$f_m = \frac{f_r}{1 - 1.04 c_v} + ts \tag{6-53}$$

式中：f_m——混凝土试配弯拉强度的均值（MPa）；

f_r——混凝土弯拉强度标准值（MPa）；

c_v——混凝土弯拉强度的变异系数，参照表 6-42 取用；

s——混凝土弯拉强度试验样本的标准差；

t——保证率系数，按样本数和判别概率参照表 6-47 确定。

保证率系数 表6-47

公路等级	判别概率	样 本 数			
		6	9	15	20
高速公路	0.05	0.79	0.61	0.45	0.39
一级公路	0.10	0.59	0.46	0.35	0.30
二级公路	0.15	0.46	0.37	0.28	0.24
三、四级公路	0.20	0.37	0.29	0.22	0.19

路基和路面各结构层的各项设计参数值也可以根据《公路水泥混凝土路面设计规范》（JTG D40—2011）附录 E 的相关规定，按经验数值范围确定。

（3）板底地基顶面的当量回弹模量

除粒料基层的单层板结构或旧沥青路面加铺混凝土面板时混凝土板下各层均属于弹性地基外，其他结构都是去除最上面两层后的部分作为地基。分析混凝土板内荷载应力时，应将其多层弹性体系地基换算为弹性半无限地基，以其顶面的当量回弹模量作为半无限地基的模量值。不同力学计算模型均采用相同的回归计算公式。

①新建公路的混凝土板底地基当量回弹模量 E_t 应按下列公式计算。

$$E_t = E_0 \left(\frac{E_x}{E_0} \right)^{\alpha} \tag{6-54}$$

$$\alpha = 0.86 + 0.26 \ln h_x \tag{6-55}$$

$$E_x = \frac{\sum_{i=1}^{n} E_i h_i^2}{\sum_{i=1}^{n} h_i^2} \tag{6-56}$$

$$h_x = \sum_{i=1}^{n} h_i \tag{6-57}$$

式中：E_t——地基当量回弹模量（MPa）；

E_0——路床顶综合回弹模量（MPa）；

α——与粒料层总厚度 h_x 有关的回归系数；

E_x——粒料层的当量回弹模量（MPa）；

h_x——粒料层的当量总厚度（m）；

n——粒料层的层数；

E_i、h_i——第 i 结构层的回弹模量（MPa）和厚度（m）。

②原有柔性路面顶面的地基综合当量回弹模量值。在旧沥青混凝土路面上铺筑水泥混凝土面层时，原沥青混凝土路面顶面的地基综合当量回弹模量 E_t 可根据落锤式弯沉仪（荷载50kN、承载板半径150mm）的中心点弯沉的测定结果按式（6-58a），或根据贝克曼梁（后轴重100kN 的车辆）的弯沉测定结果按式（6-58b）计算确定。

$$E_t = \frac{18\ 621}{w_0} \tag{6-58a}$$

$$E_t = 13\ 739w_0^{-1.04} \tag{6-58b}$$

$$w_0 = \bar{w} + 1.04s_w \tag{6-58c}$$

式中：w_0——路段代表弯沉值（0.01mm）；

$\bar{w}$——路段弯沉平均值（0.01mm）；

s_w——路段弯沉的标准差（0.01mm）。

5.单层板模型的设计计算方法

（1）临界荷位

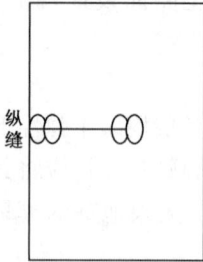

为了简化计算工作，通常选取使面板内产生最大应力或最大疲劳损伤的一个荷载位置作为应力计算时的临界荷位。由于现行设计方法采用疲劳断裂作为设计标准，选择临界荷位时应以产生最大疲劳损伤的荷载位置作为设计标准，利用荷载应力和温度应力综合疲劳作用的疲劳方程，分析具有不同接缝传荷能力的混凝土路面的疲劳损伤，得出其临界荷位在纵缝边缘中部（图6-18）。双层板模型计算时，其基层板的临界荷位与面层板相同。

（2）设计轴载的荷载疲劳应力计算

设计轴载在面层板临界荷位处产生的荷载疲劳应力应按式（6-59）

图6-18 临界荷位图 确定。

$$\sigma_{Pr} = k_r k_f k_c \sigma_{Ps} \tag{6-59}$$

式中：σ_{Pr}——设计轴载在面层板临界荷位处产生的荷载疲劳应力（MPa）；

σ_{Ps}——设计轴载在四边自由板临界荷位处产生的荷载应力（MPa）；

k_r——考虑接缝传荷能力的应力折减系数，采用混凝土路肩时，$k_r = 0.87 \sim 0.92$（路肩面层与路面面层等厚时取低值，减薄时取高值）；采用柔性路肩或土路肩时，$k_r = 1$；

k_f——考虑设计基准期内荷载应力累计疲劳作用的疲劳应力系数，可按式（6-60）计算；

k_c——考虑计算理论与实际差异以及动载等因素影响的综合系数，按公路等级查表6-48确定。

综 合 系 数 k_c 表6-48

公路等级	高速公路	一级公路	二级公路	三、四级公路
综合系数 k_c	1.15	1.10	1.05	1.00

$$k_f = N_e^{\lambda} \tag{6-60}$$

式中：λ——材料疲劳指数，普通混凝土、钢筋混凝土、连续配筋混凝土采用0.057；碾压混凝土和贫混凝土采用0.065，钢纤维混凝土按 $\lambda = 0.053 - 0.017\rho_f \dfrac{l_f}{d_f}$ 计算，其中，ρ_f 为钢纤维的体积率（%），l_f 为钢纤维的长度（mm），d_f 为钢纤维的等效直径（mm）。

设计轴载在四边自由板临界荷位处产生的荷载应力 σ_{Ps}，按下列公式计算：

$$\sigma_{Ps} = 1.47 \times 10^{-3} r^{0.70} h_c^{-2} P_s^{0.94} \tag{6-61}$$

$$r = 1.2\left(\frac{D_c}{E_t}\right)^{\frac{1}{3}} \tag{6-62}$$

$$D_c = \frac{E_c h_c^3}{12(1-\mu_c^2)} \tag{6-63}$$

式中：σ_{Ps}——设计轴载 P_s 在四边自由板临界荷位处产生的荷载应力（MPa）；

P_s——设计轴载的单轴重（kN）；

r——混凝土面板的相对刚度半径（m）；

h_c、E_c、μ_c——混凝土面板的厚度（m）、弯拉弹性模量（MPa）和泊松比；

D_c——混凝土面板的截面弯曲刚度（MN·m）；

E_t——板底地基当量回弹模量（MPa）。

（3）最重轴载的最大荷载应力

最重轴载在面层板临界荷位处产生的最大荷载应力，应按式（6-64）计算。

$$\sigma_{P,max} = k_r k_c \sigma_{Pm} \tag{6-64}$$

式中：$\sigma_{P,max}$——最重轴载 P_m 在面层板临界荷位处产生的最大荷载应力（MPa）；

σ_{Pm}——最重轴载 P_m 在四边自由板临界荷位处产生的最大荷载应力（MPa），按式（6-61）计算，式中的设计轴载 P_s 改为最重轴载 P_m（以单轴计，kN）。

（4）温度疲劳应力

在面层板临界荷位处产生的温度疲劳应力 σ_{tr} 应按式（6-65）确定：

$$\sigma_{tr} = k_t \sigma_{t,max} \tag{6-65}$$

式中：σ_{tr}——面层板临界荷位处的温度疲劳应力（MPa）；

$\sigma_{t,max}$——最大温度梯度时混凝土面板的温度翘曲应力，按式（6-66）确定；

k_t——考虑温度应力累计疲劳作用的疲劳应力系数，按式（6-70）确定。

$$\sigma_{t,max} = \frac{\alpha_c E_c h_c T_g}{2} B_L \tag{6-66}$$

式中：α_c——混凝土的线膨胀系数（1/℃），根据粗集料的岩石特性确定，通常可取 $10 \times 10^{-6}/℃$；

T_g——公路所在地 50 年一遇的最大温度梯度（℃/m），按表 6-49 取用；

B_L——综合温度翘曲应力和内应力作用的温度应力系数，按下列公式计算。

$$B_L = 1.77e^{-4.48h_c}C_L - 0.131(1-C_L) \tag{6-67}$$

$$C_L = 1 - \frac{sinht cost + cosht sint}{cost sint + sinht cosht} \tag{6-68}$$

$$t = \frac{L}{3r} \tag{6-69}$$

$$k_t = \frac{f_r}{\sigma_{t,max}}\left[a_t\left(\frac{\sigma_{t,max}}{f_r}\right)^{b_t} - c_t\right] \tag{6-70}$$

式中：a_t、b_t、c_t——回归系数，按所在地区的公路自然区划查表 6-50。

最大温度梯度计算值 T_g　　　　　　　　　　　　　　　　表 6-49

公路自然区划	Ⅱ、Ⅴ	Ⅲ	Ⅳ、Ⅵ	Ⅶ
T_g（℃/m）	83～88	90～95	86～92	93～98

注：海拔高时取高值；湿度大时取低值。

回归系数 a_t、b_t、c_t

表6-50

回归系数	公路自然区划					
	Ⅱ	Ⅲ	Ⅳ	Ⅴ	Ⅵ	Ⅶ
a_t	0.828	0.855	0.841	0.871	0.837	0.834
b_t	1.323	1.355	1.323	1.287	1.382	1.270
c_t	0.041	0.041	0.058	0.071	0.038	0.052

6. 分离式双层板模型的设计计算方法

采用贫混凝土或者碾压混凝土作基层时，需要验算基层的荷载疲劳应力是否超过材料能力。

采用其他材料作基层时，与前述弹性地基单层板理论相比，虽在计算公式中考虑了基层刚度大时的影响，但无须考虑基层的极限状态，也就无须针对基层计算其各自应力，在选用公式进行实际计算时需加以注意。

(1) 弹性地基双层板荷载应力

① 上层板在设计荷载 P_s 作用下的荷载疲劳应力 σ_{Pr}。面层板或上面层板的荷载疲劳应力 σ_{Pr} 计算与单层板模型相同[式(6-59)]，但设计轴载 P_s 作用下的荷载应力 σ_{Ps} 计算公式不同。

设计轴载 P_s 在上层板临界荷位处产生的荷载应力 σ_{Ps} 应按下列公式确定。

$$\sigma_{Ps} = \frac{1.45 \times 10^{-3}}{1 + \dfrac{D_b}{D_c}} r_g^{0.65} h_c^{-2} P_s^{0.94} \tag{6-71}$$

$$D_b = \frac{E_b h_b^3}{12(1 - \mu_b^2)} \tag{6-72}$$

$$r_g = 1.21 \left[(D_c + D_b)/E_t \right]^{\frac{1}{3}} \tag{6-73}$$

式中： D_b——下层板的截面弯曲刚度（MN·m）；

h_b、E_b、μ_b——下层板的厚度（m）、弯拉弹性模量（MPa）和泊松比；

r_g——双层板的总相对刚度半径（m）；

h_c、D_c——上层板的厚度（m）和截面弯曲刚度（MN·m）。

② 下层板在设计荷载 P_s 作用下的荷载疲劳应力 σ_{bPr}。贫混凝土或碾压混凝土基层板或者下面层板的荷载疲劳应力，应按式(6-74)计算，其中，疲劳应力系数 k_f 和综合系数 k_c 的确定方法与单层板的确定方法相同。

设计轴载 P_s 在下层板临界荷位处产生的荷载应力应按下列公式计算。

$$\sigma_{bPr} = k_f k_c \sigma_{bPs} \tag{6-74}$$

$$\sigma_{bPs} = \frac{1.41 \times 10^{-3}}{1 + \dfrac{D_c}{D_b}} r_g^{0.68} h_b^{-2} P_s^{0.94} \tag{6-75}$$

式中：σ_{bPr}——下层板的荷载疲劳应力（MPa）；

σ_{bPs}——设计轴载 P_s 在下层板临界荷位处产生的荷载应力(MPa)。

③上层板最大荷载应力。最重轴载在上层板临界荷位处产生的最大荷载应力 $\sigma_{\mathrm{P,max}}$ 按式(6-64)计算。其中,应力折减系数 k_r 和综合系数 k_c 同式(6-59)的取值;最重轴载在四边自由板临界荷位处产生的最大荷载应力 σ_{Pm} 按式(6-71)计算,式中的设计轴载 P_s 改为最重轴载 P_m(以单轴计,kN)。

④下层板最大荷载应力。下层板在最重轴载作用下的最大荷载应力 $\sigma_{\mathrm{P,max}}$ 计算公式与弹性地基单层板相同,其中的两个修正系数 k_r、k_c 的取值也相同。

(2)弹性地基双层板温度应力

上层板的温度疲劳应力 σ_{tr}、最大温度翘曲应力 $\sigma_{\mathrm{t,max}}$、综合温度翘曲应力和内应力作用的温度应力系数 B_L 的计算式与单层板的相同。但式中的温度翘曲应力系数 C_L 应按下列公式确定。

$$C_{\mathrm{L}} = 1 - \frac{1}{1+\xi}\frac{\sinh t\cos t + \cosh t\sin t}{\cos t\sin t + \sinh t\cosh t} \tag{6-76}$$

$$t = \frac{L}{3r_{\mathrm{g}}} \tag{6-77}$$

$$\xi = -\frac{(k_{\mathrm{n}}r_{\mathrm{g}}^4 - D_{\mathrm{c}})r_{\beta}^3}{(k_{\mathrm{n}}r_{\beta}^4 - D_{\mathrm{c}})r_{\mathrm{g}}^3} \tag{6-78}$$

$$r_{\beta} = \left[\frac{D_{\mathrm{c}}D_{\mathrm{b}}}{(D_{\mathrm{c}}+D_{\mathrm{b}})k_{\mathrm{n}}}\right]^{\frac{1}{4}} \tag{6-79}$$

$$k_{\mathrm{n}} = \frac{1}{2}\left(\frac{h_{\mathrm{c}}}{E_{\mathrm{c}}} + \frac{h_{\mathrm{b}}}{E_{\mathrm{b}}}\right)^{-1} \tag{6-80}$$

式中:ξ——与双层板结构有关的参数;

r_{β}——层间接触状况参数(m);

k_{n}——面层与基层之间的竖向接触刚度,上下层之间不设沥青混凝土夹层或隔离层时按式(6-80)计算,设沥青混凝土夹层或隔离层时,取 3 000MPa/m。

下层板的温度疲劳应力不需计算分析。

7. 水泥混凝土路面板厚度计算流程与板厚确定

考虑荷载应力和温度翘曲应力,综合疲劳损坏作用的混凝土面层厚度和板平面尺寸确定方法(图6-19),可遵循下述设计步骤:

(1)收集并分析交通参数——收集日交通量和轴载组成数据,计算设计基准期内设计车道设计轴载累积作用次数,由此确定公路的交通等级,并确定安全等级、变异水平等级和可靠度系数。

(2)初拟路面结构——初选路面结构层次、类型和材料组成;拟定各结构层的厚度、面板平面尺寸和接缝构造,面板初估厚度根据表6-38进行选择。

(3)确定材料参数——确定混凝土的设计弯拉强度和弹性模量,基层、垫层和路基的回弹模量或者测试旧沥青路面表面弯沉值,计算面板下地基顶面的当量回弹模量。

（4）按照图6-19所示的混凝土路面板厚度计算流程，分别计算混凝土面层板（单层板或双层板的面层板）的最重轴载产生的最大荷载应力、设计轴载产生的荷载疲劳应力、最大温度梯度产生的最大温度应力及温度疲劳应力。

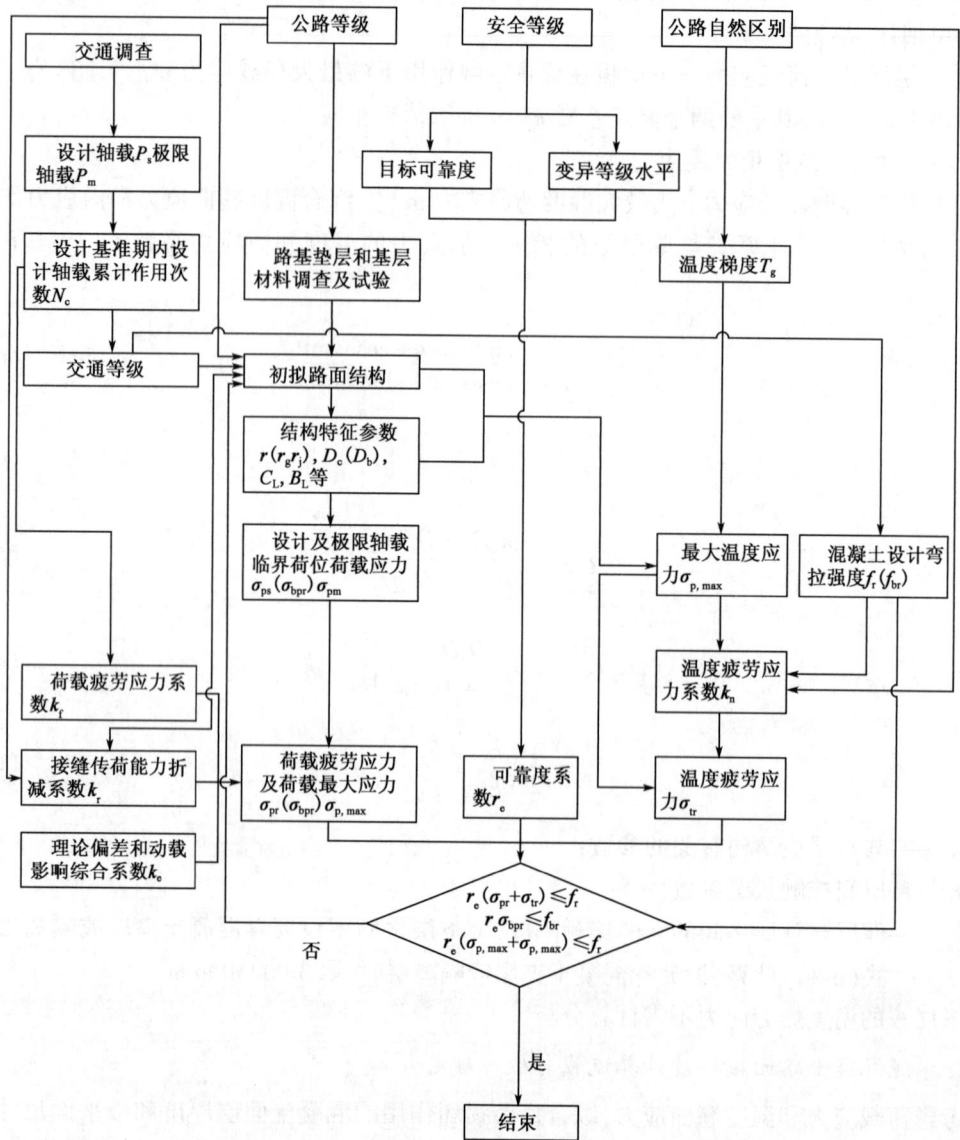

图6-19　水泥混凝土路面板厚度计算流程图

（5）检验初拟路面结构——当荷载疲劳应力与温度疲劳应力之和与可靠度系数的乘积，小于且接近于混凝土弯拉强度标准值，同时，最大荷载应力与最大温度应力之和与可靠度系数的乘积，小于混凝土弯拉强度标准值，即满足式（6-48a）、式（6-48b）时，初选厚度可作为混凝土板的计算厚度。如不符合检验条件，则重新拟定路面结构或板的尺寸，重新计算，直到满足为止。

贫混凝土或碾压混凝土基层或者双层板的下面层板,需计算其荷载疲劳应力,并检算荷载疲劳应力与可靠度系数的乘积是否小于其材料的弯拉强度标准值,即应满足式(6-49)的要求。

(6)若不能同时满足式(6-48)及式(6-49),则应改选混凝土面层板厚度或(和)调整基层类型或(和)厚度,重新计算,直到同时满足式(6-48)及式(6-49)为止。

(7)计算厚度加6mm磨损厚度后,应按10mm向上取整,作为混凝土面层的设计厚度。

第四节 路面施工技术

一、碎(砾)石基(垫)层

碎(砾)石基层是用尺寸均匀的碎(砾)石作为基本材料,以石屑、黏土或石灰土作为填充结合料,经压实而成的结构层。碎石层的结构强度,主要来自碎石颗粒间的嵌挤作用以及填充结合料的黏结作用。嵌挤作用的大小,主要取决于石料的尺寸、强度、形状以及压实度,黏结作用则取决于填充结合料本身的内聚力及其与矿料之间黏附力的大小。碎石颗粒尺寸为0～75mm,通常按其尺寸大小划分为6类,如表6-51所示。颗粒最大尺寸,按层厚和石料强度选定,一般不宜超过压实层厚的0.8倍,石料较软时,可采用较大尺寸。

各种碎石尺寸与分类表 表6-51

编号	碎石名称	粒径范围(mm)	用途
1	粗碎石	75～50	
2	中碎石	50～35	集料
3	细碎石	35～25	
4	石渣	25～15	嵌缝料
5	石屑	15～5	
6	米石	0～5	封面料

1. 填隙碎石

用单一尺寸的粗碎石作主集料,形成嵌锁作用,并用石屑填满碎石间的孔隙,增加密实度和稳定性,称为填隙碎石。填隙碎石可适用于各等级公路的底基层和二级以下公路的基层。填隙碎石的压实厚度为10～20cm,若设计层厚超过该值,应分层压实,单层填隙碎石的压实厚度宜为公称最大粒径的1.5～2.0倍。

填隙碎石用作基层时,碎石最大粒径不应超过53mm,压碎值不大于26%,用作底基层时,碎石的最大粒径不应超过63mm,压碎值不大于30%。集料中针片状颗粒和软弱颗粒含量应不大于15%。粗碎石的颗粒组成应符合表6-52的规定,轧制碎石得到的5mm以下米石是最好的填隙料,填隙料的颗粒组成见表6-53。

239

填隙碎石粗碎石的颗粒组成 表 6-52

编号	标称尺寸（mm）	通过下列筛孔（mm）的重量百分率（%）							
		63	53	37.5	31.5	26.5	19	16	9.5
1	30~60	100	25~60		0~15		0~5		
2	25~50		100		25~50	0~15		0~5	
3	20~40			100	35~70		0~15		0~5

填隙料的颗粒组成 表 6-53

筛孔尺寸	9.5	4.75	2.36	0.6	0.075	塑性指数
通过百分率（%）	100	85~100	50~70	30~50	0~10	<6

填隙碎石施工，一般按下列工序进行：①准备下承层；②运输和摊铺粗碎石；③初压；④撒布石屑；⑤振动压实；⑥第二次撒布石屑；⑦振动压实；⑧局部补撒石屑及扫匀；⑨填满孔隙，振动压实；⑩洒水饱和并碾压滚浆（湿法施工）或洒少量水后终压成型（干法施工）。

填隙碎石的施工成型阶段主要在于撒铺填隙料和碾压。初压用 8t 两轮压路机碾压 3~4 遍，使粗碎石稳定就位；初压结束时，表面应平整，并具有要求的路拱和纵坡。撒铺填隙料及碾压：用石屑撒布机或类似的设备按松铺厚度 2.5~3.0cm 将干填隙料均匀地撒铺在已压稳的粗碎石上，用人工或机械扫匀，用振动压路机慢速碾压，将全部填料振入粗碎石间的孔隙中。反复该过程 2~3 次，直到全部孔隙被填满为止。同时，应将局部多余的填隙料铲除或扫除，填隙料不应在粗碎石表面局部地自成一层，表面必须能见到粗碎石。若设计厚度超过一层压实厚度，需分层施工时，应将已压成的填隙碎石层表面的填隙料扫除一些，使表面粗碎石外露5~10mm，然后再摊铺第二层粗碎石。

填隙碎石施工时，应符合下列规定：

填隙料应干燥、宜采用振动压路机碾压，碾压后，表面集料间的空隙应填满，但表面应看得见集料。填隙碎石层上为薄沥青面层时，宜使集料的棱角外露 3~5mm、碾压后基层的固体体积率宜不小于 85%，底基层的固体体积率宜不小于 83%、填隙碎石基层未洒透层沥青或未开铺封层时，不得开放交通。

2. 泥结碎石

泥结碎石是以碎石作为集料，黏土作为填充料和黏结料，经压实修筑成的一种结构。泥结碎石虽用同一尺寸石料修筑，但在使用过程中由于行车荷载的反复作用，石料会被压碎而向级配化转化。它的力学强度和稳定性不仅取决于碎石的相互嵌挤作用，同时也受到土的黏结作用的影响。

泥结碎石水稳性较差，当被用作沥青类不透气路面的底基层时，只适用于干燥路段。泥结碎石基层的主层矿料粒径不宜小于40mm，并不大于层厚的 0.7 倍，石料等级不低于Ⅳ级，长条、扁平状颗粒含量不宜超过 20%。泥结碎石所用黏土，应具有较高的黏性，塑性指数以 12~15 为宜。黏土内不得含腐殖质或其他杂物。黏土用量一般不超过混合料总重的15%~18%。

泥结碎石施工方法有灌浆法、拌和法和层铺法 3 种。实践证明，灌浆法具有较高的强度和稳定性，目前采用较多。

灌浆法施工，一般按下列工序进行：

（1）准备工作

包括放样、布置料堆、整理路槽、拌制泥浆等。泥浆一般按水与土的体积比为 0.8∶1 ～ 1∶1 进行拌和配制。如过稠，泥浆将灌不下去而积在碎石表面；如过稀，则易流淌于碎石层底部，干后体积缩小，黏结力降低，均会影响基层的强度和稳定性。

（2）摊铺碎石

按压实厚度的 1.2 ～ 1.3 倍（松铺厚度）在筑好的路槽上摊铺碎石，要求大小颗粒均匀分布，纵横断面符合要求，厚度一致。主层矿料底层粒径一般采用 1 ～ 2 号或 2 ～ 3 号碎石，面层一般采用 3 ～ 4 号。

（3）初压

碎石铺好后，用轻型压路机碾压。碾速宜慢，每分钟 25 ～ 30m，轮迹重叠 25 ～ 30cm。一般碾压 6 ～ 8 遍，至石料无松动为止。不要过多、过重碾压，防止堵塞碎石缝隙，妨碍灌浆。

（4）灌浆

在预压的碎石层上，灌注泥浆，浆要浇得均匀、浇得透，以灌满孔隙、表面与碎石齐平为度，但碎石棱角仍应露出泥浆之上。

（5）撒嵌缝料

灌浆 1 ～ 2h 后，待泥浆下注，空隙中空气溢出而表面未干前撒铺 5 ～ 15mm 的嵌缝料（1 ～ 1.5m³/100m²）。

（6）碾压

撒过嵌缝料后，即用中型压路机进行碾压，并随时注意用扫帚将石屑扫匀。最终碾压阶段，需使碎石缝隙内泥浆能翻到路面上与所撒石屑黏成一个坚实的整体。

3. 泥灰结碎石

泥灰结碎石是以碎石为集料，用一定数量的石灰和土作黏结填缝料的结构层。由于掺入了石灰，泥灰结碎石的水稳性优于泥结碎石。因此，泥灰结碎石多用在潮湿与中湿路段作为沥青路面的基层，也可作为中级路面的面层。

泥灰结碎石对黏土质量的规格要求与泥结碎石相同，石灰质量不低于 3 级。石灰与土的用量不应大于混合料总重的 20%，其中石灰剂量为土重的 8% ～ 12%。土的塑性指数宜为 10 ～ 14。

泥灰结碎石施工可采用灌浆法或拌和法。施工工序与泥结碎石相同，但泥浆改为灰土浆。若采用拌和法时，应先将石灰与黏土拌和均匀，再与石料拌和，摊铺均匀，边压边洒水，使石灰与土在碾压中成浆并充满空隙。

4. 级配碎（砾）石

粗、细碎（砾）石集料和石屑各占一定比例的混合料，当其颗粒组成符合密实级配要求时，称为级配碎（砾）石。级配碎（砾）石结构层强度主要来源是石料本身强度及颗粒间的嵌挤力。级配碎石可适用于各等级公路的基层和底基层，还可用作较薄沥青面层与半刚性基层之间的中间过渡层。由于砾石的内摩阻角小于碎石，因此，级配砾石的强度和稳定性均低于级配碎石，一般可用于二级和二级以下公路的基层和各级公路的底基层。在工程中，通常在级配砾石中掺加部分碎石，以提高强度和稳定性，称为级配碎砾石。

级配碎石宜用几种粒径不同的碎石和石屑掺配拌制而成，分为骨架密实型与连续型，其集料的级配组成应符合表 6-54 的要求。缺乏石屑时，也可以添加细砂砾或粗砂，但其强度和稳定性不如添加石屑的级配碎石。

级配碎石混合料的级配组成

表 6-54

层位	通过下列筛孔（mm）质量百分比（%）														液限（%）	塑性指数	备注
	37.5	31.5	26.5	19	16	13.2	9.5	4.75	2.36	1.18	0.6	0.3	0.15	0.075			
上基层	100	90~100			85~100		60~80	30~50		15~30	10~20			0~5			防治反射裂缝过渡层
基层	95~100		90~100	75~95	67~88	59~82	47~71	30~55	18~40	13~32	9~25	7~20	3~13	0~7	<25	<8	连续型
		100		60~85	53~80	48~74	40~65	25~50	18~40	13~32	9~25	7~20	3~13	0~7	<25	<8	连续型
			85~95	67~80	44~56	37~48	31~41	28~38	18~28	12~20	8~14	5~11	3~9	0~6	<25	<8	骨架密实型
			75~90	60~82	53~78		40~65	25~50	18~40	13~32	9~25	7~20	3~13	0~7	<25	<8	连续型
底基层及垫层		85~100	65~85	42~67			20~40	10~27		8~20	5~18			0~10	<25	<8	骨架密实型
	100	100	80~100	57~87			30~60	18~46		10~33	5~20			0~10	<25	<8	连续型

注：1. 上基层是指沥青面层下与半刚性基层之间设置级配碎石，该层的级配宜符合此规定。

2. 潮湿多雨地区的基层塑性指数大于4%。

3. 当为排水与防冻垫层时，其0.075mm通过率不超过5%。

级配碎石用作基层时,其压实度应大于98%,CBR 值不应小于100%;用作底基层时,其压实度应大于96%,CBR 值不应小于80%。

级配砾石或天然砂砾其颗粒组成应符合表6-55 的要求,且级配宜接近圆滑曲线。级配砾石或天然砂砾用作基层时,其压实度不应小于98%,CBR 值不应小于80%;用作底基层时,其压实度不应小于96%,CBR 值对轻交通的公路不应小于40%,对中等交通的公路不应小于60%。

级配砾石结构层的级配组成 表 6-55

层位	编号	通过下列筛孔(mm)质量百分比(%)										液限(%)	塑性指数
		53	37.5	31.5	26.5	19	9.5	4.75	1.18	0.6	0.074		
砂石路面面层	1		100	90~100		65~85	45~70	30~55	20~37	15~25	7~12	<43	12~21
	2			100	85~100	70~90	50~70	40~60	25~40	20~32	8~15	<43	12~21
	3			100		85~100	60~80	45~65	30~50	20~32	8~15	<43	12~18
基层及底基层	1		100	90~100		65~85	45~70	30~55	15~35	10~20	4~10	<28	<9
	2			100	90~100	75~90	50~70	30~55	15~35	10~20	4~10	<28	<9
	3				100	85~100	60~80	30~55	15~30	10~20	2~8	<28	<9
垫层	1	100		90~100		65~85		30~50		8~25	0~5	<28	<9

注:1. 面层上可不设磨耗层,若加铺磨耗层,0.5mm 以下细料含量和塑性指数宜用低限;用圆孔筛时,采用1~3 号级配;用方孔筛时,只用2、3 号级配。

2. 潮湿多雨地区的基层塑性指数大于6。

级配碎石可采用路拌法施工,当用于半刚性基层沥青路面的中间层时,应采用厂拌法,并宜用摊铺机摊铺混合料。

厂拌法施工宜采用不同粒级的单一尺寸碎石和石屑,按预定配合比在拌和机内拌制级配碎石混合料。

级配碎(砾)石可采用路拌法施工,当用于半刚性路面的中间层时,应采用厂拌法,并宜用摊铺机摊铺混合料。

路拌法施工工序如下:

(1)准备下承层

使下承层的平整度和压实度符合要求。

(2)施工放样

在下承层上恢复中线并进行水平测量。

(3)准备集料和运输

根据计算确定未筛分碎石或不同粒级的单一尺寸碎石与石屑的配合比,将碎石和石屑洒水,使混合料的含水率超过最佳含水率约1%,以减少运输过程中的离析现象。计算每车料的堆放距离,由远到近将料卸置于下承层上。

(4)摊铺

按照事先通过试验确定的松铺系数(或压实系数,混合料的松铺干密度与压实干密度的比值,人工摊铺时为1.40~1.50,平地机摊铺时为1.25~1.35),用平地机或其他合适机具将料均匀地摊铺在预定的宽度上,表面要力求平整,并具有规定的路拱。

（5）拌和及整型

应采用稳定土拌和机拌和2遍以上，拌和深度应直到级配碎石层底。没有稳定土拌和机时，可用平地机将铺好石屑的碎石料翻拌，使石屑均匀分布到碎石料中。平地机拌和的作业长度为300~500m。平地机一般需拌和5~6遍。拌和过程中，用洒水车洒足所需的水分，使集料不会出现粗细颗粒离析现象。然后用平地机将拌和均匀的混合料按规定的路拱进行整平和整型。

（6）碾压

整型后，用12t以上三轮压路机、振动压路机或轮胎压路机进行碾压。一般需碾压6~8遍，使表面无明显轮迹。压路机不得在已完成或正在碾压的路段上"掉头"和紧急制动。

凡含土的级配碎石层，都应进行滚浆碾压，一直压到碎石层中无多余细土泛到表面为止。滚到表面的浆（或事后变干的薄层土）应予清除干净。

（7）接缝处理

应避免纵向接缝，如必须分幅铺筑时，纵缝应搭接拌和。两作业段衔接的横缝处，应搭接拌和。第一段拌和后，留5~8m不碾压，第二段施工时，前段留下未压部分与第二段一起拌和整平后进行碾压。

厂拌法施工宜采用不同粒级的单一尺寸碎石和石屑，按预定配合比在拌和机内拌制级配碎石混合料。碾压、整型同路拌法施工。

二、无机结合料及工业废渣稳定类基(垫)层

在我国已建成的高速公路和一级公路中，大多数路面采用了无机结合料稳定类基层，即半刚性基层，这一方面是由于无机结合料处治基层的沥青路面更能适应现代重型交通的需要，同时也可以避免远运优质石料，从而节约大量投资。近三四十年来，不少国家也越来越多地采用水硬性无机结合料处治粒料和处治土作为沥青路面的基层和底基层。

半刚性材料基层、底基层按其组成结构状态分为骨架密实结构、骨架空隙结构、悬浮密实结构和均匀密实结构四种类型。

半刚性材料基层适用以下范围：

（1）水泥稳定类适用于各级公路的基层、底基层。石灰粉煤灰稳定类材料对冰冻地区、多雨潮湿地区宜用于下基层或底基层。石灰稳定类材料适用于各级公路的底基层以及三、四级公路的基层。

（2）高速公路、一级公路的基层或上基层宜选用骨架密实型的稳定集料。

（3）二级及二级以下公路的基层和各级公路的底基层均可采用悬浮密实型混合料。

（4）骨架空隙结构型混合料具有较高的空隙率，适用于需考虑路面内部排水要求的基层。

1. 石灰稳定土

在粉碎或松散的土（包括各种粗、中、细粒土）中，掺入适量的石灰和水，经拌和压实及养护后得到的结构层，当其抗压强度符合规定的要求时，称为石灰稳定土。

在土中掺入适当的石灰，并在最佳含水率下压实后，发生了一系列的物理作用及物理化学作用，从而使土的性质发生根本改变。初期，主要表现在土的结团、塑性降低、最佳含水率的增大和最大密实度的减小等。后期变化主要表现在结晶结构的形成，从而提高其板体性、强度和稳定性。石灰土可用于各级公路的干燥路段作基层和底基层。

影响石灰土强度的因素：

（1）土质

有一定黏性的土对强度有利。土的塑性指数太高时，难以粉碎，太低则难以碾压成型，因此，适宜用石灰稳定的土的塑性指数为 15～20。用石灰稳定、不含黏性土或无塑性的砂砾、级配碎石和未筛分碎石时，应添加 15% 左右的黏性土，并且该砂砾或碎石应具有较好的级配。

（2）灰质

石灰应为消石灰粉或生石灰粉。对于高速公路和一级公路，宜采用磨细生石灰粉，石灰质量应不低于表 6-56 中 Ⅱ 级技术标准。二级公路用石灰应不低于表 6-56 中 Ⅲ 级技术标准，二级以下公路宜不低于表 6-56 中 Ⅲ 级技术标准。石灰土混合料的强度应符合表 6-57 的标准。

石灰的技术标准　　　　表 6-56

项　　目		钙质生石灰			镁质生石灰			钙质消石灰			镁质消石灰		
		Ⅰ	Ⅱ	Ⅲ	Ⅰ	Ⅱ	Ⅲ	Ⅰ	Ⅱ	Ⅲ	Ⅰ	Ⅱ	Ⅲ
有效钙加氧化镁(%)	≥	85	80	70	80	75	65	65	60	55	60	55	50
未消解残渣(5mm 圆孔筛筛余)(%)	≤	7	11	17	10	14	20						
含水率(%)	≤							4	4	4	4	4	4
细度	0.60mm(方孔筛)筛余(%) ≤							0	1	1	0	1	1
	0.15mm(方孔筛)筛余(%) ≤							13	20		13	20	
钙镁石灰的分界线 MgO(%)		≤5			>5			≤4			>4		

石灰稳定细粒土稳定类材料的 7d 无侧限抗压强度及压实度标准　　　　表 6-57

使 用 层 次		重、中交通		轻 交 通	
		强度(MPa)	压实度(%)	强度(MPa)	压实度(%)
基层	集料	—	—	≥0.8①	≥97
	细粒土	—	—		≥95③
底基层	集料	≥0.8	≥97	0.5～0.7②	≥96
	细粒土		≥95		≥95

注：①在低塑性土(塑性指数小于 10)地区，石灰稳定砂砾土和碎石土的 7d 浸水抗压强度应大于 0.5MPa。
②低限用于塑性指数小于 10 的土，高限用于塑性指数大于 10 的土。
③三、四级公路，压实机具有困难时压实度可降低 1%。

（3）石灰剂量

石灰剂量是消石灰占干土重的百分率。它对石灰土强度影响显著，一般石灰含量宜占土的 8%～12%，这是生产中常用的最佳剂量范围。剂量的确定应根据结构层技术要求进行混合料组成设计。

（4）拌和及压实

土的粉碎程度和拌和的均匀性对石灰稳定土的强度有很大影响。应尽可能提高土的粉碎程度与拌和的均匀性。压实对石灰土强度的影响也很大，大量试验资料表明：压实度每增加 2%，抗压强度增加的最大值为 29.7%，最小值为 2.5%，平均增加 14.1%。

（5）养护条件与龄期

高温和一定的湿度对石灰土强度的形成很重要。温度高可使反应过程加快，一定的湿度为物理化学作用提供了必要的水分。因此，要求石灰稳定土层施工期的最低温度应在 5℃ 以上,并在第一次重冰冻(-5~-3℃)到来之前一个月到一个半月完成,达到规定强度,并且应该经历半月以上温暖的气候养护。石灰稳定土基层不宜在雨天施工。

石灰稳定土强度随龄期而缓慢增长,到28d龄期时,只能达到最终强度的30%左右。强度增长期可达8~10年以上。

石灰稳定土层的施工方法有路拌法和厂拌法,对于二级和三级以下的公路,石灰稳定土层可以采用路拌法施工,但二级公路应采用专用的稳定土拌和机;一级公路和高速公路,除直接铺筑在路基上的底基层下层可以用专用稳定土拌和机进行路拌法施工外,其上的各个稳定土层都应用集中厂拌法拌制混合料并用摊铺机摊铺混合料。

路拌法施工工序如下:

准备下承层→施工放样→摊铺→拌和与洒水→整型和碾压→养护及减少反射裂缝的措施。

施工过程中必须满足以下基本要求:①下承层的高程和压实度必须符合规范规定。②摊铺土料前,应先在路基上洒水湿润,但不应过分潮湿而造成泥泞。③松铺土料层的厚度符合要求,并校核石灰用量。④使混合料含水率比最佳含水率大1%左右,混合料拌和须颜色一致,没有灰条、灰团和花白现象。如为石灰稳定加黏性土的碎石或砂砾,则应先将石灰和黏性土拌和均匀,然后均匀地摊铺在碎石或砂砾层上,再一起进行拌和。⑤碾压应在混合料处于最佳含水率(±1%)范围内进行。土层不能有"弹簧"、松散、起皮等现象。高程、路拱和超高符合设计要求。

石灰稳定土在养护期间应采取保湿措施。否则,很容易产生干缩裂缝。养护期一般为7d左右。养护期间未采取覆盖措施时,应封闭交通(洒水车除外)。不能封闭交通的路段,应采取覆盖措施(覆盖砂养护或喷洒沥青膜养护),并限制车速不得超过30km/h。

厂拌法施工:

石灰稳定土可以在中心站用多种机械(如强制式拌和机、双转轴桨叶式拌和机等)进行集中拌和,拌和时应注意掌握以下几个要求。

①土块要粉碎,最大尺寸不超过15mm。

②配料要准确。

③含水率要略大于最佳含水率1%左右,使混合料运到现场摊铺后碾压时的含水率能接近最佳值。

④拌和要均匀。

将拌和后的混合料运送到现场,用摊铺机、平地机或人工按松铺厚度摊铺均匀。如有粗细颗粒离析现象,应该用机械或人工补充拌和。

整型(需要时)和碾压均与前述路拌法相同。

2. 水泥稳定土

在粉碎或松散的土(包括各种粗、中细粒土)中,掺入适量的水泥和水,经拌和、压实及养护后,当其抗压强度符合规定的要求时,称为水泥稳定土。用水泥稳定砂性土、粉性土等细粒土得到的混合料,简称水泥土;水泥稳定砂得到的混合料,简称水泥砂;水泥稳定粗粒土和中粒土得到的混合料,可简称水泥碎石(级配碎石和未筛分碎石)、水泥砂砾等。

在利用水泥来稳定土的过程中,水泥、土和水之间发生了多种复杂的作用,使土的性能发生了明显的变化。但由于水的用量很少,水泥的水化完全是在土中进行的,故作用速度比在水泥混凝土中进行得缓慢。水泥在稳定土中的作用,一是改变了土的塑性,二是增加了土的强度和稳定性。

水泥稳定土具有较高的强度、一定的刚度,整体性较好,能适应各种气候环境和水文地质条件,可用于各级公路的基层和底基层。但水泥土不得用作三级以上公路高级路面的基层。

水泥稳定土基层的砂砾应有一定的级配,最大粒径不应超过 50mm。

土的类别和性质是影响水泥稳定土强度的重要因素。实践证明,用水泥稳定级配良好的碎(砾)石和砂砾,效果最好,不但强度高,而且水泥用量少,其次是砂性土,再次是粉性土和黏性土。一般土的塑性指数不应超过 17。实际工作中选用均匀系数大于 10、塑性指数小于 12 的土。土块应尽可能粉碎,最大尺寸不应大于 15mm。

普通硅酸盐水泥、矿渣硅酸盐水泥和火山灰质硅酸盐水泥都可用来稳定土。通常情况下,硅酸盐水泥的稳定效果较好。终凝时间较长(6h 以上)的水泥应优先选用。

水泥稳定土的强度随水泥剂量的增加而增长,不存在最佳剂量。但过多的水泥用量,既不经济,且容易开裂。试验和研究证明,水泥剂量不宜超过混合料总重的 6%。一定的水分也是水泥稳定土形成强度的必要条件。

水泥稳定土不适宜用人工拌和法施工。对于一级公路和高速公路,除直接铺筑在路基上的底基层下层可以用稳定土拌和机施工外,其他的都应用集中厂拌法拌制混合料,并用摊铺机摊铺基层混合料。

一般水泥稳定土应在气温较高季节组织施工,施工期的最低气温应在 5℃ 以上,冰冻地区应在第一次重冰冻(−5 ~ −3℃)到来之前半个月到一个月完成。

施工工序及要求如下:

(1)下承层准备

下承层表面应平整、坚实,具有规定的路拱,没有任何松散和软弱地点。

(2)拌和及摊铺

混合料拌和要均匀,且使混合料运到现场碾压时的含水率不小于最佳值。摊铺要按松铺厚度进行,并应用摊铺机或平地机摊铺。

(3)整型和碾压

摊铺后用平地机进行整平,然后进行碾压。碾压过程中,混合料要保持潮湿。水泥稳定土应用 12t 以上的压路机碾压,每层压实厚度不应超过 15cm;用 18 ~ 20t 三轮压路机碾压时,不应超过 20cm。稳定集料为中粒土和粗粒土时,需采用能量大的振动压路机碾压;而细粒土要采用振动羊足碾与三轮压路机配合碾压。厚度超过上述规定时,应分层铺筑。

(4)接缝处理

当天两工作段的衔接处,应搭接拌和。即前工作段尾部留 5 ~ 8m 不进行碾压,待第二段施工时,对前段留下未压部分加适量水泥重新拌和,并与第二段一起碾压。摊铺整型的混合料当天应全部压实。每天工作段的末端工作缝应成直线,且缝壁垂直。

(5)养护及交通管制

每一工作段经压实度检查合格后应立即开始养护。最好用薄膜或湿砂养护,也可采用沥青乳液进行养护。无上述条件时,可用洒水养护。养护期不宜少于 7d,并且要保持稳定土层表面潮湿。如为分层施工,下层碾压完后,过一天就可铺筑上层。

在养护期间未采用覆盖措施的水泥稳定土层上,除洒水车外,应封闭交通或限制重车通行，且车速不应超过 30km/h。

3. 石灰工业废渣稳定土

一定数量的石灰和粉煤灰，或石灰和煤渣、钢渣（已经过崩解达到稳定），以及其他冶金矿渣、煤矸石等工业废渣与其他集料相配合，加入适量的水（通常为最佳含水率），经拌和、压实及养护后得到的混合料，当其抗压强度符合一定要求时，称为石灰工业废渣稳定土（简称石灰工业废渣）。

随着工业的发展，工业废渣逐渐增多，利用工业废渣铺筑道路，不但降低了工程造价，且变废为宝，具有很大的意义。常用的工业废渣包括：粉煤灰、煤渣、高炉矿渣、崩解过的达到稳定的钢渣及其他冶金矿渣、煤矸石等。粉煤灰中含有较多的二氧化硅、氧化钙或氧化铝等活性物质，应用最为广泛。因此，石灰工业废渣往往分为石灰粉煤灰类及石灰其他废渣类。用石灰来稳定工业废渣时，石灰在水的作用下形成饱和的 $Ca(OH)_2$ 溶液，废渣的活性氧化硅和氧化铝在 $Ca(OH)_2$ 溶液中产生火山灰反应，生成水化硅酸钙和铝酸钙凝胶，使颗粒胶凝在一起。随水化物不断产生而结晶硬化，在温度较高时，混合料强度不断增长。因此，石灰工业废渣基层具有水硬性、缓凝性、强度高、稳定性好，成板体，且强度随龄期不断增加，抗水、抗冻、抗裂性好且收缩性小，能适应各种气候环境和水文地质条件，可适用于各级公路的基层和底基层，但二灰、二灰土和二灰砂不应用作二级和二级以上公路高级路面的基层。

（1）材料要求

石灰的质量应符合Ⅲ级以上的技术指标，并且要尽量缩短石灰的存放时间。有效钙含量在 20% 以上的等外石灰、贝壳石灰、珊瑚石灰、电石渣等，应通过试验，只要混合料的强度符合要求就可应用。

废渣主要以粉煤灰和煤渣为主，其他废渣的材料要求可参照执行。粉煤灰中 SiO_2、Al_2O_3 和 Fe_2O_3 的总含量应大于 70%，烧失量不超过 20%，比表面积宜大于 2 500cm²/g。干、湿粉煤灰都可使用。湿粉煤灰含水率不宜超过 35%，使用时，湿凝成团的粉煤灰应打碎或过筛，同时清除有害物质。

煤渣的主要成分是 SiO_2 和 Al_2O_3，松干密度在 700 ~ 1 100kg/m³ 之间，最大粒径不应大于 30mm，颗粒组成宜有一定级配，且不含有害物质。

用作二灰混合料的粒料应少含或不含有塑性的土。一级公路和高速公路集料的压碎值应不大于 30%，二级和二级以下公路压碎值应不大于 35%。

（2）混合料组成

采用石灰粉煤灰混合料做基层时，石灰与粉煤灰的比例常用 1:2 ~ 1:4。采用稳定细粒土做基层时，石灰粉煤灰与细粒土的比例为 30:70 ~ 10:90，采用稳定集料时，石灰粉煤灰与集料的比应是 20:80 ~ 15:85。采用石灰煤渣混合料作基层或底基层时，石灰与煤渣的比可以是 1:1 ~ 1:4。与细粒土的比可以是 1:1 ~ 1:4。石灰煤渣集料做基层或底基层时，石灰:煤渣:粒料可以是 (7 ~ 9):(26 ~ 33):(67 ~ 58)。

（3）施工

石灰工业废渣施工过程中对各工序的要求基本与石灰稳定土相同。

路拌法施工工序为：准备下承层→施工放样→备料→运输和摊铺集料→运输和摊铺粉煤灰、石灰→拌和及洒水→整型→碾压→养护。

石灰工业废渣碾压完成后第二天或第三天开始养护。通常采用洒水养护法,时间一般为7d,养护期间,除洒水车外应封闭交通。

当日平均气温在5℃时,不应施工,并应在冻结前达到强度。

三、沥青路面

1.概述

沥青路面是用沥青材料作结合料黏结矿料修筑路面面层的路面结构。

沥青路面由于使用了沥青结合料,因而增强了集料间的黏结力,提高了混合料的强度和稳定性,使路面的使用质量和耐久性都得到提高。与水泥混凝土路面相比,沥青路面具有表面平整、无接缝、行车舒适、耐磨、振动小、噪声低、施工期短、养护维修简便等优点。但沥青路面的抗弯拉强度较低和透水性小,因而要求基层和路基应具有足够的强度和水稳定性。而且沥青路面的温度稳定性较差,低温时,抗变形能力很低,在寒冷地区由于路基不均匀冻胀而使沥青路面开裂;高温季节,路面易出现推挤、拥包、波浪等破坏。此外,受施工季节和气候的影响较大。

(1)按沥青混合料的材料特性

沥青混合料是由矿料与沥青结合料拌和而成的混合料的总称。按材料组成及结构分为连续级配、间断级配混合料。按矿料级配组成及空隙率大小分为密级配、半开级配、开级配混合料。按公称最大粒径的大小可分为特粗式(公称最大粒径大于31.5mm)、粗粒式(公称最大粒径等于或大于26.5mm)、中粒式(公称最大粒径为16mm或19mm)、细粒式(公称最大粒径为9.5mm或13.2mm)、砂粒式(公称最大粒径小于9.5mm)沥青混合料。

(2)按沥青路面的技术特性分类

沥青路面通常分为沥青混凝土[Bituminous Concrete(英),Asphalt Concrete(美),简称AC]、热拌(乳化)沥青碎石[Bituminous Stabilization Aggregate Paving Mixtures(英),Asphalt-Treated Permeable Base(美)]、沥青贯入式(Bituminous Penetration Pavement)、沥青表面处治(Bituminous Surface Treatment)等类型。近年来,沥青玛蹄脂碎石混合料[Stone Mastic Asphalt(英),Stone Matrix Asphalt(美),简称SMA]、多孔隙沥青混凝土(Porous Asphalt,简称PA)或大空隙开级配排水式沥青磨耗层(Open-Graded Friction Course,简称OGFC)以及多碎石沥青混凝土(Stone Asphalt Concrete,简称SAC)等新型沥青混凝土在工程实践中也得到了应用。

(3)按施工工艺分类

按施工工艺,沥青路面可分为层铺法、路拌法、厂拌法和浇筑式。

层铺法即沥青和集料分层撒铺,然后碾压成型的施工方法。其主要优点是工艺和设备简便,功效较高,施工进度快,造价较低;缺点是路面成型期较长,需要经过炎热季节借助行车碾压之后路面方能成型。用这种方法所修筑的沥青路面有沥青表面处治和沥青贯入式两种。

路拌法是指在路上用人工或机械将矿料和沥青材料就地拌和、摊铺、碾压密实形成路面的施工方法。路拌沥青路面,沥青材料在矿料中分布比层铺法均匀,可以缩短路面的成型期;但因所用矿料为冷料,需使用黏稠度较低的沥青材料,故混合料的强度较低。

厂拌法是将规定级配的矿料和沥青材料用工厂的专用设备加热拌和,并在一定的时间内运到工地用摊铺机摊铺,然后碾压形成路面的施工方法。若混合料是拌和后立即运到路上摊铺,称为热拌热铺;混合料加热拌和后储存一段时间后再在常温下运到路上摊铺压实,则称为热拌冷铺。厂拌法所用集料应清洁,级配准确,且为热料拌和,沥青黏稠度高,用量准确,因而混合料质量高,寿命长,但修建费用也较高。若所用矿料为开级配,拌和后混合料的空隙率大于10%,称为厂拌沥青碎石;若矿料是按最佳密实级配原则配制,空隙率小于10%,则称为沥青混凝土。

浇筑式沥青混凝土(Guss asphalt,简称GA)是指在高温(220~260℃)下拌和,依靠混合料自身的流动性摊铺成型无须碾压的一种高沥青含量与高矿粉含量、空隙率小于1%的沥青混合物。浇筑式沥青混凝土结合料包括普通沥青或改性沥青、特立尼达湖沥青(TLA)或是两者的混合(一般TLA占25%~30%),细集料(<2mm)一般为石灰石,粗集料为玄武岩碎石。20世纪50年代源于德国,并在日本得到广泛应用。目前在我国主要用于钢桥面铺装的下面层。

此外,按沥青材料品种不同分为:石油沥青路面、煤沥青路面、天然沥青路面和渣油路面。

2. 沥青路面对材料的基本要求

(1)沥青

沥青材料包括道路石油沥青、煤沥青、乳化石油沥青、液体石油沥青等。沥青路面应采用道路石油沥青或其加工产品(如改性沥青、乳化沥青、调和沥青等),沥青标号的选择应根据道路等级、气候条件、交通量及其组成、路线线形、面层结构与层次、施工工艺等因素,并结合当地使用经验确定。

对高速公路和一级公路,夏季温度高、高温持续时间长、重载交通、山区及丘陵区上坡路段、服务区、停车场等行车速度慢的路段,尤其是汽车荷载剪应力大的层次,宜采用稠度大、60℃黏度大的沥青,也可提高高温气候分区的温度水平选用沥青等级;对冬季寒冷的地区或交通最小的公路、旅游公路,宜选用稠度小、低温延度大的沥青;对温度日温差、年温差大的地区,宜注意选用针入度指数大的沥青。当高温要求与低温要求发生矛盾时,应优先考虑满足高温性能的要求。

各标号的道路石油沥青技术指标应符合国家标准、规范及行业标准、规范的要求(表6-58),各个沥青等级的适用范围应符合表6-59的规定。

液体石油沥青宜作透层、表面处治或冷拌沥青混合料的黏结料,应视其用途、气候条件和施工情况选择类型与标号。

乳化沥青(改性乳化沥青)宜用作透层、黏层、稀浆封层、冷拌沥青混合料、表面处治和微表处(改性乳化沥青)等。

对于特重交通、重交通、重要道路,或温差大、气候严酷地区,或铺筑特殊结构层,以及连续长、陡纵坡坡段等,可选用改性沥青。

(2)粗集料

粗集料包括碎石、破碎砾石、筛选砾石、钢渣和矿渣等。

碎石应均匀、清洁、坚硬、无风化,吸水率小于2%~3%。颗粒形状接近立方体并有多棱角,针片状颗粒含量应小于15%~20%,杂质含量应小于1%,软弱颗粒含量应小于1%~5%,压碎值应不大于26%~30%。破碎砾石要求大于5mm颗粒中40%(按质量计)以上至少有一个破碎面。用于沥青贯入式面层时,主层矿料中要有30%~40%(按质量计)以上颗粒至少有两个破碎面。用于高速公路、一级公路沥青路面表面层及各类抗滑表层的粗集料要优先选用坚硬、耐磨、抗冲击性好的碎石或破碎砾石,不得使用筛选砾石、矿渣及软质集料;此时,石料磨光值要求不小于42,冲击值要求不大于28%。

道路石油沥青的适用范围

表6-58

指标	单位	等级	160号④	130号④	110号	90号	70号③	50号	30号④	试验方法①
针入度(25℃,5s,100g)	0.1mm		140~200	120~140	100~120	80~100	60~80	40~60	20~40	T 0604
适用的气候分区①			注④	注④	2~1 2~2 3~2	1~1 1~2 1~3 1~4 2~2 2~3 2~4 3~2	1~3 1~4 2~2 2~3 2~4	1~4	注④	附录A①
针入度指数 PI②		A	-1.5~+1.0							T 0604
		B	-1.8~+1.0							
软化点(R&B) ≥	℃	A	38	40	43	45	44 45 46	49	55	
		B	36	39	42	43	42 43 44	46	53	
		C	35	37	41	42	43	45	50	
60℃动力黏度② ≥	Pa·s	A	—	60	120	160	180	200	260	T 0620
10℃延度① ≥	cm	A	50	50	40	45 30 20	20 15 25 20 15	15	10	
		B	30	30	30	30 20 15	15 10 20 15 10	10	8	
15℃延度 ≥	cm	A,B	100							T 0605
		C	80	80	60	50	40	30	20	
蜡含量(蒸馏法) ≤	%	A	2.2							T 0615
		B	3.0							
		C	4.5							

续上表

指　标	单位	等级	160号④	130号④	110号	90号	70号③	50号	30号④	试验方法①
闪点　≥	℃		230		245		260			T 0607
溶解度　≥	%		99.5							T 0603
密度(15℃)	g/cm³		实测记录							T 0611
TFOT(或 RIFOT)后⑤										
质量变化　≤	%		±0.8							T 0610 或 T 0609
残留针入度比　≥	%	A	48	54	55	57	61	63	65	T 0604
		B	45	50	52	54	58	60	62	
		C	40	45	48	50	54	58	60	
残留延度(10℃)　≥	cm	A	12	12	10	8	6	4	—	T 0605
		B	10	10	8	6	4	2	—	
残留延度(15℃)　≥	cm	C	40	35	30	20	15	10	—	T 0605

注：①试验方法按照现行《公路工程沥青及沥青混合料试验规程》(JTG E20—2011)规定的方法执行。用于仲裁试验求取 PI 时的 5 个温度的针入度关系的相关系数不得小于 0.997。

②经建设单位同意，表中 PI 值，60℃动力黏度，10℃延度可作为选择性指标，也可不作为施工质量检验指标。

③70 号沥青可根据需要要求供应商提供针入度为 60～70(0.1mm)或 70～80(0.1mm)的沥青，50 号沥青可要求提供针入度为 40～50(0.1mm)或 50～60(0.1mm)的沥青。

④30 号沥青仅适用于沥青稳定基层。130 号和 160 号沥青除寒冷地区可直接应用在中低级公路上直接应用外，通常用作乳化沥青、稀释沥青、改性沥青的基质沥青。

⑤老化试验以 TFOT 为准，也可以 RIFOT 代替。

道路石油沥青的适用范围 表 6-59

沥青 等 级	适 用 范 围
A 级沥青	各个等级的公路,适用于任何场合和层次
B 级沥青	1. 高速公路、一级公路沥青下面层及以下的层次,二级及二级以下公路的各个层次; 2. 用作改性沥青、乳化沥青、改性乳化沥青、稀释沥青的基质沥青
C 级沥青	三级及三级以下公路的各个层次

粗集料与沥青材料黏附性大小,对沥青混合料的强度和耐久性有极大影响,应优先选用与石油沥青材料有良好黏附性的碱性碎(砾)石。集料与沥青材料黏附性用水煮法测定时,高速公路和一级公路、二级公路不小于 5 级,其他公路不小于 4 级。

(3)细集料

沥青面层的细集料可采用天然砂、机制砂及石屑。细集料应洁净、干燥、无风化,不得混有石灰、煤渣、草根等其他杂质且有适当的级配。细集料中含泥量小于 3% ~ 5% ,硫化物和硫酸盐含量应小于 1% ,颜色不应深于标准溶液的颜色,砂当量不小于 50% ~ 60% ,视密度不小于 $2.45 ~ 2.50 \text{g/cm}^3$ 。

细集料应与沥青有良好的黏结能力,与沥青黏结性能很差的天然砂及花岗岩、石英岩等酸性石料破碎的机制砂或石屑不宜用于高速公路、一级公路沥青面层。必须使用时,应采取抗剥离措施。

(4)填料

沥青混合料的填料宜采用石灰岩和岩浆岩中的强基性岩石等憎水性岩石经磨细得到的矿粉,原石料中的泥土杂质应除尽。也可采用水泥、石灰、粉煤灰作填料,但其用量不宜超过矿料总量的 2% 。

矿粉中小于 0.075mm 的颗粒应不少于 30% ,但也不宜过多,否则会降低施工的和易性和水稳性。矿粉应干燥、洁净、亲水性较小。

(5)纤维稳定剂

在沥青混合料中掺加的纤维稳定剂宜选用木质素纤维、矿物纤维等。纤维应在 250℃ 的干拌温度不变质、不发脆,使用纤维必须符合环保要求,不危害身体健康。纤维必须在混合料拌和过程中能充分分散均匀。

矿物纤维宜采用玄武岩等矿石制造,易影响环境及造成人体伤害的石棉纤维不宜直接使用。

纤维应存放在室内或有棚盖的地方,松散纤维在运输及使用过程中应避免受潮、不结团。

纤维稳定剂的掺加比例以沥青混合料总量的质量百分率计算,通常情况下用于 SMA 路面的木质素纤维不宜低于 0.3% ,矿物纤维不宜低于 0.4% ,必要时可适当增加纤维用量。纤维掺加量的允许误差宜不超过 ±5% 。

3. 层铺法沥青路面的施工工艺

(1)沥青表面处治

沥青表面处治是用沥青裹覆矿料铺筑的一种薄层路面面层。其主要作用是防水、抗磨耗、防滑和改善碎(砾)石路面的使用品质。在计算路面厚度时,不作为单独受力结构层。沥青表面处治宜选择在干燥和较热的季节施工,并在雨季前及日最高温度低于 15℃ 到来以前半个月结束,使表面处治层通过开放交通压实,成型稳定。沥青表面处治材料规格和用量见表 6-60。

沥青表面处治最常采用的施工方法是层铺法。按其浇洒沥青及洒布矿料次数可分为单层式、双层式及三层式三种。单层式沥青表面处治厚度为 1.0 ~ 1.5cm,双层式厚度为 1.5 ~

2.0cm，三层式厚度为2.5~3.0cm。

沥青表面处治材料规格和用量（方孔筛）　　　　　　　　　表6-60

沥青种类	类型	厚度(cm)	集料						沥青或乳液用量(kg/m²)			
			第一层		第二层		第三层					
			粒径规格	用量(m³/1 000m²)	粒径规格	用量(m³/1 000m²)	粒径规格	用量(m³/1 000m²)	第一次	第二次	第三次	合计用量
石油沥青	单层	1.0	S12	7~9					1.0~1.2			1.0~1.2
		1.5	S10	12~14					1.4~1.6			1.4~1.6
	双层	1.5	S10	12~14	S12	7~8			1.4~1.6	1.0~1.2		2.4~2.8
		2.0	S9	16~18	S12	7~8			1.6~1.8	1.0~1.2		2.6~3.0
		2.5	S8	18~20	S12	7~8			1.8~2.0	1.0~1.2		2.8~3.2
	三层	2.5	S8	18~20	S10	12~14	S12	7~8	1.6~1.8	1.2~1.4	1.0~1.2	2.8~4.4
		3.0	S6	20~22	S10	12~14	S12	7~8	1.8~2.0	1.2~1.4	1.0~1.2	4.0~4.6
乳化沥青	单层	0.5	S14	7~9					0.9~1.0			0.9~1.0
	双层	1.0	S12	9~11	S14	4~6			1.8~2.0	1.0~1.2		2.8~3.2
	三层	3.0	S6	20~22	S10	9~11	S12 S14	4~6 3.5~4.5	2.0~2.2	1.8~2.0	1.0~1.2	4.8~5.4

　　表面处治层是按嵌挤原则构成强度的，为了保证矿料间有良好的嵌挤作用，同一层的矿料颗粒尺寸应力求均匀，其最大粒径应与表面处治单层厚度相当。沥青表面处治可采用道路石油沥青、乳化沥青、煤沥青铺筑。当采用乳化沥青时，为了减少乳液流失，可在主层集料中掺加20%以上的较小粒径的集料。沥青表面处治层施工后；应在路侧另备5~10mm碎石或3~5mm石屑、粗砂或小砾石2~3m³/1 000m²作为初期养护用量，在施工时应与最后一遍料一起洒布。

　　沥青表面处治也可采用拌和法施工。拌和法施工可采用热拌热铺或冷拌冷铺法，层铺法宜采用沥青洒布车及集料撒布机联合作业，并确保各工序紧密衔接。每个作用段长度应根据压路机数量、沥青洒布设备及集料撒布机能力等确定，当天施工的路段必须在当天完成。

　　层铺法沥青表处治的施工工艺如下：

　　①清理基层。基层应清扫干净，使矿料大部分外露，并保持干燥。满足平整度要求。级配砂砾、级配碎石基层及水泥、石灰、粉煤灰等无机结合料稳定土或粒料的半刚性基层上须浇洒透层沥青，并且应尽早铺筑沥青面层。当用乳化沥青作透层时，洒布后应待其充分渗透、水分蒸发后方可铺筑沥青面层，此段时间应在24h以上。

　　②洒布沥青。沥青洒布应均匀，并应按洒布面积来控制单位沥青用量。沥青的浇洒温度根据施工气温及沥青标号选择。石油沥青宜为130~170℃，煤沥青宜为80~120℃，乳化沥青在常温下洒布，加温洒布的乳液温度不得超过60℃。前后两车喷洒的接茬处用铁板或建筑纸铺1~1.5m，使搭接良好。分几幅浇洒时，纵向搭接宽度宜为100~150mm。

　　③铺撒矿料。洒布沥青后应趁热迅速铺撒矿料，按规定用量一次撒足。撒料后应及时扫匀，要求全面覆盖一层、厚度一致、集料不重叠，也不露出沥青。

　　④碾压。铺撒矿料后即用60~80kN双轮压路机或轮胎压路机碾压3~4遍。压路机行驶速度开始为2km/h，以后可适当提高。

双层式或三层式沥青表面处治施工重复②、③、④步工艺。

⑤初期养护。当发现表面处治层有泛油时,应在泛油处补撒与最后一层石料规格相同的嵌缝料并扫匀,过多的浮动集料应扫出路面外,并不得搓动已经黏着就位的集料。如有其他破坏现象,也应及时进行修补。

除乳化沥青表面处治应待破乳后水分蒸发并基本成型后方可通车外,沥青表面处治层在碾压结束后即可开放交通。通车初期应设专人指挥交通或设置障碍物控制行车,使路面全宽范围得到均匀压实。在路面完全成型前,应限制行车速度不超过20km/h,严禁畜力车及铁轮车行驶。

(2)沥青贯入式路面

沥青贯入式路面具有较高的强度和稳定性,其强度构成主要依靠矿料的嵌挤作用和沥青材料的黏结力,适用于二级及二级以下的公路,城市道路的次干道及支路,也可作为沥青混凝土路面的联结层。由于沥青贯入式路面是一种多孔隙结构,为了防止水的下渗,增强路面的水稳定性,路面的最上层应撒布封层料或加铺拌和层。

沥青贯入式路面应选择在干燥和较热的季节施工,并在雨季前及日最高温度低于15℃前半个月结束,使贯入式结构层通过开放交通碾压成型。

沥青贯入层厚度一般为4~8cm,但乳化沥青贯入式路面的厚度不应超过5cm。当贯入层上部加铺拌和的沥青混合料面层时,总厚度宜为6~10cm,其中,拌和层的厚度宜为2~4cm。

沥青贯入式路面所用的集料应选择有棱角、嵌挤性好的坚硬石料,结合料可采用黏稠石油沥青、煤沥青或乳化沥青,其规格和用量见表6-61。材料的其他要求与沥青表面处治层基本相同。

沥青贯入式面层材料规格和用量(方孔筛) 表6-61

(用量单位:集料为 m³/1 000m³,沥青及沥青乳液为 kg/m³)

沥青品种	石油沥青					乳化沥青	
厚度(cm)	4	5	6	7	8	4	5
规格和用量	规格 用量	规格 用量	规格 用量	规格 用量	规格 用量	规格 用量	规格 用量
封层料	S14 3~5	S14 3~5	S13(S14) 4~6	S13(S14) 4~6	S13(S14) 4~6	S14 4~6	S14 4~6
第五遍沥青							0.8~1.0
第四遍嵌缝料							S14 5~6
第四遍沥青						0.8~1.0	1.2~1.4
第三遍嵌缝料						S14 5~6	S12 7~9
第三遍沥青	1.0~1.2	1.0~1.2	1.0~1.2	1.0~1.2	1.0~1.2	1.4~1.6	1.5~1.7
第二遍嵌缝料	S12 6~7	S11(S10) 10~12	S11(S10) 10~12	S10(S11) 11~13	S10(S11) 11~13	S12 7~8	S10 9~11
第二遍沥青	1.6~1.8	1.8~2.0	2.0~2.2	2.4~2.6	2.6~2.8	1.6~1.8	1.6~1.8
第一遍嵌缝料	S10(S9) 12~14	S8 16~18	S8(S6) 16~18	S6(S8) 18~20	S6(S8) 20~22	S9 12~14	S8 10~12
第一遍沥青	1.8~2.1	2.4~2.6	2.8~3.0	3.3~3.5	4.0~4.2	2.2~2.4	2.6~2.8
主层石料	S5 45~50	S4 55~60	S3(S2) 66~70	S3 80~90	S1(S2) 95~100	S5 40~45	S4 50~55
沥青总用量	4.4~5.1	5.2~5.8	5.8~6.4	6.7~7.3	7.6~8.2	6.0~6.8	7.5~8.5

注:1.煤沥青贯入式的沥青用量可较石油沥青用量增加15%~20%。

2.表中乳化沥青用量是指乳液的用量,并适用于乳液深度约为60%的情况。

3.在高寒地区及干旱风沙大的地区,可超出高限,再增加5%~10%。

沥青贯入式的施工工序如下：

①整修和清扫基层。

②浇洒透层或黏层沥青。

③铺撒主层矿料。颗粒大小要均匀，并检查松铺厚度。

④碾压。主层集料撒铺后应采用6~8t的钢筒式压路机进行初压4~6遍。碾压速度宜为2km/h，直到主层集料嵌挤稳定，无显著轮迹为止。

⑤浇洒第一层沥青。若采用乳化沥青贯入时，为防止乳液下漏过多，可在主层集料碾压稳定后，先撒铺一部分上一层嵌缝料，再浇洒主层沥青。

⑥趁热铺撒第一次嵌缝料，并扫匀，不足处应撒补上。当使用乳化沥青时，石料洒布必须在乳液破乳前完成。

⑦碾压。嵌缝料扫匀后应立即用8~12t钢筒式压路机进行碾压，轮迹重叠1/2左右，压4~6遍，直到稳定为止。碾压时随压随扫，使嵌缝料均匀嵌入。

⑧浇洒第二层沥青，撒布第二次嵌缝料，然后碾压；再浇洒第三层沥青，铺撒封层料，最后碾压。采用6~8t压路机碾压2~4遍，即可开放交通。

沥青贯入式路面开放交通后的交通控制、初期养护等与沥青表面处治相同。

4. 拌和法沥青路面的施工工艺

(1)乳化沥青碎石混合料路面

乳化沥青碎石混合料适用于三级及三级以下公路的沥青面层、二级公路的养护罩面以及各级公路沥青路面的联结层或整平层。一般情况下，乳化沥青碎石混合料路面的沥青面层采用双层式：下层采用粗粒式沥青碎石混合料，上层采用中粒式或细粒式沥青碎石混合料。单层式只适合在少雨干燥地区或半刚性基层上使用。在多雨潮湿地区必须做上封层或下封层。

乳化沥青碎石混合料应采用拌和厂机械拌和，在条件受限制时，也可在现场用人工拌制。混合料的拌和时间应保证乳液与集料拌和均匀。拌和时间通过试拌确定，机械拌和不宜超过30s(自矿料中加进乳液的时间算起)，人工拌和不超过60s。

已拌好的混合料应立即运至现场进行摊铺。拌和与摊铺过程中已破乳的混合料，应予废弃。拌制的混合料应用沥青摊铺机摊铺。若采用人工摊铺，应防止混合料离析。松铺系数可通过试验确定。

乳化沥青碎石混合料的碾压应符合下列要求：

混合料摊铺后，应采用6t左右的轻型压路机初压，碾压1~2遍，使混合料初步稳定，再用轮胎压路机或轻型钢筒式压路机碾压1~2遍。初压时应匀速进退，不得在碾压路段上紧急制动或快速起动。

当乳化沥青开始破乳，混合料由褐色转变成黑色时，用12~15t轮胎压路机或10~12t钢筒式压路机复压2~3遍后，晾晒一段时间待水分蒸发后，再补充复压至密实为止。压实过程中如有推移现象应立即停止碾压，待稳定后再碾压。如当天不能完全压实，应在较高气温状态下补充碾压。

压实成型后的路面应做好早期养护，并封闭交通2~6h。开放交通初期，应设专人指挥，车速不得超过20km/h，并不得制动或掉头。严禁兽力车和铁轮车通过。

乳化沥青碎石混合料施工的所有工序，包括路面成型及铺筑上封层等，均必须在冻前完成。

（2）热拌沥青混合料路面

热拌沥青混合料（Hot Mix Asphalt，简称 HMA）路面包括沥青混凝土和热拌沥青碎石，适用于各种等级公路的沥青面层。高速公路和一级公路沥青面层的上面层、中面层及下面层应采用沥青混凝土混合料铺筑，沥青碎石混合料仅适用于过渡层及整平层。其他等级公路的沥青面层上面层宜采用沥青混凝土混合料铺筑。沥青混凝土和沥青碎石的结构区别主要是混合料经标准压实后的空隙率，大于 10% 为沥青碎石，反之则为沥青混凝土。沥青混凝土是按密实级配原理配制的，本身强度高，受水和空气的侵蚀作用较小，使用寿命长。沥青碎石属于嵌挤型结构，热稳性较好，但强度和耐久性都不如沥青混凝土。

热拌沥青混合料路面的施工可分为沥青混合料的拌制、运输及现场铺筑两个阶段。

①热拌沥青混合料的拌制与运输。热拌沥青混合料必须在沥青拌和厂（场、站）采用拌和机械拌制。

热拌沥青混合料可采用间歇式拌和机或连续式拌和机拌制。前者指在每盘拌和时计量混合料各种材料的质量，后者则在计量各种材料之后连续不断地将其送进拌和器中拌和。为保证沥青混合料的质量稳定、沥青用量准确，高速公路和一级公路的沥青混凝土宜采用间歇式拌和机拌和。

混凝土制备过程中要特别注意控制温度。经拌和后的沥青混合料应均匀一致，无花白料，无结团成块或严重的粗细料分离现象，不符合要求时不得使用，并应及时调整。热拌沥青混合料应采用较大吨位的自卸汽车运输，车厢应清扫干净。为防止沥青与车厢板黏结，车厢侧板和底板可涂一薄层油水混合液（柴油与水的比例可达 1:3），但不得有余液积聚在车厢底部。

热拌沥青混合料宜采用较大吨位的运料车运输，运料车的运力应稍有富余。施工过程中摊铺机前方应有运料车等候，对高速公路、一级公路，宜待等候的运料车多于 5 辆后开始摊铺。运料车每次使用前后必须清扫干净，进入摊铺现场时，轮胎上不得沾有泥土等可能污染路面的脏物。

②铺筑。面层铺筑前，应对基层或旧路面的厚度、密实度、平整度、路拱等进行检查，并清扫干净。为使面层与基层黏结好，在面层铺筑前 4~8h，在粒料类的基层上洒布透层沥青。若基层为旧沥青路面或水泥混凝土路面，则要在旧路面上洒布一层黏层沥青。

热拌沥青混合料应采用机械摊铺。相邻两幅的摊铺应有 5~10cm 宽度的摊铺重叠。当混合料供应能满足不间断摊铺时，也可采用全宽度摊铺机一幅摊铺。当高速公路和一级公路施工气温低于 10℃，其他等级公路施工气温低于 5℃ 时，不宜摊铺热拌沥青混合料。必须摊铺时，应采取一些相应的措施。

沥青混合料的压实应按初压、复压、终压 3 个阶段进行。分层压实厚度不得大于 10cm，压实后的沥青混合料应符合压实度及平整度的要求。

初压用 6~8t 双轮压路机以 1.5~2.0km/h 的速度先碾压 2 遍，使混合料得以初步稳定。复压采用 10~12t 三轮压路机或轮胎式压路机复压 4~6 遍。碾压速度：三轮压路机为 3km/h，轮胎式压路机为 5km/h。复压是碾压过程最重要的阶段，轮胎式压路机最适宜用于复压阶段的碾压。终压是在复压之后用 6~8t 双轮压路机以 3km/h 的碾压速度碾压 2~4 遍，以消除碾压过程中产生的轮迹，并确保路表面的平整。

热拌沥青混合料路面应待摊铺层完全自然冷却，混合料表面温度低于 50℃ 后，方可开放交通。

四、水泥混凝土路面施工工艺与质量控制

1. 对原材料的要求

因为水泥混凝土面层要承受动荷载的冲击、摩擦和反复弯曲作用，同时还受到温度和湿度反复变化的影响，面层混凝土必须具有较高的抗弯拉强度和耐磨性、良好的抗冻性以及尽可能低的膨胀系数和弹性模量。通常要求面层混凝土 28d 抗弯拉强度达到 4.0 ~ 5.0MPa，抗压强度达到 30 ~ 35MPa。新拌混合料还应有适当的施工和易性，一般规定其坍落度为 0 ~ 30mm，工作度为 30s。

（1）水泥

极重、特重、重交通荷载等级公路面层的水泥混凝土应采用旋窑生产的道路硅酸盐水泥、硅酸盐水泥、普通硅酸盐水泥；中、轻交通荷载等级公路面层的水泥混凝土可采用矿渣硅酸盐水泥。高温期施工宜采用普通型水泥，低温期施工宜采用早强型水泥。根据交通等级合理选用水泥强度等级，通常水泥强度等级为混凝土强度等级的 1.5 ~ 2 倍。

（2）粗集料

指粒径大于 5mm 的碎（砾）石，应质地坚硬、耐久、洁净，颗粒应接近立方体，表面粗糙，空隙率和比表面积大，符合规定级配，最大粒径不应超过 40mm。宜选用岩浆岩或未风化的沉积岩碎石。符合使用要求的砾石也可采用，但由于砾石混合料的强度（特别是弯拉强度）低于碎石混合料，故在使用时宜掺加占总量 1/3 ~ 1/2 以上的轧碎砾石。碎石或砾石的技术要求分别见表 6-62。粗集料的标准级配范围见表 6-63。

碎石、碎卵石和卵石技术指标　　　　　　　　　　　　　表 6-62

项　目	技术要求		
	Ⅰ级	Ⅱ级	Ⅲ级
碎石压碎指标（%）	<18	<25	<30
卵石压碎指标（%）	<21	<23	<26
坚固性（按质量损失计，%）	<5	<8	<12
针片状颗粒含量（按质量计，%）	<8	<15	<20
含泥量（按质量计，%）	<0.5	<1.0	<1.5
泥块含量（按质量计，%）	<0.2	<0.5	<0.7
有机物含量（比色法）	合格	合格	合格
硫化物及硫酸盐（按 SO_3 质量计，%）	<0.5	<1.0	<1.0
岩石抗压强度	岩浆岩不应小于 100MPa，变质岩不应小于 80MPa，沉积岩不应小于 60MPa		
表观密度	>2 500kg/m³		
松散堆积密度	>1 350kg/m³		
空隙率	<47%		
碱集料反应	经碱集料反应试验后，试件无裂缝、酥裂、胶体外溢等现象，在规定试验龄期的膨胀应小于 0.10%		

注：1. Ⅲ级碎石的压碎指标，用作路面时，应小于 20%；用作下面层或基层时，可小于 25%。

2. Ⅲ级粗集料的针片状颗粒含量，用作路面时，应小于 20%；用作下面层或基层时，可小于 25%。

粗集料级配范围 表6-63

粒 径		方筛孔尺寸（mm）							
		2.36	4.75	9.50	16.0	19.0	26.5	31.5	37.5
		累计筛余（按质量计,%）							
合成级配	4.75~16	95~100	85~100	40~60	0~10				
	4.75~19	95~100	85~95	60~75	30~45	0~5	00		
	4.75~26.5	95~100	90~100	70~90	50~70	25~40	0~5	0	
	4.75~31.5	95~100	90~100	75~90	60~75	40~60	20~35	0~5	0
粒级	4.75~9.5	95~100	80~100	0~15	0				
	9.5~16		95~100	80~100	0~15	0			
	9.5~19		95~100	85~100	40~60	0~15	0		
	16~26.5			95~100	55~70	25~40	0~10		
	16~31.5			95~100	85~100	55~70	25~40	0~10	0

（3）细集料

细集料应使用质地坚硬、耐久、洁净的天然砂或机制砂,不宜使用再生细集料。混合料中小于5mm的细集料可采用天然砂、人工砂或石屑。天然砂有河砂、海砂、山砂、沉积砂;人工砂有机制破碎砂、工业废渣砂、尾矿砂等。高速公路和一级公路的水泥混凝土路面应优先采用河砂。细集料细度模数应在2.5以上。细集料的技术要求和标准级配范围分别见表6-64和表6-65。

细集料技术指标表 表6-64

项 目	技 术 要 求		
	Ⅰ级	Ⅱ级	Ⅲ级
机制砂单位最大压碎指标（%）	<20	<25	<30
机制砂氧化物（按氯离子质量计,%）	<0.01	<0.02	<0.06
天然砂氧化物（按氯离子质量计,%）	<0.02	<0.03	<0.06
坚固性（按质量损失计,%）	<6	<8	<10
机制砂云母（按质量计,%）	<1.0	<2.0	<2.0
天然砂云母（按质量计,%）	<1.0	<1.0	<2.0
天然砂、机制砂含泥量（按质量计,%）	<1.0	<2.0	<3.0
天然砂、机制砂泥块含量（按质量计,%）	0	<0.5	<1.0
机制砂 $MB<1.4$ 或石粉含量（按质量计,%）	<3.0	<5.0	<7.0
机制砂 $MB\geqslant1.4$ 或石粉含量（按质量计,%）	<1.0	<3.0	<5.0
有机物含量（比色法）	合格	合格	合格
硫化物及硫酸盐（按 SO_3 质量计,%）	<0.5	<0.5	<0.5
轻物质（按质量计）	<1.0	<1.0	<1.0
机制岩母岩抗压强度	火成岩不应小于100MPa,变质岩不应小于80MPa,水成岩不应小于60MPa		
表观密度	>2 500kg/m³		
松散堆积密度	>1 400kg/m³		
空隙率	<45%		
碱集料反应	经碱集料反应试验后,试件无裂缝、酥裂、胶体外溢等现象,在规定试验龄期的膨胀应小于0.10%		

注:天然Ⅲ级砂用作路面时,含泥量应小于3%;用作贫混凝土基层时,可小于5%。

细集料级配范围   表 6-65

砂 分 级	方筛孔尺寸（mm）						
	0.075	0.15	0.3	0.6	1.18	2.36	4.75
	累计筛余（按质量计，%）						
粗砂	95~100	90~100	80~95	70~85	35~65	5~35	0~10
中砂	95~100	90~100	70~92	40~70	10~50	0~25	0~10
细砂	95~100	90~100	55~85	16~40	0~25	0~15	0~10

（4）水

清洗集料、拌和混凝土及养护所用的水，不应含有影响混凝土质量的油、酸、碱、盐类、有机物等。一般以饮用水为宜；非饮用水，经化验，要求硫酸盐含量（按 SO_4^{2-} 计）小于 $2.7mg/cm^3$；含盐量不得超过 $3.5mg/cm^3$；pH 大于 4.5。

（5）外加剂

为了改善混凝土的技术性质，有时在混凝土的制备过程中加入一定量的外加剂，常用的有减水剂、引气剂、缓凝剂、早强剂。外加剂的质量应符合国家标准《混凝土外加剂》（GB 8076—2008）的规定，用量应通过试验确定。

2. 施工前的准备工作

施工前的准备工作是水泥混凝土路面施工的重要组成部分，此工作做得充分与否，直接影响工程能否有秩序按计划顺利地进行。主要包括以下内容：

（1）选择混凝土拌和场地

根据施工路线的长短和所采用的运输工具，来选择混凝土拌制场地。拌和场应有足够的面积，以供堆放砂石材料和搭建水泥库房。

（2）材料准备及质量检验

根据混凝土路面施工进度计划，施工前，应分批备好所需的各种材料，并在使用前进行核对、调整，各种材料应符合规定的质量要求。新出厂的水泥应至少存放一周后方可使用。路面在浇筑前，必须对混凝土拌和物的工作性能进行检验并作必要的调整。

（3）基层的检验与整修

混凝土路面板下基层的宽度、路拱与高程、表面平整度和压实度，均应检查其是否符合要求。

（4）混合料配合比检验与调整

根据设计要求和材料供应情况进行配合比设计及检验，选用水泥用量最省、强度符合要求的最佳配合比，然后根据施工现场的实际情况加以调整，作为施工配合比。

（5）施工放样及机械准备

根据设计图纸恢复路中心线和混凝土路面边线，在中心线上每隔 20m 设一中桩，同时布设曲线主点桩及纵坡变坡点、路面板胀缝等施工控制点，并在路边设置相应的边桩，重要的中心桩要进行挂桩。每隔 100m 左右应设置一临时水准点，以便复核路面高程。

混凝土路面施工前必须做好各种机械的检修工作，以便施工时能正常运行。选择的主导机械应能满足施工质量和进度要求，在保证主导机械发挥最大效率的前提下，选用的配套机械应尽可能地少。

3.施工工序

水泥混凝土路面面板施工方法有小型机具施工、轨模式摊铺施工、滑模式摊铺施工。

1)小型机具施工

小型机具铺筑工艺可用于三级、四级公路水泥混凝土面层的施工,不得用于隧道水泥混凝土面层与桥面铺装施工。一般多按一个车道宽度进行施工,这有利于控制面板横向坡度和平整度,施工方便,同时也可利用一侧基层或已建成的混凝土车道作为运输混合料的通道。

(1)安装模板

模板应采用钢材、槽钢或方木制成。模板高度应为面层设计厚度,直线段模板长度不宜小于3m,小半径弯道及竖曲线部位可配置长度为3m的短模板。在摊铺混凝土之前,应先根据车道宽度安装纵向模板,模板可用厚4~5mm的钢板冲压制成,或用3~4mm厚钢板与边宽40~50mm的角钢或槽钢组合构成。模板底面与基层表面应密贴,以防漏浆;两侧用铁钎打入基层以固定位置,保证在混凝土振实时不松动或变形。模板内侧应均匀涂抹一层废机油、肥皂水或其他润滑剂,以利脱模。

(2)钢筋布设

①传力杆的安设。混凝土连续浇筑时胀缝传力杆常用钢筋支架法。传力杆的两端固定在钢筋支架上,支架脚插入基层内(图6-20)。

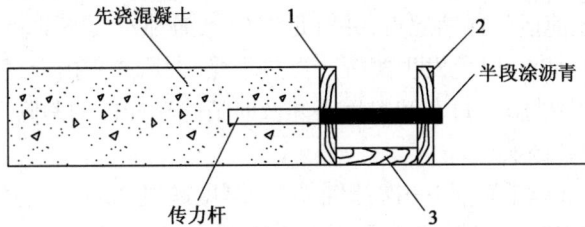

图6-20 胀缝传力杆的架设(顶头模固定法)
1-端头挡板;2-外侧定位模板;3-固定模板

对于混凝土板浇筑结束时设置的胀缝,宜用顶头木模固定传力杆的安装方法(图6-20)。继续浇筑邻板时,拆除挡板、横木及定位模板,设置胀缝板、木制压缝板条和传力杆套管。

缩缝及横向施工缝处传力杆的安装,可采用预制定位支架固定传力杆的方法(图6-21)。在钢筋下垫用φ8~10mm钢筋弯成的支架(支架反向弯脚各长4cm,每隔50cm左右垫一支),以支撑并固定传力杆的位置。

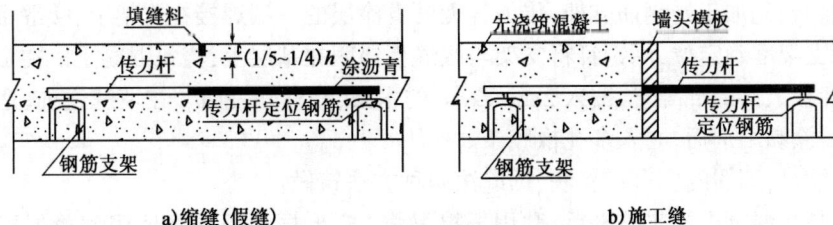

a)缩缝(假缝)　　　　　　b)施工缝

图6-21 预制定位支架固定传力杆

②拉杆的布设。对于平缝处的拉杆,根据设计要求的间距,在模板上制作拉杆置放孔;假缝处拉杆的安设,可采用钢筋支架预先固定在基层上。

③边缘钢筋及角隅钢筋的布设。边缘钢筋通常用预制混凝土垫块垫托。垫块厚度一般以4cm为宜。垫块间距不大于80cm。在浇筑混凝土过程中,钢筋中间应保持平直,不得变形挠曲,并防止移位。

角隅钢筋应在混凝土浇筑振实至与设计厚度差5cm左右时安放。距胀缝和板边缘各为10cm,平铺就位后,即继续浇筑上部混凝土。

（3）混凝土的拌制与运输

混合料的制备可采用两种方式:在工地由拌和机拌制;或在中心工厂集中制备,而后用汽车运送到工地。

在工地制备混合料时,要准确掌握配合比,特别要严格控制用水量。每天开始拌和前,应根据天气变化情况,测定砂、石材料的含水率,以调整拌和时的实际用水量。每拌所用材料应过秤。高速公路、一级公路每盘或累计每车量配的精确度对水泥为±1%,砂为±2%,碎石为±2%,水为±1%。其他等级公路对水泥为±2%,砂为±3%,碎石为±3%,水为±2%。每一工班应检查材料量配的精确度至少2次,每半天检查混合料的坍落度2次。

混凝土拌合物每盘的搅拌时间,应根据搅拌机的性能和拌合物的和易性确定。搅拌最长时间不得超过拌合物要求的最短搅拌时间的3倍。

通常采用手推车或自卸汽车运输混凝土拌和物。当运距较远时,宜采用搅拌车运输。混凝土混合料必须在初凝前运到摊铺地点,并有足够的摊铺、振实、整平和抹面的时间。混合料的卸料高度不得大于1.50m,以免发生离析。炎热干燥、大风或阴雨天气运输时,应加覆盖;冬季施工,运输时应有保温措施。每车卸料后必须及时清除车厢内的黏附残料。

（4）混凝土的摊铺和振实

混凝土板厚在22cm以下时,可一次摊铺捣实,厚度超过22cm时,可分两次摊铺,下层摊铺厚度约为总厚度的3/5(边摊铺、边整平、边振实),紧接着摊铺上层。

混凝土铺筑到一半厚度后,先采用2.2kW(或3.0kW)的平板式振动器振捣一遍,然后加高铺筑混凝土到顶,等初步整平后换用1.2~1.5kW的平板式振动器再振捣一遍。凡振不到的地方,如模板边缘、传力杆处、窨井及进水口附近等,均改用高频率插入式振动器振捣。插入式振动器严禁在传力杆上振捣,以免损坏邻板边缘混凝土。经平板振动器整平后的混凝土表面,应基本平整,无明显的凹凸痕迹。然后用带有振捣器的、底面符合路拱横坡的振捣梁,两端搁在侧模上,沿摊铺方向振捣拖平。随后,再用直径为75~100mm的无缝钢管,两端放在侧模上,沿纵向滚压一遍。

（5）筑做接缝

①胀缝。预先加工好钢筋支架,传力杆无沥青涂层的一端焊接在支架上,接缝板夹在两支架之间。将支架准确定位,用钢钎将支架与胀缝板锚固在基层上,浇筑混凝土。在混凝土硬化前,剔除胀缝板上部的混凝土,嵌入2cm×2cm的木条,修整好表面。在填缝之前,凿去接缝板顶部的木条,涂黏结剂后,嵌入多孔橡胶条。

②横向缩缝,即假缝。有切缝法、锯缝法两种方法筑做:

切缝法是在混凝土捣实整平后,利用振捣梁将"T"形振动刀准确地按缩缝位置振出一条槽,随后将铁制压缝板放入,并用原浆修平槽边。当混凝土收浆抹面后,再轻轻取去压缝板,并即用专门抹子修整缝缘。

锯缝法是在结硬的混凝土中用锯缝机(带有金刚石或金刚砂轮锯片)锯割出要求深度的槽口。这种方法要求掌握好锯割时间,合适的时间视气候条件而定。

③纵缝。纵向假缝可采用切缝或锯缝法;对于平缝纵缝,在已浇混凝土板的缝壁涂刷沥青,并应避免涂在拉杆上。浇筑邻板时,缝的上部应压成规定深度的缝槽。

(6)表面整修与防滑措施

水泥混凝土终凝前必须抹平其表面,使表面磨耗层(2~4mm 的砂浆层)密实、平整。最好使用机械抹平。目前国产的小型电动抹面机有两种装置:装上圆盘即可进行粗光;装上细抹叶片即可进行精光。在一般情况下,面层表面仅需粗光即可。抹面结束后,有时再用拖光带横向轻轻拖拉几次。

近年来,国内外采用一种有效的方法使混凝土具有粗糙抗滑的表面,即在已结硬的路面上,用锯槽机将路面锯割成深 5~6mm、宽 2~3mm、间距 20mm 的小横槽。也可在未结硬的混凝土表面塑压成槽,或压入坚硬的石屑来防滑。

(7)养护

养护的目的主要是为了防止混凝土的水分蒸发过快而产生收缩裂缝和保证水泥能充分进行水化作用。养护通常有湿治养护、塑料薄膜养护两种方法,养护期一般为 28d。混凝土强度未达到设计要求前严禁硬质工具、器械等在上面拖拉,并严禁车辆通行。

(8)拆模和填缝

拆模时间应能保证混凝土边、角不因拆模而破坏,应根据气温和混凝土强度增长情况而定。

所有接缝的上部均需用填缝料封填。一般在养护期满后即可进行填缝。未填缝前,严禁车辆行驶,以免板边和角隅破坏。

2)轨模式摊铺机施工

轨模式摊铺机施工,是由支撑在平底型轨道上的摊铺机将混凝土拌和物摊铺在基层上。它是水泥混凝土路面机械化施工中最普遍的一种方法。轨模式摊铺机的整套机械在轨模上前后移动,并以轨模为基准控制路面的高程。摊铺机的轨道与模板同时进行安装,将轨道固定在模板上,然后统一调整定位,形成的轨模既是路面边模又是摊铺机的行走轨道。轨模式摊铺机施工方法中各工序可选用的机械见表 6-66。

轨模式摊铺机施工各工序可选用机械 表 6-66

工 序	可考虑选用的机械
混凝土拌和	拌和机、装载机、称量设备
混凝土运输	自卸汽车、搅拌车
卸料	侧面卸料机、纵向卸料机
摊铺	刮板式匀料机、箱式摊铺机、螺旋式摊铺机
振捣	振捣机、内部振动式振捣机
接缝施工	钢筋(传力杆、拉杆)插入机、切缝机
表面整修	修整机、纵向表面修整机、斜向表面修整机
修整粗糙面	拉毛机、压(刻)槽机

（1）混凝土的拌和与运输

采用轨模式摊铺机施工时,拌和设备应配有电子秤等可自动准确计量的供料系统;无此条件时,可采用集料箱加地磅的方法进行计量。各种组成材料的计量精度应符合规定要求。用国产强制式搅拌机进行拌和混凝土混合料。通常采用自卸汽车运输混凝土拌合物,拌合物坍落度大于5cm时,应采用搅拌车运输。

（2）摊铺与振捣

轨模式摊铺机有刮板式、箱式和螺旋式三种,摊铺时,将卸在基层上或摊铺箱内的混凝土拌合物按摊铺厚度均匀地充满轨道范围内。刮板式摊铺机本身能在轨道上前后自由移动,刮板旋转时将卸在基层上的混凝土拌合物向任意方向摊铺。这种摊铺机质量轻,容易操作,使用较普遍,但摊铺能力较小。箱式摊铺机摊铺时,先将混凝土拌和物通过卸料机一次卸在钢制料箱内,摊铺机向前行驶时料箱内的混合料摊铺于基层上,通过料箱横向移动按松铺厚度准确、均匀地刮平拌合物。螺旋式摊铺机则由可以正向和反向旋转的螺旋布料器将拌合物摊平,螺旋布料器的刮板能准确调整高度。螺旋式摊铺机的摊铺质量优于前述两种摊铺机,摊铺能力较大。

摊铺机摊铺时,振捣机跟在摊铺机后面对拌合物做进一步的整平和捣实。振捣机的作业示意如图6-22所示。

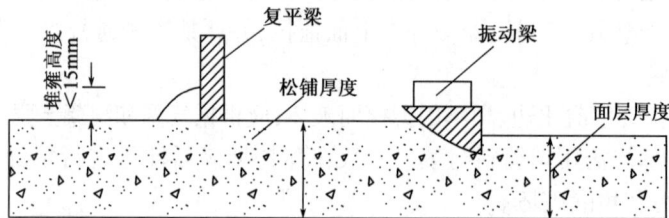

图6-22　振捣机的作业示意

（3）表面整修

振捣密实的混凝土表面应进行整平、精光、纹理制作等工序的作业,使竣工后的混凝土路面具有良好的路用性能。

表面整平用能纵向移动或斜向移动的表面整修机整平。整平时应使整平机械前保持高度为10~15cm的壅料,并使壅料向较高的一侧移动,以保证路面板的平整,防止出现麻面及空洞等缺陷。

精光是对混凝土路面进行最后的精平,使混凝土表面更加致密、平整、美观,此工序是提高混凝土路面外观质量的关键工序之一。混凝土路面整修机配置有完善的精光机械,只要在施工过程中加强质量检查和校核,便可保证精光质量。

制作纹理用纹理制作机在路面上拉毛、压槽或刻纹,纹理深度控制在1~2mm范围内;纹理应与路面前进方向垂直,相邻板的纹理应相互沟通以利排水。纹理制作从混凝土表面无波纹水迹开始,过早或过晚均会影响纹理质量。

（4）接缝施工

横向缩缝(假缝)一般采用锯缝法。假缝型纵缝应预先用钢筋支架将拉杆固定在基层上或用拉杆置放机在施工时将拉杆置入。假缝顶面的缝槽用锯缝机锯切。纵缝为平缝带拉杆时,应根据设计要求,预先在模板上制作拉杆置放孔,模板内侧涂刷隔离剂。缝槽顶面用锯缝机切割,深度为 3~4cm,并用填缝料灌缝。

混凝土的养护及填缝同小型机具施工,不再赘述。

3)滑模式摊铺机施工

水泥混凝土路面滑模摊铺施工技术,是当今世界上施工速度最快、工程质量最高、施工规模最大的现代化、机械化和智能化的先进技术,是高速公路水泥混凝土路面施工技术的主要趋势和发展方向。宜用于高速公路、一级和二级公路普通水泥混凝土面层。滑模式摊铺机支承在 4 个液压缸上,它可以通过控制机械上下移动来调整摊铺厚度。在摊铺机两侧设置有随机移动的固定滑模板。滑模式摊铺机一次通过即可完成摊铺、振捣、整平等多道工序,作业过程如图 6-23 所示。

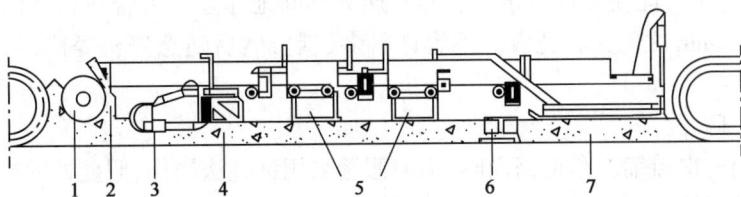

图 6-23 滑模式摊铺机摊铺工艺过程图
1-螺旋摊铺器;2-刮平器;3-振捣器;4-刮平板;5-振动振平板;6-光面带;7-混凝土

(1)测量放样,悬挂基准线

滑模式施工取消了固定模板,代之以随摊铺机一起运动的滑移式滑动模板。路面的高程、纵横坡度、板宽、平整度等以基准线作为基本参照系,通过滑模摊铺机上设置的传感器进行调整、控制。基准线一般比路面摊铺边缘宽 0.8~1.5m,由于路面有横坡,因此基准线高程并不是路面边缘高程。基准线固定桩间距,在直线段不超过 10m,曲线段应加密到 5m。准确测量定位后,将基准线固定桩(钢钎)牢固打入基层 10~15cm。基准线精确定位后固定在钢钎上。

基准线设置好以后,禁止扰动,特别是正在作业时,严禁碰撞和振动基准线,以确保摊铺质量。

(2)混凝土的搅拌和运输

滑模摊铺水泥混凝土路面必须采用强制式混凝土搅拌楼来生产混合料,以确保混合料的搅拌质量和生产效率。混凝土混合料的生产供应一般有预拌混凝土和现场搅拌站两种方式。

为了适应滑模摊铺水泥混凝土路面的快速施工要求,一般要求采用装载 $8m^3$(20t)以上的大型车辆来运输混凝土。一般情况下,混凝土运输应当在 45min~1h 以内完成,否则,即使没有到初凝时间,由于坍落度损失太大,也不适宜滑模摊铺。

(3)混合料的卸料、布料

滑模摊铺普通混凝土路面时,混凝土混合料直接卸在基层上,卸料分布应均匀。滑模摊铺机的前部有螺旋布料器或布料刮板,料堆高度不得高于摊铺机的进料挡板上边缘,以减小摊铺机的摊铺推进负荷。机前缺料时,可用装载机或挖掘机补充送料,并要求供料与摊铺速度协调。

当路面设计有缩缝传力杆、钢筋混凝土路面和要求连续滑模摊铺桥面时,均需用布料机布料,从而加快施工速度,并保证混凝土路面的施工质量。布料宽度不得宽于滑模摊铺机宽度,布料的松铺厚度要适宜,松铺系数随坍落度大小而变化。布料机与滑模摊铺机的施工距离应控制在 5 ~ 10m 之间。

（4）混凝土的摊铺

混凝土混合料布好后,在开始摊铺的 5m 内,必须对所摊铺出的路面高程、厚度、宽度、中线、横向坡度等技术参数进行准确测量。根据测量结果及时缓慢地在摊铺行进中进行微调。禁止停机调整,以免影响路面的平整度。摊铺机起步→调整→正常摊铺,应在 10m 内完成。

滑模摊铺机的摊铺速度取决于混凝土路面板是否振捣密实。由于滑模摊铺只能一次摊铺出高密实度的混凝土路面,而不可能回车反复制作。即使不符合要求,也无法补救。所以,摊铺过程中应尽可能使摊铺机缓慢、均匀、连续不断地作业。混合料正常的滑模摊铺速度应控制在 1 ~ 2m/min 之间比较适宜。不容许料多追赶,然后随意停机等待,间歇摊铺情况的发生。

（5）接缝施工

①纵缝。当一次摊铺多车道路面时,纵向假缝采用锯缝法制作,假缝处的拉杆用中间拉杆插入装置在摊铺时插入;纵向施工缝处的拉杆,在前一幅路面摊铺时,用摊铺机的侧向拉杆插入装置插入。

②横缝。带传力杆的假缝,可在摊铺机上配备传力杆自动插入装置（DBI）在施工时置入,或采用预制钢筋支架法固定传力杆,钢筋支架上部的混凝土应先采用手持振捣棒振捣密实,摊铺机通过时,必须提高振捣棒,使其最低点位置在挤压板的后缘高度以上,以便不扰动传力杆。当混凝土强度达到设计值的 25% ~ 30% 时,采用支架式硬切缝机切割。

滑模摊铺水泥混凝土路面的胀缝施工,目前国内外均采用"前置式胀缝支架施工法"。

混凝土强度初步形成后,用刻纹机或拉毛机制作表面纹理。其养护、锯缝、灌缝等施工方法与轨模式摊铺机施工相同。

4. 特殊气候条件下混凝土路面的施工

（1）一般规定

混凝土路面铺筑期间,应收集月、旬、日天气预报资料。高速公路、一级公路宜在现场设置简易气象站。遭遇危害路面铺筑质量的灾害性天气和气象要素时,应进行及时观测与快速通报,并制订特殊天气的专项施工组织方案和应急处理预案。

混凝土路面施工如遇下述条件之一者,必须停工:

①现场降雨或下雪。

②风力达到或大于 6 级,风速在 10.8m/s 以上的强风天气。

③现场气温高于 40℃ 或拌合物摊铺温度高于 35℃。

④摊铺现场连续 5 昼夜平均气温低于 5℃,夜间最低气温低于 −3℃。

（2）冬季施工

当摊铺现场连续 5 昼夜平均气温高于 5℃,夜间最低气温在 −3 ~ 5℃ 之间,混凝土路面的施工应按下述低温天施工规定的措施进行:

①拌合物中应掺加早强剂、防冻剂或促凝剂,并根据试验确定其适宜参量。

②应选用水化发热总量大的 R 型水泥或单位水泥用量较多的 32.5 级水泥,配合比中可掺矿渣粉、硅灰,不宜掺粉煤灰。

③搅拌机出料温度不得低于10℃,摊铺混凝土温度不得低于5℃。在养护期间,应始终保持混凝土板最低温度不低于5℃。否则,应采用热水或加热砂石料拌和混凝土,热水温度不得高于80℃;砂石料温度不宜高于50℃。

④应加强保温保湿覆盖养护,可先用塑料薄膜保湿隔离覆盖或喷洒养护剂,再采用保温草帘、泡沫塑料垫等保温覆盖初凝后的混凝土路面。遇雨雪必须再加盖油布、塑料薄膜等。

⑤应随时检测气温、水泥、拌和水、拌合物及路面混凝土的温度,每工班至少测定3次。

混凝土路面弯拉强度未达到1.0MPa或抗压强度未达到5.0MPa,应严防路面受冻。

低温天施工,混凝土路面覆盖保温保湿养护天数不得少于28d,拆模时间应符合规范要求的规定。

(3)夏季施工

施工现场连续4h气温高于30℃或日间最高气温高于35℃,拌合物摊铺温度在30~35℃之间,同时,空气相对湿度<80%时,混凝土路面和桥面的施工应按高温天的规定进行。

高温天铺筑混凝土路面应采取下列措施:

①当现场气温≥30℃时,应避开中午高温时段施工,可选择在早晨、傍晚或夜间施工,夜间施工应有良好操作照明,并确保施工安全。

②砂石料堆应设遮阳篷;抽用地下冷水或采用冰屑水拌和;应选用中、低热普通型水泥,不宜使用R型高热水泥。拌合物中宜加允许最大掺量的灰或磨细矿渣,但不宜掺硅灰。拌合物中应掺足够剂量的缓凝剂、高温缓凝剂、保塑剂或缓凝(高效)减水剂等。

③自卸汽车上的混凝土拌合物应加遮盖。

④应加快施工各环节的衔接,尽量压缩搅拌、运输、摊铺、饰面等各工艺环节所耗费的时间。

⑤可使用防雨篷作防晒遮阴篷。在每日气温最高和日照最强烈时段避荫施工。

⑥高温大气施工时,混凝土拌合物的出料温度不宜超过35℃,并应随时监测气温、水泥、拌和水、拌合物及路面混凝土温度。必要时加测混凝土水化热。

⑦采用覆盖保湿养护,应加强洒水,并保持足够的湿度。

⑧切缝应视混凝土强度的增长情况或按250温度小时计,宜比常温施工适当提早切缝,以防止断板。特别是在夜间降温幅度较大或降雨时,应提早切缝。

(4)雨季施工

我国有些地区,特别是江南一带,每年都有一定时间的雨季或梅雨,尤其在路面当天浇筑的中途,突然下雨,将给施工带来极大的不便,且影响路面的质量。因此,必须做好以下几点:

①防雨准备。地势低洼的搅拌场、水泥仓、备件库及砂石料堆场,应按汇水面积修建排水沟或预备抽排水设施。搅拌楼的水泥和粉煤灰罐仓顶部通气口、料斗及不得遇水部位应有防潮、防水覆盖措施,砂石料堆应防雨覆盖。

雨天施工时,在新铺路面上,应备足防雨篷、帆布和塑料布或薄膜。

防雨篷支架宜采用可推行的焊接钢结构,篷布宜使用帆布或编织布,并具有人工饰面拉槽的足够高度。

②防雨水冲刷。摊铺中遭遇阵雨时,应立即停止铺筑混凝土路面,并紧急使用防雨篷、塑

料布或塑料薄膜等覆盖尚未硬化的混凝土路面。

被阵雨轻微冲刷过的路面,视平整度和抗滑构造破损情况,平整度符合要求者,抗滑沟槽宜硬刻槽恢复。平整度经研磨能符合要求的,应先磨平,再硬刻槽恢复抗滑构造。对被暴雨冲刷后,路面平整度严重劣化或路面低侧边缘冲垮的部位,应尽早铲除重铺。

降雨后开工前,应及时排除车辆内、搅拌场及砂石料堆场内的积水或淤泥。运输便道应排除积水,并进行必要的修整。摊铺前,应扫除基层上的积水。

【复习题】

1. 行车荷载对路面的作用体现在哪些方面? 为满足这些作用,路面应具备哪些性能要求?

2. 路面结构为何要用不同材料或混合料分层铺筑? 其中,垫层的作用是什么? 路面结构组合设计的应遵循哪些原则?

3. 简述我国现行柔性(沥青)路面设计的理论与方法、设计指标和设计参数。

4. 为何要进行轴载换算? 轴载换算的原则是什么?

5. 解释路面弯沉综合修正系数的物理意义,具体体现了对哪些方面的修正?

6. 解释抗拉强度结构系数的物理意义、来源。

7. 简述旧沥青路面调查的内容和计算弯沉的确定方法。

8. 简述水泥路面设置拉杆和传力杆的理由,以及两者的区别。

9. 简述钢筋混凝土和连续配筋混凝土路面中钢筋的作用和配筋量计算依据。

10. 水泥路面结构分析设计时,如何确定是采用弹性地基单层板模型、弹性地基双层板模型还是复合板模型?

11. 水泥混凝土路面结构设计的设计标准和验算标准分别是什么?

12. 影响沥青混合料结构层施工质量的关键因素有哪些?

13. 浅谈水泥路面接缝施工方法与质量控制的关键因素。

14. 如何减少半刚性基层的开裂和加强与沥青面层之间的层间黏结作用?

第七章

道路排水设计

【学习要求】

掌握路基排水设施构造与布置;掌握路面排水设施构造与布置;理解道路排水设计的要求及一般原则;了解桥面排水设施和道路排水系统的综合设计。

第一节 概　　述

路基和路面结构外露在地表,直接受自然因素的影响。这些自然因素主要是温度和湿度,而湿度与道路排水能力密切相关,因此,路基路面的强度与稳定性同水的关系十分密切。路基路面的病害有多种,形成病害的原因也有很多,但水的作用是主要因素,无不与地面水和地下水的侵蚀和冲刷等破坏作用有关。要保证路基的稳定性,提高路基的强度和抗变形能力,防止地面水浸入路面,从而提高路面结构的强度和耐久性,延长路面使用寿命,必须做好道路的排水设计。在进行排水设计时,除应考虑道路等级、地形、地质、气候、年降雨量、地下水等条件外,还必须将路面排水和路基排水结合起来综合考虑,使路基、路面形成良好的排水系统。

道路排水包括地面排水和地下排水。地面排水包括路面(含路肩、中央分隔带)排水、路基边坡排水、沟渠排水等。地下排水包括路基地下排水、中央分隔带地下排水、纵向填挖方交界处地下排水等。

1. 排水的目的与要求

路基的强度和稳定性与水的关系十分密切。路基的病害有多种,形成病害的原因亦很多,但水的影响是主要因素之一,因此,路基设计、施工和养护中,必须十分重视路基排水工程。

根据水源的不同,影响路基的水流可分为地面水和地下水两大类,与此相适应的路基排水工程可分为地面排水和地下排水。

地面水包括大气降水(雨和雪)以及海、河、湖、水渠、水库水等。地面水对路基产生冲刷和渗透,冲刷可能导致路基整体稳定性受损害,造成水毁。渗入路基土体的水分,使土体过湿而降低路基强度。

地下水包括上层滞水、潜水、层间水等。它们对路基的危害程度,因条件不同而异。轻者使路基湿软,降低路基强度,重者会引起冻胀、翻浆或边坡坍滑,甚至整个路基沿倾斜基底滑动。

路基排水设计的任务,就是针对不同的水源,设置相应的排水设施,把影响路基强度和稳定性的水排到路基范围以外适当的地点,将路基湿度降低到一定范围内,保持路基常年处于干燥状态,确保路基路面具有足够的强度和稳定性。

路基施工中,首先应校核全线排水系统的设计是否完备和妥善,必要时予以补充或修改,应重视排水工程的质量和使用效果。此外,应根据实际情况,设置施工现场的临时性排水措施,保证路基土石方及附属结构在正常条件下进行施工作业,消除路基基底和土体内与水有关的隐患,保证路基工程质量。

路基养护中,对排水设施应予以补充或修改,保持排水设施的正常使用,水流畅通,并根据实际情况不断改善路基排水条件。

路界地表排水的目的是把降落在路界范围内的表面水有效地汇集并迅速排除路界,同时把路界外可能流入的地表水拦截在路界范围之外,以减少地表水对路基和路面的危害以及对行车安全的不利影响。通常地表排水可以划分为路面排水、中央分隔带排水、坡面排水三部分。中央分隔带排水,视其宽度和表面横向坡度,可以包括中央分隔带和左侧边缘带,或者仅为中央分隔带。在设超高路段,它还包括上半侧半幅路的表面排水。坡面排水包括路堤坡面、路堑坡面和倾向路界的自然坡面排水。

水对路面的危害可以表现为:降低路面材料的强度,在水泥混凝土路面的接缝和路肩处造成唧泥;移动荷载作用下引起的唧泥和高压水冲刷,造成路面基层承载力下降;在冰冻地区,融冻季节水会引起路面承载力的普遍下降。

路面工程的实践证明了路面内部排水的重要性。新建的刚性路面需设置各种接缝,而路面在使用期间又会出现各种裂缝、松散、坑槽等病害。降落在路表的雨水,会通过路面接缝或裂缝、松散等病害处或者沥青路面面层孔隙下渗入路面结构内部。此外,道路两侧有滞水时,水分也可能侧向渗入路面结构内部。路面内部排水系统的设计通常满足三方面的要求:一是各种设施应具有足够的泄水能力,排除渗入路面结构内部的自由水;二是自由水在路面结构内的渗流时间不能太长,渗流路径不能太长;三是排水设施要有良好的耐久性。

2. 排水设计的一般原则

(1)排水设计要因地制宜、全面规划、因势利导、综合整治、讲究实效、注意经济,充分利用有利地形和自然水系。一般情况下,地面和地下设置的排水沟渠宜短不宜长,以使水流不过于汇集,做到及时疏散,就近分流。

(2)各种路基排水沟渠的设置,应注意与农田水利相配合,必要时可适当增设涵管或加大涵管孔径,以防农业用水影响路基的稳定性,并做到路基排水有利于农田灌溉。路基边沟一般不用作农田灌溉渠道,两者必须合并使用时,边沟的断面应加大,以防止水流危害路基。

(3)设计前必须进行调查研究,查明水源与地质条件,重点路段要进行排水系统的全面规划,考虑路基排水与桥涵布置相配合,地面排水与地下排水相配合,各种排水沟渠的平面布置与竖向布置相配合,做到综合整治,分期修建。对于排水困难和地质不良的路段,还应与路基防护与加固工程相配合,并进行特殊设计。

(4)路基排水要注意防止附近山坡的水土流失,尽量不破坏天然水系,不轻易合并自然沟溪和改变水流性质,尽量选择有利地质条件布设人工沟渠,减少排水沟渠的防护与加固工程。对于重点路段的重要排水设施,以及土质松软和纵坡较陡地段的排水沟渠,应进行必要的防护与加固。

(5)路基排水要结合当地水文条件和道路等级等具体情况,注意就地取材,以防为主,既要稳固适用,又必须讲究经济效益。

(6)为了减少水对路面的破坏作用,应尽量阻止水进入路面结构,并提供良好的排水设施,以便迅速排除路面结构内的水,也可建筑具有能承载荷载和雨水共同作用的路面结构。

第二节 路基排水设计

一、一般原则

路基排水就是要把路基工作区内的路基含水率降低到一定的范围内。根据水源的不同,影响路基的水流可分为地面水和地下水。地面水主要是由降水(雨和雪)形成的地面径流。地下水是埋藏在地表下面土中孔隙、岩石孔隙和裂隙中的水。地下水又可分为:

上层滞水:从地面渗入尚未深达下层的土中水。

层间水:在地面以下任何两个隔水层之间的含水层中的水。当地面低于水源时,它可以通过岩层裂隙冒出地面而成为泉水。

潜水:在地面以下第一个隔水层以上的含水层中的水。距地面较近,在重力作用下可沿土层流动。

暴雨径流、冰雪覆盖、上层滞水、潜水和泉水等均能软化、冲刷甚至毁坏路基,造成路基的一系列病害。因此,在设计中,必须考虑将影响路基稳定的地面水加以拦截,排除于路基范围以外,并防止漫流、积滞或下渗。对于影响路基稳定的地下水,应注意予以截流、疏干、降低并引导至路基范围以外。

路基排水设计的原则:

(1)公路路基防排水设计应根据公路沿线气象、水文、地形、地质以及桥涵和隧道设置情况,遵循总体规划、合理布局、防排疏结合、少占农田、保护环境的原则,设置完善、通畅的防排水系统,做好路基防排水与地基处理、路基防护等综合设计,并与路面、桥梁、涵洞、隧道等防排水系统相协调。

（2）路界地表水不得流入桥面、隧道及其排水系统。当排水困难且隧道长度小于300m，洞外地表水量较小、含泥量少时，经论证比较确定。

（3）低填、浅挖路基以及排水困难地段，应采取防、排、截相结合的综合措施，及时拦截有可能进入路界的地表水，排除路基内自由水，隔离地下水，保证路基处于干燥或中湿状态。

（4）沿河路基防排水设计应根据河流水文特性、设计洪水位、流量以及河道地形地质条件，合理布设排水设施，做好排水设施出口处理，并与河道导流设施和调治构造物相协调，防止水流冲刷路基边坡及河岸。

（5）路基排水设施设计应与农田排灌系统相协调。

（6）施工场地的临时性排水设施，应与永久性排水设施相结合。各类排水设施的设计应满足使用功能要求，结构安全可靠，便于施工、检查和养护维修。

各类地表排水设施的断面尺寸应满足设计排水流量的要求，沟顶应高出沟内设计水面0.2m以上。路基地表排水设施设计降雨的重现期，高速公路、一级公路应采用15年，其他等级公路应采用10年。

二、地面排水设计

常用的路基地面排水设施有边沟、截水沟、排水沟、跌水与急流槽等，分别设置于路基的不同部位，各自发挥其主要功能。

1. 边沟

边沟(side ditch)设置在挖方路基的路肩外侧或填土高度小于路床深度的路堤坡脚外侧，走向与路中线平行，用以汇集和排除路基范围和流向路基的少量地面水。

边沟的排水量不大，一般不需要进行水文、水力计算，依沿线具体条件，选用标准横断面形式。边沟紧靠路基，通常不允许其他排水沟渠的水流引入，也不能与其他人工沟渠合并使用。

边沟不宜过长，尽量使沟内水流就近排到自然水沟或低洼地带，必要时增设涵洞，将边沟水引向路基另一侧排出。

边沟的纵坡（出水口附近除外）一般与路线纵坡一致，且不宜小于0.3%，困难情况下，不应小于0.1%。边坡出水口附近以及排水困难路段（如回头曲线和路基超高较大的平曲线等处），边沟应进行特殊设计。

边沟的横断面基本形式有梯形、矩形、三角形及流线型等，如图7-1所示。

为了增加道路绿化景观效果和增加行车安全，可采用如图7-2所示的碟形边沟，边沟顶部

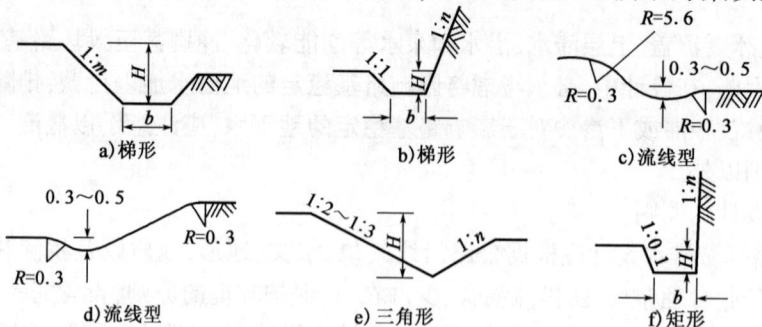

图7-1 边沟的横断面形式示意图(尺寸单位:m)

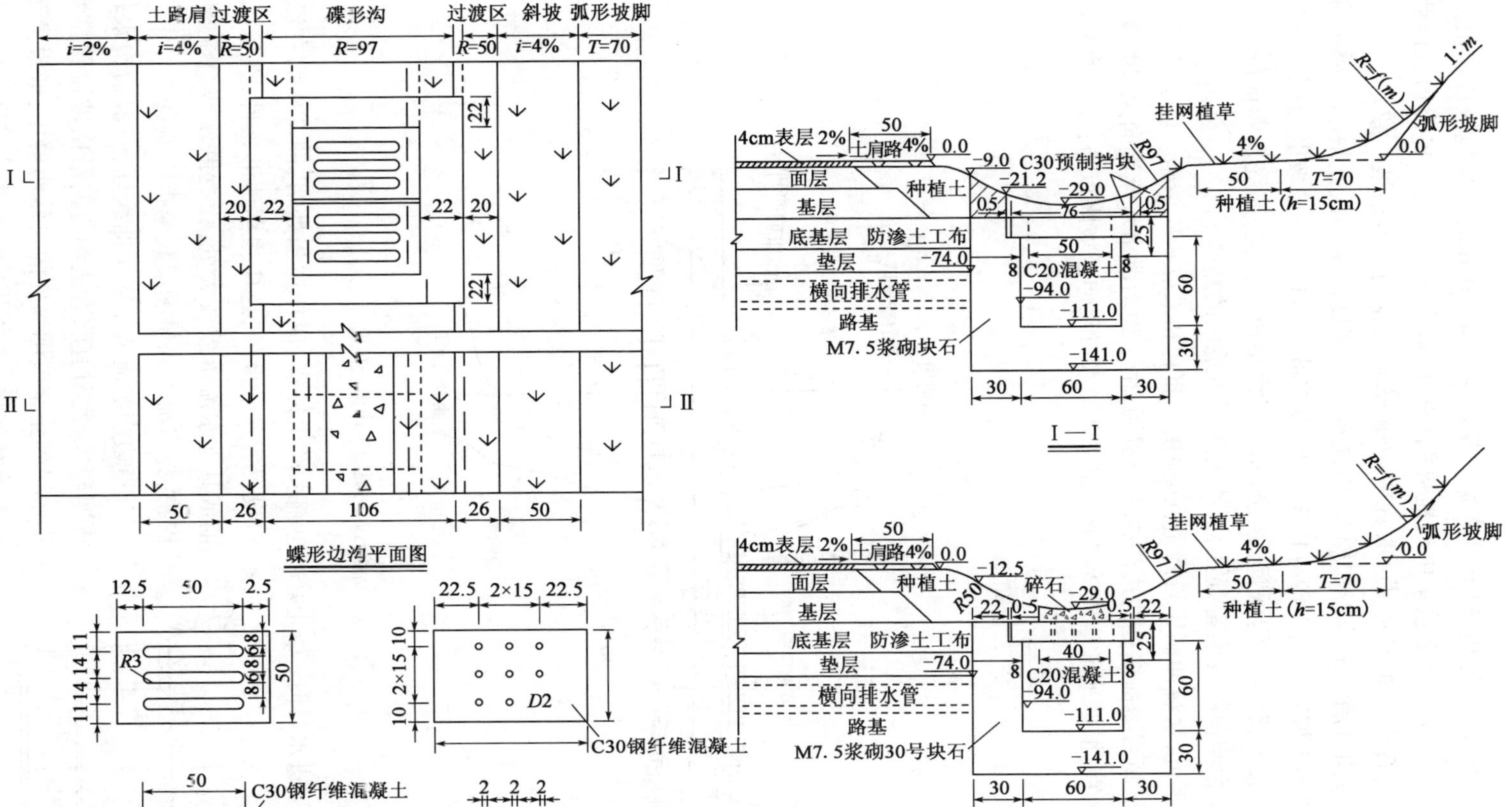

图7-2 蝶形边沟

说明：
1. 本图尺寸均以cm为单位。
2. 水窖段的纵向间距视边坡长度坡度而定，一般为5～10m。
3. 每段水窖由2块板组成，纵向盖板铺设一层镀锌铁丝网，碎石用渗水土工布。
4. 回填碎石前，应在盖板透水孔区域内铺设一层防水土工布。
5. 上覆种植的路面结构层应铺设一层防水土工布。

按汇水面积的需要,每隔 5 ~ 10m 设置一水箅子,将道路和坡面的集水通过水箅子汇入暗埋式边沟,沟顶植草绿化。

土质或软弱石质边沟,一般用梯形,其底宽与深度为 0.4 ~ 0.6m,干旱地区或水流少的路段,取低限但不得小于 0.3m,降水量集中或地势低洼路段取高限或更大。梯形边沟内侧边坡一般为 1:1 ~ 1:1.5,石质或铺砌加固可取直坡,外侧边坡通常与挖方边坡一致。

石质或铺砌式边沟常用矩形或近似梯形,以减少沟顶宽度。少雨浅挖地段土质边沟可采用三角形断面,其内侧边坡宜采用 1:2 ~ 1:3,外侧边坡坡度与挖方边坡坡度相同。三角形边沟的水流条件较差,流量较大时,沟深宜适当加大。流线型边沟,是将路堤横断面的边角修整圆滑,可以防止路基旁侧积砂或堆雪,适用于沙漠或积雪地区的路基。

边沟的出水口附近,水流冲刷比较严重,必须慎重布置和采取相应措施。

图 7-3 是路堑与高路堤衔接处的边沟排水布置图,由于边沟泄出水流流向路基坡脚,两者高差大,必须因地制宜,根据地形地质等具体条件,将出水口延伸至坡脚以外,以免边沟水冲刷填方坡脚。

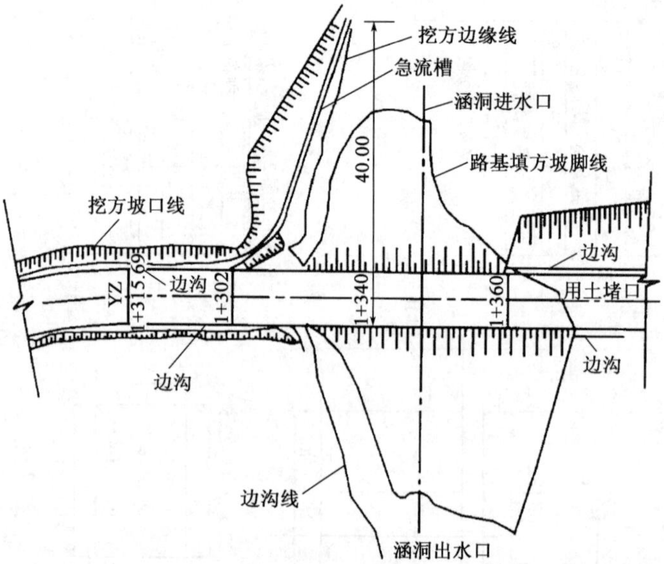

图 7-3　路堑与高路堤的边沟出口布置图

边沟水流向桥涵进水口时,为避免边沟流水产生冲刷,应作适当处治,图 7-4 为在涵洞进口设置窨井。此外,还应根据地形条件,在桥涵进口前或其他水流落差较大处,设置跌水或急流槽等结构物,将水流引入桥涵或其他指定地点。

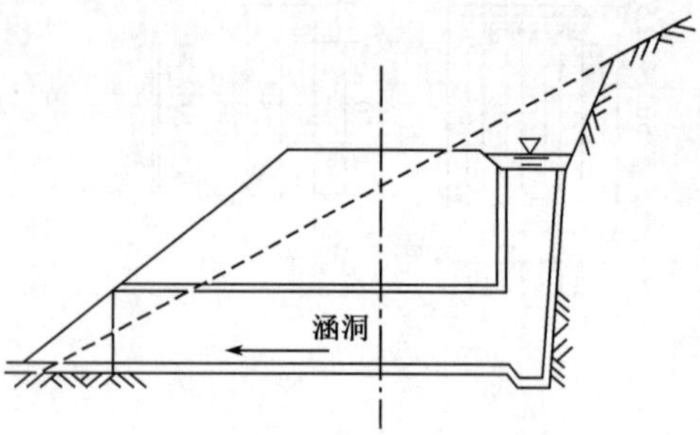

当边沟水流流至回头曲线处,一般边沟水较满,流速较大,此时宜顺着边沟方向沿山坡设置排水沟,将水引到路基范围以外的自然沟渠中,或设急流槽、涵洞等结构物,将水引下山坡或引到路基另一侧,以免对回头曲线路段冲刷。

图 7-4　边沟水流入涵前窨井剖面图(单级跌水)

2. 截水沟

设置在挖方路基边坡坡顶以外或山坡路堤上方的适当位置,用以拦截路基上方流向路基的地面水,减轻边沟的水流负担,保护挖方边坡和填方坡脚不受水流冲刷和损害的人工沟渠,称为截水沟(intercepting ditch)。它是多雨地区、山岭和丘陵地区路基排水的重要设施之一。

截水沟根据路基填挖情况和所处位置的不同分成堑顶截水沟(天沟)、路堤截水沟和平台截水沟。

图 7-5 是路堑段挖方边坡上方设置的堑顶截水沟示意图。图中距离 d 一般为 5.0m,土质不良时可取 10.0m 或更大。截水沟下方一侧,可填置挖沟的土台,并要求做成顶部向沟倾斜 2% 的坡度。

山坡填方路段可能遭到上方水流冲刷坡脚,此时必须设置路堤截水沟,以拦截山坡水流保护路堤。如图 7-6 所示,截水沟与坡脚之间要有不小于 2.0m 的间距,并做成 2% 的向沟倾斜的横坡,确保路堤不受水害。

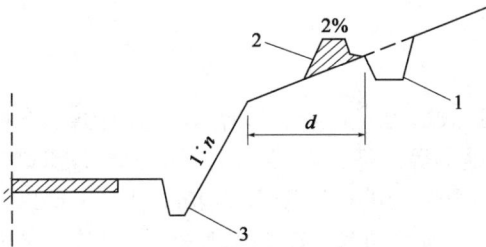

图 7-5 堑顶截水沟示意
1-截水沟;2-土台;3-边沟

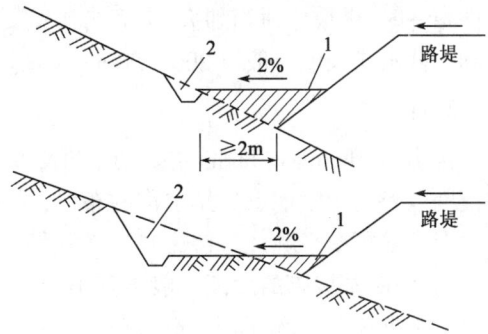

图 7-6 路堤截水沟示意
1-土台;2-截水沟

路堑或路堤设置边坡平台且坡面径流量大时,可在边坡平台设置平台截水沟(图 7-7),拦截坡面水流,减少对下部坡面冲刷。此时,应特别注意截水沟的加固,防止水流渗漏而影响边坡稳定。

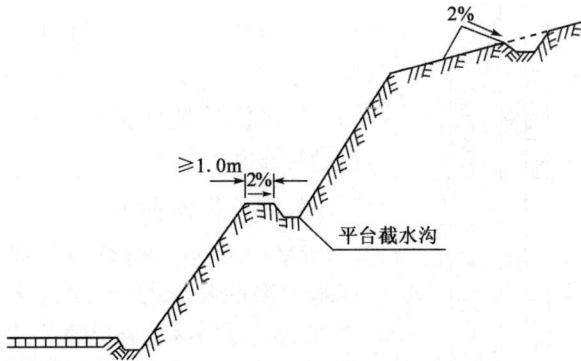

图 7-7 平台截水沟示意(路堑边坡)

截水沟的横断面形式一般为梯形。沟的边坡坡度因岩土条件而定,常采用 1:1~1:1.5,如图 7-8 所示。沟底宽度 b 不小于 0.5m,沟深 h 按设计流量经计算而定,并不小于构造要求值 0.5m。

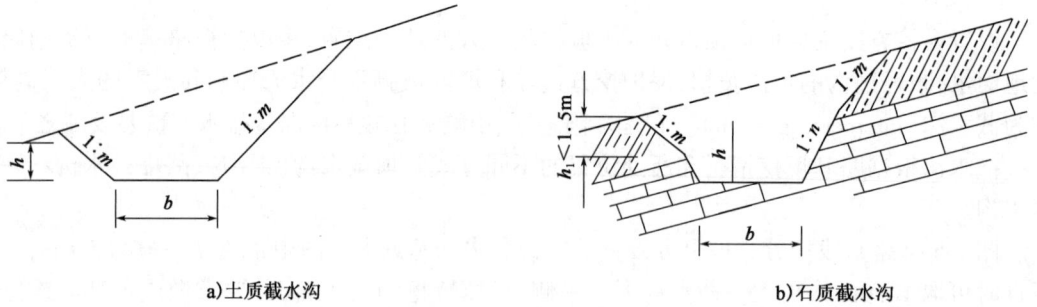

a)土质截水沟

b)石质截水沟

图7-8 截水沟的横断面图例

截水沟的位置,应尽量与绝大多数地面水流方向垂直,就近引入自然河沟内排出,必要时配以急流槽或涵洞等泄水构造物将水流引入指定地点。截水沟沟底纵坡不宜小于0.3%,当条件容许时,纵坡应适当加大,沟底与沟壁要求平整密实、不滞流、不渗水,必要时,予以加固和铺砌。截水沟长度一般以200~500m为宜。

3.排水沟

排水沟(drainage ditch)主要用于排除来自边沟、截水沟或其他水源的水流,并将其引至路基范围以外的指定地点。排水沟的布置,必须结合地形等条件,因势利导,离路基尽可能远些,平面上力求短捷平顺,以直线为宜,必须转向时,尽可能采用大半径(10~20m以上),徐缓改变方向;距路基坡脚的距离一般不宜小于2~4m;连续长度宜短,不宜超过500m;纵面上控制最大最小纵坡,一般情况下,不宜小于0.3%,亦不宜大于3%。当纵坡大于3%时,需进行加固,当大于10%时,则应改用跌水或急流槽。

排水沟的断面形式一般采用梯形,尺寸大小应经过水力水文计算而定。用于边沟、截水沟及取土坑出水口的排水沟,由于流量较小,不需特殊计算,但底宽与沟深均不小于0.5m,土沟的边坡率可取1:1~1:1.5。

排水沟注入其他沟渠或水道时,应使原水道不产生冲刷或淤积。通常应使排水沟与原水道水流方向成锐角相交,交角不大于45°,有条件时可采用半径$R=10b$(b为沟顶宽)的圆曲线,朝下游与其他水道相接,如图7-9所示。

排水沟必要时应予加固,以防止水流对沟渠的冲刷与渗漏。

4.跌水与急流槽

跌水(drop water)与急流槽(chute)均为人工排水沟渠的特殊形式,用于陡坡地段,沟底纵坡可达100%,是山区公路路基排水常见的结构物。由于纵坡大、水流湍急、冲刷作用严重,所以跌水与急流槽必须用浆砌块石或水泥混凝土砌筑,且应埋设牢固。

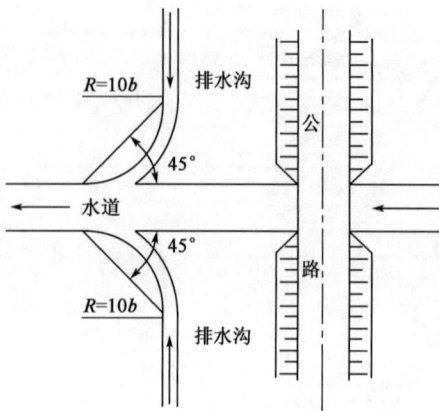

图7-9 排水沟与水道的衔接

图7-10表示路基边沟水流通过涵洞排泄时,采用单级跌水(跌水井)的示例之一。

较长陡坡地段的沟渠,为减缓水流速度,并予以消能,可采用多级跌水。图 7-11 为一等截面多级跌水结构设计示意图,槽底具有 1% ~2% 的纵坡。其断面尺寸必须通过水文水力计算确定。

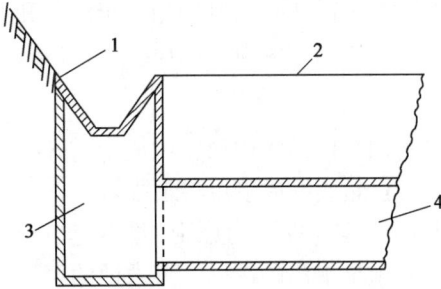

图 7-10 边沟与涵洞单级跌水连接图
1-边沟;2-路基;3-跌水井;4-涵洞

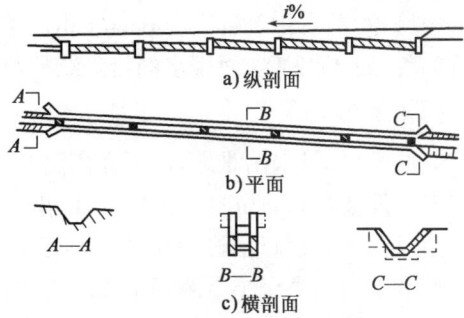

图 7-11 等截面多级跌水结构图

急流槽的结构图式如图 7-12 所示。其纵坡比跌水更陡,主要纵坡可达 67% 以上,有时需要更陡,为了节省投资和结构稳定起见,槽身倾斜宜控制在 100% 以内。

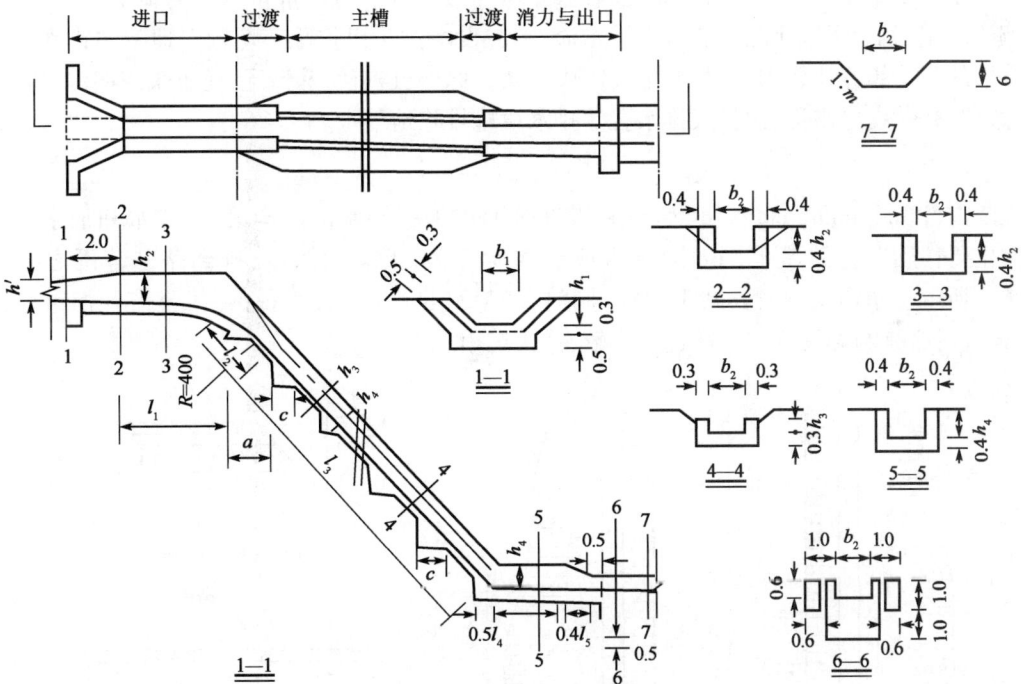

图 7-12 急流槽结构图式(尺寸单位:m)

急流槽的进出水口与槽身连接处,若沟槽横断面不同,为了能平顺衔接,可设过渡段,出水口部分设消力池。各部分的尺寸,根据水力计算确定。急流槽的基础必须稳固,端部及槽身每隔 2 ~5m,在槽底设耳墙埋入地面以下,以防止滑动。在槽身较长时,宜分段砌筑,每段长 5 ~10m,预留伸缩缝,并用防水材料填塞。

急流槽多用浆砌片石、块石或混凝土砌筑。若水流通过岩石山坡,亦可利用岩石坡面挖槽。如果工程临时急需,可就近取材,采用木槽。

5. 倒虹吸与渡水槽

当水流需要横跨路基，同时受到设计高程的限制，可以采用管道或沟槽，从路基底部或上部架空跨越，前者称倒虹吸(siphon culvert)，后者为渡水槽(aqueduct)，分别相当于涵洞和渡水桥，两者都属于路基地面排水的特殊结构物，并且多是配合农田水利所需而设。

6. 蒸发池

气候干旱、排水困难地段，可在离路基适当的地方利用沿线的集中取土坑或专门开挖的凹坑修筑蒸发池(evaporation pond)，以汇集路界地表水，靠自然蒸发或下渗将水排除。

蒸发池边缘距路基边沟外缘的距离应以保证路基的稳定和安全为原则，并不应小于5m，湿陷性黄土地区不得小于湿陷半径。池中设计水位应低于排水沟的沟底。蒸发池的容量应以一个月内路基汇流入池中的雨水能及时完成渗透与蒸发作为设计依据。每个蒸发池的容水量应根据蒸发池的纵向间距经水力、水文计算后确定。蒸发池应根据具体情况采取适当的防护加固措施，蒸发池的设置不应使附近地面盐渍化或沼泽化。

三、地下排水设计

道路路基常用的地下排水设施有暗沟、渗沟和渗井等。对于水量不大的地下水以渗透为主汇集水流，就近予以排除。遇有大量水流，则应设暗沟予以排除。埋置于地下的排水设施，经常性的养护维修比较困难，故要求其牢固有效。此外，遇有特殊情况，还可采用明沟、渗水隧洞、边坡渗沟、支撑渗沟、仰斜式排水孔等排水设施排除地下水。

1. 暗沟

暗沟(blind drain, closed ditches)是设在地面以下引导水流的沟渠，无渗水和汇水功能。暗沟主要作用是把路基范围内的泉水或渗沟所拦截、汇集的水流，排到路基范围之外，如图7-13所示。暗沟造价一般高于明沟，同时，如果一旦淤塞，疏通费事，甚至需开挖重建，因此，设计时必须与修建明沟方案进行比较，择优选用。

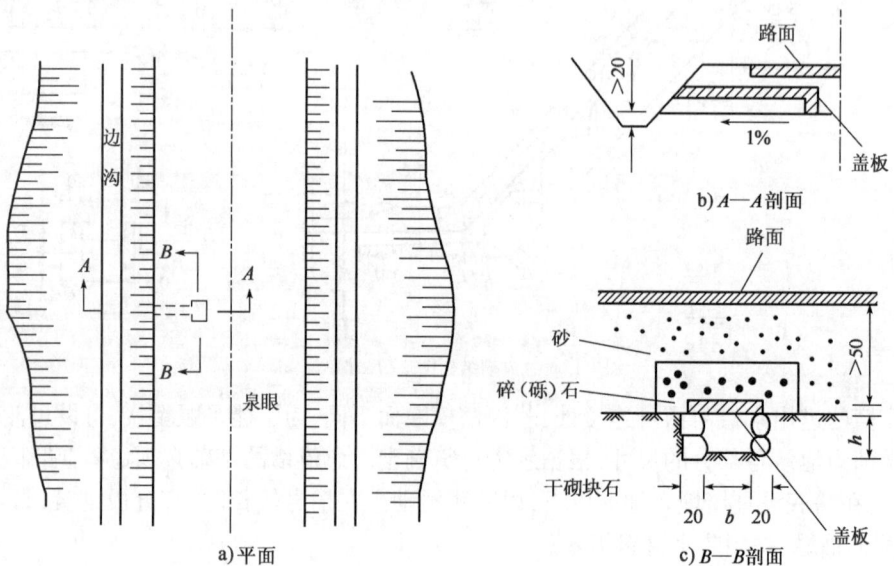

图7-13　暗沟示意(尺寸单位:cm)

暗沟(管)的尺寸应根据泉水流量计算确定。暗沟宜采用矩形断面,井壁和沟底、沟壁宜采用浆砌片石或水泥混凝土预制块砌筑,沟顶应设置混凝土或石盖板,盖板顶面上的填土厚度不应小于0.5m。应采取有效措施防止暗沟淤塞。

暗沟沟底的纵坡不宜小于1%,条件困难时亦不得小于0.5%,出水口处应加大纵坡,并应高出地表排水沟常水位0.2m以上,不允许出现倒灌现象。寒冷地区的暗沟,应作防冻保温处理或将暗沟设在冻结深度以下。

2. 渗沟

渗沟(undertrains, sewers)是采用渗透方式将地下水汇集于沟内,并通过沟底通道将水排到指定地点的地下排水设施,其作用是降低地下水位或者拦截地下水位。

渗沟一般应用于地下水埋藏较深处。渗沟内用大颗粒透水材料(碎石、砾石等)填充,以保证有足够的孔隙率。考虑到排水孔隙容易被流水携带的细粒土所淤塞而失去排水功能,通常在渗沟迎水面增设一层反滤层。反滤层的材料有集料、土工布及无砂混凝土。

渗沟按构造不同,区分为三种形式:填石渗沟(也称为盲沟式渗沟)、管式渗沟和洞式渗沟,如图7-14所示。三种形式均由排水层(石缝或管、洞)、反滤层和封闭层组成。

填石渗沟一般用于流量不大、排水距离不长的地段,是目前公路常用的一种渗沟。设计时应考虑淤塞失效问题。由于排水层阻力较大,其纵坡不应小于1%,一般可采用5%。

管式渗沟设于地下引水较长的地段,但渗沟过长时,应加设横向泄水管,将纵向渗沟内的水流迅速地分段排除。沟底纵坡取决于设计流速,最大流速应考虑到水管的构造及其使用寿命,且不致冲毁管下垫层材料,一般不大于1.0m/s。为避免淤积,沟底最小纵坡为0.5%。渗沟底部埋设的管道,一般为混凝土预制管或聚氯乙烯(PVC)管,管壁上半部应留渗水孔,渗水孔交错排列。

洞式渗沟一般用于地下水流量较大或石料比较丰富的地区,其下部结构相当于顶部可以渗水的涵洞。洞口大小依设计流量而定,洞身一般要求埋入不透水层中,必要时,在两侧和底部增设隔水层,以改善排水性能。沟底最小纵坡为0.5%,有条件时,可采用较大的纵坡,以利排水。

渗沟应尽可能与地下水流向相垂直,以拦截更多的地下水。设计时应首先考虑能否使用明槽式,以便随时检查排水情况。同时,应根据土层含水率、地理位置和各种类型结构的排水能力,作适当的技术经济比较,择优选用。

3. 渗井

渗井(seepage well, percolation well)是一种立式地下排水设施。在多层含水的地基上,如果影响路基的地下含水层较薄,且平式盲沟排水不易布置时,可考虑设置立式渗水井,向地下穿过不透水层,将上层含水层引入下层渗水层,以利地下水扩散排除。必要时还可配合渗沟设置渗井,平竖结合以排除地下水。图7-15为路基内的渗井示意图。

渗井的孔径与平面布置,通过水力计算而定,通常采用圆柱形或正方形,直径或边长约为1.0~1.5m,井深视地层构造而定,以伸入下层渗水能够向下渗水为限。井内填砂石材料,粒径要求为井的中间最粗,逐层向外粒径减小。

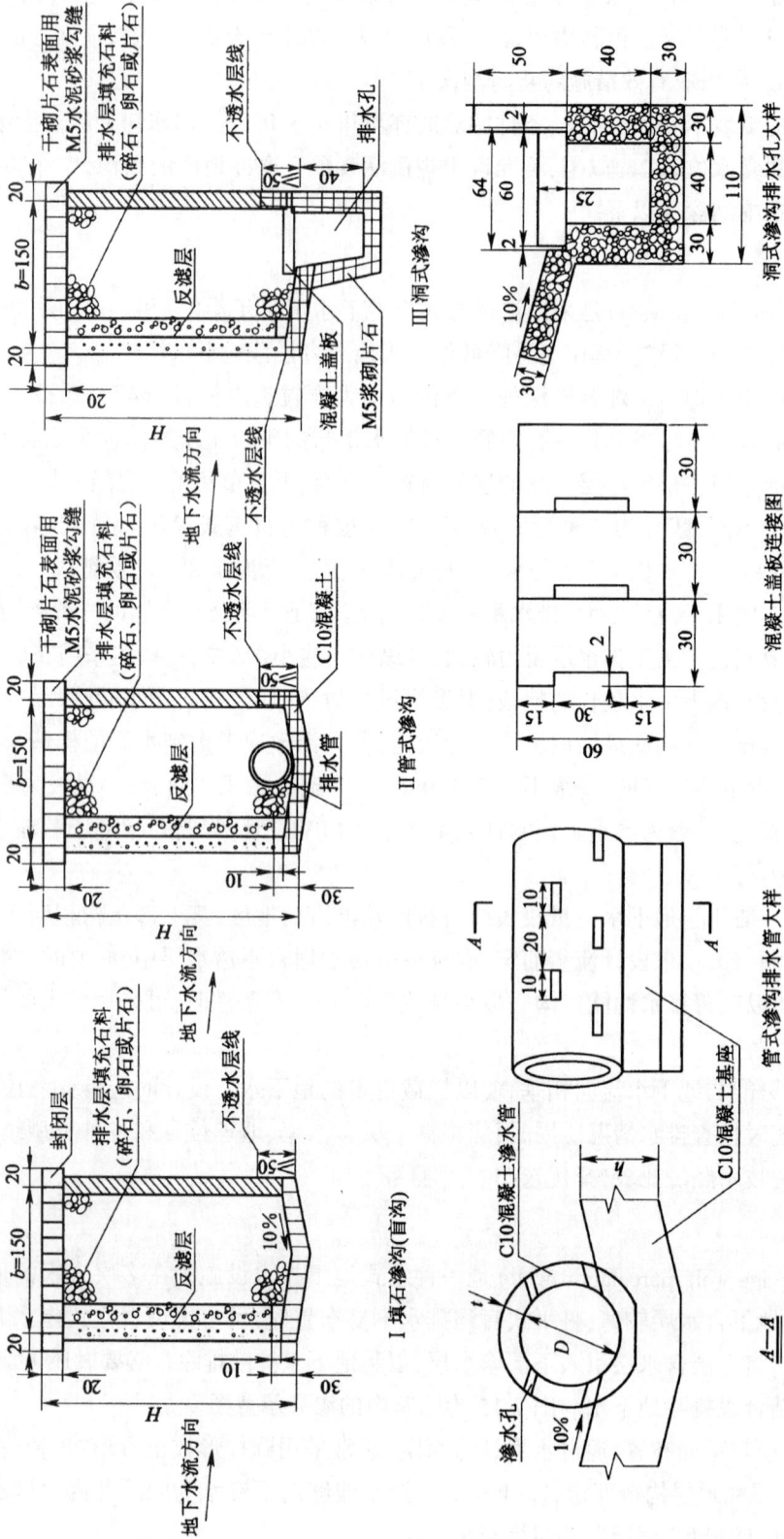

图7-14　渗沟构造图（尺寸单位：cm）

路面

土基

含水层

不透水层

透水层

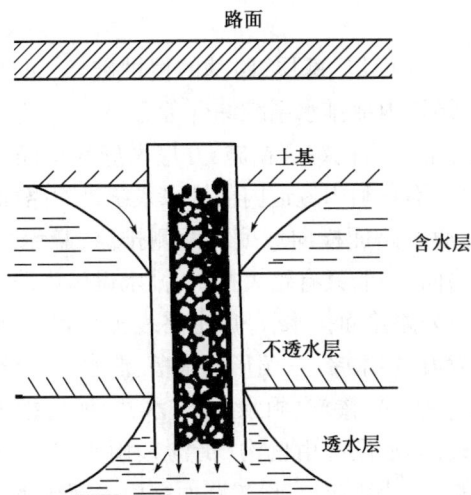

图 7-15　渗井结构与布置示意

第三节　路面排水设计

一、一般原则

由降雨形成的路面水若不能及时排除,形成的水膜会使车轮产生液面滑移(即"水漂"),高速行驶的车辆在车尾形成的水雾会影响后面车辆驾驶员的视线而引起交通事故,下渗到路面基层中的水分会造成基层软化,最终导致路面面层的过早破坏。因此,路面排水在路面设计中被作为三大要素(交通量、强度、排水)之一。实践证明,某些公路由于路面排水系统不够完善而导致路面出现种种病害甚至破坏,给建设单位造成了巨大的经济损失,同时也给养护工作造成了很大困难。要延长路面的使用寿命,改善路面结构使用性能,就必须完善路面的排水设施,将积滞在路面上的水分迅速排除到路面和路基以外。

路面排水设计的一般原则:

(1)高等级公路中,沥青混凝土路面横坡一般应为2%左右,当为软土路基,路基完工后沉降较大,采用过渡路面时,路面横坡应适当加大到3%。当位于纵坡小或超高缓和段的扭曲路面时,最小合成坡度不小于0.5%。

(2)在设有中央分隔带的高等级公路,为了排水需要,平面线形应优先考虑采用不设超高的平曲线半径。

(3)在公路交叉路口排水困难地段,路面排水设计应满足行驶动力学和排水技术要求,在交叉路口前应设置泄水口。停车广场、收费站处的排水工程应适当考虑美观,主车道和附属行车道路面之间可设相同的排水纵坡和横坡。

(4)对于纵坡较大的地段,弯道内侧车道、竖曲线的凹部、高路堤的桥端部等特殊部位,为防止过大集中水流对路基路肩、边坡冲刷,可局部设置挡水缘石和水簸箕。

（5）所有排水设施的设置，除能满足排水要求外，均应满足有利于今后养护维修管理的作业需要。

（6）为减少地表水和地下水对面层、基层、路基的侵蚀破坏，迅速排除路面结构内的层间水，通常可将路面排水与路面结构内部排水系统综合考虑。

（7）路面排水应采取防、排相结合的综合措施，并应做好与桥涵、隧道等排水系统的衔接。路面水不宜流入桥面、隧道内。不宜利用隧道内部排水系统排除路面水。

降落在路面上的雨水，应通过路面横向坡度向两侧排流，避免行车道路面范围内出现积水。二级及二级以下的公路路面，一般只有路表排水，排水设施由路拱横坡、路肩横坡、拦水带或边沟组成。高速公路和一级公路路面排水，一般由路表排水和中央分隔带排水两部分组成。路表排水设施由路拱及路肩横坡、拦水带、三角形集水槽、泄水口和急流槽等组成；中央分隔带排水设施由纵向排水沟（明沟、暗沟）、渗沟、雨水井、集水井、横向排水管等组成。城市道路路面排水一般采用管渠排水形式，排水设施由偏沟（街沟）、雨水口、连接管、雨水干管和检查井等组成。路面结构内受到水的较大影响时宜设置路面结构内部排水系统。

各类路面排水设施的尺寸应满足设计排水流量的要求。公路应根据道路等级和地区情况选择路面排水设计重现期，高速公路、一级公路宜为5年，其他等级公路宜为3年，对于多雨地区的公路或特殊路段，可适当提高。

城市道路应根据汇水地区性质、城镇类型、地形特点和气候特征等因素，经技术经济比较后按表7-1的规定确定雨水管渠设计重现期，并应符合下列规定：

（1）经济条件较好，且人口密集、内涝易发的城镇，宜采用规定的上限。

（2）新建地区应按本规定执行，既有地区应结合地区改建、道路建设等更新排水系统，并按本规定执行。

雨水管渠设计重现期（年） 表7-1

城镇类型	城 区 类 型			
	中心城区	非中心城区	中心城区的重要地区	中心城区地下通道和下沉式广场等
特大城市	3~5	2~3	5~10	30~50
大城市	2~5	2~3	5~10	20~30
中等城市和小城市	2~3	2~3	3~5	10~20

注：1. 表中所列设计重现期，均为年最大值法。

2. 特大城市指市区人口在500万人以上的城市；大城市指市区人口在100万~500万人的城市；中等城市和小城市指市区人口在100万人以下的城市。

（3）同一排水系统可采用不同的设计重现期。

为了将降雨期间的城市地面积水控制在可接受的范围，应根据内涝防治设计重现期校核地面积水排除能力，根据城镇类型、积水影响程度和内河水位变化等因素，经技术经济比较后按表7-2的规定确定城市道路内涝防治设计重现期，并应符合下列规定：

①经济条件较好，且人口密集、内涝易发的城镇，宜采用规定的上限。

②目前不具备条件的地区可分期达到标准。

③当地面积水不满足表7-2的要求时，应采取渗透、调蓄、设置雨洪行泄通道和内河整治等综合控制措施。

④超过内涝设计重现期的暴雨，应采取综合控制措施。

内涝防治设计重现期

表 7-2

城镇类型	重现期(年)	地面积水设计标准
特大城市	50~100	1.居民住宅和工商业建筑物的底层不进水;
大城市	30~50	2.道路中一条车道的积水深度不超过 15cm
中等城市和小城市	20~30	

注:同表 7-1。

二、路表排水

路表排水有分散漫流式路表排水和集中截流式路表排水两种方式。

1.分散漫流式路表排水

分散漫流式路表排水,主要是依靠路面及路肩的横坡及时将降水排出路面。以下三种情况宜采用分散漫流式路表排水:

(1)路堑地段。

(2)路线纵坡平缓,汇水量不大,路堤较低,且边坡坡面不会受到冲刷的路段。

(3)具有截、排水功能的骨架护坡的高填方路段。

当采用分散漫流式路表排水方式时,路面的横坡可按表 6-1 选用,并宜对土路肩及坡面进行加固。

2.集中截流式路表排水

集中截流式路表排水是在硬路肩外侧边缘设置拦水带,将路面水拦在硬路肩范围内,通过一定距离设置的泄水口和路肩急流槽排入排水沟。这种排水方式一般适用于路堤较高,边坡坡面未做防护而易遭受路面表面水流冲刷,或虽已采取防护措施但仍有可能受冲刷的地段。

1)拦水带

(1)主要结构形式

拦水带(dike)一般由沥青混凝土、水泥混凝土或块石制作。其常用构造及断面尺寸见图 7-16。

沥青混凝土拦水带可用自动化缘石机或带有缘石成型附件的沥青摊铺机制作。当需要修筑小半径的短节段时,可用自动缘石机。现浇拦水带采用与硬路肩相同的沥青混凝土材料,施工时与硬路肩面层同时做成。其整体性好,线形流畅,外形美观,多被采用。

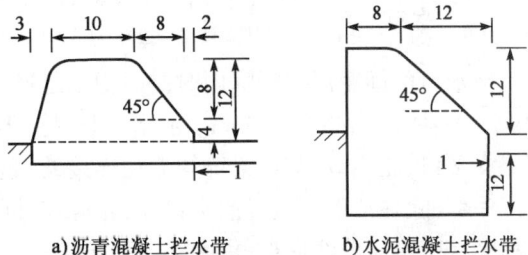

图 7-16 拦水带横断面参考尺寸(尺寸单位:cm)
1-硬路肩边缘

a)沥青混凝土拦水带　　b)水泥混凝土拦水带

水泥混凝土拦水带通常采用预制块由人工铺砌而成。在季冻区不宜使用水泥混凝土拦水带。

块石拦水带主要应用在石料比较丰富的地区,施工方法同水泥混凝土预制块拦水带。

(2)施工要求

①拦水带过水断面内的水面,在高速公路及一级公路上不得漫过右侧车道外边缘,在二级及二级以下公路上不得漫过右侧车道中心线。

②路面和路肩横坡的坡度,应根据铺面类型按表 6-1 中的规定选用,设拦水带时,内侧硬

路肩的横向坡度宜采用5%。

③拦水带的顶面应略高于水深,在低路堤不设防撞护栏的路堤上,拦水带的外露高度不宜超过10cm,其迎车面的坡度不宜陡于1:2。

④沥青混合料应在不低于110℃的施工温度下摊铺,其混合料级配应符合表7-3规定,沥青用量较马歇尔试验确定的最佳沥青用量宜增加0.5~1个百分点,用双面击实50次,空隙为2%~4%。

拦水带沥青混合料级配表　表7-3

方孔筛(mm)	16	13.2	4.75	2.36	0.3	0.075
通过率(%)	100	85~100	65~80	50~65	18~30	5~15

⑤采用水泥混凝土预制块及块石铺砌拦水带时,应注意路面边缘与水泥混凝土间灌缝密实,防止雨水从接缝处下渗,影响路基路面稳定。

2)泄水口

拦水带的泄水口可设置成开口(喇叭口)式。在纵坡坡段上,泄水口宜做成不对称的喇叭口,并在硬路肩边缘的外侧设置逐渐变宽的低凹区(图7-17),低凹区的铺面类型与路肩相同,在平坡或缓坡上,泄水口可作成对称式。泄水口的泄水量以及各项尺寸(开口长度、低凹区宽度、下陷深度)可按《公路排水设计规范》(JTG/T D33—2012)中所述方法计算得到。

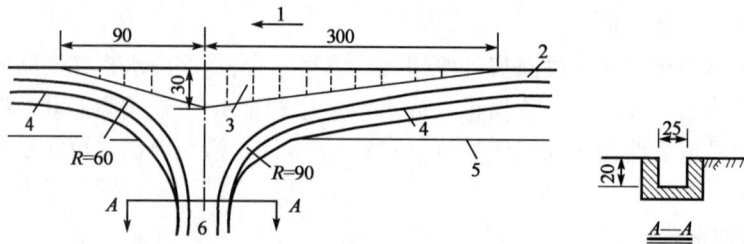

图7-17　纵坡坡段上拦水带不对称泄水口的平面布置示意(尺寸单位:cm)
1-水流方向;2-硬路肩边缘;3-低凹区;4-拦水带顶;5-路堤边坡坡顶;6-急流槽

泄水口的间距以保证降雨时路面积水迅速排走,汇水不能进入行车道为原则,一般为20~50m,干旱少雨地区可达100m。泄水口长度一般为2~4m,泄水口宜设在凹形竖曲线的底部,道路交叉口、匝道口、与桥梁等构造物连接处、超高路段与一般路段的横坡转换处。在凹形竖曲线底部,除在最低点设置泄水口外,还应在其前后相距3~5m处各增设一个泄水口,以防雨水积聚在凹形竖曲线底部,影响路基稳定。

3)路肩急流槽

排除路肩积水用的急流槽,其纵坡应与所在的路基边坡坡度一致,槽身的横断面为槽形,多由水泥混凝土预制构件拼装砌筑而成。进水口为喇叭口式的簸箕形,出水口应设置消能设施,下端与路基下边坡的排水沟相接要顺适,防止水流冲出排水沟。

边坡急流槽的结构形式可参见图7-18。

4)路肩边沟

在硬路肩宽度较窄或爬坡车道占用了路肩过水断面,而路面的汇水宽度或汇水量都较大,拦水带的流水断面不足时,可在土路肩上设置由U形水泥混凝土预制件铺筑的路肩边沟,沟底纵坡同路肩纵坡,并不小于0.3%。

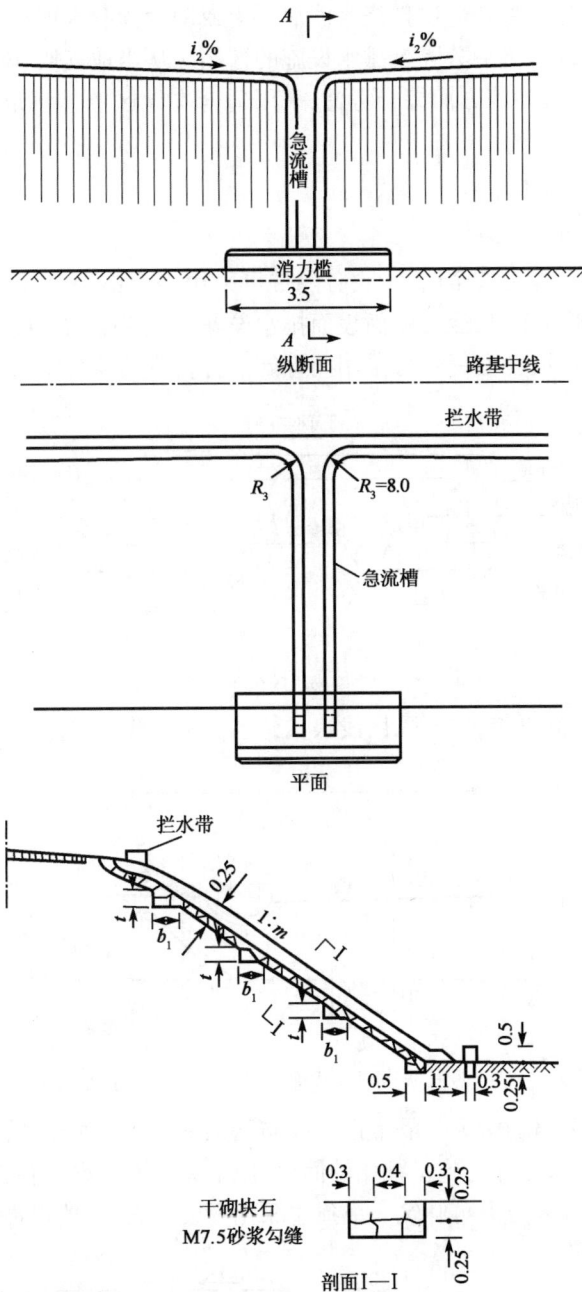

图 7-18　高路堤地段边坡急流槽(尺寸单位:m)

三、中央分隔带排水

中央分隔带排水是高速公路及一级公路路面排水的重要内容,超高路段一侧的路面水以及中央分隔带内的表面水,均由中央分隔带排水设施排除。从排水性能和构造上考虑,可对中央分隔带分类,按照中央分隔带表面形状的不同可分为凸式、平式和凹式等;按照中央分隔带封水与否可分为不铺面式和铺面封闭式;按照中央分隔带所处段落的不同可分为非超高段和超高段。当中央分隔带无铺面,经常有雨水侵入时,应视当地降雨量大小考虑设计中央分隔带地下排水系统；若中央分隔带有薄层现浇水泥混凝土或铺设预制水泥方砖铺面，雨水难以下渗时，可不设地下排水系统。中央分隔带排水设施的选用应从当地气候、降水量、土石性质、排水条件、工程造价、施工和维护等方面综合考虑，采用适合本地区的排水形式，确保路基、路面稳定和行车安全。

1. 非超高段中央分隔带排水

（1）铺面封闭式中央分隔带

降雨量较小、中央分隔带较窄时，中央分隔带可采用表面铺面封闭分散排水，将降落在分隔带的表面水排向两侧行车道，流入路面表面排水设施。分隔带铺面应采用两侧外倾的横坡，坡度宜与路面横坡度相同，铺面材料可采用沥青处治材料或其他封闭材料，如图7-19 所示。

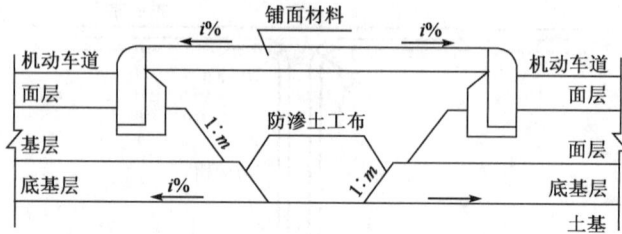

图7-19　中央分隔带排水大样图（凸形）

对铺面封闭式中央分隔带，也可采用浅碟式排水设施排除带内积水，见图7-20。

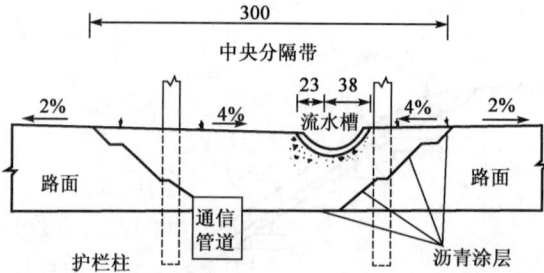

图7-20　中央分隔带的浅碟式排水设施（凹形）（尺寸单位：cm）

此外，有不少高速公路的中央分隔带设计成与路面平行，表面封闭的形式，见图7-21。这种形式的中央分隔带排水设计与施工都比较简单，但中央分隔带绿化存在困难，我国某些高速公路，在封闭式的中央分隔带上再浇筑一个独立绿化平台的做法，值得借鉴。

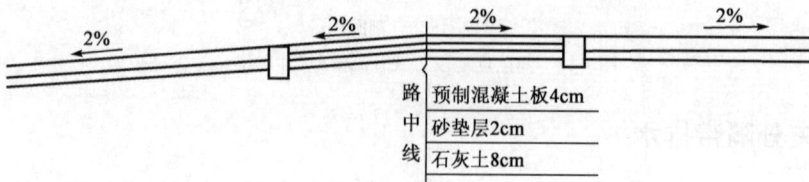

图7-21　中央分隔带无排水沟形式

（2）不铺面中央分隔带

中央分隔带表面未采用铺面封闭时，分隔带内部宜设置由防水层、纵向排水渗沟、集水槽和横向排水管等组成的防排水系统，如图7-22 所示。宽度大于3m 的中央分隔带表面宜设置成浅碟形,横向坡度宜为 $1:4 \sim 1:6$。

不铺面中央分隔带常用填石渗沟或管式渗沟排除进入中央分隔带土中水,有时也采用洞式渗沟。

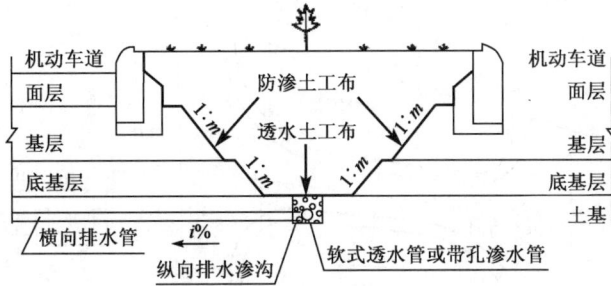

图 7-22 不铺面中央分隔带排水系统示意

填石渗沟式中央分隔带排水属防渗型排水,由具有一定级配的砂砾与碎石材料分层铺筑而成,渗沟两侧及沟底设置沥青或土工织物之类的防渗隔离层,并间隔 $30 \sim 50m$ 设置横向排水管,将渗沟中的水排出路基以外。当纵坡较小时,长时间使用后,孔隙易被堵塞,因此,填石渗沟仅适用于纵坡大于 1% 的场合。

管式渗沟可以克服填石渗沟的上述缺点,保证渗流水的及时排除,在单向纵坡的情况下,横向排水管设置间距可增大到 $300 \sim 400m$,比填石渗沟经济。

中央分隔带排水渗沟宜设置在通信管道之下,渗沟顶面与回填土之间应设置反滤层(透水土工布),渗沟两侧及底部应设置防水层,中央分隔带回填土与路面结构之间应设置防水层(防渗土工布)。

横向排水管宜采用直径为 $100 \sim 200mm$ 的塑料管。管式渗沟的纵向排水管可选用带孔的 PVC、PP、PE 塑料管、软式透水管,管径不宜小于 $150mm$。

不铺面中央分隔带地下排水设施在施工过程中尤其要注意以下三个方面。

①中央分隔带侧坡面开挖后应做好防渗处理。开挖的坡面如果表面粗糙,沥青不易黏结牢固,就难以形成均匀、无破损的防渗层;土工布的接缝如处理不好,同样不能形成整体,达到完全不透水的程度。如果条件允许,地下渗沟宜设计成梯形或矩形的水泥混凝土渗沟。

②横向排水管的布设要适当、可靠。如果施工质量控制不好,横向排水管容易造成高程误差或产生淤塞,从而使中央分隔带严重积水,长时间浸泡路基,影响了路基路面强度。

③中央分隔带的地下排水设施在通道处应妥善处理。当排水设施从通道顶面通过时,应严格做好通道预防渗处理,防止积水渗入;当排水设施不能从通道顶面通过时,应在通道两端封闭,并加设横向排水管。

2. 超高段中央分隔带排水

不论是凸形、凹形或封闭式中央分隔带,在设超高路段,下半幅路的路面表面水自分隔带起流向路肩排出,而上半幅路面的表面水均需流向分隔带旁集中。沿分隔带旁集中的水流,视路面径流情况可采用以下三种方式予以排除:

(1)分隔带上的过水明槽

一般年降水量小于 $400mm$ 的干旱少雨地区可在分隔带上设过水明槽,明槽可用水泥混凝土筑成,底宽 $20 \sim 50cm$,槽形的高与分隔带的高相同,每 $10 \sim 20m$ 设一道,明槽出入口槽底高程应与紧靠分隔带的路缘石处高程相同,见图7-23。

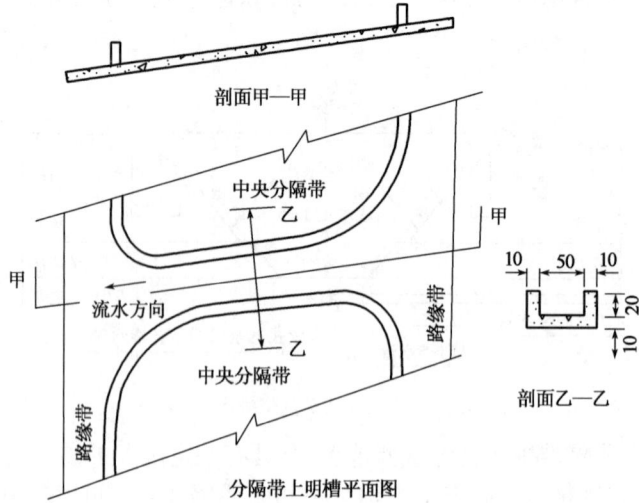

图7-23　中央分隔带上的过水明槽示意(尺寸单位:cm)

（2）分隔带内设置纵向排水沟

在中央分隔带内设置纵向排水沟,用以拦截上半幅路面的表面水,并通过横向排水管排到桥涵或路界外。中央分隔带纵向排水沟常用的有扁平式和路拦式两种形式。扁平式排水沟横断面可采用碟形、三角形、U形或矩形;路拦式排水沟多用圆形或侧沟形,如图7-24所示。排水沟的长度及横向排水管的间距通过流量计算确定,排水沟底纵坡可与路面纵坡相同,可采用水泥混凝土预制件或浆砌片石砌筑,在过水断面无铺面时不得缓于0.25%,有铺面时不得缓于0.12%。

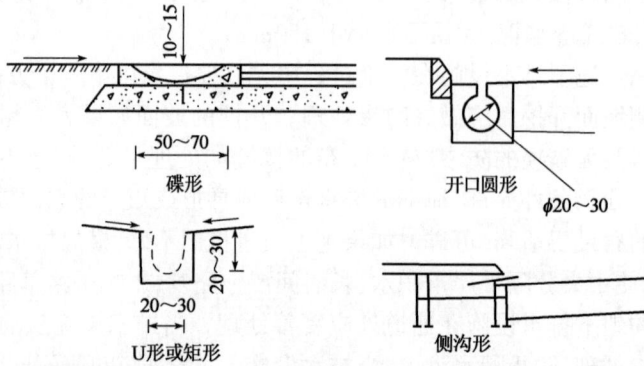

图7-24　中央分隔带排水沟(尺寸单位:cm)

（3）封闭式刚性护栏底部设置孔洞

在封闭式中央分隔带设超高路段,如分隔带采用刚性护栏,可在其底部设置半圆形的孔洞,以排除上半幅路面流入的雨水。孔洞半径应根据设计流量确定,一般为10cm左右,孔洞间隔为50~100cm,大多在刚性护栏施工时同时完成孔洞的制作。

四、城市道路路面排水

城区道路排水一般采用管渠排水形式,其设计包括偏沟(街沟)、雨水口和连接管的布设。

郊区道路排水与一般公路并无差异,其设计内容包括路拱排水、边沟、排水沟与涵洞等内容。设计流量可按当地水文公式计算,并处理好与农田排灌的关系。

城区道路雨水沿横坡从路面上和相邻的地面上,流到车行道两侧的街沟,然后沿街沟的纵坡流进雨水口,再经雨水支管、干管排至天然水系。

街沟是排水系统的一部分。街沟的侧面利用了车行道的侧石(缘石),底面利用了车行道靠边的路面部分或沿路面边缘铺的平石。缘石宜控制在 10~20cm 以内的高度。当道路的纵坡等于 0,或小于 0.2%~0.3%,纵向排水发生困难时,可考虑将雨水口前后街沟都以大于最小排水纵坡的坡度斜向雨水口。如此连续起来,则街沟纵坡呈锯齿状,即俗称锯齿形街沟。

雨水口是一个带有进水箅子(铁箅或钢筋水泥混凝土制品)的井,包括进水箅子、井筒和连接管三部分。其设置位置应根据路面种类、道路纵坡、沿路建筑与排水情况和汇水面积所形成的流量及进水口的泄水能力而定。计算道路雨水口流量时,街沟水深不宜大于缘石高度的 2/3。道路汇水点、人行横道上游、沿街单位出口、入口上游和常有地面径流的街坊或庭院出水口等处均应设置雨水口。道路低洼和易积水地段应根据需要适当增加雨水口。雨水口的间距宜为 25~50m。

断面大小按泄水量确定,考虑雨水口易被路面垃圾和杂物堵塞,雨水口和雨水连接管流量应为雨水管渠设计重现期计算流量的 1.5~3 倍。井的形状分圆形和方形两种,圆形井的直径为 0.7~1.0m,矩形井的尺寸约为 0.6m×0.9m。井筒可以用砖砌或用水泥混凝土筑成。雨水口埋设较深将给养护带来困难,并增加投资,因此,雨水口的深度(雨水口井盖至连接管管底的高度)一般不大于 1m。底部可根据需要做成有沉泥槽或无沉泥槽的形式,它可截留雨水所夹带的砂砾,免使它们进入管道造成淤塞。但是沉泥井往往积水,滋生蚊蝇,散发臭气,影响环境卫生。因此,需要经常清除,增加了养护工作量。通常仅在路面较差、地面上积秽很多的街道或菜市场等地方,才考虑设置有沉泥槽的雨水口。

雨水口底部用连接管与城市排水管线上的检查井相连,连接管最小管径为 200mm,坡度宜大于或等于 1%,长度不超过 25m,覆土厚度大于或等于 0.7m。串联的雨水口不宜超过三个,并应加大出口连接管管径。

雨水口(图 7-25)按进水方式有三种类型。

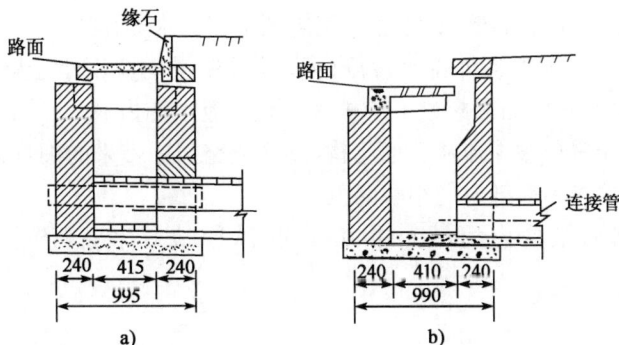

图 7-25 雨水口(尺寸单位:mm)

(1)平箅式雨水口:箅子水平放置[图 7-25a)]。

(2)竖式雨水口:进水口与街沟垂直,有立孔式和立箅式,适用于有缘石的道路。其中立孔式适用于箅隙容易被杂物堵塞的地方。

（3）联合式雨水口：在街沟和缘石上都设有进水口，适用于路面较宽、有缘石、径流量较集中且有杂物处[图7-25b)]。

五、路面结构内部排水

1.一般原则和要求

我国路面结构内部排水设计是在1998年3月1日实施的《公路排水设计规范》（JTJ 018—97）中正式提出的。在以往的路面结构设计中，没有将此项内容纳入。但路面的许多病害，如水泥混凝土路面的唧泥、错台和断裂以及沥青路面的松散、龟裂、坑槽等都与侵入路面结构内水的不良作用有关。降落到路面表面的水，无论采用何种路基路面排水设施，多少会有部分水通过路面接缝、裂缝、松散、坑槽或面层孔隙，下渗到路面结构内部中去。当路基为低透水性土时，排除由路表渗入的雨水将需很长时间，大量的自由水将积滞在路面结构内部而无法排走；尤其在凹形竖曲线底部、曲线超高断面内侧、沿低洼河谷等路段，由于地表径流或地下水汇集，进入结构内的自由水不仅数量大，而且停滞时间长，对路面结构的破坏性十分严重。因此，设置路面结构内部排水系统，迅速排除内部积水，对改善路面的使用性能，提高其使用寿命非常必要。国外通过对一些试验路段观察及对比分析结果表明，设排水基层的路面，沥青混凝土路面使用寿命可提高30%，水泥混凝土路面可提高50%。

现行《公路排水设计规范》（JTG/T D33）中明确规定，不是所有等级公路都必须设置内部排水系统，只有遇到以下几种情况才宜设置。

（1）年降水量为600mm以上的湿润多雨地区，路床由渗透系数不大于10^{-4}mm/s的细粒土填筑的高速公路、一级公路或重要的二级公路。

（2）路基两侧有滞水，可能渗入路面结构内。

（3）重冰冻地区，路床为粉性土的潮湿路段。

（4）现有公路路面改建或路基改善工程，需排除积滞在路面结构内的水。

路面结构内部排水系统的一般要求如下：

在进行路面内部排水系统的设计时，通常从泄水能力、耐久性、渗流时间三方面来综合考虑，只有同时满足了这三方面的要求，才能真正起到迅速排水的作用。

（1）路面内部排水系统中各种排水设施的设计排泄量均应不小于路面表面水渗入量的2倍，下游排水设施的泄水能力应超过上游排水设施的泄水能力。

（2）排水设施应能避免被渗流从路面结构、路基或路肩中带来的细颗粒堵塞。

（3）系统的排水功能不应随时间很快降低。

（4）渗入水在路面结构内的最大渗流时间，冰冻地区不应超过1h，其他地区不应超过2h。

2.排水设施

渗入路面结构内的自由水可以通过水平（向两侧路肩）渗流方式与垂直（向下）渗流方式逐渐排除，因此通常可采用两类排水设施：一类是在路肩结构内设置可使路面结构内的自由水横向排流出路基的设施，称为路面边缘排水系统；另一类是在路面结构内设置由透水性材料组成的排水层，根据排水层设置位置的不同又分为排水基层和排水垫层两种排水系统。

（1）路面边缘排水系统

路面边缘排水系统就是沿路面外侧边缘设置纵向集水沟和集水、出水管。渗入路面结构内的水分，先沿路面结构层的层间空隙或某一透水层次横向流入由透水性材料组成的纵向集水沟，并汇流入沟中的带孔集水管内，再由间隔一定距离的横向出水管排出路基之外。

路面边缘排水系统可以将面层—基层—路肩界间滞留的自由水排离路面结构，常用于基层透水性小的水泥混凝土路面，特别适用于改善排水状况不良的旧水泥混凝土路面，因为边缘排水系统可以在不扰动原路面结构的情况下改善其排水状况，从而改善原路面的使用性能，增加其使用寿命，见图7-26。

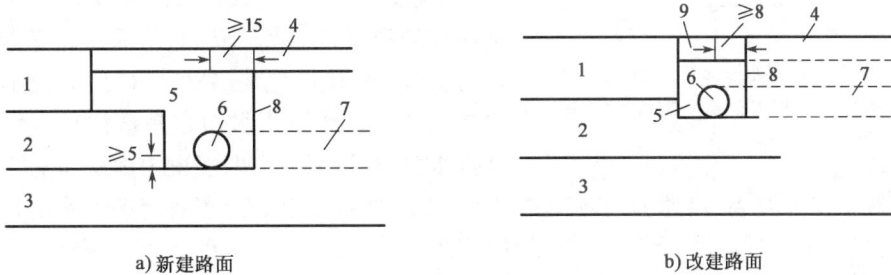

a) 新建路面   b) 改建路面

图7-26 路面边缘排水系统(尺寸单位:cm)

1-面层;2-基层;3-垫层;4-路肩面层;5-集水沟;6-排水管;7-出水管;8-反滤织物;9-回填路肩面层

路面边缘排水系统的集水沟，纵向排水管、横向出水管和过滤织物(土工布)等各组成部分在施工中的要求分述如下。

①透水性填料集水沟。集水沟一般设置在路肩面层以下，纵向坡度应与路线纵坡保持一致，不宜小于0.3%。对新建路面，集水沟底面与基层底面齐平，最小宽度不应小于30cm；对旧路面新增边缘排水系统时，排水管中心应低于基层顶面，且纵向排水管两侧各有至少10cm宽的透水填料。集水沟的底部、外侧应以反滤织物(土工布)包围，以防止垫层、基层和路肩内的细粒侵入而堵塞透水性填料空隙或管孔。反滤织物可选用由聚酯类、尼龙或聚丙烯材料制成的无纺织物，能透水但不允许细粒土通过。

集水沟透水性填料宜采用水泥处治开级配碎石，其空隙率宜为15%~20%。粗集料最大粒径不应大于31.5mm，粒径4.75mm以下的细粒含量不应超过16%，2.36mm以下的细粒含量不应超过6%。集料在通过率为15%时的粒径应为排水管槽口宽或孔口直径的1.0~1.2倍。水泥处治集料的配合比，应按透水性要求和施工要求通过试配确定，水泥同集料的比例可为1:6~1:10，水灰比可为0.35~0.47。

②纵向排水管。纵向排水管宜选用聚氯乙烯(PVC)或聚乙烯(PE)塑料管，每延米排水管的开口总面积不宜小于4 200mm²。宜设3排槽口或孔口，沿管周边等间隔(120°)排列。设槽口时，槽口的宽度可为1.3mm，长度可为15mm；设孔口时，孔的直径可为5mm。

纵向带孔排水管管径应按设计流量根据水力计算确定，宜在70~150mm范围内选用。管材强度及埋设深度应保证不被车辆或施工机械压坏。

③横向出水管。横向出水管管径应不小于纵向排水管管径，其间距和安设位置应根据水力计算，并结合邻近地面高程和公路纵横断面情况确定，横向坡度不宜小于5%。除了起端和终端外，中间段的出水管宜采用双管的布置方案；出水管与排水管之间应采用圆弧形承口管联

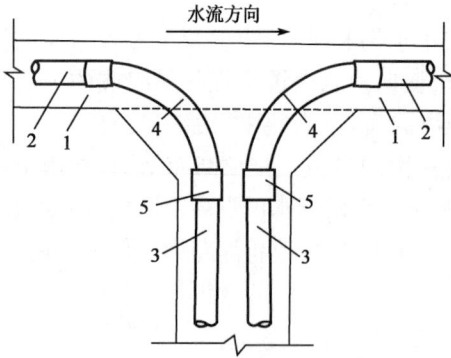

图 7-27　边缘排水系统出水管布置

1-集水沟；2-排水管；3-出水管；4-半径不小于 30cm 的弯管；5-承口管

结，圆弧半径不宜小于 $300mm$，如图 7-27 所示。埋设出水管应采用反开槽法，并用低透水材料回填。出水管的外露端头应采取用镀铸铁丝网或格栅罩住等措施；出水口的下方应采取铺设水泥混凝土防冲刷垫板或者对泄水道的坡面进行浆砌片石防护等措施，防止冲刷路基边坡。出水水流应引排至排水沟或涵洞内。

通过对路面边缘排水系统的使用效果进行观测，发现设置边缘排水系统后，路基内的水分可以横向移动到纵向排水沟管内，从而使路基湿度降低（可达 28%），模量提高（18%～63%），路面的寿命也随之增加。然而集水沟容易被细粒料堵塞而降低排水效率，特别是在旧混凝土面层含有大量细粒时尤为明显。在法国 A6 高速公路改建路段上，通过对路面边缘排水系统渗入水的排流量进行的测定，起初 4 个月的排水量为渗入量的 0.83～0.92 倍，但随后的 2 个月即迅速下降为渗入量的 0.44～0.54 倍和 0.32～0.36 倍。因此，采用路面边缘排水系统仅能排除部分渗入路面结构中的自由水，而且渗入水在路面结构中的渗流时间较长，路面处于潮湿或饱水状态的时间也相应较长，这是边缘排水系统的不足之处。

（2）排水基层的排水系统

排水基层排水系统是直接在路面面层下设置透水性排水基层，渗入路面结构中的水分，先通过竖向渗流进入透水层，然后横向渗流到路基边坡以外，或进入纵向集水沟和管，再由横向出水管排引出路基。由于自由水进入排水基层的渗流路径短，在高透水性材料中渗流的速度快，排水效果好，因此，在高速公路和一级公路新建路面时可采用此方案。排水基层在实施时通常采用全宽式与组合式两种。

①全宽式排水基层。排水基层可修筑成全宽式，渗入基层的水分横向直接排流到路基边坡坡面以外，见图 7-28。这种形式便于施工，但存在一个主要缺点，排水层在坡面出口处易于生长杂草或被其他杂物堵塞，使用几年后排泄渗入水便出现困难，造成路面结构出现损坏，因此，使用这种形式的排水基层必须克服上述缺点。

排水基层由水泥或沥青处治不含或含少量 4.75mm 以下粒径细集料的开级配碎石集料组成，或者由未经结合料处治的开级配碎石集料组成。厚度按所需排水量和基层材料的渗透系数通过水力计算确定，并满足最小厚度的要求，采用沥青处治碎石时，最小厚度不得小于 6cm；采用水泥处治碎石时，最小厚度不得小于 8cm；采用级配碎石时，最小厚度不得小于 12cm。作为路面结构的基层，也可按承受荷载的需要增加排水基层的厚度，但须对结构设计方案（增加其他结构层的强度还是增加排水基层的厚度）进行经济、技术比较确定。

排水基层下必须设置反滤层和不透水垫层。不透水垫层主要防止表面水下渗入垫层，

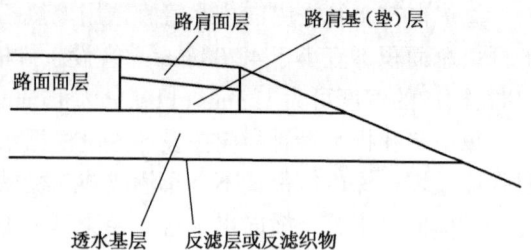

图 7-28　全宽透水基层

浸湿垫层和路基。反滤层主要是防止垫层或路基土中的细粒进入排水基层而造成堵塞。根据经验,未经水泥或沥青处治的开级配碎石集料,在施工过程中易出现离析,碾压时不易稳定,在使用中易出现推移变形,并且难以承担重载作用,因而在一般情况下不采用未经处治的碎石集料作排水基层。对水泥混凝土路面,宜采用水泥处治开级配碎石集料,对沥青混凝土路面,宜采用沥青处治碎石集料。集料的级配组成情况对基层的排水作用至关重要,目前我国大多是借鉴国外一些排水基层的集料级配情况及相应的渗透系数。

排水基层的集料应选用洁净、坚硬的碎石,其压碎值不得大于28%。采用沥青处治时,最大公称粒径宜为16mm;采用水泥处治时,最大公称粒径宜为19mm;最大公称粒径不得超过层厚的2/3,粒径4.75mm以下细料的含量不得大于10%。混合集料级配应满足透水性要求,且渗透系数不得小于300m/d。水泥处治碎石集料的水泥用量不得少于160kg/m³,其7d浸水抗压强度不得低于3MPa。沥青处治碎石集料的沥青用量可为集料烘干质量的2.5%～4.5%。

②组合式排水基层。为克服全宽式排水基层的缺点,可设置组合式的排水基层。此种方式的排水系统由排水基层、纵向集水沟管和横向出水管等组成,是全宽式排水基层与路面边缘排水系统的组合,在新建道路中常采用,如图7-29所示。排水基层的设计、施工要求同全宽式排水基层。排水基层的宽度应根据面层施工需要确定,宜超出面层宽度30～90cm。纵向集水沟管以及横向出水管的要求同路面边缘排水系统。纵向集水沟中的填料采用与排水基层相同的透水性材料。集水沟的下部设置带槽口或圆孔的纵向排水管,并间隔适当距离设置不带槽孔的横向出水管。集水沟、纵向排水管和出水管的尺寸和布设要求可按边缘排水系统设置。

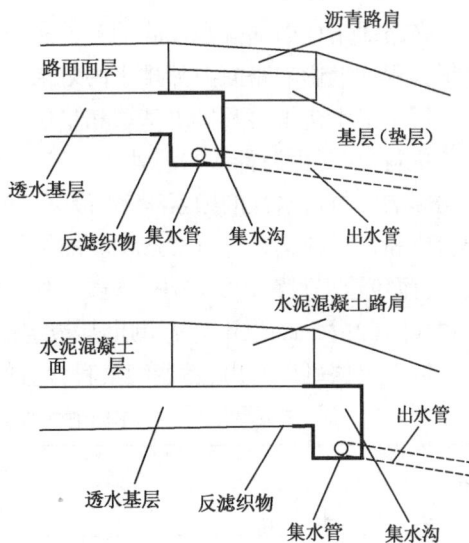

图7-29 设纵向集水沟和管的透水基层排水系统

(3)排水垫层的排水系统

当路基存在地下水、临时滞水或泉水时,为拦截这些水进入路面结构,或者迅速排除因负温差作用而积聚在路基上层的自由水,可直接在路基顶面设置由开级配粒料组成的全宽式透水性排水垫层,并根据具体情况相应配置反滤层、纵向集水沟和管、横向出水管等组成排水系统。具体布置方案为:当路基为路堤时,水向路基坡面外排流,见图7-30。当路基为路堑或半路堑时,挖方坡脚处须设置纵向集水沟、排水管和横向排水管,见图7-31。

排水垫层选用开级配集料(砂或砂砾石),其级配应满足下列排水和反滤的要求:

$$5d_{15} \leqslant D_{15} \leqslant 5d_{85}$$

$$D_{50} \leqslant 25d_{50}$$

$$\frac{D_{60}}{D_{10}} \leqslant 20$$

式中:D_x——开级配集料在通过率为$x\%$时的粒径(mm);

d_x——路基土级配在通过率为 $x\%$ 时的粒径(mm)。

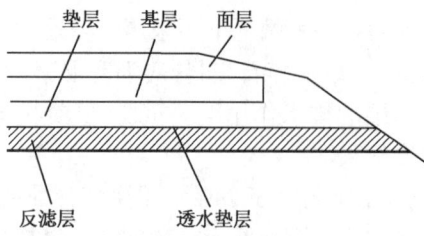

图 7-30　路堤上透水垫层

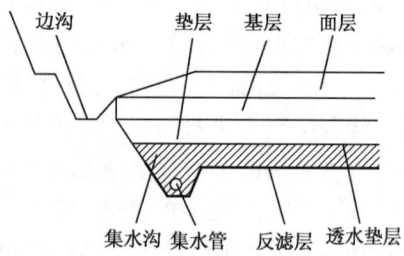

图 7-31　路堑上透水垫层

3.透水性材料

在路面结构内部排水设施的各种实施方案中,均与透水性材料密不可分。集料的透水性在很大程度上影响路面内部排水的效果。

用于集水沟填料及排水基层和垫层的透水性材料,可采用未经结合料处治的碎石、砾石或矿渣集料,或者由沥青或水泥处治的碎石、砾石集料等。

影响集料透水性的因素很多,最关键的是集料的级配和粒径。据有关资料报道,对不同级配组成和粒径的集料进行渗透试验的结果表明,单粒级或开级配集料的透水性远大于密级配集料,而随着集料粒径的减小,渗透系数下降。对于用作基垫层的粒料,分别剔除其级配的细集料粒组(2.36mm 以下)后,测定其透水性,结果列于表 7-4。由表 7-4 中各种粒料组成的渗透系数测定值可以看出,随着细集料含量的减少,粒料的渗透系数增加,透水性提高。

不同细集料含量对粒料透水性的影响　　　　表 7-4

编号	通过下列筛孔(mm)百分率(%)											密度 (mg/m^3)	渗透系数 (m/d)
	19	12.5	9.5	4.75	2.36	2.00	0.83	0.425	0.25	0.11	0.075		
1	100	85	77.5	58.5	42.5	39	26.5	18.5	13.0	6.0	0	1.938	3.05
2	100	84	76	56	39	35	22	13.3	7.5	0	0	1.874	33.53
3	100	83	74	52.5	34	30	15.5	63	0	0	0	1.842	97.54
4	100	81.5	72.5	49	29.5	25	9.8	0	0	0	0	1.778	304.8
5	100	79.5	69.5	43.5	22	17	0	0	0	0	0	1.666	792.5
6	100	75	63	32	5.8	0	0	0	0	0	0	1.618	914.4

表 7-5 为细粒土(粒径为 0.075mm 以下)含量对粒料透水性的影响,可以看出,细粒土含量越多,粒料的透水性越低,因此,透水性材料可以通过在基层、垫层集料的级配中除去部分细料(细粒土和细集料)后得到。

不同细粒土含量对粒料渗透系数(m/d)的影响　　　　表 7-5

细粒土(粒径≤0.075mm)含量(%)	0	5	10	15
硅石或石灰石	3.05	2.13×10^{-2}	2.44×10^{-2}	0.91×10^{-2}
粉土	3.05	2.44×10^{-2}	3.05×10^{-3}	6.10×10^{-4}
黏土	3.05	3.05×10^{-2}	1.52×10^{-3}	2.74×10^{-4}

表7-6是美国一些州所采用的未经结合料处治的透水材料的级配组成及其渗透系数值，表中最后两行为美国 AASHTO 的两种标准粗集料的级配。

未经结合料处治的透水性集料的级配组成及其渗透系数　　表7-6

编号	通过下列筛孔(mm)百分率(%)														渗透系数(m/d)
	50	37.5	25	19	12.5	9.5	4.75	2.36	2.00	1.18	0.83	0.425	0.300	0.075	
KY		100	95~100	—	25~60		0~10	0~5	—					0~2	6 090
WI			100	90~100	—	20~55	0~10	0~5	—						5 481
AL		100	96~100	81~89	63~68	53~58	36~39	21~26		10~12			1~7	0~3	613.4
NJ		100	95~100	—	60~80		40~55	5~25		0~8			0~5	—	609
PA	100	—	—	52~100	—	35~65	8~40	—		0~12	0~8			0~5	304.5
MI		100	—	—	0~90		0~8								304.5
IA			100	—	50~80			10~35					0~15	0~6	152.2
MN			100	65~100	—	35~70	20~45	—	8~25			2~10		0~3	60.9
OH	100	—	70~100	50~90	—	30~60						7~30		0~13	60.9
A—57		100	95~100	—	25~60		0~10	0~5	—						10 553
A—67			100	90~100	—	20~55	0~10	0~5	—						14 640

采用沥青或水泥处治开级配集料，可以提高透水性材料的稳定性和强度。一些试验测定结果表明，经结合料处治后，集料的透水性降低不多，而沥青处治集料的透水性一般略大于水泥处治集料。表7-7列出了国外一些单位所采用的沥青或水泥处治透水性集料的级配组成。

沥青或水泥处治透水性集料的级配组成　　表7-7

材料类型	通过下列筛孔的百分率(%)										渗透系数(m/d)
	37.5	25	19	12.5	9.5	4.75	2.36	1.18	0.30	0.075	
沥青处治①		100	90~100	35~65	20~45	0~10	0~5	—	—	0~2	4 757
沥青处治②		100	50~100	—	15~85	0~5	—			0~4	
沥青处治③	100	70~98	50~85	28~62	15~50	15±5	3~20	2~15	0~7	0~5	2 214
沥青处治④		85~100	60~90	30~65	15~50	0~20	0~15	—			
沥青处治⑤	100	95~100	—	25~60		0~10	0~5				9 485
沥青处治⑥		100	90~100	—	20~55	0~10	0~5				11 224
水泥处治①	100	88~100	52~85		15~38	0~16	0~6				1 200
水泥处治②	100	95~100	—	25~60		0~10	0~5	—	—	0~2	6 100
水泥处治③		100	90~100	—	20~55	0~10	0~5				6 466

我国1996年在广东省325国道的水泥混凝土路面改建段上，修筑的水泥稳定碎石排水基层，以及1997年在上海浦东远东大道的沥青路面上，修筑的水泥稳定碎石和沥青稳定碎石排水基层，都采用了表7-7中沥青处治①的级配范围。水泥稳定碎石的集料与水泥质量比为8:1（广东）或9:1（上海），水灰比为0.44，试件的28d抗压强度和弯拉强度相应为7.65MPa和1.72MPa（广东）或9.0%和2.83MPa（上海）。沥青稳定碎石的沥青用量为1.8%。

上海试验段排水基层的芯样孔隙率测定结果为19.8%~23.6%（水泥稳定碎石，松铺系数 1.17 ~ 1.22,6 ~ 8t 光轮压路机碾压 2 遍）和 24.0% ~ 26.7%（沥青稳定碎石,松铺系数 1.15 ~ 1.20,6 ~ 8t 光轮压路机碾压 3 或 4 遍）。

从做过的试验路的经验来看,排水基层、垫层的施工需严格控制施工工艺过程（摊铺、压实、温度）,才能使路段排水层的孔隙率（透水性）、厚度（设计高程）和平整度达到预定要求。路面结构内部排水设施,在国外已研究并运用多年,在我国还仅仅是开始,尚需逐步积累实践经验,通过试验研究对一些问题进行深入的探讨。这些问题包括:表面水设计渗入量的合理确定,透水材料的组成与透水性和力学性能的关系,排水层和集水沟渗流量的计算方法,排水设施设计孔隙率的施工控制和检验方法,各项排水设施的耐久性和维护（维修）方法,采用内部排水设施对路面结构设计的影响,其他新型排水设施和方法等。

第四节　桥 面 排 水

桥面上的积水可使交通阻滞,行车出现飘滑等现象。为保障桥面行车安全畅通,防止桥面结构受降水侵蚀而影响其耐久性,除在桥面铺装内设置防水层外,还应设置完善的桥面排水系统。其要求是排水及时,安全可靠,施工养护方便。

一、一般原则

跨越公路、铁路、通航河流的桥梁以及城市高架桥,落在桥面上的降水通过桥面横坡和纵坡排流至泄水口后,应汇集到纵向排水管（或排水槽）,并通过设在墩台处的竖向排水管（落水管）流入地面排水设施或河流中（图 7-32）,可避免桥下的行人、车辆或船只受到桥面水的冲淋。跨越一般河流、水沟的桥梁以及桥下无行人或车辆通行的高架桥,则可允许桥面表面水直接由泄水管排出,但仍须注意避免排放的水侵蚀临近的上部结构或冲刷墩台构件。

当桥面纵坡大于 2%,桥长小于 50m 时,雨水可流至桥头从桥头引道排除,桥上就不再设置专门的泄水管道,但应在桥头引道的两侧设置引水槽,防止雨水冲刷引桥路基。

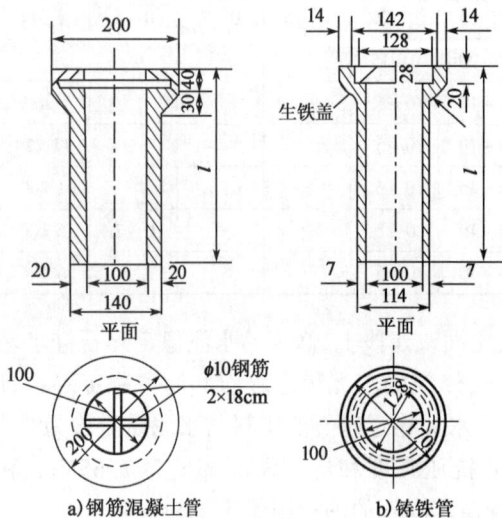

图 7-32　竖向排水管(尺寸单位:cm)

二、排水设施

1. 桥面横坡

桥面表面水首先靠桥面横坡和纵坡组成的合成坡排向行车道两侧或一侧汇流,然后汇集于由缘石或护栏和桥面组成的过水断面内,因而,桥面必须要有足够的横向坡度,通常可采用与路面相同的坡度。在雨量大的地区,为了减少过水断面的漫流宽度,防止雨水侵入行车道,或者增加泄水口,或者适当增加桥面横向坡度。

2. 泄水口与泄水管

泄水口宜设置在桥面行车道边缘处。泄水口的间距可依据设计径流量计算确定,但最大间距不宜超过 20m。在桥面伸缩缝的上游方向应增设泄水口，在凹形竖曲线的最低点及其前后 3～5m 处也应各设置一个泄水口。

一般情况，当桥梁纵坡大于 2%，桥长超过 50m 时，泄水口间距为 12～15m；当桥梁纵坡小于 2%，泄水口间距为 6～8m。

由于设置泄水口，部分桥面板钢筋被切断，泄水口周围应设置补强钢筋，使之具有足够的强度承受车辆荷载作用。

泄水管的横截面面积一般按 3 倍的设计径流量考虑，通常采用铸铁管或钢筋混凝土管。可采用圆形或矩形两种断面形式。圆形泄水管的直径宜为 15～20cm，矩形泄水口的宽度宜为 20～30cm，长度为 30～40cm。泄水口顶部应采用格栅盖板，其顶面应比周围路面低 5～10mm，其构造如图 7-33 所示。在设双向坡的桥面上，泄水管可沿行车道两侧左右对称排列，也可交错排列；在设单向坡的桥面上，泄水管沿行车道一侧排列。对于一些低等级公路上跨径不大，不设人行道的小桥，有时可简化构造和节省材料，也有直接在行车道两侧的安全带或缘石上预留横向孔道，用铁管、竹管等将水排出桥外，见图 7-34。这种排水系统因孔道坡度平缓，易于堵塞，需加强养护，确保排水畅通。

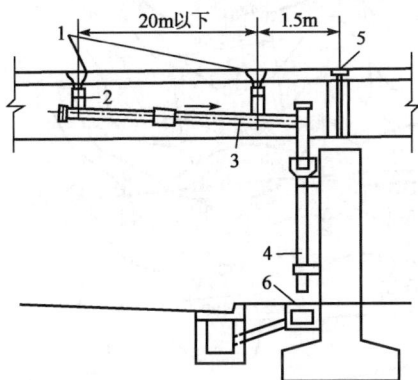

图 7-33 常用泄水管的构造
1-泄水口；2-泄水管；3-纵向排水管；4-竖向排水管（落水管）；5-伸缩缝装置；6-地面进水口

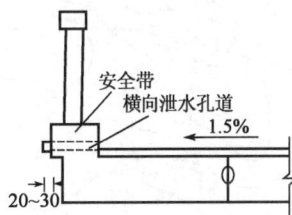

图 7-34 横向排水孔道的设置（尺寸单位：mm）

3. 排水管与排水槽

排水管与排水槽的作用是迅速将泄水管中的水引出，通常排水管或排水槽设置在悬臂板的外侧或护栏内，当有景观要求时，对裸露的排水管或排水槽，可采取遮盖或装饰处理措施予以遮掩。排水管可采用铸铁管、塑料管或钢管，其内径应大于泄水管的内径。排水槽宜采用铝质或钢质材料，也可用水泥混凝土预制件，其横断面为矩形或 U 形，宽度和深度均宜为 20cm 左右。纵向排水管或排水槽的坡度不得小于 0.5%。桥面伸缩缝处的纵向排水管或排水槽应设置可供伸缩的柔性套筒。寒冷地区的竖向排水管，其末端宜距地面 50cm 以上。

第五节 综合排水系统设计

上述各类排水设备，均系针对某一水源，为满足某一方面的要求而设置。在实际工程中，由于自然条件、路线布置及其他人为因素的不同，情况往往比较复杂，对于某些重点路段，需要进行路基路面排水的综合设计,以提高排水效果,发挥各类排水设备的优点,降低工程费用。

综合设计的含义,包括地面排水与地下排水设备的协调配合,路面排水设备与路基排水设备以及它们与桥涵等泄水结构物的合理布置,排水工程与防护加固工程的相互配合,路基排水与沿线农田水利规划及有关其他基本建设项目之间的联系等。但主要目的在于确保路基路面的强度和稳定性,提高道路的使用效果。

路面表面水通过路拱横坡、路肩排水系统和中央分隔带排水系统,或排至路基边沟,或排至地下排水管道等地下排水系统,甚至直接排离路基。而路基边沟汇集的水和截水沟拦截的流向路基边坡的水,或地下排水管道汇集的水等,通过排水沟、跌水及急流槽或排水管道排至桥涵处,或直接排至天然水系,形成一个完整的综合排水系统。图 7-35 为某路线路基排水系统的综合设计平面布置图。

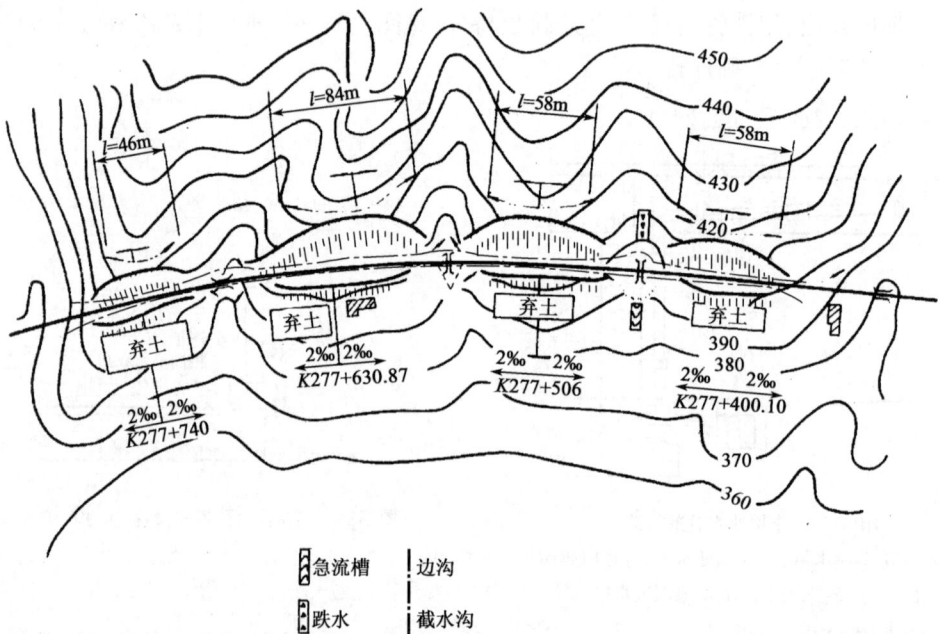

图 7-35　路基排水综合设计平面布置图例

【复习题】

1. 简述道路排水设计的意义。
2. 路基地面排水设施有哪些?它们各适用于哪种情况?
3. 比较公路工程中边沟与截水沟的异同。
4. 路基地下排水设施有哪些?它们各适用于哪种情况?
5. 渗沟按构造不同分哪几类?它们各适用于哪种情况?
6. 路面表面排水有哪几种形式?

7. 在哪些情况下需要做路面结构内部排水设计? 可做哪些排水设施?

8. 路堤与路堑相接处的排水设施应如何设计?

9. 常见的沟渠加固类型有哪些? 与沟底纵坡有何关系?

10. 在城市道路交叉口,如何合理布置雨水口?

路基路面养护与管理

掌握路基技术状况的评价指标及检测方法、路基养护的对象及主要技术措施、路面技术状况调查的内容、检测方法与评价指标,熟悉沥青路面和水泥混凝土路面养护的措施,了解各国路面管理系统的特点和我国路面管理系统的基本结构与组成。

第一节 概　　述

一、道路养护管理内容

道路是一种综合设施,其在投入使用之后需要不断地进行养护和管理。道路养护管理主要包括:路基、路面、桥涵及其他排水工程设施、防护工程、交通工程设施、其他附属设施的养护与管理。

随着我国经济的发展和人民生活水平的不断提高,对道路交通的要求也在不断提高,进行道路技术改造是一项重要的任务。

道路养护主要有以下任务:

(1)道路养护工作必须贯彻"预防为主、防治结合"的方针,加强预防性养护,提高道路的抗灾能力。

根据积累的技术经济资料和当地具体情况,通过科学分析,做好预测和防范工作,减少或消除导致道路损毁的因素,保证道路设施的耐久性和抗灾能力。特别应做好雨季的防护工作,避免或减少水毁损失。

(2)加强道路及其沿线设施的基本技术状况调查,及时发现和消除隐患。

按照现行的道路技术状况评定标准规定的方法进行道路技术状况调查,掌握道路技术现况,发现问题及时解决。

(3)保持道路及其沿线设施良好的技术状况,及时修复损坏部分,保证道路行车安全、畅通、舒适。

(4)吸收和采用新技术、新工艺、新材料和新设备,采取科学的技术措施,不断提高道路养护工程质量,有效延长道路的使用寿命,降低道路设施的寿命周期成本,提高养护资金使用效率。

(5)通过在道路养护过程中采用新技术、新工艺、新材料、新设备,不断提高养护技术水平和养护工程质量,推进技术进步;在养护决策中逐步树立全寿命周期成本的理念,采用科学的决策方法,最大限度地发挥资金的使用效率。

(6)加强道路的技术改造,以适应交通事业的不断发展。

二、养护工程分类

按照道路养护作业性质、工程范围和工程量大小、技术难度,我国道路养护工程划分为小修保养工程、中修工程、大修工程和改建工程四类,主要工作内容如表8-1所示。

1. 小修保养工程

对道路及其沿线设施经常进行维护保养和修补其轻微损坏部分的作业,使之经常保持完好状态。

2. 中修工程

对道路及其沿线设施的一般性损坏部分进行定期的修理加固,以恢复道路原有技术状况的工程。

道路养护工程分类及主要内容　　　　　　　　　　　　　表8-1

工程项目	小 修 保 养	中 修 工 程	大 修 工 程	改 建 工 程
路基	保养:整理路肩、边坡,修剪路肩、分隔带草木、清除杂物,保持路容整洁;疏通边沟、保持排水系统畅通;清除挡土墙、护栏滋生的有碍设施功能发挥的杂草修理伸缩缝,疏通泄水孔及清除松动石块;路缘带的修理。 小修:小段开挖边沟、截水沟或分期铺砌边沟;消除零星塌方、填补路基缺口,轻微翻浆沉箱的处理;桥头接线或桥头、涵顶跳车的处理;修理挡土墙护坡护道泄水槽护栏和防冰雪设施等局部损坏,局部加固路肩	1. 局部加宽,加高路基或改善个别急弯、陡坡、视距; 2. 全面修理,接长或个别增建挡土墙、护坡、护坡道、泄水槽、护栏及铺砌边沟; 3. 清除较大塌方,大面积翻浆、沉陷处理; 4. 整段开挖边沟、截水沟或铺砌边沟; 5. 过水路面的处理; 6. 平交道口的改善; 7. 整段加固路基	1. 在原路技术等级内整段改善路线; 2. 拆除、重建或增建较大挡土墙、护坡等防护工程; 3. 大塌方的清除及善后处理	整段加宽路基,改善公路线形,提高技术等级

工程项目	小 修 保 养	中 修 工 程	大 修 工 程	改 建 工 程
路面	保养：清除路面泥土、杂物，保持路面整洁；排除路面积水、积雪、积冰、积砂，装防滑料、灭尘剂或压实积雪维持交通；砂土路面刮平、修理车辙；碎砾石路面匀扫面砂、加面砂、洒水润湿、刮平波浪、修补磨耗层；处理沥青路面的泛油、拥包、裂缝、松散等病害；水泥混凝土路面日常清缝、灌缝及堵塞裂缝；路缘石的修理和刷白。 小修：局部处理砂石路的翻浆变形，添加稳定料；碎砾石路面修补坑槽、沉降、修理磨耗层或扫浆铺砂；桥头、涵顶跳车的处理；沥青路面修补坑槽、沉陷，处理波浪、局部龟裂、啃边等病害；水泥混凝土路面板块的局部修理	1. 砂石路面处理翻浆和调整横坡； 2. 碎砾石路面局部路段加厚、加宽调整路拱，加铺磨耗层，处理严重病害； 3. 沥青路面整段封层罩面； 4. 沥青路面严重病害处理； 5. 水泥混凝土路面严重病害处理； 6. 水泥混凝土路面接缝材料的整段更换； 7. 整段安装、更换路缘石； 8. 桥头搭板或过渡路面的整修	1. 整段用稳定材料改善土路； 2. 整段加宽、加厚或翻修重铺碎砾石路面； 3. 整修或补强重铺铺装、简易铺装路面； 4. 补强、重铺或加宽铺装、简易铺装路面	1. 整线整段提高公路技术等级，铺筑铺装、简易铺筑路面； 2. 新铺碎砾石路面； 3. 水泥混凝土路面病害处理后，补强或改造为沥青混凝土路面
桥梁涵洞隧道	保养：清除污泥、积雪、积冰，杂物，保持桥面清洁；疏通涵管、疏导桥下河槽；伸缩缝养护，泄水孔疏通、钢支座加润滑油、栏杆油漆；桥涵的日常保养；保持隧道内及洞口清洁。 小修：局部修理、更换栏杆和修理泄水孔、伸缩缝、支座和桥面的局部轻微损坏；修补墩、台及河床铺底和防护圬工的微小损坏；涵洞进出口铺砌的加固处理；通道的局部维修和疏通修理排水沟；清除隧道口碎落岩石和修理圬工接缝，处理渗漏水	1. 修理、更换木桥的较大损坏构件及防腐； 2. 修理更换中小桥支座、伸缩缝及个别构件； 3. 大中型钢桥的全面油漆除锈和各部构件的检修； 4. 永久性桥墩、台侧墙及桥面的修理和小型桥面的加宽； 5. 重建、增建、接长涵洞； 6. 桥梁河床铺底或调治构造物的修复和加固； 7. 隧道的局部防护和加固； 8. 通道的修理与加固； 9. 排水设施的更新； 10. 各类排水泵站的修理	1. 原技术等级内的加宽、加高、加固大中型桥梁； 2. 改建、增建小型桥梁和技术性简单的中桥； 3. 增改建较大的河床铺底和永久性调治构造物； 4. 吊桥、斜拉桥的修理与个别索的调整更换； 5. 大桥桥面铺装的更换； 6. 大桥支座、伸缩缝的修理更换； 7. 通道的改建； 8. 隧道的通风很热照明、排水设施的大修或更新； 9. 隧道的较大防护、加固工程	1. 提高公路技术等级，加固、加宽、加高大中桥梁； 2. 增改建小型立体交叉； 3. 增建公路通道； 4. 新建渡口的公路接线、码头引线
交通工程及沿线设施	保养：标志牌、里程碑、百米桩、界牌、轮廓标等的埋置、维护或定期清洗。 小修：护栏、隔离栅、轮廓标、标志牌、里程碑、百米桩、防雪栏栅等的修理、油漆或部分添置更换；路面标线的局部补画	全线新设或更换永久性标志牌、里程碑、百米桩、轮廓标、界标等；护栏、隔离栅、防雪栏栅的全面修理更换；整段路面标线的画设；通信、监控、收费、供配电设施的维护	护栏、隔离栅、防雪栏栅的增设；通信、监控、收费、供配电设施的更新	整段增设护栏、隔离栅；整段增设通信、监控、收费、供配电设施的维护

续上表

工程项目	小修保养	中修工程	大修工程	改建工程
绿化	保养:行道树、花草的抚育、抹芽、修剪、治虫、施肥;苗圃内幼苗的抚育、灭虫、施肥、除草。 小修:行道树、花草缺株的补植;行道树冬季刷白	更新、新植行道树、花草、开辟苗圃等		

3. 大修工程

对道路及其沿线设施的较大损坏进行周期性的综合修理,以全面恢复到原技术标准的工程。

4. 改建工程

对公路及其沿线设施因不适应现有交通量和荷载需要而进行全线或逐段提高技术等级指标,显著提高其通行能力的较大工程项目。

对于当年发生较大自然灾害公路的抢修和修复工程一般列为专项工程。对当年不能修复的项目,视其规模大小,列入下年度的中修大修或改建工程计划。

三、公路技术状况评定

为了加强公路养护管理工作,科学评定现有公路技术状况和服务水平,必须按照《公路技术状况评定标准》(JTG H20—2007)对现有公路技术状况进行科学的检测与评定。

公路技术状况评定以 1 000m 路段长度为基本评定单元,所需数据的最低检测与调查频率按表8-2 的规定执行。公路技术状况评价包含路面、路基、桥隧构造物和沿线设施四部分内容,采用公路技术状况指数 MQI 来表征。

路面使用性能评价最低检测与调查频率　　　　　　　　　　表8-2

检测内容			检测频率				
			路面损坏 (PQI)	路面平整度 (RQI)	抗滑性能 (SRI)	路面车辙 (RDI)	结构强度 (PSSI)
路面 PQI	沥青路面	高速公路、一级公路	1 年 1 次	1 年 1 次	2 年 1 次	1 年 1 次	抽样检测
		二、三、四级公路	1 年 1 次	1 年 1 次			
	水泥混凝 土路面	高速公路、一级公路	1 年 1 次	1 年 1 次	2 年 1 次		
		二、三、四级公路	1 年 1 次	1 年 1 次			
	砂石		1 年 1 次				
路基 SCI			1 年 1 次				
桥隧构造物 BCI			采用最新桥梁、隧道、涵洞技术状况评定结果				
沿线设施 TCI			1 年 1 次				

公路技术状况指数 MQI 按式(8-1)计算:

$$\text{MQI} = w_{\text{PQI}}\text{PQI} + w_{\text{SCI}}\text{SCI} + w_{\text{BCI}}\text{BCI} + w_{\text{TCI}}\text{TCI} \tag{8-1}$$

式中:MQI——公路技术状况指数(Maintenance Quality Indicator);

PQI——路面使用性能指数(Pavement Quality or Performance Index);

SCI——路基技术状况指数(Subgrade Condition Index);

BCI——桥隧构造物技术状况指数(Bridge,Tunnel and Culvert Condition Index);

TCI——沿线设施技术状况指数(Traffic-facility Condition Index);

w_{PQI}——PQI 在 MQI 中的权重,取值为 0.70;

w_{SCI}——SCI 在 MQI 中的权重,取值为 0.08;

w_{BCI}——BCI 在 MQI 中的权重,取值为 0.12;

w_{TCI}——TCI 在 MQI 中的权重,取值为 0.10。

公路技术状况分为优、良、中、次、差五个等级,公路技术状况等级按表 8-3 规定的标准确定。

公路技术状况评定标准

表 8-3

评价等级	优	良	中	次	差
MQI 及各级分项指标	≥90	≥80,<90	≥70,<80	≥60,<70	<60

第二节　路基技术状况评价与养护

一、公路路基养护评价指标体系

路基的稳定性和强度直接影响路面的平整度和强度,是保证路面稳定的前提条件。一方面,路基质量的好坏,会直接影响路面的使用性能,进而对道路行车的舒适性、安全性和行驶速度产生重大影响。另一方面,路面的损坏,往往和路基构造物的破损、路基的排水不畅有着密切关系。近年来,伴随着我国公路建设里程的不断增长,交通部门对路基性能的要求也逐步提高。然而由于我国公路建设环境复杂,路基工程受温度、雨水等外部环境的破坏严重,往往不能满足高等级公路对路基的稳定性和强度的要求。因此,在公路日常管理中有必要对路基的工作性能进行评价,从而为路基的养护工作提供参考和决策依据。

公路路基养护评价指标体系是一套用来评价等级公路路基及其使用性能的指标体系,主要用来对公路路基的整体性能做初步判断及评价,为道路养护管理工作者提供参考,同时也为公路日常养护管理提供依据。路基技术状况评价指标的选择要能够反映出路基的特性,能够提供路基的主客观信息和养护质量性能。

根据《公路技术状况评定标准》(JTG H20—2007),我国将路基的损害分为 8 类,分别为路肩边沟不洁、路肩损坏、边坡坍塌、水毁冲沟、路基构造物损坏、路缘石破损、路基沉降和排水系统淤塞。在路基损坏中,不同的路基损坏类型会对路基损坏和公路运营产生不同的影响效果。为了反映不同类型损坏的影响程度,《公路技术状况评定标准》(JTG H20—2007)在路基损坏扣分标准中引入了权重参数,如表 8-4 所示。

路基损坏扣分标准

表 8-4

类型 i	损坏名称	损坏程度	计量单位	单位扣分	权　重
1	路肩边沟不洁	—	m	0.5	0.05
2	路肩损坏	轻	m²	1	0.10
		重		2	

类 型 i	损 坏 名 称	损 坏 程 度	计 量 单 位	单 位 扣 分	权 重
3	边坡坍塌	轻	处	20	0.25
		中		30	
		重		50	
4	水毁冲沟	轻	处	20	0.25
		中		30	
		重		50	
5	路基构造物损坏	轻	处	20	0.10
		中		30	
		重		50	
6	路缘石缺损	—	m	4	0.05
7	路基沉降	轻	处	20	0.10
		中		30	
		重		50	
8	排水系统淤塞	轻	m	1	0.10
		重	处	20	

根据现场路基病害人工调查情况,《公路技术状况评定标准》(JTG H20—2007)中路基技术状况用路基技术状况指数(SCI)评价,按式(8-2)计算。

$$\text{SCI} = \sum_{i=1}^{8} w_i (100 - GD_{i\text{SCI}}) \tag{8-2}$$

式中:$GD_{i\text{SCI}}$——第 i 类路基损坏的总扣分(Global Deduction),最高分值为100,按表8-5的规定计算;

$\quad\quad w_i$——第 i 类路基损坏的权重,按表8-5的规定取值;

$\quad\quad i$——路基损坏类型。

公路管理部门在进行路基状况调查时,可参照表8-5进行,计算路基技术状况指数(SCI),从而对路基使用状态进行评价,建立相应的路基养护对策。

路基损坏调查表 表8-5

路线名称:		调查方向:			调查时间:		调查人员:							累计损坏
调查内容	程度	单位扣分	权重 w_i	计量单位	起点桩号: 路段长度:		终点桩号: 路面宽度:							
					1	2	3	4	5	6	7	8	9	10
路肩边沟不洁		0.5	0.05	m										
路肩损坏	轻	1	0.1	m²										
	重	2												
边坡坍塌	轻	20	0.25	处										
	中	30												
	重	50												

路线名称：			调查方向：				调查时间：			调查人员：				累计损坏
调查内容	程度	单位扣分	权重 w_i	计量单位			起点桩号：			终点桩号：				
							路段长度：			路面宽度：				
					1	2	3	4	5	6	7	8	9	10
水毁冲沟	轻	20	0.25	处										
	中	30												
	重	50												
路基构造物损坏	轻	20	0.1	处										
	中	30												
	重	50												
路缘石缺损		4	0.05	m										
路基沉降	轻	20	0.1	处										
	中	30												
	重	50												
排水系统淤塞	轻	1	0.1	m										
	重	20		处										

评定结果：	计算方法：
SCI =	$$SCI = \sum_{i=1}^{8} w_i (100 - GD_{iSCI})$$

二、路基养护的工作内容

为了保证路基的坚实和稳定，保证排水性能良好，使各部分尺寸和坡度符合规定，及时消除不稳定的因素，并尽可能地提高路基的技术状况，必须对路基进行及时的养护、维修与改善，路基养护工作的主要内容包括以下几个方面。

（1）维修、加固路肩边坡及错道。

（2）疏通、改善、铺砌排水系统。对边沟、截水沟、排水沟以及暗沟（管）等排水设施，应及时排除堵塞，疏导水流，保持水流畅通，并结合地形、地质、纵坡、流速等情况，综合考虑铺砌加固。

（3）维护、修理各种防护构造物及透水路堤，管理并保护好公路两旁用地。公路沿线的防护构造物包括护坡、护面墙、石笼、植树、铺草皮、丁坝、顺坝以及各种类型的挡土墙等，要保证这些构造物完整无损，发挥其对路基防护与加固的作用。

（4）观察、预防、处理滑坡、翻浆、泥石流、坍方及其他路基病害，及时清除坍方、积雪，及时检查路基的各种险情并向上级报告，加强对水毁的预防与治理。

（5）有计划地局部加宽、加高路基，改善急弯、陡坡和视距，使之逐步达到所要求的技术标准和服务水平。

三、路基养护的基本要求

我国《公路养护技术规范》（JTG H10—2009）对公路养护的质量要求是：保持路面清洁，横坡适度,行车舒适;路肩整洁,边坡稳定,排水通畅;构造物完好;沿线设施完善;绿化协调美观,逐步实现 GBM 工程,力争构成畅、洁、绿、美的公路交通环境。具体到路基部分,必须保持路基土的密实,排水性能良好,各部尺寸和坡度符合要求,及时消除不稳定因素。路基养护工作应符合下列基本要求:

(1)加强日常巡查,发现病害及时处理,保持良好的技术状态,各部尺寸符合原设计标准。

(2)路肩无坑洼、缺口等病害;横坡适度、边缘适顺、表面平整,与路面接茬平顺无错台。

(3)边坡稳定、坚固,平顺无冲沟、松散,坡度满足设计要求。

(4)边沟、排水沟、截水沟等排水设施完好有效,无淤塞,纵坡顺适,排水畅通,进出口完好,路基范围不积水。

(5)挡土墙、护坡等防护设施保持良好无损坏,泄水孔无堵塞。

(6)做好水毁、边坡坍塌、泥石流等自然灾害的巡查、防治和抢修工作。

四、路基养护的对象与措施

结合路基养护的基本要求,确定路基养护评价的研究对象为路肩、边坡、排水设施和挡土墙四个部分。

1.路肩

路肩是路基基本构造中的一部分,分为硬路肩和土路肩两大类。路肩是保证路基、行车道等主要结构的整体稳定性和排除路面雨水的重要结构物,同时也是为确保临时停车所需两侧余宽的重要组成部分。如果养护不当,路肩松软,往往使路面边缘发生毁坏,从而影响到路基路面的强度、稳定性和日常行车安全。

路肩养护与维修工作的重点是减少或消除水对路肩的危害,主要方法如下:

(1)用粒料加固土路肩或有计划地铺成硬路肩。

(2)在陡坡路段的路肩和边坡上全范围人工植草,以防冲刷。

(3)设置截水明槽,应自纵坡坡顶起,每隔 20m 左右两侧交叉设置 30 ~ 50cm 宽的斜向截水明槽,并用碎石填平,同时在路肩边缘处设置高 10cm、顶宽 10cm、底宽 20cm 的拦水土埂,在每条截水明槽处留一淌水缺口,其下边的边坡用草皮或砌石加固,使雨水集中在截水明槽内排出。路肩上严禁种植农作物和堆放任何杂物。如有养路材料需要存放,应在公路以外连接路肩处,根据地形条件,选择适宜地点设置堆料台,堆料台间距以 200 ~ 500m 为宜。

2.边坡

边坡包括路堑边坡和路堤边坡。边坡养护与维修工作的重点是保持其稳定性,即边坡坡面应经常保持平顺、坚实、无裂缝。严禁在边坡上及路堤坡脚、护坡道上挖土取料或种植农作物。

对于石质路堑边坡,应经常注意边坡坡面岩石风化发展情况以及边坡上的危岩、浮石的变动,发现问题,及时采取适当的措施处理,如抹面、喷浆、勾缝、灌浆、嵌补、锚固等,以免堵塞边沟或危及行车和行人。

对于土质路堑边坡、碎落台、护坡道等,如经常出现缺口、冲沟、沉陷、塌落或受洪水、边沟流水冲刷及浸水时,应根据水流、土质等情况,选用种草、铺草皮、栽灌木丛、铺柴束、篱格填石、投放石笼、干砌或浆砌片石护坡等措施,进行防护和加固。

3. 排水设施

路基排水系统能否正常工作，直接影响到路基的稳定性。因此，加强对各排水设施的日常养护与维修，是确保路基稳定的关键环节。

对边沟、截水沟、排水沟以及暗沟（管）等排水设施，在春融前，特别是汛前，应全面进行检查，雨中必须上路巡查，及时排除堵塞、疏导水流，保持水流通畅，并防止水流集中冲坏路基。暴雨后应进行重点检查，如有冲刷、损坏，须及时修理加固；如有堵塞，应立即清除。针对现有排水系统不完善的部分逐步加以改进、完善，充分发挥各种排水设施的功能。例如，对有积水的边沟应将水引至附近低洼处；对疏松土质或黏土上的沟渠，需结合地形、地质、纵坡、流速等实际情况，综合考虑加固。在养护管理工作中，如发现渗沟、盲沟出水口处长草、堵塞，应进行清除和冲洗；对有管渗沟应经常检查疏浚，以保证管内水流通畅；如发现反滤层淤塞失效，则应翻修，并剔除其中较小颗粒的砂石，以保证其空隙，便利排水；如位置不当，则应另建渗沟或盲沟。

4. 挡土墙

挡土墙是支承路基填土或山坡土体，防止路基填土或山坡岩土坍塌而修筑的承受土体侧压力的墙式构造物，主要用来支撑天然边坡或人工填土边坡，以保证土体的稳定。挡土墙主要有重力式挡土墙、悬臂式挡土墙、扶臂式挡土墙、柱板式挡土墙、锚杆式挡土墙、加筋土挡土墙等不同的结构形式。

挡土墙的日常养护除经常检查外，还应在每年春秋两季进行定期检查。在北方冰冻严重地区，尤应注意检查挡土墙在冰冻融化后墙身及基础的变化情况以及在冻前采取的防护措施。另外，在气候反常、地震或超载重车通过等特殊情况下，还应进行专门检查。发现裂缝、断裂、倾斜、鼓肚、滑动、下沉、表面风化、泄水孔不通、墙后积水、周围地基错台或出现空隙等情况，应查明原因，并观察其发展情况，采取合理的措施进行修理加固，同时建立技术档案备查。

挡土墙的泄水孔应保持通畅，如有堵塞，应加以疏通，疏通困难时，应视墙后地下水情况或增设泄水孔，或加做墙后排水设施。注意不能使墙后积水，否则将增大墙后土压力，甚至有挤倒、挤裂墙身的可能。

五、特殊地区的路基养护

1. 黄土地区路基养护

黄土主要分布在昆仑山、秦岭、山东半岛以北的干旱和半干旱地区，其中，以黄土高原的黄土沉积最为典型。黄土具有易溶蚀和湿陷性特征，并且土中的粉粒含量较大且无层理，较易产生路基病害，主要表现为：①沥青面层的裂缝；②路基边坡坡面的冲蚀、剥落；③填方路基的不均匀沉陷。

对于黄土地区路基病害的处理，主要有以下两种措施：

（1）植物防护

植物防护是指在公路的边坡上种植草皮和树木，利用其根系吸收地表的水分并固着土壤，减缓水流速度并减轻雨水对边坡的冲刷，保护边坡的稳定性。

（2）增设排水设施

对于雨水冲刷频繁且作用较大，未设置足够排水设施的病害部位，应根据水量大小，增设排水设施,尽量减小或消除地表水或地下水对路基的侵蚀。

2. 盐渍土地区路基养护

地表1m内含有易溶解的盐类超过0.3%时,该地表土称为盐渍土。我国西北、东北等气候干旱地区以及沿海平原地区分布着大面积的盐渍土,其含盐量通常是5%~20%,有的高达60%~70%。由于土中含有易溶盐,使土的物理、力学性质发生变化,导致路基易发生湿陷或坍陷等病害。

盐渍土地区路基除了在设计上要优化路基高度、路基宽度及边坡坡度外,在日常养护管理中也要采取相应措施,主要措施有:

(1)加固边坡

硫酸盐渍土路基,可采用废砖、卵石、黏土平铺于路堤边坡上,起到边坡加固和保护的作用,防止边坡被风化侵蚀或人为破坏。

(2)保持排水畅通良好

盐渍土较易受到雨水、冰雪融水的淋溶,含水率大,极易导致路基发软、强度减弱而降低承载能力,保持排水畅通良好尤为重要。

(3)按时保质进行路基养护

春融或秋冬季节,路肩易膨胀出现隆起,有时甚至翻浆,此类情况多是由地面水造成的,按时保质进行路基养护,及时铲去隆起部分,使地面水及时地排出,也可防范病害产生。

3. 沙漠地区路基养护

沙漠地区气候干燥、雨量稀少、风沙大,地表植被稀疏低矮,容易发生边坡或路肩被风蚀而破坏或路基被风、积沙掩埋等现象。风蚀使路基上的沙粒或土颗粒被风吹走,路基被削低、淘空和坍塌,从而使路基宽度和高度减小;风蚀的程度与风力、风向、路基形式、填料组成及防护措施有关。应在公路两侧种植植物,加强管理和维护,并有计划地补植防沙植物,做到勤检查、勤浇灌、勤修整,保证植被的完整与繁衍。

沙漠地区路基养护工作主要是:

(1)保护公路两侧原有的覆盖设施和沙障、石笼、风力减速堤、防沙栅等。

(2)对公路上的积沙要及时清除,运到路基下风侧20m以外的地形开阔处摊撒开,路肩上不要堆放任何材料及杂物,以免造成沙拥堵。

(3)维护路基两侧已有植物的正常生长,并有计划地补植防沙树木等。

4. 多年冻土地区路基养护

在年平均气温低于零摄氏度的条件下,地下形成一层能长期保持冻结状态的土,这种土叫多年冻土。我国的兴安岭和青藏高原的高寒地区分布有成片的多年冻土,天山、阿尔泰山以及祁连山等地也有零星分布。低温地带的多年冻土往往含有大量水分或夹有冰层,并有一些不良的地质现象,导致路基产生病害。路基病害主要有:路堑边坡坍塌;路基底发生不均匀沉陷;由于水分向路基上部集聚而引起冻胀、翻浆;路基底的冰丘、冰堆往往使路基鼓胀,引起路基、路面的开裂与变形,而溶解后又发生不均匀沉陷。因此,多年冻土地区路基养护,应采取"保护冻土"的原则,尽量避免扰动冻土。对多年冻土地区的路基养护可以采取以下措施:

(1)公路防雪设施应维持原有状态。对倒毁残缺的,应修理加固或补充;设置不当的应纠正,使其发挥防雪作用。

（2）路基填方高度不宜小于1m，即除满足不同地区、气候、水文、土壤等路基填筑的最小高度外，再另加50cm保护层。若受到地形限制，路基填筑高度不够时，应铺筑保温隔离层，隔离材料可采用泥炭、炉渣、碎砖等，防止热熔对冻土的破坏。

（3）加强排水，防止地表积水，保持路基干燥，减少水融，做到最大限度地保护冻土。

（4）养护材料要尽量选用砂砾等非冻胀性材料，不要选用黏土、重黏土之类毛细作用强、冻胀性大的养护材料，防护构造物应选用耐融性材料，选用防水、干硬性砂浆和混凝土时，在冰冻深度范围其强度等级应提高一级。

第三节　路面技术状况调查内容与方法

在交通荷载和自然环境的综合作用下，道路路面会逐渐变得凹凸不平，表面也会出现形形色色的破损现象。这些破损会随着时间的推移而日趋严重，到达一定程度后会影响汽车行驶速度、行车时间、行驶安全性和道路运输费用。路面管理工作者只有在准确地掌握现有路面的状况之后，并合理评估和预测，根据实际破损情况对路面使用性能和汽车运输费用及行车舒适性的影响，才能制定合理的养护对策及养护费用分配。所以对于现有路面状况的数据调查和质量评价是养护管理系统中最基本、也是必不可少的一项工作。

路面技术状况的调查内容主要包括路面的损坏状况、路面平整度、路面车辙、路面抗滑性能和路面承载能力五个方面的内容。

一、检测与调查单元

公路技术状况检测以1 000m路段为基本检测或调查单元。

公路技术状况数据按上行方向（桩号递增方向）和下行方向（桩号递减方向）分别检测，二、三、四级公路可不分上下行。

采用快速检测方法检测路面使用性能评定所需数据时，每个检测方向至少检测一个主要行车道。

二、路面损坏状况的调查内容及方法

1.路面损坏状况的调查内容

路面的损坏状况，反映了路面在行车和自然因素作用下保持完整性或完好的程度。要对路面的损坏状况进行调查，须从以下三方面进行：

①损坏类型。

②损坏严重程度。

③出现损坏的范围或密度。

综合这三方面，才能对路面结构的损坏状况做出全面的估计。

（1）损坏类型

路面损坏状况是反映路面整体稳定性与其结构完整性的一个指标，按其性状可分为裂缝类、松散类、变形类、接缝类及其他五大类，每类破损所包含的内容见表8-6。

路面损坏分类 表 8-6

分 类	沥 青 路 面	水泥混凝土路面
裂缝类	龟裂、不规则裂缝、纵裂、横裂	纵向、横向、斜向裂缝、断角、交叉裂缝
松散类	坑槽(含啃边)、松散(含脱皮、麻面)	露骨、剥落、坑洞
变形类	沉陷、车辙、波浪、拥包	唧泥、错台、拱起、沉陷
接缝类	—	接缝类材料破坏、接缝破碎
其他	泛油、修补损坏	修补损坏

（2）损坏分级

路面损坏都有一个产生和发展的过程,在这过程中,处于不同阶段的损坏对于路面使用性能有不同程度的影响。如水泥路面裂缝初现时,裂缝细微,边缘处材料完整,因而对行车舒适性的影响极小,裂缝间也尚有较高的传荷能力;而发展到后期,缝隙变得很宽,边缘处严重碎裂,行车出现较大颠簸,而裂缝间已几乎无传荷能力。因而,为了区别同一种损坏对路面实用性能的不同影响程度,对各种损坏须按其影响的严重程度划分为几个等级(一般 2 ~ 3 个等级)。

对断裂或裂缝类损坏,分级时主要考虑对结构整体性影响的程度,可采用缝隙宽度、边缘碎裂程度、裂缝发展情况等指标表征。对于变形类损坏,主要考虑对行车舒适性的影响程度,可采用平整度作为指标进行分级。对于表面损坏类,往往可以不分级。具体指标和分级标准,可根据各地区的特点和其他考虑,经过调查分析后确定。损坏严重程度分级的调查,往往通过目测进行。为了使不同调查人员得到大致相同的判别,对分级的标准要有明确的定义和规定。

各种损坏出现的范围,对于沥青路面,通常按面积、长度或条数量测,除以被调查子路段的面积或长度后,以损坏密度计(以% 或 $\sum$ 条数/子路段长表示)。而对于水泥混凝土路面,调查出现该种损坏的板块数,以损坏板块数占该子路段总板块数的百分率计。

2.路面损坏状况的调查方法

路面损坏状况检测,宜采用自动化的快速检测方法,条件不具备时,可人工检测。

（1）采用快速检测设备检测路面损坏时,应纵向连续检测,横向检测宽度不得小于车道宽度的70%。检测设备应能够分辨1mm以上的路面裂缝,检测结果宜采用计算机自动识别,识别准确率应达到90%以上。

（2）采用人工方法调查时,调查范围应包含所有行车道,按表8-7和表8-8规定的损坏类型实地调查。有条件的地区,可借助便携式路况数据采集仪进行现场调查、汇总、计算与评定。紧急停车带按路肩处理。

沥青路面损坏类型和权重 表 8-7

类 型	损坏名称	损坏程度	权 重	计量单位
1	龟裂	轻	0.6	面积 m²
2		中	0.8	
3		重	1.0	
4	块状裂缝	轻	0.6	面积 m²
5		重	0.8	
6	纵向裂缝	轻	0.6	长度 m
7		重	1.0	(影响宽度0.2m)

续上表

类　　型	损坏名称	损坏程度	权　　重	计量单位
8 9	横向裂缝	轻 重	0.6 1.0	长度 m （影响宽度 0.2m）
10 11	坑槽	轻 重	0.8 1.0	面积 m²
12 13	松散	轻 重	0.6 1.0	面积 m²
14 15	沉陷	轻 重	0.6 1.0	面积 m²
16 17	车辙	轻 重	0.6 1.0	长度 m （影响宽度 0.4m）
18 19	波浪、拥包	轻 重	0.6 1.0	面积 m²
20	泛油		0.2	面积 m²

水泥混凝土路面损坏类型和权重　　　　表 8-8

类　　型	损坏名称	损坏程度	权　　重	计量单位
1 2	破碎板	轻 重	0.8 1.0	面积 m²
3 4 5	裂缝	轻 中 重	0.6 0.8 1.0	长度 m （影响宽度 0.4m）
6 7 8	板角断裂	轻 中 重	0.6 0.8 1.0	长度 m （影响宽度 0.4m）
9 10	错台	轻 重	0.6 1.0	长度 m （影响宽度 0.4m）
11	唧泥		1.0	长度 m （影响宽度 0.4m）
12 13 14	边角剥落	轻 中 重	0.6 0.8 1.0	长度 m （影响宽度 0.4m）
15 16	接缝料损坏	轻 重	0.4 0.6	长度 m （影响宽度 0.4m）
17	坑洞		1.0	面积 m²
18	拱起		1.0	面积 m²
19	露骨		0.3	面积 m²
20	修补		0.1	面积 m²

路面损坏检测数据应以 100m（人工检测）或 10m（快速检测）为单位长期保存。

三、路面平整度状况的调查内容及方法

从路面状况的角度看，影响路面行驶质量的主要因素是路面平整度。路面平整度可定义为路表面诱使行驶车辆出现振动的高程变化。

随着车辆荷载的反复作用,以及周围环境(温度和湿度)的周期变化影响和路面龄期的增加,路面平整度逐渐下降。当平整度下降到某一限值时,路面的行驶质量不能满足行车对路面的基本功能要求,便需采取改建或重建措施改善平整度,以恢复路面的功能。

路面平整度宜采用快速检测设备,可结合路面损坏和车辙一并检测。单独检测路面平整度时,宜采用高精度的断面类检测设备。路面平整度检测设备必须定期标定,每年至少标定一次,标定的相关系数应大于0.95。条件不具备的三、四级公路,路面平整度可采用3m直尺人工检测。

路面平整度测定方法可分为两大类型:断面类平整度测定、反应类平整度测定。

1. 断面类平整度测定

断面类平整度测定是直接沿行驶车辆的轮迹量测路面表面的高程,得到路表纵断面,通过数学分析后采用综合统计量作为其平整度指标。

属于这一类的方法主要有以下三种。

(1)水准测量:采用水准测量和水准尺沿轮迹测路面表面的高程,由此得到精确的路表纵断面。这是一种测定结果较稳定的简便方法,但速度很慢,很费工。

(2)梁式断面仪:用3m长的梁(或直尺)连续测量轮迹处路表同梁底的高程差,由此得到路表纵断面。这种方法较水准测量的测定速度要快些。

(3)惯性断面仪:在测试车车身上安置竖向加速度计,以测定行驶车辆的竖向位置变化。车身同路表面之间的距离,利用激光、超声等传感器进行测定。将两方面测定的结果叠加后,便可得到路表纵断面。

2. 反应类平整度测定

反应类平整度测定系统是在主车或拖车上安装由传感器和显示器组成的仪器。可以传感和累积车辆以一定速度驶经不平路表面时悬挂系统的竖向位移量。显示器记下的测定值,通常是一个计数数值,每计一个数相应于一定的悬挂系位移量。

反应类平整度测定系统的优点是价格低廉,操作简便,可用于大范围的路面平整度快速测定。然而,由于这类测定系统是对路面平整度的一个间接度量,其测定结果同测试车辆的动态反应状况有关,也即随测试车辆机械系统的振动特性和车辆行驶的速度而变化。因而,它存在三项主要缺点。

(1)时间稳定性差:同一台仪器在不同时期测定的结果,会因车辆振动特性随时间的变化而不一致。

(2)转换性差:不同部门测定的结果,由于所用测试车辆振动特性的差异而难以进行对比。

(3)不能给出路表的纵断面。

反应类平整度仪测定的结果,通常以车辆行驶一段距离后的累积计数值表示。如果把每一种反应类平整度仪的计数以相应的悬挂系竖向位移量表示,则测定结果可表示为 m/km,它反映了单位行驶距离内悬挂系的累积竖向行程。这是一个类似于坡度的单位,称作平均调整坡(ARS)。

3. 国际平整度指数

为克服上述时间稳定性差的缺点,需经常对测定仪器进行标定。标定路段的平整度采用断面类平整度测定方法测定。测定仪在标定路段上的测定结果与标准结果建立回归关系,即为标定曲线或公式。利用标定曲线或公式,可将不同时期的测定结果进行转换。

为克服上述转换性差的缺点,通常采用国际平整度指数,以便把不同仪器或不同部门测定的结果,统一转换成以这个通用指标表示的平整度值。

不同反应类平整度仪之间可以建立良好的相关关系,但这种关系只能在测定速度相同的条件下才能成立。因而,必须按速度分别建立回归方程。

国际平整度指数(IRI)是一项标准化的平整度指标。它同反应类平整度测定系统类似,但是采用数学模型模拟 1/4 车(即单轮,类似于拖车)以规定速度(80km/h)行驶在路面断面上,分析行驶距离内悬挂系统由于动态反应而产生的累积竖向位移量,分析结果也以 m/km 表示。因而,这一指标与反应类仪器的 ARS 相似,称作参照平均调整坡。

在量测到路表纵断面的高程资料后,便可利用程序计算该段路面平整度的国际平整度指数 IRI 值。对标定路段的平整度,按上述方法用国际平整度指数表征,而后同反应类平整仪的测定结果建立标定曲线,则使用此类标定曲线便可克服反应类平整度仪转换性差的缺点。

四、路面车辙调查内容

路面车辙宜采用快速检测设备,可结合路面损坏和路面平整度一并检测。路面车辙检测设备必须定期标定,每年至少标定一次。根据断面数据计算路面车辙深度（RD）,计算结果应以 10m 为单位长期保存。

五、路面抗滑性能的调查内容以及方法

路面抗滑性能是指车辆轮胎受到制动时沿路表面滑移所产生的抗滑力。通常,抗滑性能被看作是路面的表面特性,并定义为:

$$f = \frac{F}{W} \tag{8-3}$$

式中:F——作用于路表面的摩阻力;

W——作用在路表面的垂直荷载。

然而,笼统地说路面具有某一摩阻系数是不确切的,应该对轮胎在路面上的滑移条件给予规定。不同的条件和测定方法,可以得到不相同的摩阻系数值。因此,需规定标准的测定方法和条件。

抗滑性能可采用五种方法评定:制动距离法、锁轮拖车法、偏转轮拖车法、摆式仪法和构造深度。

1. 制动距离法

以一定速度在潮湿路面上行驶的 4 轮小客车或轻货车,当 4 个车轮被制动时,车辆减速滑移到停止的距离,可用以表征非稳态的抗滑性能,以制动距离数表示:

$$SDN = \frac{v^2}{225L_s} \tag{8-4}$$

式中:v——制动开始作用时车辆的速度(km/h);

L_s——滑移到停车的距离(m)。

测试路段应为路面混合料组成均匀、磨耗均匀和龄期相同的平直路段。测试前和每次测定之间,先洒水润湿路表面到完全饱和。制动速度以 64.4km/h 为标准速度。也可采用其他速度,但不宜低于 32km/h。

2. 锁轮拖车法

装有标准试验轮胎的单轮拖车,由汽车拖拉,以要求的测定速度在洒水润湿的路面上行驶。抱锁测试轮,通过测定牵引力确定在载重和速度不变的状态下拖拉测试轮时作用在轮胎和路面间的摩阻力。以滑移指数 SN 表征路面的抗滑性能:

$$SN = \frac{F_b}{W} \times 100 \tag{8-5}$$

式中:F_b——作用于试验轮胎上的摩阻力(N);

　　　W——作用在轮胎上的垂直荷载(N)。

轮上的载重为 4 826N,标准测试速度为 64.4km/h。牵引力由力传感器量测,速度由第五轮仪量测。

3. 偏转轮拖车法

拖车上安装有两只标准试验轮胎,它们对车辆行驶方向偏转一定的角度(7.5°~20°)。汽车拖拉以一定速度在潮湿路面上行驶时,试验轮胎受到侧向摩阻力的作用。记下此侧向摩阻力,除以作用在试验轮胎上的载重,可得到以侧向力系数 SFC(也称横向力系数)表征的路面抗滑性能:

$$SFC = \frac{F_s}{W} \tag{8-6}$$

式中:F_s——作用于试验轮胎上的侧向摩阻力(N);

　　　W——作用在轮胎上的垂直荷载(N)。

锁轮拖车法和偏转轮拖车法都具有测定时不影响路上交通,可连续并快速进行的优点。

4. 摆式仪法

这是一种主要在室内量测路面材料表面摩阻特性的仪器,也可用于野外量测局部路面范围的抗滑性能。

摆式仪的摆锤底面装一橡胶滑块,当摆锤从一定高度自由下摆时,滑动面同试验表面接触。由于两者间的摩擦而损耗部分能量,使摆锤只能回摆到一定高度。表面摩阻力越大,回摆高度越小。回摆高度直接从仪器上读得,以摆值 BPN 表示路面抗滑性能。

5. 构造深度

路面表面的构造深度(TD,Texture Depth)也称纹理深度,是路面粗糙度的重要指标,是指一定面积的路表面凹凸不平的井口空隙的平均深度。主要用于评定路面表面的宏观粗糙度、排水性能及抗滑性。

测试方法采用手工铺砂法或电动铺砂法,都是将已知体积的标准细砂摊铺在所要测试路面表面的测点上,量取摊平覆盖的面积,计算嵌入凹凸不平的表面空隙中的砂的体积与所覆盖平均面积之比,从而求得构造深度。这是目前工程上最为基本也是最为常用的方法。

我国高速公路、一级公路水混凝土路面一般路段的抗滑构造深度规定为不小于 0.7mm,且不大于 1.1mm;沥青混凝土路面的构造深度一般不小于 0.50mm。

六、路面承载能力的调查内容及方法

路面结构承载能力是指路面在达到预定的损坏状况之前还能承受的行车荷载作用次数,

或者还能使用的年数。

路面结构承载能力的测定，可分为破损类和无破损类两种。前者从路面各结构层内钻取试样，试验确定其各项计算参数，通过同设计标准相比较，估算其结构承载能力。无破损类测定则通过路表的无破损弯沉测定，估算路面的结构承载能力。

1. 弯沉测定方法

柔性路面在汽车荷载作用下的弯沉量，可以反映路面结构的承载能力。路面的结构破坏可能是由于过量的竖向变形所造成的，也可能是由于某一结构层的断裂破坏所造成的。对于前者，采用最大弯沉值表征结构承载能力较合适；对于后者，则采用路表弯沉盆的曲率半径表征其承载能力更为合适。因而，理想的弯沉测定应包含最大弯沉值和弯沉盆两方面。

目前使用的弯沉测定系统有4种：贝克曼梁弯沉仪、自动弯沉仪、稳态动弯沉仪、脉冲弯沉仪（落锤弯沉仪 FWD）。前两种为静态测定，得到路表最大弯沉值。后两种为动态测定，可得到最大弯沉值和弯沉盆。贝克曼梁式弯沉仪测得的是最大回弹弯沉值，而自动弯沉仪测定的是最大总弯沉值，可连续进行弯沉测定。

轮载、轮压和加载时间是影响测定结果的三项加载条件。在测定前和测定过程中，必须认真检查是否符合标准的规定要求。

测定结果可点绘成弯沉断面图。由于影响承载能力的变量众多，可以预测各测点的弯沉值会有较大的变异。因而，通常采用统计方法对每一路段的弯沉值进行统计处理，以路段的代表弯沉值 l_0 表征该路段的承载能力。

路段的代表弯沉值 l_0 可按式(8-7)确定：

$$l_0 = (\bar{l}_0 + \lambda\sigma)K_1 K_2 K_3 \tag{8-7}$$

式中：l_0——路段的代表弯沉值（0.01mm）；

$\bar{l}_0$——路段的各测点弯沉的平均值，即 $\bar{l}_0 = \sum_1^n l_i / n$；

λ——控制保证率的系数，保证率为50%时，$\lambda = 0$；保证率为90%时，$\lambda = 1.282$；保证率为95%时，$\lambda = 1.64$；保证率为97.7%时，$\lambda = 2.00$；

K_1——季节影响系数；

K_2——湿度影响系数；

K_3——温度影响系数；

σ——该路段弯沉测定的标准偏差，计算公式为：

$$\sigma = \sqrt{\frac{\sum(l_i - \bar{l}_0)^2}{n-1}}$$

其中，n——该路段的测点数。

沥青面层的劲度随温度而变，路基的模量随湿度而变。因而，弯沉测定结果同测定时路面结构的温度和湿度状况有关。通常以20℃为标准测定温度，以最不利潮湿或春融季节作为测定时期。对于在其他环境条件下测定的结果，应进行温度和湿度修正。

由于气候、水文和土质条件的不同，各地区路基湿度和季节性变化规律不尽相同；并且，路面结构不同，路基湿度变化对路表弯沉值的影响程度也不一样。因而，考虑湿度变化的季节影响系数随地区、土质、路基潮湿类型、路面结构等因素而变，应依据当地具体条件建立的弯沉季节变化曲线,结合经验确定之。

测定路段的弯沉值如果变化很大,需进行分段统计,分别确定各段落的代表弯沉值。按统计方法对划分的相邻路段进行显著性检验,依据是否有显著差别抉择其是该分或合。

2.落锤式弯沉仪测定法

有条件时,采用落锤式弯沉仪(FWD)进行动态弯沉测定。落锤式弯沉仪不仅可用于评定路面承载能力,还可用作调查水泥混凝土路面接缝的传荷性能和板下的空洞等。对于高速公路和一级公路的路面强度,宜采用自动弯沉仪检测。但是,由于以往我国测定路面强度多采用贝克曼梁式弯沉仪,因此,需将落锤式弯沉仪测定的动态弯沉和自动弯沉仪测定的总弯沉,在相同条件的路面结构上,通过对比试验得出回归方程式,分别换算成贝克曼梁测定的回弹弯沉值,一般标定或对比路段的长度不小于300m。

第四节　路面技术状况评价与一般养护措施

一、路面技术状况的评价指标

我国从 20 世纪 80 年代开始接触路面管理系统,在借鉴国外相关研究成果的基础上,根据我国路面特点,建立了一系列路面评价模型。我国早期建立的路面评价模型深受美国 PSI 的影响,经过后续不断改进完善,形成了完善的路面评价指标体系。我国公路路面技术状况的各评价指标如图 8-1 所示,各评价指标的值域均为 0 ~ 100。

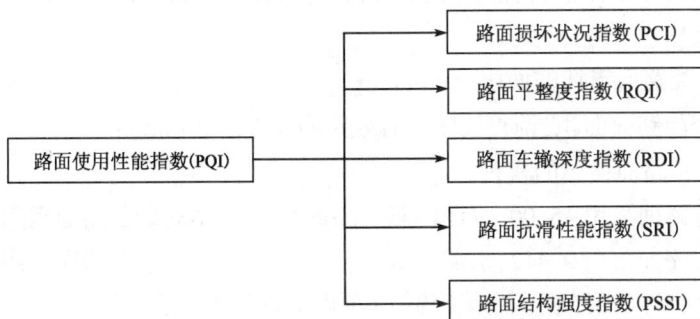

图 8-1　公路路面技术状况评价指标

PQI-路面使用性能指数(Pavement Quality or Performance Index);PCI-路面损坏状况指数(Pavement Surface Condition Index);RQI-路面行驶质量指数(Riding Quality Index);RDI-路面车辙深度指数(Rutting Depth Index);SRI-路面抗滑性能指数(Skidding Resistance Index);PSSI-路面结构强度指数(Pavement Structure Strength Index)

1.路面使用性能(PQI)

沥青路面使用性能评价包含路面损坏、平整度、车辙、抗滑性能和结构强度五项技术内容。其中,路面结构强度为抽样评定指标,单独计算与评定,评定范围根据路面大中修养护需求、路基的地质条件等自行确定。水泥混凝土路面使用性能评价包含路面损坏、平整度和抗滑性能三项技术内容。

路面使用性能指数(PQI)按式(8-8)计算:

$$PQI = w_{PCI}PCI + w_{RQI}RQI + w_{RDI}RDI + w_{SRI}SRI \tag{8-8}$$

式中：w_{PCI}——PCI 在 PQI 中的权重，按表8-9取值；

  w_{RQI}——RQI 在 PQI 中的权重，按表8-9取值；

  w_{RDI}——RDI 在 PQI 中的权重，按表8-9取值；

  w_{SRI}——SRI 在 PQI 中的权重，按表8-9取值。

PQI 分项指标权重   表8-9

路面类型	权重	高速公路	二、三、四级公路
沥青混凝土路面	w_{PCI}	0.35	0.6
	w_{RQI}	0.40	0.4
	w_{RDI}	0.15	—
	w_{SRI}	0.1	—
水泥混凝土路面	w_{PCI}	0.5	0.6
	w_{RQI}	0.4	0.4
	w_{SRI}	0.1	—

2. 路面损坏指数 PCI

路面损坏用路面损坏状况指数（PCI）评价，PCI 按式（8-9）和式（8-10）计算：

$$PCI = 100 - \alpha_0 DR^{\alpha_i} \tag{8-9}$$

$$DR = 100 \times \frac{\sum_{i=1}^{i_0} w_i A_i}{A} \tag{8-10}$$

式中：DR——路面破损率（Pavement Distress Ratio），为各种损坏的折合损坏面积之和与路面调查面积之百分比（%）；

  A_i——第 i 类路面损坏的面积（m^2）；

  A——调查的路面面积，调查长度与有效路面宽度之积（m^2）；

  w_i——第 i 类路面损坏的权重；

  α_0——沥青路面采用15.00，水泥混凝土路面采用10.66，砂石路面采用10.10；

  α_i——沥青路面采用0.412，水泥混凝土路面采用0.461，砂石路面采用0.487；

  i——考虑损坏程度（轻、中、重）的第 i 项路面损坏类型；

  i_0——包含损坏程度（轻、中、重）的损坏类型总数，沥青路面取21，水泥混凝土路面取20，砂石路面取6。

3. 路面行驶质量（RQI）

路面平整度用路面行驶质量指数（RQI）评价，按式（8-11）计算：

$$RQI = \frac{100}{1 + a_0 e^{a_1 IRI}} \tag{8-11}$$

式中：IRI——国际平整度指数（International Roughness Index, m/km）；

  a_1——高速公路和一级公路采用0.026，其他等级公路采用0.018 5；

  a_0——高速公路和一级公路采用0.65，其他等级公路采用0.58。

4. 路面车辙（RDI）

路面车辙用路面车辙深度指数（RDI）评价，按式（8-12）计算：

$$RDI = \begin{cases} 100 - a_0 RD & (RD \leq RD_a) \\ 60 - a_1(RD - RD_a) & (RD_a < RD \leq RD_b) \\ 0 & (RD > RD_b) \end{cases} \tag{8-12}$$

式中：RD——车辙深度（Rutting Depth，mm）；

RD_a——车辙深度参数，采用 20mm；

RD_b——车辙深度限值，采用 35mm；

a_0——模型参数，采用 2.0；

a_1——模型参数，采用 4.0。

5. 路面抗滑性能（SRI）

路面抗滑性能用路面抗滑性能指数（SRI）评价，按式（8-13）计算：

$$SRI = \frac{100 - SRI_{min}}{1 + a_0 e^{a_1 SFC}} + SRI_{min} \tag{8-13}$$

式中：SFC——横向力系数（Side-way Force Coefficient）；

SRI_{min}——标定参数，采用 35.0；

a_0——模型参数，采用 28.6；

a_1——模型参数，采用 −0.105。

6. 路面结构强度（PSSI）

路面结构强度用路面结构强度指数（PSSI）评价，按式（8-14）和式（8-15）计算：

$$PSSI = \frac{100}{1 + a_0 e^{a_1 SSI}} \tag{8-14}$$

$$SSI = \frac{l_d}{l_0} \tag{8-15}$$

式中：SSI——路面结构强度系数（Structure Strength Coefficient），为路面设计弯沉与实测代表弯沉之比；

l_d——路面设计弯沉（mm）；

l_0——实测代表弯沉（mm）；

a_0——模型参数，采用 15.71；

a_1——模型参数，采用 −5.19。

二、路面的养护要求

1. 公路沥青路面的养护要求

（1）对沥青路面应进行预防性、经常性和周期性养护，加强路况巡查，掌握路面的使用状况，根据路面的实际情况制订日常小修保养和经常性、预防性、周期性养护工程计划。对于较大范围路面损坏和达到或超过设计使用年限的路面，应及时安排大中修或改建工程。

（2）应及时掌握路面的使用状况，加强小修保养，及时修补各种破损，保持路面处于整洁、良好的技术状况。

（3）沥青路面养护工程使用的沥青、粗集料、细集料和填料的规格、质量要求、技术指标、级配组成及大修、中修、改建工程的设计、施工和质量控制，均应符合《公路沥青路面设计规范》（JTG D50—2017）和《公路沥青路面施工技术规范》（JTG F40—2004）的有关规定。

（4）沥青路面的技术状况评定应符合《公路技术状况评定标准》（JTG H20—2007）有关规定。

对沥青路面采取中修、大修、改建时，应遵守《公路养护技术规范》（JTG H10—2009）、《公路沥青路面施工技术规范》（JTG F40—2004）、《公路路基施工技术规范》（JTG F10—2006）、《公路路面基层施工技术细则》（JTG F20—2015）的有关规定。

（5）沥青路面质量的评定等级分为优、良、中、次、差5个等级，按现行《公路技术状况评定标准》（JTG H20）评定，并应按以下情况分别采取各种养护对策：

①在满足强度要求的前提下，当高速公路及一级公路的路面损坏状况指数（PCI）评价为优、良，或者二级及二级以下公路的路面损坏状况指数评价为优、良、中时，以日常养护为主，并对局部破损进行小修；当高速公路及一级公路的路面损坏状况指数（PCI）评价为中及中以下，或者二级及二级以下公路的路面损坏状况指数评价为次及次以下时，应采取中修罩面措施。

②在强度不能满足要求时，应采取大修补强措施以提高其承载能力。

③当高速公路及一级公路的路面行驶质量指数（RQI）评价为优、良，或者二级及二级以下公路的路面行驶质量指数评价为优、良、中时，以日常养护为主；当高速公路及一级公路的路面行驶质量指数（RQI）评价为中及中以下，或者二级及二级以下公路的路面行驶质量指数评价为次及次以下时，应采取罩面等措施改善路面的平整度。

④高速公路及一级公路抗滑能力不足（SFC<40）的路段，或二级及二级以下公路抗滑能力不足（SFC<35.5）的路段，应采取加铺罩面层等措施提高路表面的抗滑能力。

⑤当路面不适应现有交通量或荷载的需要时，应通过提高现有路面的等级或通过加宽等改建措施，提高公路的通行能力和服务质量。

⑥大中修及改建工程的路面结构类型和厚度，可根据公路等级、交通量、当地经济条件和已有经验，通过设计确定，具体要求应符合《公路养护技术规范》（JTG H10—2009）有关规定。

对项目级的养护维修对策，可根据公路网的资金分配情况和养护工作计划安排，结合各路况分项评价结果和本地区成熟的养护经验，选择具体的养护维修措施。

2. 公路水泥混凝土路面的养护技术

（1）水泥混凝土路面应做好预防性、经常性得保养和破损修补，及早发现缺陷，查清原因，采取适当措施，保持路面处于良好的技术状况与服务水平。

（2）应保持路容整洁，定期进行清扫保洁，清扫频率按《公路养护技术规范》（JTG H10—2009）要求执行。

（3）水泥混凝土路面的接缝应保持良好，表面平顺，对于填缝料的缺损或溢出，应及时填补或清除，并应防止泥土。砂石及其他杂物挤压进入缝内，影响混凝土路面板的正常伸缩。

（4）应经常检查和疏通路基路面排水设施，防止积水，以保护路面不受地面水和地下水的损害。

（5）应对路面的平整度、抗滑性能、相邻板高差、接缝填缝料凹凸等指标进行检查，凡不符合养护质量标准的，应及时维修或有计划地安排大中修或专项工程，予以改善和提高。

（6）水泥混凝土路面养护维修材料，必须具有足够的强度、耐久性和稳定性，以承受车辆的作用和抵抗自然环境的影响。

三、沥青路面的日常养护措施

（1）沥青路面的初期养护应按下列规定进行：

①摊铺、压实后的热拌沥青混合料路面，待摊铺层自然冷却，混合料表面温度低于50℃后方可开放交通。开放交通初期，应控制行驶车辆限速在20km/h以下，视表面成型情况，逐步恢复到设计时速。乳化沥青路面（含稀浆封层和微表处）的初期稳定性差，应设专人管理，按实际破乳情况，封闭交通2~6h。在未破乳的路段上，严禁一切车辆、人、畜通过；开放交通初期，应控制车速不超过20km/h，并不得制动和掉头。

②沥青贯入式路面及层铺法施工的沥青表面处治路面，应及时将行车驱散的面料回扫、扫匀、压实，以形成平整密实的上封层。

（2）沥青路面日常养护应按下列规定进行：

①加强路况巡查，及时发现病害，研究分析病害产生的原因，并有针对性地对病害进行维修处治。

②路面清扫应按下列规定进行。

巡查过程中，发现路面上有杂物，应及时清扫，保持路面整洁；路面的日常清扫，应根据实际情况，采用机械或人工的方法进行。

高速公路和一级公路应以机械清扫为主，其他等级可以机械和人工相结合进行清扫；二级和二级以上公路路面的清扫作业频率宜不少于1次/d，其他等级公路可根据路面污染程度、交通量大小及其组成、气候及环境等因素而定，但不宜少于1次/周，路面分隔带内的杂物清理宜不少于1次/月。

长隧道内和大型桥梁的清扫频率应适当增加。

清扫时，应防止产生扬尘而污染环境，危及行车安全，并及时清除和处理路面油类或化工类等沾污物。

③雨后路面积水应及时排除。

④在春融期，特别是汛期，应对排水设施进行全面检查并疏通。

⑤冬季降雪天气应及时除雪除冰，并采取必要的路面防滑措施。

⑥加强经常性和预防性的日常养护，以保障路面及沿线设施良好的技术状况。

⑦严禁履带车和铁轮车在沥青路面上直接行驶，如必须行驶，应采取相应保护措施。

四、水泥混凝土路面的日常养护措施

（1）水泥混凝土路面的日常巡查。

主要是对水泥混凝土路面外观状况进行的日常巡视检查。主要检查拱起、沉陷、错台等病害，以及路面油污、积水、结冰等诱发病害的因素和可能妨碍交通的路障。

①巡查频率应不小于1次/d。雨季、冰冻季节和遇台风暴雨等灾害性气候，应加强日常巡查工作。

②日常巡查可以车行为主，采用观察、目测及人工计量，定性与定量观测相结合，重要情况应予摄影或摄像。

③发现妨碍交通的路障应及时清除，一时无法清除的，应采取相应的安全措施。日常巡查结果应及时做好记录。

（2）水泥混凝土路面的定期检查：按一定周期对水泥混凝土路面的基本技术状况进行全面检查，主要检查内容按现行《公路技术状况评定标准》（JTG H20）执行。

（3）水泥混凝土路面的养护对策。

①高速公路及一级公路的路面损坏状况指数评价为优和良，二级及二级以下公路的路面损坏状况指数评价为中及中以上时，可采取日常养护和局部或个别板块修补措施。

②高速公路及一级公路的路面损坏状况指数评价为中或中以下，二级及二级以下公路的路面损坏状况指数评价为次及次以下时，就采取全路段修复或改善措施。

③高速公路及一级公路的路面行驶质量指数、抗滑性能指数评价为中及中以下，二级及二级以下公路的路面行驶质量指数、抗滑性能指数评价为次及次以下时，应分别采取措施，改善路面平整度，提高路表面的抗滑能力。

④路面结构承载能力不满足现有交通的要求时，应采取铺筑沥青混凝土或水泥混凝土加铺层措施，提高其承载能力。

第五节　路面管理系统（PMS）简介

一、路面管理与路面管理系统概论

路面在使用过程中，其使用性能会因行车荷载和环境因素的不断作用而逐渐变坏。路面使用性能的恶化，将增加车辆的运行费用，包括燃油、轮胎和保修材料的消耗以及行程时间等费用。因而，在路面使用期内，还需继续投入大量资金用以维护（包括养护和改建）路面，使之保持一定的使用性能。在资金充足的情况下，可以对所有不满足使用性能最低要求的路段及时采取养护或改建措施。然而，资金总是不充足的，就需要考虑怎样把有限的资金分配到最需要采取措施并能取得最佳效果的路段上，使现有的路网保持最佳的服务水平。因而，无论是新建路面或是维护现有路面，都需要进行有效的管理。

路面管理工作包括规划、设计、施工、养护、路况监测和评价、研究等方面。其主要内容和相互关系如图8-2所示。这些活动分属不同的管理层次，如规划活动主要关心的是路网级水平上的投资决策和计划安排，而设计或施工活动主要涉及各个工程项目的技术管理。

每个道路管理部门都必须考虑如何向上级申请投资和决定如何使用好分配到的资金。这就需要对路网内路面的使用性能进行监测，对其现状做出评价，由此确定哪些项目需要投资，在预算容许的范围内，按优先次序资助尽可能多的急需项目。项目优先次序的安排，需依据该项目的使用性能或服务水平现状决定。而路面的现状显然同其结构、荷载、环境和其他因素等历史状况有关，它是以前所做出的某些管理决策的结果，同样，目前所做出的管理决策也将对未来的路面状况产生影响。因此，做出管理决策时既要考虑它们的直接影响，也要预期它们对未来的影响，即不仅需考虑目前的需要和所需的费用，也要考虑对将来的需要和费用所带来的后果。

因此，路面管理是协调和控制同路面有关的各项活动，其目的是使管理部门通过这一过程能有效地将使用资源（资金、劳动力、机具设备、材料、能源）在预定使用期内提供并维持具有足够服务水平的路面。

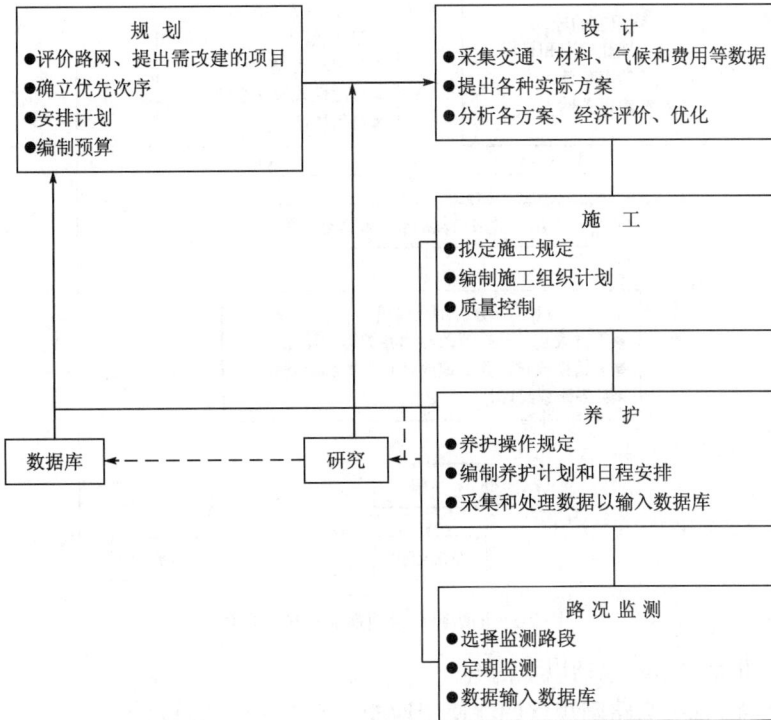

图 8-2　路面管理的组成

　　路面管理系统则是通过应用系统分析的方法,综合考虑技术、经济、社会和政治等方面因素,协调各项路面管理活动,促使路面管理过程系统化,它是为管理部门的决策人提供分析的工具和方法,帮助他们考虑和分析比较各项可能的对策,定量地预估各项对策的后效,在预定的标准和约束条件下,选用费用—效益最佳的方案。因而,路面管理系统的建立和实施,可以帮助管理部门改善所作出决策的效果,扩大决策的范围,为决策的效果提供反馈信息,以积累管理经验,并保证部门内各级单位决策的协调一致性。

二、路面管理与路面管理系统分级

路面管理系统,一般划分为网级管理系统和项目级管理系统两个层次。

1. 网级管理系统

网级路面管理系统通常包括一个地区,如省、市的公路网或一大批工程项目。其主要任务是为管理部门在进行关键性的行政决策时提供对策,包括以下内容。

(1)路况分析:路网内路面现有状况的分析及路面状况变化预估。

(2)路网规划:确定路网内需要新建、改建和养护的项目。

(3)安排计划:确定进行上述项目的合适时间和各项目的优先次序。

(4)预算安排:确定各年度的投资额。

(5)资源分配:各行政区域或不同等级道路或养护改建和新建之间的资源分配。

为实施上述任务,网级管理系统包含如图 8-3 所示的各项基本要素。

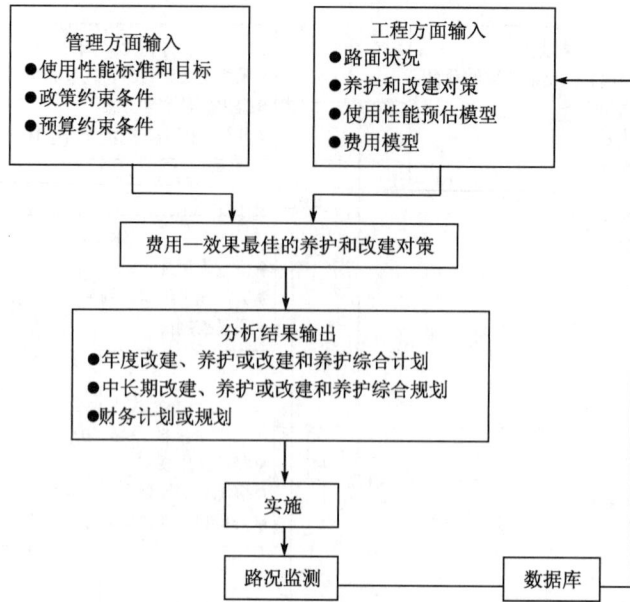

图 8-3　网级路面管理系统的基本要素

其中，管理方面的输入包括以下内容。

（1）使用性能目标：为路网规定的在使用性能方面应达到的总水平。

（2）政策约束条件：事先规定投资的地区分配比例或新建改建和养护的投资分配比例等。

（3）预算约束条件：可以用于路面工程的资金。

工程方面的输入包括以下内容。

（1）路面现状：调查、评定现有路面在结构和功能方面的使用性能状况。

（2）养护和改建对策：对不同类型和不同路况的路面拟定若干典型的养护和改建对策。

（3）使用性能预估模型：预测路面在结构和功能方面的使用性能随时间或交通量变化而变化的情况。

（4）费用模型：不同养护、改建对策的养护费用、建筑费用和用户费用等。

2.项目级路面管理系统

项目级管理系统仅针对一个工程项目。它的主要任务是为管理部门对某工程进行技术决策时提供对策，以选择费用—效果最佳的方案。

项目级管理系统的基本要素及其同网级管理系统的关系，如图 8-4 所示。由网级管理系统的输出，可以得到某一工程项目的三方面目标：行动目标（采取哪一种新建、改建或养护行动）、费用目标（可分配到的投资额）和使用性能目标（在预定期限内应具有的使用性能指标）。项目级管理系统则是通过进一步采集特定的现场资料，拟定备选路面方案，并结合具体条件进行详细的结构计算和经济分析，以确定采用费用—效果最佳或者更合理的行动方案。

三、路面管理系统的结构与组成

路面管理系统通常由三个子系统所组成：数据管理系统、网级管理系统和项目级管理系统。

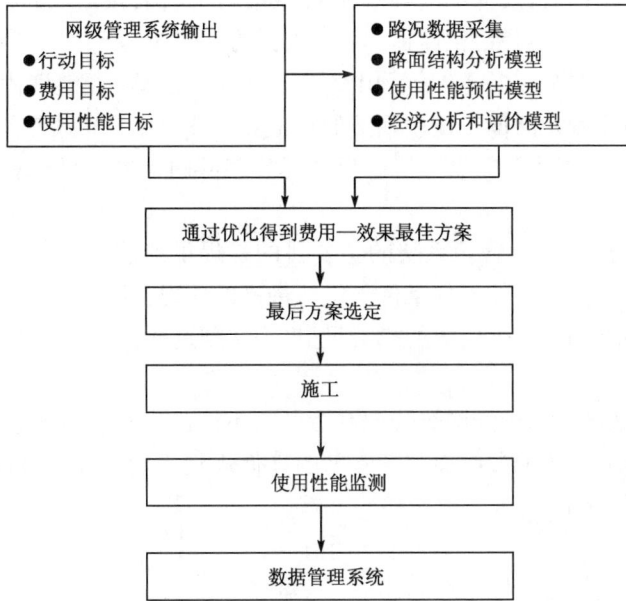

图 8-4 项目级路面管理系统基本要素

1. 数据管理系统

路面管理系统必须建立在大量信息的基础支撑上,才能保证系统提出的对策具有客观性。在数据管理基础上,必须以数据作为其子系统,通常包含下述四类信息。

(1)设计和施工数据:交通参数、道路等级及几何参数、路面厚度、所用材料及性质试验结果、路基土性质及试验结果等。

(2)养护和改建数据:曾进行过的养护和改建的类型、实施的日期和费用等。

(3)使用性能数据:包括行驶质量、路面损坏状况、结构承载能力和抗滑能力四方面,通过路况监测系统定期采集得到。

(4)其他:环境降水、温度、冰冻及材料单价等。

数据管理系统由两部分组成:数据库和路况监测(数据采集)系统。数据采集是一项既费时又费钱的工作,而数据库的容量又有一定限制,因此,在采集数据前,必须先仔细分析哪些数据是必需的,避免把非必需的数据纳入系统。

2. 网级管理系统

网级路面管理系统通常由下述几部分组成。

(1)使用性能评价模型:对于通过监测系统采集到的路况资料进行评级或评分,要由多方面的属性来表征路面所处的状态,例如损坏、平整度结构承载能力或抗滑能力等。

(2)使用性能预估模型:仅靠路况数据和评价,难以比较各种对策方案,或保证得到最佳对策,因为尚不知道采取某项对策后的效果(路况的变化)。因此,需建立使用性能预估模型,即建立处于某种状态的路面在采取某项养护或改建措施后路况的有关属性(使用性能参数)随时间或交通的变化关系。

(3)使用性能标准和养护改建对策模型:根据使用要求、经济分析和经济条件,为公路网规定路面使用性能标准。当路面的使用性能达不到这要求时须采取养护或改建措施,以恢复路况到可接受的状态。同时,要为不同等级和不同路况的路面,按当地的经验、条件和政策,制订出若干典型的养护和改建对策,供需提出各种对策方案时参考。

(4)费用模型:包括建筑费用、养护费用和用户费用三部分。建筑费用是指新建或改建时的一次投资。养护费用则是路面在使用期间的日常养护费。用户费用是指使用道路的车辆所担负的运行费、行程时间费和延误费等。它反映了公路部门提供的投资和服务水平所产生的直接社会效益。

(5)优先次序或优化:建立管理系统的主要目的是提供最佳的路网养护和改建对策。这些对策能使整个路网在预算受约束的条件下维持最高的路况(服务)水平,或者使整个路网在满足最低使用性能标准的条件下所需的投资最少,为实现这一目标,可以采用不同的优先规划或优化方法。

目前,各国和各地区所建立的网级管理系统各具不同的形式。有的包含使用性能预估模型,有的并未包含,有的简单地按路面服务水平的高低规划先后次序,有的则采用线性规划或整数规划法,以达到优化的目的。

3.项目级管理系统

项目级管理系统的组成基本上与网级系统相同。由于项目级系统的主要任务是为网级系统所确定的工程项目提供在预定分析期内的费用—效果最佳的改建方案,因此,必须采集更为详细和结合当地情况的资料,并进行具体的结构和功能分析。项目级和网级所采用的使用性能参数基本相同,但在数据采集和路况评价方面有重要差别。

四、路面管理系统的功能

路面管理系统的功能主要表现在以下几方面:

(1)通过监测系统采集到的客观数据评价道路的技术现状。

(2)利用具有一定可靠度的使用性能预估模型,预测各种养护和改建对策的后期效果。

(3)以客观的数据作为申请投资的依据,并可以论证不同投资预算水平对路网服务水平和路况的改善和影响。

(4)为合理地和有效地分配投资和资源提供费用—效果最佳的对策。

(5)合理地评价各种设计方案。

(6)利用监测系统采集到的数据,考察和评价设计、施工和养护方法,并为修改或制定规范提供依据。

为了保持和改善现有路网的服务水平和路面状况,如何使用好有限的资金,提供尽可能高服务水平的路面,是各级管理部门需优先解决的任务。因此,建立和完善依赖于管理科学、系统工程和计算机技术的路面管理系统是解决这一问题强有力的工具。

【复习题】

1.针对高速公路及一般公路路基存在的病害,应如何评价其技术状况? 需要调查哪些内容？采用何种方法进行调查？

2.在掌握路基技术状况评价指标的基础上，提出相应的养护对策。

3.针对高速公路、市政道路及一般公路路面存在的病害,应如何评价其技术状况？需要调查哪些内容？采用何种方法进行调查？

参 考 文 献

[1] 中华人民共和国行业标准.JTG B01—2014　公路工程技术标准[S].北京:人民交通出版社股份有限公司,2014.

[2] 中华人民共和国行业标准.JTG D20—2017　公路路线设计规范[S].北京:人民交通出版社股份有限公司,2017.

[3] 中华人民共和国行业标准.JTG D30—2015　公路路基设计规范[S].北京:人民交通出版社股份有限公司,2015.

[4] 中华人民共和国行业标准.JTG F10—2006　公路路基施工技术规范[S].北京:人民交通出版社,2006.

[5] 中华人民共和国行业标准.JTG E40—2007　公路土工试验规程[S].北京:人民交通出版社,2007.

[6] 中华人民共和国行业标准.JTG D50—2017　公路沥青路面设计规范[S].北京:人民交通出版社股份有限公司,2017.

[7] 中华人民共和国行业标准.JTG/T F30—2014　公路水泥混凝土路面施工技术细则[S].北京:人民交通出版社,2014.

[8] 中华人民共和国行业标准.JTG D40—2011　公路水泥混凝土路面设计规范[S].北京:人民交通出版社,2011.

[9] 中华人民共和国行业标准.JTG/T D33—2012　公路排水设计规范[S].北京:人民交通出版社,2012.

[10] 中华人民共和国行业标准.JTG/T F20—2015　公路路面基层施工技术细则[S].北京:人民交通出版社股份有限公司,2015.

[11] 中华人民共和国行业标准.CJJ 37—2012　城市道路工程设计规范[S].北京:中国建筑工业出版社,2016.

[12] 中华人民共和国行业标准.JTG H20—2007　公路技术状况评定标准[S].北京:人民交通出版社,2007.

[13] 中华人民共和国行业标准.JTJ 073.2—2001　公路沥青路面养护技术规范[S].北京:人民交通出版社,2001.

[14] 交通部第二公路勘察设计院.公路设计手册　路基[M].2版.北京:人民交通出版社,1996.

[15] 邓学均.路基路面工程[M].3版.北京:人民交通出版社,2008.

[16] 李清波,付锌砂.道路规划与设计[M].北京:人民交通出版社,2002.

[17] 杨少伟.道路勘测设计[M].2版.北京:人民交通出版社,2004.

[18] 凌天清.道路工程[M].2版.北京:人民交通出版社,2010.

[19] 潘玉利.路面管理系统原理[M].北京:人民交通出版社,1998.